"十四五"职业教育国家规划教材

"十二五"职业教育国家规划教材 修订版

高职高专物流管理专业系列教材

国家级精品资源共享课配套教材

道路运输管理实务

第 3 版

主　编　彭秀兰

副主编　章　良

参　编　刘丽坤　曲　华　宋国俊　李德伟

主　审　郭振伟

机械工业出版社

本书是高职高专"道路运输管理实务"国家级精品资源共享课建设的成果之一，是按照高职高专物流管理及相关专业人才培养方案的要求，总结国家示范性高职院校建设以来的教学改革经验编写而成的。

本书以运输服务过程为线索构建学习模块，每个学习模块中含有具体的工作任务。学习者通过完成各阶段的工作任务，经历运输作业组织过程。其中，首先介绍的是货物运输管理基础知识并搭建课程"学习平台"，接下来依次介绍货物运输计划编制与调度安排、运输业务（整车、零担、特种）作业操作及管理、运输风险管理、运输成本与质量管理等专业知识和实践技能。通过对书中内容的学习，学习者的专业知识能够得到拓展、实践技能得到提高。

本书是工作过程导向理念教材，适合翻转课堂教学需要，同时也是一本运输管理操作性的实用教材。

本书可以作为高职高专、职业本科、应用型本科等院校物流类及相关专业的教材，也可以作为中职学校相关专业的教材，还可作为从事运输作业组织的社会人员的培训教材和自学读本。

图书在版编目（CIP）数据

道路运输管理实务/彭秀兰主编．—3版（修订本）．—北京：机械工业出版社，2020.5（2023.8重印）

"十二五"职业教育国家规划教材

ISBN 978-7-111-64896-3

Ⅰ．①道… Ⅱ．①彭… Ⅲ．①道路运输—交通运输管理—高等职业教育—教材　Ⅳ．①U491

中国版本图书馆CIP数据核字（2020）第036098号

机械工业出版社（北京市百万庄大街22号　邮政编码100037）
策划编辑：孔文梅　　责任编辑：孔文梅
责任校对：梁　倩　　封面设计：鞠　杨
责任印制：李　昂
北京捷迅佳彩印刷有限公司印刷
2023年8月第3版第7次印刷
184mm×260mm・18.25印张・446千字
标准书号：ISBN 978-7-111-64896-3
定价：49.00元

电话服务　　　　　　　　　网络服务
客服电话：010-88361066　　机　工　官　网：www.cmpbook.com
　　　　　010-88379833　　机　工　官　博：weibo.com/cmp1952
　　　　　010-68326294　　金　书　网：www.golden-book.com
封底无防伪标均为盗版　　机工教育服务网：www.cmpedu.com

关于"十四五"职业教育
国家规划教材的出版说明

为贯彻落实《中共中央关于认真学习宣传贯彻党的二十大精神的决定》《习近平新时代中国特色社会主义思想进课程教材指南》《职业院校教材管理办法》等文件精神，机械工业出版社与教材编写团队一道，认真执行思政内容进教材、进课堂、进头脑要求，尊重教育规律，遵循学科特点，对教材内容进行了更新，着力落实以下要求：

1. 提升教材铸魂育人功能，培育、践行社会主义核心价值观，教育引导学生树立共产主义远大理想和中国特色社会主义共同理想，坚定"四个自信"，厚植爱国主义情怀，把爱国情、强国志、报国行自觉融入建设社会主义现代化强国、实现中华民族伟大复兴的奋斗之中。同时，弘扬中华优秀传统文化，深入开展宪法法治教育。

2. 注重科学思维方法训练和科学伦理教育，培养学生探索未知、追求真理、勇攀科学高峰的责任感和使命感；强化学生工程伦理教育，培养学生精益求精的大国工匠精神，激发学生科技报国的家国情怀和使命担当。加快构建中国特色哲学社会科学学科体系、学术体系、话语体系。帮助学生了解相关专业和行业领域的国家战略、法律法规和相关政策，引导学生深入社会实践、关注现实问题，培育学生经世济民、诚信服务、德法兼修的职业素养。

3. 教育引导学生深刻理解并自觉实践各行业的职业精神、职业规范，增强职业责任感，培养遵纪守法、爱岗敬业、无私奉献、诚实守信、公道办事、开拓创新的职业品格和行为习惯。

在此基础上，及时更新教材知识内容，体现产业发展的新技术、新工艺、新规范、新标准。加强教材数字化建设，丰富配套资源，形成可听、可视、可练、可互动的融媒体教材。

教材建设需要各方的共同努力，也欢迎相关教材使用院校的师生及时反馈意见和建议，我们将认真组织力量进行研究，在后续重印及再版时吸纳改进，不断推动高质量教材出版。

机械工业出版社

前　言

物流业是支撑国民经济发展的基础性、战略性、先导性产业。运输是物流的核心业务之一，也是物流最重要的环节之一，而道路运输在物流运输系统中一直发挥着基础与主体作用，因此，加强道路货物运输的运营组织和管理的意义重大。

随着 2020 年数字经济进入转型升级期，物流组织方式由传统的物流组织方式（Logistics）向现代供应链组织方式（SCM）转型升级，将先进的科学技术（主要是数字技术）与现代组织方式相融合，重构组织模式，不断提高物流与供应链网络化、智慧化、服务化水平，加速形成产业链、重构价值链，实现安全高效、协同有序、敏捷柔性、绿色低碳的新型物流组织形态。在物流产业转型升级的背景下，运输模式及运输生产过程发生重大改变，对基层管理人员也提出了新的要求，即不仅能够设计和执行运输业务流程，同时还要有数字技能、项目运营能力及商业创新思维。所以本书的修订将紧跟产业发展和企业实际需求，向供应链数字化运输、智慧运输运营等内容转化，使教材与数字经济时代发展同步。同时将物流强国的使命感、责任感和紧迫感，有机地融入到每一个模块、每一项任务中，打造融价值塑造、知识传授和能力培养为一体的实用教材。

实践中，许多物流企业非常重视运输业务开发，重视客户，但经常忽视最基层的操作，导致在操作层面经常出现问题，进而直接影响到运输质量，影响到企业以后的客户开发，这成了企业的业务痛点和难点问题。针对货物运输既简单又复杂的特点，该如何规范操作人员的操作方法，为客户提供标准化的运输服务，进而使运输服务品牌化，对这一问题的探讨是本书一直以来编写和修订的出发点和归宿点。所以，在企业实际调研的基础上，本书编写紧扣运输管理的操作性特点，围绕典型运输业务，关注其作业流程、操作标准及岗位行为规范等细节内容，深入探讨管理基层操作的有效方法，以改进和提高运输服务质量。

本书编写过程中本着德技并修、以学生为核心、以能力为本位的原则，按照高职学校物流管理专业教学标准、职业面向、培养目标以及培养规格的要求，将职业素养、专业技能和必备的理论知识融入学习性工作任务中，强调行动体系的过程性知识的自我生成与构建，满足学生自主学习的需求，满足做中学、学中做的职业教学模式的需要。

本书依托典型工作任务，采用情境化、模块化编写模式，以道路货运企业为对象，以其主营业务为载体，介绍运输作业操作及业务管理专业知识和职业技能。以运输生产过程为线索，以运输生产典型业务活动为学习性工作任务，确定了七个学习情境（模块）。学习内容按照运输生产过程排序，并考虑了职业发展的深度与广度，各模块、任务之间关系如下图所示。

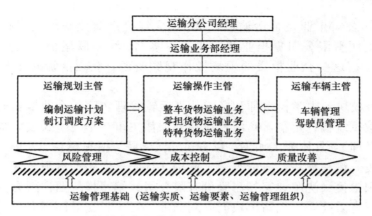

教材内容的整体设计与安排示意图

其中，车辆管理是运输安全管理课程的主要内容，所以本书对此未做讨论。

本书特色

（1）内容紧跟运输实践发展动态

随着近年来多项货物运输的法律规章以及行业标准的颁布实施或修订，本书对相关的内容都进行了更新、调整或完善。同时也及时将运输服务领域的新知识、新技术和新方法吸收进来。

（2）实践理论知识关注业务操作细节

各模块关注运输业务的各环节具体操作细节和流程管理全过程，以"零担运输业务组织管理"为例，本书对覆盖整个零担运输业务的起点接货作业操作、干支线接车作业操作、干支线发车作业操作、终点送货作业操作都分别进行了详细的讲述和说明，让学习者体验真实的运输实践过程，学习实用的实践知识，学以致用。

（3）实训任务实用性好、操作性强

各任务的实训内容都是来源于企业的真实案例，实训任务对接企业实践，具有实用性。同时，细化的实训内容，如"操作步骤"中的提示答案，让实训活动具有可操作性。在任务实施阶段，有操作步骤帮助学习者解决问题。

（4）内容形式编排适合翻转课堂教学模式的需要

各任务单元的主题内容按照"任务情境→任务分析→任务准备→任务实施→归纳总结→思考问题"的工作过程展开，由学习性工作任务引领，让学生"经历"运输生产实践过程，感受管理出效益的内涵实质，同时将现代流程式管理方式贯穿其中，训练学生的系统思维和培养团队意识。

另外，本书内容立足于道路运输，对其进行了比较细致的系统论述，避免了以五种运输方式（铁路、道路、航空、海路、管道）为内容的"运输概论"式的编写，有业务操作细节内容，能更好地满足专业知识和技能的学习需要。

致谢

向多年来一直支持并参与本课程教学改革探索的合作企业表示真诚的谢意。本课程中引用了沈阳运输集团普利司通轮胎运输项目案例、沈阳一运实业有限公司航天三菱发动机运输项目案例、中外运久凌储运沈阳公司网络快运系统案例、大连中远物流北方重大件运输公司工业设备运输项目案例、大连交运集团车辆运行作业计划编制案例、佳宇物流集团有限公司零担业务作业流程案例、沈阳联运公司大型机电产品运输项目案例，以及在这些企业拍摄的现场操作视频资源，获取的流转单据、合同文本等素材资源。

本书共七个模块，由学校教师和多年从事运输管理实践的企业专业人员共同编写，最后由彭秀兰教授统稿、定稿，高级物流师郭振伟主审（毕业于长安大学，沈阳运输集团物流中心总经理）。具体分工如下：章良（三江学院）编写模块一；彭秀兰（辽宁省交通高等专科学校）编写模块二；彭秀兰、曲华（沈阳一运实业有限责任公司）编写模块三；彭秀兰、宋国俊（沈阳递家物流股份有限公司）编写模块四；彭秀兰、李德伟（大连中远海运物流有限公司）编写模块五；刘丽坤（辽宁省交通高等专科学校）编写模块六、模块七。

在本书的编写过程中，参考了大量的文献资料和相关的网络资源，引用了一些专家学者的研究成果和一些公司的案例资料，在此对这些文献作者表示诚挚的谢意。

为方便教学，本书配备电子课件等教学资源。凡选用本书作为教材的教师均可登录机械工业出版社教育服务网（www.cmpedu.com）注册下载。咨询电话：010-88379375，服务QQ：945379158。

由于数字经济新时代的到来，物流产业数字化改造、智慧化升级，物流运输运营组织和管理的理论与相关方法也处在不断地调整和发展之中，还有待于进一步的探讨和研究。另外，虽然我们花费了大量的心血编写本书，但由于水平有限，书中难免出现疏漏和差错之处，恳请广大读者批评指正。

编　者

教 学 建 议

一、教学目的

本课程是物流管理及相关专业的核心技能课程，全面介绍了货物运输业务操作与管理的专业知识和实践技能，目的是使学生对货物运输基层操作与管理工作有一个全面的把握，具备运用科学方法对运输活动进行管理的综合职业能力，为将来成为物流运输领域的高素质技能型人才打下坚实的基础。

二、授课建议

本书适合"任务引领、行动导向"的教学实施过程，实现"翻转课堂"教学。学习小组按照"任务情境→任务分析→任务准备→任务实施→归纳总结→思考问题"的工作过程完成各项学习性工作任务，提交成果报告并进行陈述，由教师点评。这些任务成果是考核学生成绩的主要依据。教学实施过程中，可灵活采用直接讲授、学生自学、课堂讨论、实训室模拟演练、企业现场教学等多种方式方法。

课前要求学生自主学习相关模块和任务内容，可通过"道路运输管理实务"国家级精品资源共享课（"爱课程"网站 http://www.icourses.cn），或者通过泛雅超星学习通网络教学平台（https://mooc1.chaoxing.com/course/207280286.html，加入运输管理课程）完成学习笔记及问题提问，课后要求学生对新增加的认知或新的理解进行反思总结。

三、授课进度

教 学 内 容		学习性工作任务（技能训练任务）	参考学时（小时）
模块一	货物运输管理基础	组建模拟货物运输公司	8
模块二	货物运输计划编制与调度安排	编制单车运行作业计划并进行调度实施	12
模块三	整车货物运输业务组织	1. 设计业务受理托运单并完成填签工作 2. 设计整车运输项目作业流程及操作标准	12
模块四	零担货物运输业务组织	1. 完成零担货运营业站点开办方案 2. 设计零担营业站点业务流程及操作标准	14
模块五	特种货物运输业务组织	为某大件运输项目制订一份运输组织方案	10
模块六	货物运输风险管理	1. 撰写货物运输服务合同及货物运输外包合同条款 2. 为某一次运输事故处理提出建议	10
模块七	货物运输成本控制与服务质量改善	1. 完成一份运输成本分析报告（拓展内容） 2. 制订一份改善运输服务质量建议方案（拓展内容）	6
学 时 合 计			72

二维码索引

序号	名 称	图 形	页码	序号	名 称	图 形	页码
1	视频：学习小组分角色模拟演		1	11	微课：货物运输计划概述（1）		38
2	微课：货物运输的概念		2	12	微课：车辆时间运用效率指标的计算		41
3	微课：运输的实质内容		3	13	微课：车辆速度运用效率指标的计算		42
4	微课：运输管理的易与难		4	14	微课：车辆行程运用效率指标的计算		43
5	阅读材料：沈大高速公路的建设过程、成果及意义		12	15	微课：车辆载重运用效率指标的计算		43
6	动画：专用运输车辆介绍		15	16	微课：货物运输计划概述（2）		47
7	动画：汽车列车及组合形式		16	17	动画：汽车运输生产过程		54
8	微课：货物运输管理组织体系		23	18	微课：运输调度程序		61
9	阅读材料：如何成为一名物流运输领域的专业人才		29	19	微课：外包承运商选择		72
10	动画：车、货、线的匹配选择		37	20	微课：短期的整车业务受理方法		83

二维码索引

（续）

序号	名称	图形	页码	序号	名称	图形	页码
21	微课：长期的整车业务受理方法		84	32	视频：天地华宇"定日达"运输服务品牌介绍		138
22	微课：实践中运费的计算		88	33	微课：零担快运网络运作原理		140
23	视频：普利司通轮胎运输项目介绍		94	34	动画：零担快运网络站点货物流转过程		141
24	视频：普利司通轮胎运输项目操作流程		94	35	微课：零担站点接货作业流程		142
25	动画：整车运输业务执行前准备工作		96	36	视频：沈阳久凌快运公司介绍		143
26	微课：整车货物运输作业流程		96	37	视频：久凌公司站点提货操作流程		147
27	视频：车辆动态监控（GPS跟踪）		100	38	微课：零担站点发车作业流程		147
28	微课：操作流程及标准汇报任务的准备工作		105	39	视频：久凌公司站点发车操作流程		150
29	动画：甩挂运输作业原理		115	40	微课：零担站点接车作业流程		150
30	微课：零担业务的开办条件		129	41	视频：久凌公司站点接车操作流程		152
31	动画：零担快运网络货物流动路线		130	42	视微课：零担站点送货作业流程		152

(续)

序号	名称	图形	页码	序号	名称	图形	页码
43	视频：久凌公司站点送货操作流程		154	54	图片：破路挖地法		182
44	动画：中转作业落地法		160	55	动画：大件货物运输理货作业		183
45	动画：中转作业坐车法		161	56	动画：大件货物运输验道作业		184
46	动画：中转作业过车法		161	57	微课：冷链运输作业组		199
47	微课：危险货物运输概述		167	58	微课：货运合同的内容		214
48	视频：危险货物运输-从业条件		170	59	微课：货运合同的履行-义务		217
49	视频：危险货物运输-承运人的行为管理		170	60	微课：货运合同的履行-责任		218
50	微课：大件货物运输概述		178	61	微课：货运合同的履行-权利		219
51	图片：大件车辆用很多轮胎分载		179	62	微课：货运事故类型		224
52	动画：超重型汽车列车介绍		180	63	微课：货物运输保险投保		239
53	图片：多辆牵引车牵引		180				

目 录

前　言
教学建议
二维码索引

模块一　货物运输管理基础 1
   任务一　货物运输认知 2
   任务二　道路货物运输系统要素 10
   任务三　道路货物运输管理组织体系 20
   同步知识测试 31

模块二　货物运输计划编制与调度安排 35
   任务一　货物运输计划编制 36
   任务二　货物运输调度安排 52
   同步知识测试 77

模块三　整车货物运输业务组织 80
   任务一　整车货物运输业务受理 81
   任务二　整车货物运输业务执行 94
   任务三　整车货运车辆运行组织 109
   同步知识测试 122

模块四　零担货物运输业务组织 125
   任务一　零担货物运输业务开办 126
   任务二　零担货物运输业务执行 138
   任务三　零担货运车辆运行组织 158
   同步知识测试 163

模块五　特种货物运输业务组织 165
   任务一　危险货物运输组织 166
   任务二　大件货物运输组织 177
   任务三　鲜活货物运输组织 194
   同步知识测试 205

模块六　货物运输风险管理 208
   任务一　货物运输合同订立 209

  任务二 货物运输事故处理 222
  任务三 货物运输保险与索赔 235
  同步知识测试 244

模块七 货物运输成本控制与服务质量改善 247
  任务一 货物运输成本控制 248
  任务二 货物运输服务质量改善 264
  同步知识测试 277

参考文献 280

模块一

货物运输管理基础

　　货物运输是工商企业物流和供应链管理中的重要环节,对经济发展有重要的影响,由此可见运输服务供应商在经济发展中的重要性。运输企业为各种各样的运输用户提供运输服务,从选择客户开始,经过洽谈、签订合同后,开展业务运作、回收货款以及追踪服务等活动。本书关注的是这一系列活动过程,尤其是业务运作部分。

　　学习运输作业操作和作业管理技能,首先应该对货物运输及其管理组织体系有一个基本的认知和理解。因此,模块一中我们将学习和探讨货物运输的基础知识,包括运输的概念、货物运输系统的技术构成要素及货物运输企业的组织结构等内容。这些内容将支撑我们完成后续模块的学习。

　　另外,为了有效实施"任务引领、行动导向"的学习过程,本书从模块一任务三开始,以后每一任务的开篇都安排了技能训练任务,即"任务情境"中的工作任务。在该工作任务的引领下,我们将依次进行"任务分析""任务准备""任务实施""归纳总结"等各项学习活动,最终完成该任务。这些工作任务均由企业的真实运输任务加工而成。

　　本模块任务三中我们将完成课程"学习平台"(即"企业平台")的搭建任务(见图1-1),即每个学习小组组建一家模拟的物流货运企业,后续各模块中的技能训练任务都将在这个平台上运作和实施。也就是说,我们将在这个"企业平台"上陆续完成各项运输业务,经历运输管理的全过程,感受和体验在企业活动中的职业身份,构建学习的意义。

　　通过本模块的运输基础知识学习和模拟运输公司的组建,希望将你带入货物运输领域,引起你对运输活动进行科学管理的兴趣。

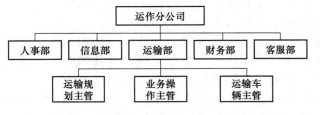

图1-1　本课程学习任务实施平台示意图

视频:学习小组分角色模拟演

学习目标

通过本模块的学习，你将对货物运输及其管理有一个基本的认知和全面的把握。能够：

1. 懂得运输的实质内容。
2. 熟知道路货物运输的特点、发展现状、存在问题及发展趋势。
3. 掌握货物运输系统的各技术要素功能。
4. 设计货物运输管理组织结构并确定岗位职责。
5. 增强民族自豪感、社会责任感和职业认同感。

任务一　货物运输认知

知识点　运输的含义；运输的实质；运输的重要性；运输与物流工作其他环节的关系；道路货物运输的基本类型；道路货物运输的发展现状、问题及趋势。

（一）运输的概念

运输不仅能使世界各地的人出行方便并与不同民族和文化相互交流，还能使人们享用其他国家生产的产品和服务。运输是供应源与市场之间的桥梁。

微课：货物运输的概念

1．运输的含义

从广义上来讲，运输是人和物的载运及输送。本书中专指"物"的载运及输送，即在不同地域范围内，以改变"物"的空间位置为目的的活动，对"物"进行空间位移。

2009年3月，全球金融危机对我国经济造成了较大的冲击，为应对其影响，国务院出台了十大振兴产业规划纲要。国务院将物流业列为十大振兴产业之一，并出台了我国第一个《物流业调整和振兴规划》，其中明确指出："物流业是融合运输业、仓储业、货代业和信息业等的复合型服务产业。"其中运输服务是客户物流服务（某货物从原材料到产成品终结全程物流服务）中的单项服务（还包括仓储、采购、配送、货运代理等服务）。

根据国家标准 GB/T 18354—2021《物流术语》的定义，运输（Transport）是指"利用运载工具、设施设备及人力等运力资源，使货物在较大空间上产生位置移动的活动"。

2．运输的测量单位

货物运输从根本上而言，是一定数量的货物对特定距离的位移，因而货物运输的测量单位是货重乘以距离，即吨公里。吨公里是一个复合单位，200吨公里的货物运输需求可以是将200吨的货物运送1公里，也可以是将100吨的货物运送2公里，还可以是将1吨的货物运送200公里，并且不同的客户会在方向、设备和服务方面有不同的运输要求。例如，从沈阳运出的200吨公里的洗涤剂可能是在同一天内运往任何一个方向的厢车上，而从锦州运出的200吨公里的汽油则要求用油罐车，在每天的运输中运往北面、南面和西面。这些例子指出了运输测量单位的不一致性，说明相同的运输量需求可能会有不同的生产成本和不同的客户服务需求。

3．运输的实质

作为货物运输从业人员，我们需要从多种角度讨论货物运输的实质内容。

微课：运输的实质内容

当产品从一个地方转移到另一个地方而价值增加时，如新疆的哈密瓜运到沈阳、山东寿光的蔬菜运到北京，运输就创造了空间效用。在需要的时候提供，如某学校订购的课桌在9月1日开学前必须送到；又如，应客户要求晚上发车第二天清晨就将货物送达，这时运输就创造了时间效用。所以，运输又可定义为"时间效用和空间效用的创造"。

（1）运输用户看运输。作为运输服务的需求商，运输用户可能是某大型制造企业、某快速消费品生产厂家、某经销公司或某大型批发市场，它们对运输的期望涉及运送时间、可靠性、可达性、运输能力、安全性等。

1）运送时间是指运输提供者从接到货运订单起至货物送到收货仓库为止的持续时间。运送时间越长，存货水平和存货持有成本就越高。例如，服装从国外的生产商供应到零售店（运输用户）需要30天的运送时间，零售店就要支付30天的存货资金成本。如果空运缩减至10天，则可节省20天的在途存货资金成本。此时运输用户希望运送时间短。

2）可靠性指的是货物运送的一致性。不可靠的货物运送时间使得收货人（运输用户）增加存货水平以避免缺货情况的发生。送货的一致性是运输用户维持稳定、均衡生产的前提条件，因此它们会优先选择能够提供可靠送货服务的供应商。

3）可达性是指运输提供者从特定的起始点到终点运输货物的能力。汽车货物运输在此方面有明显的优势，可以提供"门到门"的服务，而航空运输两端需要货车的协助，增加了运输时间和额外的成本。运输用户希望得到"门到门"的一体化运输服务。

4）运输能力是运输提供者拥有满足特殊服务要求的能力。基于货物的特殊性，有的对运输温度有严格的要求，需要使用备有冷冻设备的车辆；大型笨重机电产品需要使用超重型的汽车列车运输。运输用户希望满足其个性化需要。

5）安全性关注的是运输中货物的安全问题。在运输中货物受损或丢失会引起存货或缺货成本上升。受损的货物不能被继续使用，买主将面临不能出售或停止生产的风险。运输用户希望运送的货物安全完好。

因此，我们说运输服务需求商（运输用户）需要的是上述一整套服务特征或一揽子服务。

（2）运输企业看运输。作为运输服务的供应商，运输企业可能是某物流货运公司或某专业运输公司。除了为客户提供满意的服务外，他们关注的是什么呢？

提供运输服务是需要成本的，包括基本费用支出和附加费用支出，前者主要指油费、过路费、人工费、事故处理费、维修费等，后者包括取货和送货成本、包装成本、装卸成本等以及其他的特殊服务的费用。这些成本费用是运输企业制定运输服务价格的基础。

运输企业通过向运输用户收取服务费用以及附加服务费用的方式，弥补自己的成本支出以及利润的获取。因此，运输服务供应商关注运输成本费用。

综上所述，我们得知，运输是对使用者提供的一种服务（移动服务），而不是可以触摸的实体产品，也不应该被认为是对物进行简单的空间运动。运输服务是运输用户在特定价格下从运输企业那里购买到的一揽子服务，这一揽子服务因不同的运输企业和运输方式而不同。

微课：运输管理的易与难

运输用户面对多种多样可供选择的服务，如果选择最简单的运输方式，则价格也最低。然而，价格更高的服务（运送时间更短、波动更小）可能是更好的选择。因为更优质的运输服务意味着可以保有较少的库存和（或）完成运作计划的把握更大，使运输用户业务进一步扩大，带来利润的增加，进而将弥补优质运输服务导致的成本增加。

所以，运输企业应提供更好的运输服务，而不是单纯地通过降低运输服务价格来争取或影响运输用户的购买选择。

> 职业素养小贴士：
>
> 　　实践中，许多物流企业非常重视运输设业务开发，重视客户，但经常忽视最基层的操作，导致操作层面经常出现问题。这些操作层面出现的问题，会直接影响到运输质量，影响到企业以后的客户开发。
>
> 　　运输是多环节作业，运输过程中涉及因素复杂。易发生事故。货物运输即简单又复杂，简单在于技术上容易操作，复杂则在于做"好"难。物流货运并不是人们想象的只是搬搬抬抬那么简单，而是需要知识、需要技巧、需要实践经验的，是易学难精的。准客投身运输行业的你真的准备好了吗？

（二）运输的重要性

没有哪个现代企业可以在经营中不涉及原材料和（或）产成品的移动（见图1-2）。假设货运市场瘫痪，那么物流渠道中产品堆积，逐渐腐坏或过期，许多企业会发生财务困难，运输的重要性就更加凸现出来。

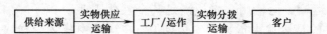

图1-2　与企业直接相连的供应链中发生的运输活动

1．供应和分拨线路拉长

世界经济一体化的趋势下，更多企业在寻求或者已经实施全球战略，它们或者面向全球市场设计产品，在原材料、零部件、劳动力成本低的地方进行生产（如福特汽车公司），或者简单地在本地生产、在全球销售。无论哪种情况，与那些本地生产、本地销售的厂商相比，供应和分拨路线都拉长了。

2．运输成本很高

对大多数企业来讲，运输通常代表物流成本中最大的单项成本。据观察，货物运输费用占物流总成本的1/3～2/3。对企业而言，物流成本占销售额比重从4%到超过30%不等。

3．运输对企业战略意义重大

为了使自己的产品有别于竞争者的产品，各个企业都费尽心机。当认识到运输是其成本的重要组成部分,且不同的运输决策将导致供应链不同的客户服务水平时(如运送时间短、波动小),企业就会有效地利用它进入新市场、增加市场份额或增加利润。

4．运输增加产品价值

运输是创造价值的活动,表现在时间和空间两方面。例如,如果在体育赛事发生的时间和地点,产品或服务不可得,则体育赛事中的特许经营权就没有顾客价值。

(三) 运输与物流工作其他环节的关系

1．运输与包装的关系

运输与包装是相互影响的。为了保证货物安全运输,各运输方式对货物包装都有严格的要求,如汽车运输和铁路运输对货物包装就有不同的要求,汽车运输对货物包装的要求相对简单一些。同时包装影响运输的效率和质量,例如,运输散装水泥的集装罐、运输石油的油罐车,其集装能力有时超过一袋或一桶的运输。

货物在运输过程中,不一定都需要包装。如粮食、水泥、石油等,都采用散装方式,即直接装入运输工具内运送,配合机械化装卸工作,既降低了成本,又加快了速度。又如车辆、钢材、木材等可以裸装,只需加以捆扎即可。

2．运输与装卸的关系

习惯上,物流领域常将装卸搬运这一整体活动称作货物装卸。一次运输前后往往伴有两次装卸作业,其基本动作包括装车、卸车、堆垛、入库、出库及连接上述各项活动的短程输送。装卸搬运影响运输活动的质量和速度,对运输活动有一定的决定性。例如,货物装车积载方法不当往往会引起运输过程中的损失,且存在一定的安全隐患;卸放不当、堆码不当会导致下一步运输的困难;袋装水泥纸袋破损和水泥散失主要发生在装卸过程中;玻璃、器皿等产品在装卸时最容易造成损失。

3．运输与储存的关系

运输的两端是仓库,货物从起点仓库运送到终点仓库。库存控制出问题,有时是运输造成的,如运输的提前或延误,运输提前会增大库存水平,延误则会使库存水平下降甚至出现失控状态。

企业的库存管理提倡"零库存"管理,采用"零库存"管理的先决条件之一是货物可以被快速、可靠、小批量运送。"零库存"理念的产生经历了从靠库存满足需求到靠对需求本身进行精细计划来满足需求的思想转变,这对运输服务提出了更高、更严格的质量要求。

4．运输与配送的关系

货物运输分为干线部分的长距离运输和支线部分的短距离运输。相对干线运输而言,配送是指面对客户的支线部分的短距离运输。

生产厂家到配送中心之间的物品空间移动叫"运输",从配送中心到客户之间的物品空间移动叫"配送"。一般来讲,配送中心的辐射范围为60公里。

5．运输与信息的关系

顺利地完成运输任务离不开信息的支持,如货物的位置与处理状态等实时信息,是调度人员计划和控制运输活动所必需的信息;另外,客户也需要了解物品处于运输状态的实时信息,以便及时调整库存和生产计划。

运输管理信息支持系统一般包括条码系统、全球定位系统、地理信息系统及智能交通系统等。

实践案例 1-1　　数字化运输提升服务能力

佳吉快运是国家"AAAAA"级物流企业、中国驰名商标,是国内领先的网络型公路快运企业。佳吉快运始终注重信息技术对企业服务能力的提升,公司研发的第三代运营支撑系统、GPS 车辆定位系统、IPS 市内配送系统、400 呼叫中心集中调度系统、网上营业厅等系统的使用,支撑着佳吉运营与管理的高效运行,使公司与客户之间的信息沟通更加通畅。

(四)基本运输方式

所有运输服务都围绕五种基本运输方式展开,运输用户会选择一种服务或几种服务混合在一起,以求得服务质量和服务成本之间的最佳均衡。选择运输服务并非乍看上去那么困难,因为特定货物运输条件的要求常常使可选择的范围大大缩小。

1. 五种基本运输方式

五种基本运输方式中的每一种都直接向用户提供服务。

1) 铁路运输。铁路基本上运输的是距离长、运输时效性不强但运量很大的原材料(煤炭、圆木、化工品等)和价值低的制成品(食品、纸张、木制品等),且较多地运输至少一整车皮的批量货物。

2) 道路运输。道路汽车运输服务的对象主要是半成品和成品,运距及平均运输批量比铁路运输小。

3) 航空运输。虽然航空运价比厢式货车运输高 2 倍,比铁路运输高 16 倍,但还是有越来越多的托运人考虑经常使用航空运输服务,如鲜活产品、季节性商品、贵重物品等。任何运输方式都无法企及的起讫点间的运输速度是航空运输的魅力所在,在长途运输中尤其如此。

4) 水上运输。出于某些原因,水运服务仅限于一定范围。国内水运服务受限于内陆水运系统,要求托运人靠近水路或使用其他运输方式接应水运。同时,水运服务一般比铁路运输慢,但水运船只的承载能力强。

5) 管道运输。迄今为止,管道运输的服务范围和服务能力都十分有限。利用管道运输的最经济可行的货物是原油及其成品。

2. 多式联运

如今,越来越多的运输使用两种以上的运输方式。除了显著的经济效益外,国际航运的发展是其主要动力。多式联运的主要特点是在不同运输方式间自由变化运载工具。例如,将拖车上的集装箱装上飞机,或铁路车厢被拖上船等。这种转换运载工具的服务是单一运输方式无法实现的。多式联运服务通常需要在彼此合作的各承运人单独提供的服务间达成妥协,也就是说,服务成本和绩效特征界于所涉及的那些运输服务之间。

（五）道路货物运输概述

与其他的运输方式相比，道路货物运输有哪些比较优势和有利条件呢？我国道路货物运输业又存在哪些问题呢？下面我们将对这些问题进行探讨。

1．道路货物运输的基本类型

从广义来说，道路货物运输是指利用一定的载运工具（汽车、拖拉机、畜力车、人力车等）沿道路实现货物空间位移的过程。从狭义来说，道路货物运输即指汽车运输。

本书中，道路货物运输是指所有被运送的商品和物资，从它们被接受承运起，一直到交付收货人为止的整个物流过程。

由于采用的运输工具和承运的货物种类有很大差异，所以依据不同的分类标准可把道路货物运输划分为各式各样的货物运输形式。

（1）按货物的营运方式划分：

1）道路整车货物运输。详细内容见模块三。

2）道路零担货物运输。详细内容见模块四。

3）集装箱汽车运输。采用集装箱为容器，通过汽车运输的，称为集装箱汽车运输。集装箱运输是将货物集中装入标准化的集装箱内进行运输的一种形式，是一种先进的现代化运输方式，是改变杂件货物运输落后状况的一种根本性措施。

（2）按货物的类别划分：

1）普通货物运输。普通货物运输是指对普通货物的运输。

2）特种货物运输。特种货物运输是指对特种货物的运输。

（3）按运送的速度划分：

1）一般货物运输。一般货物运输主要是指在运送速度上没有特殊要求，只要满足常规的货物运送的速度要求就可以达到托运人意愿的运输方式。

2）快件货物运输。通常，快件货运是指从货物受理的当天15时起算，300公里运距内，24小时以内运达；1 000公里运距内，48小时以内运达；2 000公里运距内，72小时以内运达。

3）特快专运。特快专运是指应托运人要求即托即运，在约定时间内运达的运输方式。

（4）包车货物运输。包车货物运输又称出租汽车货运，是指把车辆包给托运人安排使用的货物运输方式。包车货物运输通常有以下两种形式。

1）计程包车。计程包车按货物运输里程结算运费。

2）计时包车。计时包车按包车时间结算运费。

（5）搬家货物运输。为个人或单位搬迁提供运输和搬运装卸服务，并按规定收取费用的，为搬家货物运输。

2．道路货物运输的特点

道路运输相对铁路运输、水路运输和航空运输来说，具有以下方面的优点和不足。

（1）比较优势和有利条件：

1）运输工具机动灵活。汽车能深入工厂、矿山、车站、码头、农村、山区、城镇街道及居民区等地点，实现"门对门"运输。普通货物装卸对场地、设备没有专门的要求。

2）运载量机动灵活。汽车的运载量可大可小，小的单车运输可能载重 0.25 吨的货物，大的拖挂运输可能载重几百吨，甚至上千吨的货物。

3）运输组织方式机动灵活。既可自成体系组织运输，又可连接其他运输方式，可与铁路、水路联运，为铁路、港口集散货物。

4）运营时间机动灵活。汽车运输能根据需要灵活制订运营时间表，运输中的伸缩性极大。

5）原始投资少，资金周转快。修建公路的材料和技术较容易解决，易在全社会广泛发展，且建设周期短，而铁路运输需要铺设铁轨、设置信号设备及其他昂贵的固定设施。而且车辆购置费用相对较低，原始投资回收期短。据有关部门统计，正常情况下，公路运输的投资每年可以周转 2～3 次，而铁路运输投资 3～4 年才周转一次。

6）操作人员容易培训。相对其他运输工具来说，汽车驾驶技术容易掌握。培训汽车驾驶员一般只需要几个月左右的时间，而培训火车、轮船及飞机驾驶员等则需要几年时间。

（2）缺点：

1）运量小，单位运输成本高。普通载货汽车每辆每次只能运送 10 吨左右的货物，比火车、轮船少得多；公路货运成本比铁路货运成本约高 17 倍，比沿海货运约高 43 倍，但比航空货运成本低，只有航空运输成本的 6.1%～9.6%。

2）环境污染。汽车在运行中会对环境造成一定污染，主要指尾气污染与噪声污染。

3）占地多。修建公路不像建设机场、码头，它需要占用大量的陆地面积。

4）受天气影响大。雨、雪、雾等气候条件对道路运输的影响很大，且容易发生事故。

3. 道路货物运输的功能

基于上述特点，道路货物运输具有下述功能。

（1）主要承担中、短途运输。短途运输的运距通常在 50 公里以内，中途运输的运距为 50～300 公里。

（2）补充和衔接其他方式的运输。补充，是指担负其他运输方式（如铁路、水路或航空）达不到的区域内的中短途运输；衔接，是指由其他运输方式（如铁路、水路或航空）担任主要运输（长途）时，由道路运输担负其起终点的短途接力运输。

（3）公路运输独立担负长途运输。当汽车运输的经济距离超过 300 公里时，或者其经济运距虽短，但基于需要，也常由汽车负责长途运输。

随着高速公路的广泛修建，道路运输已经形成短、中、长途运输并举的格局，道路货物运输在国家经济建设中发挥着越来越重要的作用。

4. 道路货物运输业的现状

发达国家的道路运输都发展很快，道路运输所承担的运量占运输总量的 80% 以上，充分说明道路运输在国民经济中占有非常重要的地位。无论在短途货物运输中，在边境口岸的国际贸易运输中，还是在国际集装箱、超大件货物的运输中，道路运输的作用均清晰可见。

（1）道路运输行业的发展。1983 年交通部明确提出"有路大家行车"等一系列改革思路，催生了运输生产力的大解放。道路货运业的快速发展，为支撑经济社会平稳较快发展做出了巨大贡献。

《中国道路运输发展报告（2018）》中统计的道路货物运输业数据如下。

1）货运量和货物周转量。2018年，全社会完成道路货运量395.7亿吨、货物周转量71 249.2亿吨公里，其在综合运输体系中所占比重分别为78.25%和35.7%，表明道路货运依然在综合运输体系中发挥着主体作用。

2）经营业户及规模。2018年从事道路货物运输的经营业户为569.9万户（其构成见表1-1），较2017年减少了73.8万户，其中货运企业增加1万户，个体运输户减少74.7万户，道路货运市场主体结构进一步呈现经营业户规范化、专业化、规模化的发展趋势。

表1-1   2018年全国道路货物运输经营业户构成

类　　型	合　　计	货 运 企 业	个体运输户	个体运输户比例（%）
普通货物运输（万户）	558.5	53.5	505	90.4
货物专用运输①（万户）	10.0	5.5	4.5	45
大型物件运输（户）	16 583	7 904	8 679	52.3
危险货物运输（户）	12 103	12 103	0	0

① 指使用集装箱、冷藏保鲜设备、罐式容器等专用车辆进行货物运输的业户。

全国道路货运经营业户平均每户拥有的货车数量为2.4辆。在全国货运企业中，有81.5%的货运企业拥有车辆数不足10辆。

3）从业人员。全国共有道路货运从业人员（货运驾驶员、危货运输驾驶员、危货运输装卸管理员、危货运输押运员）2 030.8万人。

4）货运车辆。全国营运货车总计1 355.8万辆。按照车体结构分类，一体货车总计869.4万辆，占总量的64.1%，吨位总计5 311.7万吨，占总量的41.5%；甩挂运输货车486.4万辆，占总量的35.9%，吨位总计7 534.2万吨，占总量的58.5%。

（2）道路运输业存在的主要问题。

从上述经营业户及规模数据可以看出，我国道路货运业经营主体仍呈现出"多、小、散、弱"的特点。由于进入门槛低，道路货运市场长期以来形成"个体运输业户分散经营，第三方物流货运企业通过层层分包方式整合社会运力为客户提供服务"的市场格局。由于道路货运流动性强、管理难度大，个体业户分散运营具有经济合理性，但是个体运输业户分散经营使得组织化、专业化、信息化带来的效率不能实现，如场站设施的重复建设、运输过程中的车辆空驶浪费、信息和智能技术应用程度不高、运力结构不合理等。

据2016年业内有关机构发布的报告：中国公路货运企业前20强的运输体量合计328.63亿元，只占公路货运总体量的1%左右。相比之下，美国前五大零担公路运输公司垄断了美国60%的市场份额，呈现出高度的集中性。另据2016年中国物流与采购联合会的统计资料，我国车辆的使用效率很低，平均月行驶里程1.3万公里左右（433公里/天），国际上平均3万公里（1 000公里/天），而且普遍采取甩挂模式。

5．道路货物运输业的发展趋势

随着社会经济的发展，运输用户，特别是货运需求主体的生产制造企业，对货运质量提出了更高、更严格的要求。如何解决货运行业大市场、小企业的结构性矛盾，转变

"个体运输业户分散经营、货运企业整合社会运力"的市场格局,进而提升运输市场集中度?现在的发展方向是中大型物流货运企业走重资产独立发展之路,直接与货主对接;同时打造一批轻资产协同发展的平台型物流货运企业,打通货主到社会车辆的通道,如产生了与货主和实际承运人签订运输合同、专门负责运输组织的无车承运商(网络货运经营者),为车货双方交易提供收货、发货、仓储、分拣、停车、发布信息等项服务的公路港,为货运企业经营提供车辆的货车租赁,专门为车货双方提供信息服务的物流信息平台运营商,等等。

归纳总结

1．运输服务就是运输用户在特定价格下从运输公司那里购买到的一揽子服务,这一揽子服务因不同的运输公司和运输方式而不同。

2．运输企业应提供更好的运输服务,而不是单纯地通过降低运输服务价格来争取或影响运输用户的购买选择。

3．运输与包装、装卸、储存、配送、信息等物流环节存在着相互影响和相互制约的关系。

4．道路货物运输有整车货物运输、零担货物运输、集装箱汽车运输;或普通货物运输、特种货物运输等形式的划分。

5．道路运输的优势可概括为:通达度高、覆盖面广以及机动灵活、组织多样、易于操作等。

6．道路货物运输已经形成短、中、长途运输并举的格局。

7．我国道路货运业经营主体仍呈现出"多、小、散、弱"的特点。

思考问题

1．什么是运输服务?可以从哪些方面对其优劣进行比较分析?

2．为麦当劳服务的一位物流经理曾说:"如果你提供的物流服务仅仅是运输,运价是每吨4角,而我的价格是每吨5角,但我提供的物流服务当中包括了信息处理、贴标签等工作,麦当劳也会选择我做物流供应商的。"请你结合这句话,思考运输供应商应提供怎样的服务来影响客户的选择。为什么?

3．基于道路货物运输业的发展现状及存在的问题,请你思考如何解决货运行业大市场、小企业的结构性矛盾。

任务二　道路货物运输系统要素

知识点　运输节点的功能、种类;运输线路分类、国道网、高速公路网;载货汽车、专用运输车辆、汽车列车;运输货物分类。

道路货运系统是以道路运输方式使得被运送对象按预定目标实现位移所涉及的各个有机部分（要素）组成。从应用角度看，每一种运输方式都是一个具有其自身技术经济特征的运输系统，而道路货物运输系统又是整个综合运输体系中的子系统之一。道路货物运输系统要素的技术构成状况，形成了道路运输生产力水平的基础，是道路货物运输系统提供运输服务必不可少的硬件条件。

（一）运输节点

运输节点是运输网络中运输线路的连接点，它既是货物的集散地，又是办理运输业务的重要场所。例如，公路运输的停车场、货运站，铁路运输的中间站、区段站、编组站、货运站，水运港口，民航的空港，管道运输的管道站，均属于运输节点。

运输节点大多是集管理、指挥、调度、信息、衔接及货物处理于一体的运输综合设施。例如，在零担货运站内，要完成支干线接车、货物验收入库、分线配装、支干线发车、单据交接等作业活动。

1．运输节点的主要功能

（1）衔接功能。运输节点将各条运输线路联结成一个网络系统，良好的衔接可使各条线路车辆通过节点时更为顺畅、便利，运输时间更为短暂。

（2）信息功能。运输节点是整个运输系统以及与节点相接的运输信息传递、信息收集处理、信息发送的集中地。

（3）管理功能。运输系统的管理设施和指挥机构设置于运输节点之中。

2．运输节点的种类及其特点

（1）转运型节点。转运型节点是以接连不同运输方式为主的节点，如货运场站、港口、空港等都属于此类节点，货物在节点上停留的时间较短。

（2）储存型节点。储存型节点是以存放货物为主要功能的节点，货物在节点上停留时间较转运型节点长。在物流系统中，仓库、货栈等都是属于此种类型的节点。

（3）流通型节点。流通型节点是以组织物流活动为主要功能的节点，主要有流通仓库、转运仓库、集货中心、分货中心、加工中心等。

（二）运输线路

运输线路是供运输工具定向移动的通道，是运输的基础设施。在运输系统中，运输线路有道路、铁路、航道、管道以及航线与航路等。下面主要介绍道路线路。

1．道路

道路是指公路、城市道路和允许社会机动车辆通行的公共广场、公共停车场等地方。其中，公路是指按照国家规定的公路技术标准修建，并经公路主管部门验收认定的城市间、城乡间、乡间可供汽车行驶的公共道路；城市道路则是指城市供车辆、行人通行的，具备一定技术条件的道路、桥梁及其附属设施，省、自治区人民政府城市建设行政主管部门主管本行政区域内的城市道路管理工作。

公路是道路的组成部分，也是汽车行驶的主要交通线路，是汽车运输的基础设施和不可缺少的组成部分。公路是一种线形构造物，由路基、路面、桥梁、涵洞、隧道、防护工程、排水设备、山区特殊构造物等基本部分组成。为了指导汽车有序、安全行驶，公路上设有交通标志、标线等，另外，公路两侧还有绿化栽植等。

公路的线形和质量，对汽车的行驶速度、通过性、燃料消耗、轮胎和机件的磨损、车辆使用寿命以及交通安全、运输费用等，都有很大的影响。因此，在组织汽车运输时，必须充分考虑道路条件，以保证运输生产的顺利进行。

2. 公路线路分类

（1）按技术等级分类：

1）高速公路。高速公路是指专供汽车分向、分车道行驶，全部立体交叉，并全部控制出入的干线公路。它具有行车速度快、通过能力大、交通事故小、造价高等特点。通过能力：四车道高速公路一般能适应按各种汽车（包括摩托车）折合成小客车的年平均昼夜交通量为 25 000～55 000 辆，六车道为 45 000～80 000 辆，八车道为 60 000～100 000 辆。

阅读资料 1-1　沈（阳）大（连）高速公路

阅读材料：沈大高速公路的建设过程、成果及意义

我国自行设计和建造的第一条高速公路——沈大高速公路是 1984 年开工，1990 年完工，全部四车道、全立交、全互通的高速公路。2002 年改造为八车道，全长 375 公里，路面宽 26 米，分八车道上下分向行驶，全封闭、全立交，设计时速为 100～120 公里。高速路北起沈阳，南至大连，途经辽阳、鞍山、营口、大连四大工业城市，沟通大连港、营口港、鲅鱼圈港三大港口和鞍钢、辽化、辽河油田等许多特大型企业，是东北地区的一条主要公路干线，年运货能力为 8 000 万吨，客运量 1.3 亿人次。

职业素养小贴士：

在我国计划经济向市场经济转型时期，沈大高速公路（沈阳—大连），还有同期我国自主设计和建造的京津塘高速公路（北京—天津—塘沽）、沪嘉高速（上海—嘉定）高速公路，奠定了我国高速公路建设的基本理论，积累了大致成形的技术经验，最关键的是开阔了人们的思维与视野，培养了一大批高速公路建设的火种，最终，为后续的高速公路建设打开了局面。行业内大量专家为此付出了巨大心血，才有了今天我国公路网建设取得的举世瞩目成就。

2）一级公路。一级公路是指为连接重要的政治、经济中心，通往重点工矿区、港口、机场、专供汽车分道行驶并部分控制出入口、部分立体交叉的公路，一般能适应按各种汽车（包括摩托车）折合成小客车的年平均昼夜交通量为 15 000～30 000 辆。

3）二级公路。二级公路是指为连接政治、经济中心或大型工矿区、港口、机场等地的专供汽车行驶的公路，一般能适应按各种汽车（包括摩托车）折合成中型载重汽车的年平均昼夜交通量为 3 000～7 500 辆。

4）三级公路。三级公路是指沟通县以上城市的公路，一般能适应按各种汽车折合成中型载重汽车的年平均昼夜交通量为 1 000～4 000 辆。

5）四级公路。四级公路是指沟通县、乡、村的干线公路，一般能适应按各种汽车折合成中型载重汽车的年平均昼夜交通量为双车道 1 500 辆以下，单车道 200 辆以下。

（2）按行政等级分类：

1）国道公路。国道公路是指国家的干线公路，具有全国性的政治、经济和国防意义，包括重要的国际公路，国防公路，连接首都与各省、自治区首府和直辖市的公路以及连接各大经济中心与港站口岸的公路。依据我国《公路法》，国道由国务院交通主管部门会同有关部门规划，并依法由有关机构修建、管理和养护。

2）省道公路。省道公路是指省级干线公路，省道在省公路网中具有全省性的政治、经济意义，是连接省内中心城市和主要经济区的公路以及省际不属于国道的重要公路。它由省、直辖市、自治区交通主管部门在国道网分布后依法规划、建设、管理和养护。

3）县道公路。县道公路是指具有全县性的政治、经济意义，连接县（市）与县（市）主要商品生产集散地，以及不属于国道、省道的县（市）际间的公路。它由县（市）公路主管部门依法规划、建设、管理和养护。

4）乡道公路。乡道公路是指直接或主要为乡、村（镇）内部经济、文化、行政服务的公路，以及不属于国道、省道、县道的乡、村（镇）际间及乡与外部连接的公路。它由县人民政府协同有关部门规划、建设、管理和养护。

5）专用公路。专用公路是指由企业（如厂矿、农场、林区等）或者其他单位建设、养护、管理，专为或主要为该企业（单位）提供运输服务，或同外部连接的公路。

3．国道网

1981年，国务院划定"国家干线公路网"，简称"国道网"。"国道网"由70条路线组成。根据国道的地理走向，编号分为三类：

1）以北京为中心的放射线国道。其编号为1××，如G101国道是指北京到沈阳的干线公路。这类国道共有12条，总长度为2.4万公里，目前这类国道主要为三级和四级公路。

2）南北走向国道（纵向国道）。其编号为2××，如G201国道是指鹤岗到大连的干线公路。这类国道共有28条，总长度3.9万公里，目前路线以三级和四级公路为主。

3）东西走向国道（横向国道）。其编号为3××，如G301国道是指绥芬河到满洲里的公路。横向国道共有30条，总长度5.34万公里，路线等级主要为三级和四级。

从1993年开始，我国规划建设了"五纵七横"国道主干线，其编号为0××，如G050国道指重庆到湛江的纵向干线公路。

"五纵"是指黑龙江同江至海南三亚、北京至福州、北京至珠海、内蒙古自治区二连浩特至云南省河口、重庆至湛江5条南北走向国道主干线，长度分别约为5 200公里、2 500公里、2 400公里、3 600公里、1 400公里。

"七横"是指绥芬河到满洲里、丹东至拉萨、青岛至银川、连云港至霍尔果斯、上海至成都、上海至瑞丽、衡阳至昆明7条东西走向国道主干线，长度分别约为1 300公里、4 600公里、1 600公里、4 400公里、2 500公里、4 000公里、2 000公里。

到2010年我国基本建成公路主骨架。公路主骨架是根据"国道网"规划并考虑其他相关因素确定的，总长约3.5万公里，由纵贯东西和横穿南北的"五纵七横"共12条国道主干线和公路主枢纽以及信息系统构成，主要路线都采用高速公路技术标准。

4. 高速公路网

《国家高速公路网规划》于 2004 年经国务院审议通过，这是中国历史上第一个"终极"的高速公路骨架布局，同时也是中国公路网中最高层次的公路通道，见表 1-2。

我国国家高速公路网布局方案可以归纳为"7918"网，采用放射线和纵横网格相结合的形式，由 7 条北京放射线、9 条纵向路线和 18 条横向路线组成，总规模约 8.5 万公里，其中主线 6.8 万公里，地区环线、联络线等其他路线约为 1.7 万公里。

表 1-2 国家高速公路网规划方案

\multicolumn{3}{c}{北京放射线}	\multicolumn{3}{c}{南北纵线}	\multicolumn{3}{c}{东西横线}
序号	起终点	里程（公里）	序号	起终点	里程（公里）	序号	起终点	里程（公里）
1	北京—上海	1 245	1	鹤岗—大连	1 390	1	绥芬河—满洲里	1 520
2	北京—台北	2 030	2	沈阳—海口	3 710	2	珲春—乌兰浩特	885
3	北京—港澳	2 285	3	长春—深圳	3 580	3	丹东—锡林浩特	960
4	北京—昆明	2 865	4	济南—广州	2 110	4	荣成—乌海	1 820
5	北京—拉萨	3 710	5	大庆—广州	3 550	5	青岛—银川	1 600
6	北京—乌鲁木齐	2 540	6	二连浩特—广州	2 685	6	青岛—兰州	1 795
7	北京—哈尔滨	1 280	7	包头—茂名	3 130	7	连云港—霍尔果斯	4 280
			8	兰州—海口	2 570	8	南京—洛阳	710
			9	重庆—昆明	838	9	上海—西安	1 490
						10	上海—成都	1 960
						11	上海—重庆	1 900
						12	杭州—瑞丽	3 505
						13	上海—昆明	2 370
						14	福州—银川	2 485
						15	泉州—南宁	1 635
						16	厦门—成都	2 295
						17	汕头—昆明	1 710
						18	广州—昆明	1 610

5. 国家干线公路网顶层规划

2013 年 6 月，国务院、交通运输部发布《国家公路网规划（2013—2030 年）》。国家公路网规划的目标是：形成"布局合理、功能完善、覆盖广泛、安全可靠"的国家干线公路网络，实现首都辐射省会、省际多路连通，地市高速通达、县县国道覆盖。

国家公路网规划方案由普通国道和国家高速公路两个路网层次构成，总规模约 40 万公里。

> **阅读资料 1-2** 我国公路总里程达 484.65 万公里
>
> 截至 2019 年，全国公路通车总里程达 484.65 万公里，其中，高速公路达到 14.26 万公里，里程规模居世界第一。高速公路覆盖了 97% 的 20 万人口城市和地级行政中心，7 条首都放射线、9 条南北纵线和 18 条东西横线的国家高速公路网已基本建成，国、省干线公路技术等级也逐步提升。农村公路总里程已达 405 万公里，有 99.64% 的乡镇、99.47% 的建制村通了硬化路。

（三）运输工具

道路运输的基本运输工具是汽车，在现阶段，我国物流货运企业所用的车辆主要以单体卡车和半挂牵引车加挂一辆半挂车组成的汽车列车为主。

1．载货汽车

载货汽车一般称作（普通）货车，又称（单体）卡车，指主要用于运送货物的汽车，有时也指可以牵引其他车辆的汽车。载货汽车按其载质量的不同分为微型、轻型、中型、重型四种，见表1-3。

表1-3 各型货车的载质量标准及适用范围

类　　别	载质量标准	适　用　范　围
微型货车	≤1.8吨	城市运输的规模不大、批量很小的货物运输
轻型货车	1.8～6吨（含6吨）	城市运输的规模不大、批量很小的货物运输
中型货车	6～14吨（含14吨）	既可在城市承担短途运输任务，也可承担中、长途运输
重型货车	>14吨	经常性的大批量货物运输或长途干线运输

2．专用运输车辆

专用运输车辆是指按运输货物的特殊要求设计的，装有专用车厢或专用装备，从事专门运输的汽车。主要包括：厢式车，即标准的挂车或货车，货厢封闭，有普通厢式货车、爆炸和剧毒化学品厢式货车、集装箱运输车、控温厢式货车等多种类型；敞车，即挂车，顶部敞开，可装载高低不等的货物；平板车，无顶也无侧厢板，主要用于运输钢材和集装箱货物；罐式挂车，用于运输流体类货物；冷藏车，用于运输需控制温度的货物；高栏板车，其车厢底架凹陷或车厢特别高以增大车厢容积；自卸车，可以自动卸货，用于运送散装货物，如煤炭、矿石、沙子等。

动画：专用运输车辆介绍

3．汽车列车

汽车列车（甩挂车辆）是指一辆汽车（载货汽车或牵引车）与一辆或一辆以上挂车的组合。牵引车是汽车列车的动力来源，而挂车是被拖挂车辆，本身不带动力源。

（1）牵引车。牵引车也称拖车，一般不设载客或载货车厢，它是专门用于拖挂或牵引挂车的汽车。按用途不同，牵引车可分为全挂牵引车和半挂牵引车。

1）全挂牵引车。它是指专门或主要用于牵引全挂车的汽车。全挂式牵引车与全挂车一起使用，其车架较短。除专门牵引车以外，一般采用普通载货汽车作为全挂式牵引车使用，既能载货，又能牵引，如图1-3所示。

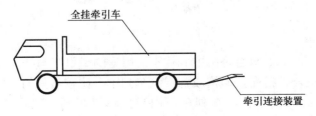

图1-3 全挂牵引车（牵引汽车）

2）半挂牵引车。它是指专门用于牵引半挂车的牵引汽车。半挂式牵引车与半挂车一起使用，半挂车的部分重量由半挂式牵引车的底盘承载，如图1-4所示。

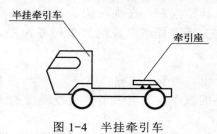

图1-4 半挂牵引车

（2）挂车。挂车是指由牵引车牵引而本身无动力驱动装置的车辆。它是通过杆式或架式拖挂装置，由牵引车或其他车辆牵引，因此它必须与牵引车组合在一起，才能作为一个完整的运输工具。

1）按其车身形式划分，挂车可分为厢式挂车、罐式挂车、平板挂车、集装箱托架挂车、商品汽车运输专用挂车（笼车）等。

2）按其与牵引车的连接方式划分，挂车可分为全挂车、半挂车、长货挂车等。

① 全挂车。它是指由牵引车牵引且其全部重量由本身承受的挂车，如图1-5所示。

② 半挂车。它是指由牵引车牵引且其部分重量由牵引车承受的挂车，如图1-6所示。

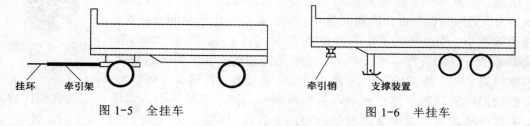

图1-5 全挂车　　　　　　　图1-6 半挂车

③ 长货挂车。它是指专门用于装载普通货车难以装载的超长货物（如型钢、电缆柱、木材等）的挂车，可伸缩调节式的牵引杆可以适应载运货物长短的变化，如图1-7所示。

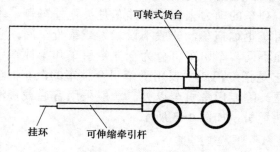

图1-7 长货挂车

动画：汽车列车及组合形式

（3）组合搭配方式。不同用途的牵引车与挂车按照一定的要求进行组合、搭配，即构成各类汽车列车。比较常见的搭配形式有以下几种。

1）半挂汽车列车。由半挂牵引车同一辆半挂车组合而成，即一牵一挂，如图1-8所示。

模块一　货物运输管理基础

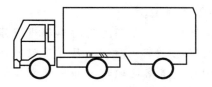

图 1-8　半挂汽车列车

2）全挂汽车列车。由牵引汽车（带牵引装置的载货汽车）同一辆全挂车组合而成，即一主一挂，如图 1-9 所示。

图 1-9　全挂汽车列车

3）双挂汽车列车。由半挂牵引车同一辆半挂车、一辆全挂车组合而成，即一牵两挂，如图 1-10 所示。

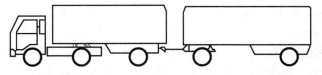

图 1-10　双挂汽车列车

4）特种汽车列车。由牵引车同特种挂车组合而成，如图 1-11 所示，包括带有可伸缩牵引杆的特种汽车列车（长货汽车列车）；或者由运送长尺寸货物本体将牵引车和挂车连接起来的特种汽车列车。

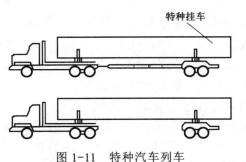

图 1-11　特种汽车列车

知识链接 1-1　货运车辆管理规定

《道路运输车辆技术管理规定》

道路运输经营者是道路运输车辆技术管理的责任主体，负责对道路运输车辆实行择优选配、正确使用、周期维护、视情修理、定期检测和适时更新，保证投入道路运输经营的车辆符合技术要求。禁止使用报废、擅自改装、拼装、检测不合格以及其他不符合国家规定的车辆从事道路运输经营活动。

> 《道路货物运输及站场管理规定》
> 县级以上道路运输管理机构应当定期对货运车辆进行审验，每年审验一次。审验内容包括车辆技术等级评定情况、车辆结构及尺寸变动情况和违章记录等。审验符合要求的，道路运输管理机构在"道路运输证"审验记录中或者 IC 卡注明；不符合要求的，应当责令限期改正或者办理变更手续。
> 道路货物运输经营者应当按照国家有关规定在其重型货运车辆、牵引车上安装、使用行驶记录仪，并采取有效措施，防止驾驶人员连续驾驶时间超过 4 个小时。

（四）运输货物

所有被接受运输的商品和物资从接受承运起到运达目的地为止统称为货物。货物是运输的直接对象，是合理组织货物运输工作的基础，是组织与调度货运车辆的依据。

货物品种繁多，根据运输、装卸等要求不同，常用的分类方法有以下几种。

1．按运输条件划分，运输货物可分为普通货物和特种货物

普通货物是指对车辆结构和运输组织（在运输、配送、保管及装卸搬运过程中）无特殊要求的货物。例如，粮食、白糖、食盐、煤炭、钢铁、日用工业品等均为普通货物。

特种货物是指在运输过程中，需要特殊结构的车辆或需要采取特殊措施运送来保证其完整和安全的货物。特种货物对运输、装卸、保管有特殊的技术、组织和管理要求，因此在运输过程中除了遵守普通货物运输的有关注意事项外，还应该遵守特种货物运输的特别事项。特种货物分为危险货物（如易爆物品、腐蚀性物品、剧毒化学品等）、长大笨重货物（如风力发电的叶片、大型机电设备等）、鲜活货物（如活禽、鱼苗、花木等）和贵重货物（如贵重金属、贵重药材、精密机械等）四类。

2．按装卸条件划分，运输货物可分为件装货物、散装货物和灌装货物

件装货物是指按件重或体积装运的货物。带运输包装的件装货物，按其包装物的形状可分为桶装、箱装和袋装货物；按其包装物的性质，又可分为硬质包装、软质包装、玻璃瓶装和专门包装等多个种类。集装单元可以视作件装货物的一种特殊形式，如托盘、集装箱以及用特种包装物固定在普通货板上的货物等。

散装货物，也叫堆积货物，是指不能计点件数，可以用堆积方法来装卸的货物，即允许散装散卸的货物，采用输送、铲抓、倾卸等方法装卸，如煤炭、矿石、砂石等。

灌装货物，一般指用灌装方法进行装卸搬运的、无包装的液体货物，如油类、液体燃料、水等。随着装卸技术的发展，许多粉末和小颗粒状的货物，如水泥、粮食等也采用灌装运输。

3．按托运货物的批量划分，运输货物可分为零担货物和整车货物

一次托运不足装满整车，但其体积、质量和包装符合拼装成整车运输要求的货物为零担货物。一次托运能装满整车，或其性质、体积、形状需要一辆货车运输的货物为整车货物。

4．按其品名（品种）划分，运输货物可分为17类21种

目前道路运输货物分为17类21种，17类即煤炭及制品，石油天然气及制品，金属矿石，钢铁，矿建材料，水泥，木材，非金属矿石，化肥及农药，盐，粮食，机械、设备和电器，化工原料及制品，有色金属，轻工、医药产品，农林牧渔业产品，其他货类等。

5．按其密度划分，运输货物可分为轻泡货物、重泡货物和纯重货物

每立方米重量不足333千克的货物称为轻泡货物，每立方米重量大于500千克的货物为纯重货物，每立方米重量在333～500千克之间的一般称之为重泡货物。例如棉花、塑料、泡沫、电冰箱等是轻泡货物。

货物的种类繁多、性质各异，在被运送的过程中，不同的货物对车辆的型号及装卸工作有不同的要求。例如散装货物、罐装货物、长大货物、沉重货物等，需要使用不同的专用车辆和装卸机械来组织运输。同时，货物的批量、流向、流量、流时、运输区域、运输距离及运达期限等都会对运输组织产生各种影响。因此，充分认识各类货物的特性，对确保货运服务质量、提高运输的安全性和时效性、降低运输成本、合理配置车辆运输的设备等均具有很大的实际意义。

综上所述，道路货物运输系统各构成要素中，运输线路是运输工具赖以运行的物质基础，运输节点是系统中运输线路的连接点，运输工具是在运输线路上用于装载货物并使它们发生位移的各种车辆，线路上、节点内、车辆中被移动其所在位置的运输对象就是货物。线路、节点、车辆等设施设备的技术状况以及货物包装技术决定了运输生产力的基础水平。

归纳总结

1．节点、线路、车辆和货物等要素是道路货物运输系统提供运输服务必不可少的硬件条件。这些要素的技术构成状况，形成了道路运输生产力水平的基础。

2．运输节点是运输系统中运输线路的连接点，它既是货物的集散地，又是办理运输业务的重要场所。

3．运输线路是供运输工具定向移动的通道，是运输的基础设施。

4．运输工具是在运输线路上用于装载货物并使它们发生位移的各种车辆。货运车辆主要以单体卡车和汽车列车为主。

5．所有被接受运输的商品和物资从接受承运起到运达目的地为止统称为货物。货物是运输的直接对象，是合理组织货物运输工作的基础，是组织与调度货运车辆的依据。

思考问题

请了解国外道路运输系统要素发展现状。谈一谈与国外道路运输相比，我国的道路运输系统的技术构成及运输生产力水平的基础处于怎样的位置。

任务三　道路货物运输管理组织体系

知识点　货运企业；货运企业从业条件；道路货物运输经营；货运企业管理组织结构；运输管理岗位工作目标；运输管理岗位工作内容。
能力点　组建运输公司（模拟公司）

任务情境

工作任务：组建运输公司

某物流运输集团公司（总部在上海），根据公司业务发展规划和业务发展战略，综合考虑客户需求和公司业务发展需要，决定将其运营网络向东北地区扩展，拟在沈阳设立独立核算的分公司。分公司除提供整车运输、零担运输业务外，还可以结合当地的货源特点提供个性化的物流运输服务。

现公司总部已选派有5年运输服务行业工作经验、有一定的管理经验和组织协调能力、熟悉东北地区环境的李健为沈阳分公司的筹备负责人。请你通过本任务的学习，帮助李健完成沈阳分公司的组建方案及实施工作，以及公司向外界的宣传和推广工作。

任务分析

上述工作任务是组建一家运输公司，这涉及运输企业的基本问题与基本活动。运输公司是物流运输市场经济活动的主要参加者，是以营利为目的，从事运输经营活动、向社会用户提供运输服务的经济组织。

运输公司开业之前，作为公司组建人员必须首先回答以下基本问题：

生产什么——企业为市场提供什么产品、什么业务或服务？
为谁生产——企业生产经营活动的服务对象是谁？
生产多少——企业能为市场提供的产品或业务的数量有多少？
怎样生产——企业经营模式、生产组织方式是怎样的？

围绕着这些问题，企业必须展开一系列的技术经济与管理活动。概括起来，企业的基本活动有以下五个方面。

（1）经营活动。经营活动的主要内容是分析企业内外部环境和竞争形势，根据外部环境的变化趋势明确企业的经营目标、经营战略、市场营销策略，进行经营决策，开拓运输市场，开发运输产品，制订、落实企业经营计划等，保证企业在满足社会需要的前提下，取得良好的经济效益。

（2）人事活动。人事活动的主要内容是对企业需要的人力资源进行规划、招聘、培养、整合、激励和开发，充分发挥人的积极性、能动性，使人尽其才、事得其人、人事相宜，保证企业各项活动的顺利开展。

（3）生产活动。生产活动的主要内容是充分利用企业内外的资源和条件，合理组织企业运输生产活动，有效完成运输生产任务，提高运输生产效率，保证运输服务质量，降低运输生产成本。

（4）财务活动。财务活动的主要内容是以价值形态正确反映和分析企业生产经营的成果，正确处理财务活动中与有关各方面发生的经济关系，合理组织企业的资金运动过程，提高资金使用效率。

（5）技术活动。技术活动的主要内容是为企业运输生产活动提供技术保障，保证运输生产过程的顺利进行，如运输场站生产工艺设计、车辆技术装备及维修、运输业务开发、运输生产流程和作业标准设计、信息系统开发等。

归纳起来，为了完成组建运输公司这项工作任务，我们还要明确下列问题。

1．相关的理论知识

运输企业的含义；货运企业的从业条件及开办事项；货物运输经营的含义；货运企业管理组织结构；运输业务部门的划分；运输管理岗位的工作目标；主要管理岗位人员的工作内容。

2．相关的实践活动

为了完成运输公司组建任务，还需要你到一家专业的物流运输公司现场参观学习，了解公司的组织结构、岗位设置及职责、人员分工、企业文化、经营理念、主营业务等情况，以及运输业务开展、企业发展计划等情况。

3．相关的运输法规

《中华人民共和国道路运输条例》（2004年国务院公布，2019年第三次修订）

《道路货物运输及站场管理规定》（2005年交通部发布，2019年第五次修正）

《道路运输从业人员管理规定》（2006年交通部发布，2019年第二次修正）

《道路危险货物运输管理规定》（2013年交通运输部发布，2019年第二次修正）

《超限运输车辆行驶公路管理规定》（2016年交通运输部发布）

《道路运输车辆技术管理规定》（2016年交通运输部发布，2019年修正）

任务准备

为向社会用户提供运输服务，首先我们需要构建运输管理组织体系（组建运输公司），将经营活动、人事活动、生产活动、财务活动、技术活动等基本活动结合在组织中。所以，接下来我们将站在管理组织的角度，研究为客户提供运输服务必不可少的软件条件。

（一）道路货物运输企业

1．货运企业类型

货运企业是运输市场中的经营主体，是由各种运输生产要素组合而成的、从事货物运输经营的经济组织。

《道路货物运输及站场管理规定》中指出：道路货物运输经营，是指为社会提供公共服务、具有商业性质的道路货物运输活动。道路货物运输包括道路普通货运、道路货物专用运输、道路大型物件运输和道路危险货物运输。

1）道路普通货运，是指使用常规车辆进行的普通货物运输，分为整批货物运输、零担货物运输。

2）道路货物专用运输，是指使用集装箱、冷藏保鲜设备、罐式容器等专用车辆进行的货物运输。

3）道路大型物件运输，是指因货物的体积、重量的要求，需要使用大型或专用汽车进行的货物运输。

4）道路危险货物运输，是指承运《危险货物品名表》（GB 12268—2012）列名的易燃、易爆、有毒、有腐蚀性、有放射性等危险货物和虽未列入《危险货物品名表》但具有危险货物性质的新产品的运输。

随着"互联网+"高效物流的发展，道路货运行业转型升级的推进，在总结2016年到2019年无车承运人试点工作的基础上，交通运输部、国家税务总局制定了《网络平台道路货物运输经营管理暂行办法》（2020年1月1日起施行），推出网络平台道路货物运输（简称网络货运）这一新的经营业态。

网络货运经营，是指经营者依托互联网平台整合配置运输资源，以承运人身份与托运人签订运输合同，委托实际承运人完成道路货物运输，承担承运人责任的道路货物运输经营活动。网络货运经营不包括仅为托运人和实际承运人提供信息中介和交易撮合等服务的行为。

实际承运人，是指接受网络货运经营者委托，使用符合条件的载货汽车和驾驶员，实际从事道路货物运输的经营者。

实践案例 1-2　网络货运经营第一家

2020年5月，百世集团旗下百世优货正式获取了网络货运平台道路货物运输经营许可证。百世优货是百世集团旗下专注整车物流的网络货运平台，基于移动互联网、云计算、大数据等先进技术，结合线下运营服务能力，为货主企业提供整车物流解决方案，实现线上整车运输集约化、规模化、智能化。截至2020年3月，百世优货整车物流网络货运平台已注册司机21万人。

2．货运企业从业条件

申请从事道路货物运输经营者应当具备下列条件。

（1）有与其经营业务相适应并经检测合格的运输车辆。

1）车辆技术要求应当符合《道路运输车辆技术管理规定》有关规定。

2）车辆其他要求：

① 从事大型物件运输经营的，应当具有与所运输大型物件相适应的超重型车组。

② 从事冷藏保鲜、罐式容器等专用运输的，应当具有与运输货物相适应的专用容器、设备、设施，并固定在专用车辆上。

③ 从事集装箱运输的，车辆还应当有固定集装箱的转锁装置。

（2）有符合规定条件的驾驶人员。

1）取得与驾驶车辆相应的机动车驾驶证。

2）年龄不超过60周岁。

模块一　货物运输管理基础

3）经设区的市级道路运输管理机构对有关道路货物运输法规、机动车维修和货物及装载保管基本知识考试合格，并取得从业资格证（使用总质量 4 500 千克及以下普通货运车辆的驾驶人员除外）。

> **知识链接 1-2**　**道路运输从业资格证**
>
> 道路运输从业资格证是道路运输从业人员从业资格证件的简称，由交通运输部发证。道路运输从业资格证是通过交通部门道路运输有关知识、技能考试合格后颁发的一种证件。（总质量 4.5 吨及以下普通货运车辆从事普通货物运输活动的，驾驶员可未取得从业资格证。）

（3）有健全的安全生产管理制度，包括安全生产责任制度、安全生产业务操作规程、安全生产监督检查制度、驾驶员和车辆安全生产管理制度等。

3．货运企业开办事项

申请从事道路货物运输经营的，应当依法向市场监督管理机关办理有关登记手续后，向县级以上道路运输管理机构提出申请，并提供相关证明材料（资金、车辆、人员、安全管理制度、场所等）。

道路运输管理机构对符合法定条件的道路货物运输经营申请做出准予行政许可决定，向其颁发"道路运输经营许可证"，在"道路运输经营许可证"上注明经营范围，同时向投入运输的车辆配发"道路运输证"。

> **知识链接 1-3**　**道路运输证**
>
> 道路运输证是证明营运车辆合法经营的有效证件，也是记录营运车辆审验情况和对经营者奖惩的主要凭证，道路运输证必须随车携带，在有效期内全国通行。
>
> 道路运输证中营运证的主证和副证必须齐全，编号必须相同，骑缝章必须相合，填写的内容必须一致。否则，视为无效营运证。道路运输证未按道路运政管理机构的规定年审，或三年一次换发的，均视为无效道路运输证。（总质量 4.5 吨及以下普通货运车辆从事普通货物运输活动的，无须配发道路运输证。）

（二）货运企业管理组织结构

货运企业成立后，接下来就是构建运输管理组织体系，即构建企业组织结构。企业组织结构是指企业内部机构设置和权力的分配方式。在构建管理组织体系时，相关负责人应根据企业的总体战略目标、经营状况和企业发展要求，明确运输管理组织的职能，界定运输管理组织的目标，在深入研究运输管理组织所处环境和探讨运输管理工作业务流程的基础上，构建运输管理组织结构。

1．货运企业组织结构的管理模式

具备一定规模的货运企业大多采用的是"职能部门+分支机构"的管理模式，组织体系呈网络化布局，如图 1-12 所示。其管理原则是集中决策、分散经营，即在集中指导下进行分权管理。在这种

微课：货物运输管理组织体系

结构中企业按生产特点、地区或经营部门分别成立若干个分支机构（分公司），各分支机构分别对自己所辖部门的工作负责，实行独立经营、单独核算。企业最高管理机构只保留人事决策、财务控制、规定价格幅度和监督等核心权力，并通过主要利益指标对各分支机构进行控制。

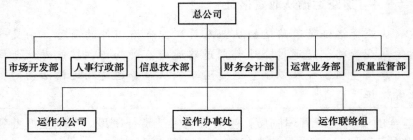

图 1-12 货运企业组织结构示意图

这种组织机构的优点是：最高管理部门可以摆脱日常行政事务，成为坚强有力的决策机构；同时，各分支机构可以较好发挥其灵活性，在它们之间有比较、有竞争，这有利于企业组织机构的发展，便于培养和训练管理人才。

实践案例 1-3　×××**物流有限公司组织结构**

×××物流有限公司总公司组织结构如图 1-13 所示。

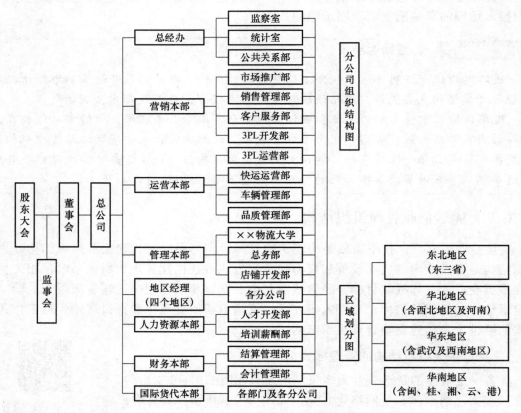

图 1-13　×××物流有限公司总公司组织结构图

2. 运输分支机构的管理

一般而言，总公司为宏观调控管理机构，不直接参与生产，分公司（分支机构）作为独立核算经济实体，通过共享和运营总公司的资质、资源，直接指挥一线生产，直接创造利润。

是否设立相应的分支机构，要根据公司业务发展规划和业务发展战略，综合考虑客户需求和公司业务发展的需要而定。

分支机构是指由公司总部选派或招聘相应人员派驻重点城市或进驻重点客户所在地，负责市场开拓、业务操作和协调以及客户服务的，非法人单位的分公司、办事处、联络处等。

分公司主要负责运输业务的开拓、维护和运作，其组织结构如图 1-14 所示。

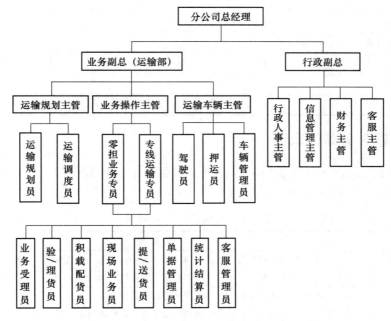

图 1-14　运输分公司组织结构及岗位设置情况

分支机构筹备人员应该选择具有 3 年以上的物流服务行业工作经验，有一定的管理经验和组织协调能力，熟悉分支机构所在地的环境，思想品德过硬的人员担任。

分支机构应在公司统一管理下，根据业务需要，尽量进行工商注册，并需将有关工作情况及时上报公司审批。分支机构发展壮大后，可以向公司申请转为独立核算的分公司。

分支机构的撤销分下列三种情况：一是因重点客户的业务终止而撤销进驻重点客户所在地的分支机构；二是因公司发展战略调整而撤销派驻重点城市的分支机构；三是公司认为有必要撤销的分支机构。

分支机构的选址宜选择靠近货运交易市场、机场和码头等主要中转操作地区或货源所在地的交通便利场所，应充分考虑道路通行限制、停车场地和就近租用配套小型中转库等影响因素。

实践案例 1-4　某货运公司办事机构的人员配置标准

某货运公司各级办事机构的人员配置标准见表 1-4。

表 1-4　某货运公司各级办事机构的人员配置标准（以四级为例）

职　　位	一级	二级	三级	四级
经理	1	1	0	0
市场及客服主管	2	1	0	0
市场助理/行政/财务	1	1	1~2	0
市场人员	2~5	1~3	0	0
客服人员	2	0	0	0
运营主管或助理	1	1	0	0
运营人员（含驾驶员）	2	1	1~2	1
系统维护	1	0	0	0~1
行政及财务人员	1	0	0	0
小　　计	13~16	6~8	2~4	1~2

（三）运输业务部门职责

运输业务部门是企业中负责为客户提供运输服务的具体操作部门，围绕企业的各种运输业务，其职能及职责见表 1-5。

表 1-5　运输部职能分解表

运输部职能	职　责　细　化
1. 建立运输管理工作规范	（1）认真贯彻执行国家有关运输管理方面的方针、政策，并负责起草运输部各项规章制度 （2）制订运输部各种工作流程、标准及操作规范等
2. 做好运输各项规划管理	（1）根据部门业务的完成情况，合理规划部门的发展 （2）根据货物的运输需求，做好货物运输方式、运输路线等的规划工作 （3）建立企业的运输网络，确保运输渠道的畅通
3. 制定运输方案	（1）业务部与客户签订委托运输合同 （2）规划部根据合同要求编写运输计划与运输方案 （3）业务部对运输计划与运输方案进行审核，检查是否符合合同要求 （4）运输部对运输计划与运输方案进行审批
4. 处理意外事故	（1）如果运输途中发生意外事故，运输负责人应及时上报公司运输部，并通知业务部及相关领导 （2）业务部就意外事故及时通知客户端单位，商讨解决办法 （3）规划部及时制订解决措施，并由运输部经理对解决措施进行审批 （4）运输部根据相关解决措施，继续组织运输
5. 完成运送业务操作	（1）业务部根据合同要求将货物运抵目的地 （2）货物接收单位在"货物接收单"上签字确认 （3）货物运输完毕，将"货物接收单"送交业务部 （4）业务部凭"货物接收单"向客户收取运输服务余款

（四）运输管理岗位与工作事项

运输企业业务部门管理岗位包括运输部经理、运输规划主管、运输业务操作主管、运输车辆主管及运输专员（规划员、调度员、业务专员、押运员、驾驶员、安全员）等。运输管理岗位的工作目标以及主要管理岗位人员的工作内容，见表1-6～表1-9。

表1-6 运输管理岗位工作目标

总体目标	目标细化
1．运输规划目标	（1）合理选择运输方式、规划运输线路，降低运输成本 （2）做好车辆调度，在保证人员工作不超时的基础上提高运输工作效率
2．装卸搬运工作目标	（1）做好装卸搬运工作，确保货物装卸搬运过程中安全事故率在____%以下 （2）确保货物按照规定要求码放，不因装卸工作而导致货物受损
3．运输过程管理目标	（1）及时对货物进行运送，确保货物及时运送率达____%以上 （2）及时处理货物运输途中的突发事件和异常情况，保证货物不受损
4．运输安全管理目标	（1）确保货物运输过程的安全，实现年运输事故次数为0的目标 （2）确保货物运输遵循国家相关法律法规和企业相关制度，无违规行车现象

表1-7 运输经理工作明细表

工作大项	工作细化	工作目标或成果
1．运输部工作规范的建立	认真贯彻执行国家有关运输管理方面的方针、政策，并负责起草运输部各项规章制度	各项规章制度完善
	组织建立运输部各种工作流程及标准	工作标准科学、完善
2．运输规划管理	根据部门业务的完成情况，合理规划部门的发展	形成科学的发展规划
	组织做好货物运输方式以及运输路线等规划工作	货物运输规划合理
	监督企业所有车辆的组织、调度和日常管理，严格控制运输费用	车辆调度合理，运输费用控制在预算范围内
3．运输安全管理	做好本部门的所属运输车辆的安全管理等工作，加强部门员工安全教育工作	部门员工安全教育普及率达100%
	认真落实企业交付的运输任务，保证行车安全	运输过程无安全事故
4．对外关系维护	负责协调企业与铁路部门、航空企业、船运企业等的合作关系，保障企业各种运输路线的通畅	保证铁路、航空、船运部门合作关系良好
	及时协调与外部承运商的合作，保证企业货物运输对接畅通	保持____家以上有合作关系的承运商
5．部门日常事务管理	合理分派运输任务到部门员工，按企业规定行使对部门员工的调动、奖励和处罚的决策权	部门员工分工合理，权责明晰
	负责运输部门日常运营、和其他部门的联系与沟通，并及时处理部门运营中遇到的各种问题	日常工作中各项问题能够及时、完善地解决

表 1-8　运输（规划、业务操作、车辆）主管工作明细表

工作大项	工作细化	工作目标或成果
1．运输规划工作	针对不同的运输任务和要求，选择不同的运输方式，合理规划运输时间	在满足运输要求的情况下使运输成本最小化
	在运输调度人员的协助下，根据运输任务和运输方式合理规划运输路线	在完成运输任务的前提下，使运输路径最短或运输成本最低
	按照运输任务，制订运输计划，并报运输部经理审批	运输计划按时完成率达到_____%以上
2．承运商选择	根据运输需求，为企业选择合适的承运商，并上报运输部经理批准	保持_____家以上具有合作关系的承运商
	对承运商管理和监控，确保企业所运货物的安全	承运商考核工作及时
3．运输作业管理	协助运输部经理做好运输安全管理和培训工作，加强部门员工安全意识	部门员工安全考核合格率达_____%以上
	根据调度结果，认真落实企业安排的运输任务，保证运输任务按时完成	运输任务按时完成率达到100%
4．运输人员管理	对驾驶人员及押运人员等运输部门人员进行管理与监督，定期对其进行考核	部门人员按时考核率达到_____%以上
	严格执行企业自有车辆管理制度，负责对驾驶人的提货及开票等业务知识进行培训和考核	驾驶人员业务知识培训计划完成率达100%
	每天跟踪驾驶人员行车及费用报销情况，发现异常应及时查找原因，并上报部门经理	费用支出合理，无舞弊行为
	若发现驾驶人员在运输途中有怠工、拖延及公车私用的现象，应立即采取措施并进行责任追查	不合理现象发生次数不超过_____次/季度
	履行对部门人员的奖惩、升迁等建议权	按规定行使相关权力

表 1-9　调度人员工作明细表

工作大项	工作细化	工作目标或成果
1．自有车辆调度	根据运输任务及当天货物出入数量，合理制订出车计划，准确快捷地调度企业的自有车辆	车辆调配合理、有效，运送任务按时完成
	合理安排车辆的出勤，制订车辆的检修保养计划，保证出车安全	车辆保养按计划完成率达100%
	安排车辆维修工作，确定维修地点及维修方式	车辆维修费用控制在预算范围内
2．车辆行驶跟踪	对在途的货车行驶情况进行实时跟踪	及时了解货车行驶的实时情况
	驾驶人员在运输途中反映车辆出现异常时，应及时确认产生异常的原因及程度	车辆在途异常情况得到及时处理
3．出车情况记录	负责记录车辆的出车及异常情况、返回时间以及运输相关单证的汇总	保证出车凭证及记录完整率达_____%以上
	妥善保管车辆及驾驶人员出车记录，作为奖惩、升迁的依据	出车记录保管完整

知识链接 1-4　实践对运输基层管理人员的要求

（1）专业技能。熟悉运输工具，如各种货车、叉车、货架、信息系统等；还要了解企业的运输运作流程。

（2）人际关系能力。与具体操作人员（仓库管理员、驾驶员、搬运工等）进行业务性的沟通，了解其基本工作情况并听取其对工作改进的建议；将工人对物流环节改进的意见与实际相结合，报告给上层管理者；与客户建立起友好关系，听取客户的需求意见，提出自己的专业物流意见，这样才能使工作持续、良好地发展。

阅读材料：如何成为一名物流运输领域的专业人才

（3）运输业务管理能力。具有一定的运输现场管理能力，并且能够根据企业运输任务合理地安排人手，开展具体的运输活动；适当地运用自己的权限，落实具体负责人，做好资源分配和人力调配；有能力对企业的短期（一年内）运输计划细化到各个环节，进行具体的月度或季度安排。

职业素养小贴士：

运输基层从业人员，不仅要掌握一定的专业知识和相关的沟通及业务管理技能，还应当具备良好的思想品德、吃苦耐劳的敬业精神、强烈的社会责任感以及任劳任怨的服务态度。同时要想成为运输人才，需要脚踏实地地从一线做起，从基层增长才干。只有一线工作的基础夯实了，将来才会拥有战略性的眼光、运筹帷幄的能力、游刃有余的举措，才能创作出骄人的业绩，显示出卓越的才华。

任务实施

（一）实训任务

背景描述见本任务【任务情境】中的工作任务。

（二）实训目标

1．能构建运输管理组织结构，合理划分业务部门及职责，正确设置业务岗位并确定岗位职责。

2．认知运输企业的业务类型、人力资源要求、车辆资源的配置要求等。

3．认知运输企业的经营理念、竞争优势、信息管理、质量管理等方面的情况。

（三）实训内容及操作步骤

1．按照优势互补的原则，自主成立由5～6人组成的学习小组，确定组员分工：组长、笔记员、解说员、考评员等，进行团队建设。

2．参考下面"操作步骤"的提示，完成公司组建的各项工作。

操作步骤：

步骤1．确定发起人和筹建团队人员。要求发起人具有一定的沟通能力，并能按优势互补原则寻找团队成员。

步骤2．确定拟开展的业务范围，如整批运输、零担运输、专用运输、危险品运输或大件货物运输等业务。

步骤3.按车辆技术要求准备合格的运输车辆，招聘符合规定条件的驾驶人员，建立健全安全生产管理制度。

步骤4.设计管理组织机构并进行岗位设置和人员分工，可根据个人兴趣、特长、未来规划、部门、角色来定。

步骤5.确定公司经营理念、口号或标识、广告语、组织制度、团队精神等。

步骤6.确定公司的竞争优势、信息系统、质量管理体系、发展计划等方面的工作。

步骤7.对新组建的公司对外进行宣传、推广工作，争取客户的选择。

（四）成果形式

总结报告：针对所学到的理论知识和获得的专业技能进行全面的总结，对获得的经验和教训进行深刻的反思，并提出以后的发展方向。

小组演讲：利用PPT幻灯片现场演讲本组的运输公司组建方案。

（五）考核标准

评价项目	分配分值
1．公司的发起人具备一定的素质，筹建团队成员能优势互补	10
2．业务范围清晰，人力资源、车辆资源配置合适	20
3．组织结构设计合适，岗位设置合理，岗位职责表述正确	30
4．公司标识、口号、经营理念、团队精神等具有创意，反映出与客户共发展的理念	10
5．竞争优势有吸引力，信息管理内容考虑全面，质量管理考虑周全，有远景和近期发展计划等	10
6．小组PPT演讲流利，团队合作表现好	20
合　计	100

（六）注意事项

环境要求：

多媒体教室一间，模拟实训室一间，多台计算机，一部打印机，计算机能联网。

教师要求：

对学生遇到的难点或疑问要及时给予指导，以便更有效地工作和深入思考。

学生要求：

组内和小组之间要分享获得的新的信息或进一步的理解；听取来自老师、同学们的反馈及建议。

归纳总结

1.道路货物运输经营是指为社会提供公共服务、具有商业性质的道路货物运输活动。道路货物运输包括道路普通货运、道路货物专用运输、道路大型物件运输和道路危险货物运输。

2.企业组织结构是指企业内部机构设置和权力的分配方式。具备一定规模的运输组织常采用的是"职能部门+分支机构"的管理模式，其管理原则是集中决策、分散经营。

3. 分支机构是指由公司总部选派或招聘相应人员派驻重点城市或进驻重点客户所在地，负责市场开拓、业务操作和协调以及客户服务的，非法人单位的分公司、办事处、联络处等。

4. 运输业务部门的职能是建立运输管理工作规范、做好运输各项规划管理、制订运输方案、处理意外事故、完成运送业务操作等。

5. 运输管理岗位通常设计有总监级、经理级、主管级、专员级四个级别。业务部门管理岗位有运输部经理、运输规划主管、运输业务操作主管、运输车辆主管及运输专员（规划员、调度员、业务专员、押运员、驾驶员、安全员）等。

思考问题

1. 国家和行政、行业管理部门发布的运输法规文件是运输经营的主要依据，运输各级管理人员应该深入理解其要求，依法经营。道路货物运输的相关法律、运输法规和行政规章有哪些呢？请列举。

2. 从运输业务对管理人员的要求角度讲，实践对基层管理人员的能力要求有哪些？与对高层管理人员的要求有什么不同？

同步知识测试

一、单选题

1. 采用"零库存"管理的先决条件之一是（　　　）。
   A. 多样化分拨　　　　　　　　　　B. 安全库存为零
   C. 供应链管理　　　　　　　　　　D. 快速、可靠、小批量运送

2. 我国企业所用的车辆主要以单体卡车和（　　　）为主。
   A. 专用运输车辆
   B. 半挂牵引车加挂一辆半挂车组成的汽车列车
   C. 全挂牵引车加挂一辆半挂车组成的汽车列车
   D. 半挂牵引车加挂一辆全挂车组成的汽车列车

3. 半挂车是指由牵引车牵引且其（　　　）承受的挂车。
   A. 部分重量由本身　　　　　　　　B. 全部重量由本身
   C. 全部重量由牵引车　　　　　　　D. 部分重量由牵引车

4. （　　　）是从事道路运输经营活动的车辆的合法凭证。
   A. 车辆驾驶证　　B. 车辆行驶证　　C. 车辆检测证　　D. 道路运输证

5. 运输分公司（分支机构）作为独立核算经济实体，通过共享和运营（　　　）的资质、资源，直接指挥一线生产，直接创造利润。
   A. 总公司　　　　B. 承运商　　　　C. 同行企业　　　D. 客户企业

二、多选题

1. 运输是指"用专用运输设备将物品从一个地点向另一地点运送。其中包括搬运、装入、卸下、分散、（　　　）等一系列操作"。
   A．包装　　　　B．集货　　　　C．分配　　　　D．中转
   E．存储

2. 运输企业提供运输服务的成本包括基本费用和附加费用，基本费用主要指（　　　）。
   A．人工费　　　B．包装费　　　C．装卸费　　　D．油费
   E．过路费

3. 道路货物专用运输，是指使用（　　　）等专用车辆进行的货物运输。
   A．集装箱　　　B．冷藏保鲜设备　　C．高栏板　　　D．罐式容器
   E．自卸设备

4. 货运企业从业条件中要求有符合规定条件的驾驶人员，要求其通过市级道路运输管理机构对（　　　）基本知识考试合格，并取得从业资格证。
   A．道路货物运输法规　　　　　　B．运输合同基本知识
   C．货物基本知识　　　　　　　　D．装载保管基本知识
   E．机动车维修

5. 运输分支机构是指由公司总部选派或招聘相应人员派驻重点城市或进驻重点客户所在地，负责（　　　）的，非法人单位的分公司、办事处、联络处等。
   A．市场开拓　　　　　　　　　　B．车辆采购
   C．业务操作和协调　　　　　　　D．仓储设施建设
   E．客户服务

三、判断题

1. 运输承担了改变"物"的时间状态的主要任务。（　　　）
2. 运输服务包括基本运输服务和附加的服务，不包括包装、装卸、送货上门、代收货款等服务。（　　　）
3. 生产制造业是运输需求的主体，它们对货物运输服务质量有更高、更严格的要求。（　　　）
4. 随着高速公路的广泛修建，道路运输已经形成短、中、长途运输并举的格局。（　　　）
5. 运输公司应提供更好的运输服务，而不是单纯降低运输服务价格来争取或影响运输用户的购买选择。（　　　）

四、案例分析题

某物流公司是一家从事物流业务的公司，公司在北京丰台区有一处库房，用于从事包装、分拣货物的业务。

其员工有：库房主管1人、车辆调度1人、驾驶员3人、装卸工16人、仓储保管员

模块一 货物运输管理基础

3人共计24人。其中库房主管暂由刘某担任,刘某中专毕业,但从事库房管理工作数年,有物流工作经验,车辆调度也是驾驶员出身,装卸工主要是雇佣来自农村外出打工的农民工(目前货运市场普遍采用)。

刘某自身文化水平较低,管理水平也不高,但非常讲"哥们儿义气",对部下非常好,而且非常尊重驾驶员和装卸工,从不因为装卸工来自外地农村,驾驶员文化水平低、素质差,不愿意讲卫生的不良习惯等瞧不起他们,而是对待他们像"兄弟"一样。平时部下生病、急需用钱以及其他生活中琐碎小事刘某均乐意帮忙,还经常嘘寒问暖,因此库房员工都非常尊敬刘某,甚至称刘某为"老大"。

由于公司刚成立不久,一些制度还没有建立起来,包括一线员工奖励机制,库房工人工资还是实行固定工资制,再加上公司业绩不好,因此库房工人工资不高。但在刘某的管理下,不管每天加班时间多长,不管每天物流业务量多少,他都能组织部下及时地将货物发往全国各地。然而由于刘某水平有限,库房管理水平始终不高。

随着时间的推移,公司发现了如下问题:库房管理水平低;缺乏制度建设;公司本部从战略角度考虑发往库房的行政指令,如果刘某暗示抵触时,就无法落实,但刘某自己的行政指令却落实得非常好。库房事实上已成为刘某的"独立山头",刘某则成为"将在外、军令有所不受"的大将。为了解决上述问题,该公司总部派遣了具有本科学历、有两年工作经验的张某到库房担任库房主管,让刘某协助张某管理库房。

张某出生于北京,独生子女,大学刚毕业不久,血气方刚,一心想干一番轰轰烈烈的事业,得到公司的任命后,立即投入库房管理工作。

张某到库房后,根据自己的知识和水平,到任后的第二天便向总公司提出了三点建议:一是在工资总额不变的情况下,库房工人工资从当月起实行保底工资加提成的制度(即按业务量多少给予提成);二是在近期内辞退全部农民工,改用中专毕业的学生,以便提高库房工人素质;三是加强库房制度建设。

公司经综合考虑,决定同意其意见的第一点和第三点,但是第二点没有同意,原因是起用中专毕业的学生,人工费过高,公司难以承受。

经过张某的改革,库房工人的积极性提高了,管理水平也提高了。但是由于张某出生在市里,从小娇生惯养,因此他对来自农村的农民工,对素质差的汽车驾驶员,存在着看不起、鄙视的心理,这种心理常常表现在他的管理中,比如批评农民工不爱洗澡、经常说粗话等。这些事,农民工和驾驶员们看在眼里,记在心里,敢怒不敢言。

2019年12月23日,即圣诞节前两天,公司的客户——某食品公司突然加大了货运量,当天的货运量是平常的3倍多,而且要求公司在当天发完全部货物,否则赔偿损失,并且会终止物流服务合同。

因库房发货业务量超出了目前现有员工的正常工作负荷,但时间又比较急,且赶上过节,因此短期内不可能招聘到更多的工人。面对工作压力,张某要求工人加班并提高加班费,但是到23点多,还没有完成任务。这时工人由于长时间加班,体力消耗量大，一不小心，将货架瓶装的货物碰倒，造成一个货架的大多数货物破碎，损失上万元。在这种情况下，张某便破口大骂了造成货损的工人，由于平时积怨过深，工人们便和张某争吵起来。这时其他的工人也大多闻声赶过来，异口同声地说，不论给多少奖金也不干了，这样形成了罢工的局面。面对这种局面，公司本部运营部负责人当机立断，要求张某立刻离开库房现场，听候处理，同时再次起用刘某来管理库房，这次事故才得以平息。

根据上述案例，回答以下问题：
1．你对物流企业基层管理实践工作是怎样认识的？
2．在企业管理中，你认为对"人"的管理和对"物"的管理哪个更重要？
3．人力资源在企业所有的资源中处于什么样的地位？它有哪些特点？
4．谈谈这一真实案例对你毕业后将从事的一线管理工作有什么启发。

模块二

货物运输计划编制与调度安排

> **导读**

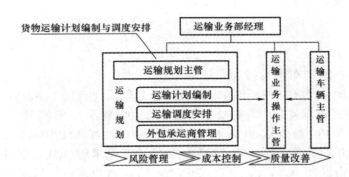

运输业务部门是企业中负责为客户提供运输服务的具体操作部门，围绕企业的各种运输业务，其职责主要是运输规划管理（运输计划编制与调度安排）、运输作业操作管理、车辆管理三大块。

模块二探讨的是运输计划编制与调度安排问题，在模块三、四、五中我们将探讨运输业务作业操作与管理问题。

运输计划编制与调度安排是启动运输作业的环节，制订运输计划和做出调度指令的目的是对货物运输过程中各事项进行管理和控制，通过合理组织运输工作，提高运输能力和效率，节省运输成本，提高企业的经济效益。

任务一中我们将学习运输计划的编制方法并完成车辆运行作业计划工作任务，旨在练习管理和协调货物运输资源的能力；任务二中我们将学习运输调度作业控制程序及承运商的选择与管理方法，完成车辆、路线、人员安排工作任务，旨在练习合理调度的技巧。

计划与调度工作是企业降低运输成本的关键环节。计划与调度能力是运输规划及运输调度人员的必备专业技能。

学习目标

通过本模块的学习,你将熟悉道路货物运输计划工作及调度工作内容并初步具备编制运输计划和制订调度指令的能力。能够:

1. 编制车辆运行作业计划,管理、协调货物运输资源。
2. 根据货物特性和托运人的要求调配货运车辆,选择运输线路,指派运输人员。
3. 执行运输调度作业,跟踪运输过程,处理异常情况。
4. 合理选择外包承运商并对其进行管理。
5. 具备降本增效意识,拥有可持续发展观,增强社会责任感和使命担当。

任务一 货物运输计划编制

知识点 货物运输计划;稳定型货运计划;临时型货运计划;车辆运用效率指标。
能力点 编制车辆运行作业计划。

任务情境

工作任务:编制车辆运行作业计划

大连某货运公司(甘井子区华南路 10 号)车队现有货车 60 辆,其中 3 吨厢式货车 20 辆(解放厢式货车 4 200 毫米×2 100 毫米×2 200 毫米),6 吨货车 25 辆(CA1123 4×2—6 500 毫米×2 300 毫米×600 毫米),8 吨货车 10 辆(CA1170 6×2—8 600 毫米×2 300 毫米×800 毫米),10 吨货车 5 辆(CA1200 6×2—9 500 毫米×2 300 毫米×800 毫米),主要从事本地区和省内市区间货运,该公司自 20 世纪 50 年代以来一直以疏港运输为主,执行稳定型货运计划。进入 21 世纪以来,运输市场剧烈变化,货源结构和市场需求事先难以确定。货运任务主要受制于货运订单,而且订单的前置时间很短,多数为一两天或几小时,要求运输企业快速响应,及时提供服务,做到以客户为中心,最大限度满足客户需要。该公司车辆近年已经全部更新,车型配置为解放骏威和解放厢货。

车队的运输任务有三个渠道:一是受理的托运计划;二是客户以传真或电子邮件形式的运输任务书;三是电话或口头通知(针对老客户或相当熟悉的客户)。

10 月 10 日确定的 10 月 11 日运输任务如下:

1)抚顺果品公司托运苹果 90 吨(9 000 箱,每箱 10 千克,规格为 450 毫米×300 毫米×200 毫米,堆码极限 7 层),自金州向应镇果场至抚顺果品公司新抚仓库,运距 396 公里。

2)大连饲料公司托运饲料 150 吨,自大连南关岭饲料厂至金州亮甲畜牧场,运距 34 公里。

3)大连食品公司托运生猪 200 头(约 60 吨),自金州亮甲店畜牧场至大连食品公司南关岭屠宰场,运距 34 公里。

4)瓦房店供销社托运电器 200 箱,每箱 75 千克(规格为 800 毫米×500 毫米×100 毫米,堆码极限 2 层),自周水子苏宁电器库至瓦房店土城乡(运距 123 公里)120 箱、永宁镇(运距 124 公里)80 箱。

5）大连果品公司托运苹果 45 吨（4 500 箱，每箱 10 千克，规格为 450 毫米×300 毫米×200 毫米，堆码极限 7 层），自瓦房店永宁镇至南关岭仓库，运距 118 公里。

6）苏宁电器托运电器 400 箱，每箱 75 千克（800 毫米×500 毫米×100 毫米，堆码极限 2 层），自周水子苏宁电器库至瓦房店交电仓库，运距 98 公里。

7）庄河建材托运水泥 160 吨，自大连水泥厂（金州区）至庄河建材库，运距 139 公里。

8）大连海鲜产品市场托运海蜇 24 吨，自鲅鱼圈水产公司至大连海鲜市场，运距 169 公里。

9）大商集团托运地瓜 16 吨，自瓦房店李官镇至大连商场，运距 138 公里。

10）沈阳机床厂托运机床 5 台，每台 10 吨。自沈阳机床厂至大连港三号码头，运距 405 公里。

注：电器要求用厢式货车运输，符合货厢容积为满载。

10 月 11 日天气情况：阵雨。

10 月 11 日车辆状态：10 吨——5 辆（辽 B31001-5），8 吨——10 辆（辽 B31006-15），6 吨——25 辆（辽 B31016-40），3 吨——20 辆（辽 B31041-60），其中辽 B31056-58 备用，辽 B31059-60 保养。

请学习本任务内容，为该公司车队完成上述运输任务提出你的车辆运行作业计划，并完成车辆运用效率指标的计算，评价车辆运输组织工作的水平和质量，说明作业计划实施前、实施中及结束后计划调度部门应注意做好哪些工作。

（注：完成此工作任务涉及任务二的内容，且工作量较大，建议学习完任务二内容后再实施本任务。）

动画：车、货、线的匹配选择

> **职业素养小贴士：**
>
> 学习小组完成上述工作任务后，针对"工作任务"实施过程及结果，进行经验和教训总结，并思考计划管理与资源节约、经济发展的关系。

任务分析

在货运企业中，客户的运输任务是由业务部门负责的。首先由业务部门的计划人员编制运输作业计划，然后下达给车队去执行。安排进度计划的目的是控制时间和节约时间，平衡各种运输资源。

该任务涉及的问题是，为车队完成运输任务编制车辆运行作业计划，为了完成这项工作任务，我们需要弄清和明确以下问题。

1．相关的理论知识

货物运输计划的种类及其编制方法；车辆运行作业计划的含义及编制方法；车辆运用效率指标的含义及计算方法。

2．相关的实践活动

为了完成这项学习任务，我们还应该到运输企业业务部门与运输规划与计划人员进行交流，了解他们的工作内容、工作的重要性，有哪些具体计划，编制计划的方法和工具有哪些，计划指标有哪些，以及计划指标的用途是什么。

本任务学习完成后，有助于你从事业务部门的运输规划、运输调度及市场开发等工作，包括运输经理、运输业务主管、运输调度主管、运输规划专员、业务开发专员等岗位工作。

任务准备

（一）货物运输计划的目的

无论是单位还是个人，无论办什么事情，事先都应有个计划。有了计划，工作就有了明确的目标和具体的步骤，就可以协调员工的行动，增强其工作的主动性，减少其盲目性，使工作有条不紊地进行。同时，计划本身又是对工作进度和质量的考核标准，对员工有较强的约束和督促作用。所以计划对工作既有指导作用，又有推动作用。

货物运输生产计划是从货物运输的需要出发，在充分利用企业现有运力的基础上编制的，是编制和实现其他计划的依据和基础，其目的是对运输生产的五个环节（货源的组织落实、准备技术状况完好的车辆、在运输起点装货、车辆承载在线路上行驶、在到达地点卸货）做出合理的安排，使各个环节紧密相扣、协调一致。

编制货运计划是执行运输任务的开始，根据货运计划下达的规律和车队的类型，一般可以分成两种：一种是稳定型货运计划；另一种是临时型货运计划。

（二）稳定型货运计划

1. 稳定型货运计划的特点

微课：货物运输计划概述（1）

这类货运计划指的是在某一个时期内，车队的运输任务相对是稳定的、明确的。比如，一些大型的建筑工地和一些生产原材料的运输需求，车队可以根据自己的运力情况安排运输，不会出现没有货的情况。这个时候，车队可以事先制订日计划、月度计划、季度计划和年度计划。

有这种运输需求的客户多见于大型工程建设项目（如高速公路、水电站）和大型工矿企业（产前原材料供应运输和产后成品分拨运输）。

稳定型的货运计划主要包括货物运输量计划、车辆计划、车辆运用计划和车辆运行作业计划。它们之间的顺序是先根据运输量计划来制订车辆计划，再制订车辆运用计划和车辆运行作业计划。

2. 货物运输量计划

货物运输量计划就是运输企业的货物运输需求量计划，反映客户对企业的运输需要情况，包括计划期内的货运量（吨）和货物周转量（吨公里）。

货物运输量计划一般以市场需求作为编制依据，通常根据下列资料来制订：

（1）市场调查与预测资料。工业、农业、商业、建筑业、采掘业以及人民生活需求结构的变化对货物运输量的增减有直接影响。因此，企业需根据工农业总产值的增长幅度、产业结构的变化、道路基础设施的发展、历年发生运输量的实际情况、各种运输方式的发展和竞争状况,应用科学的方法,调查了解、研究分析本区域内的货源,掌握流量、流向、流时变化的规律,进行科学的预测,为编制货物运输量计划提供依据。

(2)指令性计划任务。它是指政府主管部门下达的运输任务,如抢险、救灾物资运输等。这种运输任务一般是即时性和突发性的。在编制货物运输量计划时,可参照历史统计资料及有关部门的预测资料,适当估算这部分运输量。

(3)运输合同。签订运输合同来组织运输是大宗货物运输的主要方式。运输合同可以使货源稳定,提高计划的准确性,为顺利组织运输生产过程创造了良好的条件。运输合同明确、具体地规定了运输量、起讫地点、运输时间、费率与运费结算方式、违反合同的罚则与损失赔偿办法等,因此,签订的运输合同是道路运输企业编制货物运输量计划最可靠的依据。

(4)企业的生产能力。企业的现有生产能力对运输量的计划值起着制约作用。根据初步平衡的结果可能出现两种情况:一是计划运输量大于企业现有生产能力;二是计划运输量小于企业现有生产能力。出现第一种情况时,应当改善经营管理,挖掘企业潜力,仍不能适应需要时,一般以车定产,必要时筹集资金、增加运力,或确保重点、照顾一般、转让部分运输量;出现第二种情况时,应积极主动争取新的货源,必要时以需定产,在保持合理车辆运用效率指示水平的基础上,计算投入的车辆数,剩余运力另行安排。

实践案例 2-1 某运输企业货物运输量计划表

某运输公司××年度货物运输量计划表,见表 2-1。

表 2-1 某运输公司××年度货物运输量计划表

指标		单位	上年实际	本年度计划					本年度计划为上年实际的百分比(%)
				全年合计	第一季度	第二季度	第三季度	第四季度	
货运量		吨	1 200	1 800	300	400	500	600	150
周转量		吨公里	125 800	200 000	40 000	50 000	50 000	60 000	159
货物分类运量	矿砂								
	水泥								
	建材								
	木材								
	其他								

3.车辆计划

车辆计划即企业计划期内的运输能力计划,主要是指合理确定货运车辆构成,保证有效利用车辆,并以最少的运力完成所提出的计划运输量。

实践案例 2-2 某运输企业车辆计划表

某运输公司××年度车辆计划表,见表 2-2。

表 2-2　某运输公司××年度车辆计划表

车辆类型	标记吨位	上年末		本年度计划								本年末		全年平均	
				增加车辆的车数/吨位				减少车辆的车数/吨位							
		车数	吨位	一季度	二季度	三季度	四季度	一季度	二季度	三季度	四季度	车数	吨位	车数	吨位
1. 货车	20	10	20			5					2	13	20	12	20
大型															
中型															
零担															
集装箱															
拖车															
2. 挂车															
全挂车															
半挂车															

（1）确定车辆数值。上年末车辆数及吨位数，根据统计期年末实有数据列入。对于这些车辆，应根据编制的运输量计划和运输市场的需求情况进行两种情况分析：一是车辆的技术性和经济性，二是车辆的类型。对于性能降低、燃油耗费高、维修频繁的车辆，应考虑是否需要淘汰。通过研究原有车辆类型的适用程度，哪些类型的车辆多余，哪些类型的车辆不足，分析增减车辆的依据，从而确定车辆应该增减的数量。车辆的增减还应考虑相关因素，例如，增加车辆要有足够的资金，还要考虑车辆、技术人员、运行材料和配套设施等情况；若需要减少车辆，应确定合理可靠的处理方法。

（2）确定车辆增减时间。编制车辆计划应妥善安排车辆增减时间。过早，则积压资金；过晚，则不能满足需要。因为编制计划时很难预定具体的日期。通常在车辆计划中，增减车辆的时间均按"季中"确定。为简化计算工作，车辆增减引起的营运车日、平均营运车数、平均总吨位和平均吨位等可按表 2-3 所示的计算日数近似计算。

表 2-3　增减车辆季中计算日数

时间	第一季度	第二季度	第三季度	第四季度
增加后计算日数	320	230	140	45
减少前计算日数	45	140	230	320

4．车辆运用计划

运输量计划中所确定的运输任务能否如期完成，不但与车辆计划所确定的车辆有关，还与车辆运用效率有直接关系。同等数量、同样类型的车辆，若运用效率有高有低，则完成的运输工作量也会不同。因此，车辆计划必须与车辆运用计划紧密结合。

车辆运用计划是货运企业在计划期内全部营运车辆运输生产能力利用程度的计划，

是计划期内车辆的各项运用效率指标应达到的具体水平。车辆运用计划是根据货物运输量计划和车辆计划来确定的，是平衡运力与运量的主要依据之一，同时也是企业生产经营计划、技术计划、财务计划和核算的重要组成部分。

车辆运用计划编制的最关键问题是确定各项车辆运用效率指标值。各指标的确定应以科学、合理、可行、先进而又留有余地为原则，应能使车辆在时间、速度、行程、载质量和动力等方面得到充分合理的利用。科学合理的指标为组织车辆货运生产提供了可靠的保证；反之，不切实际的指标必然直接影响运输计划的顺利贯彻执行。

我们先来学习车辆运用计划中各项指标的含义、作用及计算方法，再学习车辆运用计划的编制方法。

（1）车辆运行效用指标的计算方法。车辆运输工作的正常开展是在一定的环境条件下进行的。同时，在一定环境条件下，不同的运输企业所完成的运输工作以及所提供的运输服务质量也不尽一致。因此，我们必须采用一套科学的评价指标去评价车辆运输组织工作的水平和质量，分析车辆运用效率和运输成本。按其评价范围可以分为单项指标和综合指标，单项指标是指车辆运用效率指标，综合指标主要是指车辆运输生产率。

车辆运用效率指标主要是从多个方面（如时间、速度、里程及载质量等）反映运输工具的利用率，这里仅简要介绍以下几种。

1）车辆时间利用指标：

① 车辆工作率。车辆工作率是指车辆在一定时间内，营运车辆总车日中，工作车日所占的比重。在其他条件不变的情况下，车辆工作率越高，表示车辆的时间利用程度越高，其计算公式为

$$车辆工作率 = 工作车日 / 总车日 \times 100\%$$

式中，车日是指处于各种状态下的车辆与其保有日数的乘积，即为车辆处于该种状态下的车日。各种车日指标及关系如下：

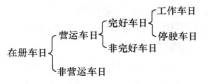

其中，营运车日（总车日）中的车辆指专用营运车，非营运车日中的车辆指企业公务用车；完好车日中的车辆指技术状况良好的车辆，非完好车日中的车辆指维修、待修或待报废等车辆；工作车日中的车辆指承担了运输任务的车辆，停驶车日包括路阻、待货等车日。

② 车辆完好率。车辆完好率是表明汽车运输企业技术管理和质量能力方面的一个综合性指标，其计算公式为

$$车辆完好率 = 完好车日 / 总车日 \times 100\%$$

③ 平均日出车时间。平均日出车时间包括纯运行时间、营运停歇时间和停库时间等。它反映的是在车辆工作量一定的情况下，车辆的时间利用效率的一个指标，其计算公式为

平均日出车时间=计算期出车时间累计/同期工作车日总数

④ 出车时间利用率。出车时间利用率的计算公式为

出车时间利用率=运行时间/出车时间×100%

⑤ 昼夜时间利用率。昼夜时间利用率是反映车辆出车时间长短的指标，其计算公式为

昼夜时间利用率=平均日出车时间（小时）/24（小时）×100%

➥ **例题 2-1** 某公司4月初有营运车辆200辆，16日新增20辆，21日报废18辆不再参加营运，其中15辆由于大修有10天未参加运输生产，有25辆因无生产任务有20天未参加运输，累计出车时间为42 301小时，车辆运营时间为31 726小时，则4月份该公司的有关指标为

总车日=200×15+（200+20）×5+（200+20−18）×10=6 120（车日）

非完好车日=15×10=150（车日）

完好车日=6 120−150=5 970（车日）

工作车日=完好车日−停驶待运车日=5 970−（25×20）=5 470（车日）

车辆工作率=工作车日/总车日×100%=5 470/6 120×100%≈89.38%

车辆完好率=完好车日/总车日×100%=5 970/6 120×100%≈97.55%

平均日出车时间=计算期出车时间累计/同期工作车日总数=42 301/5 470≈7.73（小时/日）

出车时间利用率=车辆运行时间/车辆出车时间×100%=31 726/42 301×100%≈75%

昼夜时间利用率=平均日出车时间/24×100%=7.73/24×100%≈32.21%

2）车辆速度利用指标：

① 技术速度。技术速度是指营运车辆在运行时间内实际达到的平均行驶速度，反映的是车辆的动力性能、驾驶水平及道路情况等信息。其计算公式为

技术速度=总行程/同期运行时间

微课：车辆速度运用效率指标的计算

② 营运速度。营运速度是按出车时间计算的车辆平均时速，即指营运车辆在出车时间内实际达到的平均行驶速度。它受装卸工作机械化程度、道路条件、调度和组织工作等因素的影响。其计算公式为

营运速度=总行程/同期出车时间

③ 平均车日行程。平均车日行程是衡量运营车辆在时间和速度两方面利用程度的综合性指标。其计算公式有以下三个：

平均车日行程=计算期总行程/同期工作车日（公里/车日）

平均车日行程=平均日出车时间×营运速度

平均车日行程=平均日出车时间×出车时间利用率×技术速度

➥ **例题 2-2** 某公司4月份在册营运车辆数为200辆，车辆累计总行程为270万公里，累计出车时间为33 750小时，运行时间为30 000小时，工作率为90%，则：

技术速度=计算期总行程/同期运行时间=2 700 000/30 000=90（公里/小时）

营运速度=计算期总行程/同期出车时间=2 700 000/33 750=80（公里/小时）

平均车日行程=计算期总行程/同期工作车日=2 700 000/（200×30×90%）=500（公里）

或 平均车日行程=平均日出车时间×营运速度=[33 750/（200×30×90%）]×80=500（公里）

3）车辆行程利用指标。车辆的行程利用率是一个反映总行程利用程度（车辆的实载

和空载程度）的重要指标，它直接影响车辆生产率和企业的经济效益。行程利用率受货物流量时间和空间的分布状况以及车辆运行调度等多种因素的影响。总行程由载重行程和空驶行程组成，其计算公式为

$$总行程=平均车日行程×工作车日数$$

或 $$总行程=平均营运车数×日历天数×车辆工作率×平均车日行程$$

$$行程利用率=载重行程（重车公里）/总行程（总车公里）×100\%$$

或 $$行程利用率=（总行程-空驶行程）/总行程×100\%$$

▶ **例题 2-3** 某公司 2019 年营运车辆的总行程为 500 万公里，其中载重行程为 425 万公里，则该公司 2019 年车辆行程利用情况如下：

$$行程利用率=载重行程/总行程×100\%=4\,250\,000/5\,000\,000×100\%=85\%$$

$$空驶率=1-85\%=15\%$$

计算结果表明，车辆的有效行程占 85%，还有 15% 的行驶里程未获经济效益。

4）车辆载重能力利用指标：

① 吨位利用率。吨位利用率是车辆在载质量利用方面的基本指标之一，分两种情况：

考察一辆营运车的一个运次载重能力的利用程度，实质是单车吨位利用率，其计算公式为

微课：车辆载重运用效率指标的计算

$$吨位利用率=实际载质量/额定载质量×100\%$$

考察全部营运车辆在一定时期内载重能力利用程度，实质是平均吨位利用率，其计算公式为

$$吨位利用率=计算期总周转量/同期载重行程载质量×100\%$$

式中，周转量即货物周转量，是指运输企业一定时期内完成的运输工作量，是货运量和货物运输距离的乘积，计算公式：周转量=总货运量×货物平均运距，单位为吨公里。载重行程载质量（重驶吨位公里）是指一定时期内全部营运车辆的载重行程载质量总和，是每一辆营运车的载重行程（重车公里）与其额定吨位的乘积的合计数。载重行程载质量的含义是：载重运行的全部车辆在满载时能够完成的运输工作量（吨公里）。

② 实载率。实载率是研究车辆利用方面的一个重要综合性指标，其计算公式为

$$实载率=计算期总周转量/同期总行程载质量×100\%$$

式中，总行程载质量（总行程吨位公里）是指一定时期内全部营运车的总行程载质量总数，按各辆营运车总行程与其额定吨位的乘积累计计算。总行程载质量的含义是：一定时期内全部营运车辆行驶的总行程，在车辆满载的条件下可能完成的最大运输工作量（吨公里）。

实载率是车辆行程利用程度和载重能力利用程度的综合反映。当企业的所有车辆的额定吨位相同时，实载率也可用下面的公式计算：

$$实载率=行程利用率×吨位利用率$$

③ 拖运率。拖运率是反映拖挂运输开展情况以及挂车载质量利用程度的一个指标，其计算公式为

$$拖运率=挂车周转量/（主车周转量+挂车周转量）×100\%$$

$$挂车周转量=主车周转量×拖运率/（1-拖运率）$$

道路运输管理实务

▶ **例题 2-4** 某额定吨位为 10 吨的货车某运次实际装载货物 8 吨,其吨位利用率为:

吨位利用率=实际载质量/额定载质量×100%=8/10×100%=80%

计算结果表明,这辆车只利用了 80%的载重能力,还有 20%的载重能力未被利用,造成浪费和损失。

▶ **例题 2-5** 根据某车队某月车辆运用情况资料(见表 2-4),分别计算各种车型和全队的行程利用率、吨位利用率和实载率。

表 2-4 车队车辆运用情况

指标	总行程(公里)	载重行程(公里)	总行程载质量(吨公里)	载重行程载质量(吨公里)	周转量(吨公里)
A 型车(标载 4 吨)	200 000	120 000	800 000	480 000	432 000
B 型车(标载 2.5 吨)	40 000	20 000	100 000	50 000	50 000
合计	240 000	140 000	900 000	530 000	482 000

以 A 型车为例:

行程利用率=载重行程/总行程×100%=120 000/200 000=60%

吨位利用率=计算期总周转量/同期载重行程载质量×100%=432 000/480 000×100%=90%

实载率=计算期总周转量/同期总行程载质量×100%=432 000/800 000×100%=54%

上述的车辆利用指标及其相互关系如图 2-1 所示。

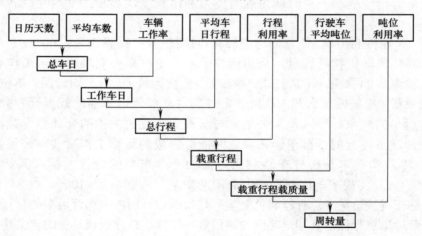

图 2-1 车辆运用指标体系及其相互关系

5)车辆运输生产率:

运输生产率是指营运车辆在运输生产活动中的效率,是运输企业反映营运车辆运用效率的综合指标,通常用单车期产量、车吨位期产量和车公里产量表示。

① 单车期产量。单车期产量是指统计期单位时间内平均每辆车所完成的货物周转量,它反映汽车单车运用的综合效率。其计算公式为

单车期产量=主、挂车综合换算周转量/同期平均车数

② 车吨位期产量。车吨位期产量是指统计期单位时间内平均每个吨位所完成的货物周转量，它反映车辆每个吨位运用情况的综合效率。其计算公式为

车吨位期产量=主、挂车综合换算周转量/同期主车平均总吨位

③ 车公里产量。车公里产量是统计期内车辆平均每行驶 1 公里所完成的货物周转量。其计算公式为

车公里产量=主、挂车综合换算周转量/同期总行程

例题 2-6 某汽车运输公司 2019 年上半年有关的各项指标如下：日历天数 184 天，平均车数 100 辆，车辆完好率 92%，车辆工作率 85%，平均车日行程 300 公里，行程利用率 65%，平均吨位 4 吨，吨位利用率 100%。计算该公司 2019 年上半年的运输周转量、单车日产量、车吨位日产量、车公里产量指标。

解： 运输公司上半年

营运车日=日历天数×平均车数=184×100=18 400（天）

运输周转量=总运量×平均运距=平均吨位×营运车日×车辆工作率×平均车日行程
=4×18 400×85%×300=18 768 000（吨公里）

单车日产量=计算期换算周转量/同期平均车数=平均吨位×日历天数×车辆工作率×平均车日行程×行程利用率×吨位利用率=4×184×85%×300×65%×1=121 992（吨公里）

车吨位日产量=计算期换算周转量/同期总车吨位日=车辆工作率×平均车日行程×行程利用率×吨位利用率=85%×300×65%×1=165.75（吨公里）

车公里产量=计算期换算周转量/同期总行程=平均吨位×行程利用率×吨位利用率
=4×65%×1=2.6（吨公里）

综上可知，要提高运输生产率，就要充分了解各指标因素间的关系，全面考虑所采用措施将引起的相互作用，将这些因素综合分析、整体优化。

（2）车辆运用计划编制方法。车辆运用计划可采用逆编法，即以"需要"为出发点，通过既定的运输工作量来确定各项车辆运用效率指标必须达到的水平。各指标值的确定必须经过反复测算，保证其有完成运输任务的可能，同时也要注意不要完全受运输量计划的约束，若把各项车辆运用效率指标的计划值压得过低，则会抑制运输生产能力的合理发挥。

实践案例 2-3　编制车辆运用计划

某汽车货运公司某年第一季度运输量计划中确定的计划货物周转量为 7 290 000 吨公里，货运量为 91 125 吨，车辆计划中确定的营运车辆数为 100 辆，额定载质量为 5 吨位，完好率为 95%，工作率为 85%～95%，平均车日行程 178～200 公里，行程利用率为 65%～75%，重车载质量利用率为 90%～100%，拖运率为 30%。

该公司计划人员采用逆编法编制车辆运用计划，首先确定完成运输量计划所必需的车吨位日产量。计算如下：

主车产量=计划期总周转量×（1-拖运率）=7 290 000×（1-30%）=5 103 000（吨公里）

总车吨位日=Σ（每辆车的总车日×额定吨位）=100×90×5=45 000（车吨位日）

车吨位日产量=计划期主车完成周转量/计划期总车吨位日=5 103 000/45 000=113.4（吨公里）

即第一季度每一个车吨位日必须完成113.4吨公里的周转量才能完成运输量计划。
车吨位日产量还可由下式计算：
车吨位日产量=车辆工作率×平均车日行程×行程利用率×重车载质量利用率
现在需要确定这四项指标分别达到什么水平才能使车吨位日产量达到113.4吨公里。接下来拟定了四个组合方案，见表2-5。

表2-5 四个组合方案

组合方案	车辆工作率（%）	平均车日行程（公里）	行程利用率（%）	重车载质量利用率（%）	车吨位日产量（吨公里）
Ⅰ	90	185	70	97.4	113.5
Ⅱ	87	190	75	98	121.5
Ⅲ	85	190	70	107	113.7
Ⅳ	88	185	68	102.4	113.4

这四个方案是综合考虑前期统计资料、本期预测资料及其他相关因素后确定的。经详细分析比较，第一个方案是可行性、可靠性最好的方案。按此方案确定这四项指标的值，则可完成的运输工作量如下：

运输工作量=保有日历天数×营运车辆数×额定吨位×工作率×平均车日行程×
行程利用率×重车载质量利用率/（1-拖运率）=90×100×5×90%×185×
70%×97.4%×1/（1-30%）=7 297 695（吨公里）

测算出的总周转量7 297 695吨公里，大于运输量计划确定的7 290 000吨公里，可以确保完成第一季度的运输任务。据此编制的该季度的车辆运用计划底稿见表2-6。

表2-6 车辆运用计划底稿

	指标	单位	计算过程	计划值
主车	营运车日	车日	100×90	9 000
	平均营运车数	辆		100
	平均总吨位	吨	9 000×5/90	500
	平均吨位	吨		5
	完好率			95%
	工作率			90%
	工作车日	车日	9 000×90%	8 100
	平均车日行程	公里		185
	总行程	公里	8 100×185	1 498 500
	行程利用率			70%
	重车行程	公里	1 498 500×70%	1 048 950
	重车行程载质量	吨公里	1 048 950×5	5 244 750
	重车载质量利用率			97.4%
	货物周转量	吨公里	5 244 750×97.4%	5 108 386.5

(续)

指标		单位	计算过程	计划值
挂车	拖运率			30%
	货物周转量	吨公里	5 108 386.5×30%/(1−30%)	2 189 308.5
主挂车综合	货物周转量	吨公里	5 108 386.5+2 189 308.5	7 297 695
	平均运距	公里	7 290 000/91 125	80
	货运量	吨	7 297 695/80	91 221.2
	车吨位季产量	吨公里	7 297 695/100/5	14 595.4
	单车季产量	吨公里	7 297 695/100	72 977
	车公里产量	吨公里	7 297 695/1 498 500	4.87

5．车辆运行作业计划

车辆运行作业计划是为了完成企业运输生产计划和实现具体运输过程而编制的运输生产作业性质的计划，计划由生产调度部门编制，主要内容是每辆货车在一定时间（月、旬、5日、3日、1日）内的具体运输任务，包括按日历顺序安排的车辆运行作业起止时间、运行路线和装卸货地点、应完成的运输量等。

微课：货物运输计划概述（2）

（1）车辆运行作业计划分类。车辆运行作业计划按其执行时间长短分为四种：

1）长期运行作业计划。该计划适用于运输路线、起讫和停靠地点、运输量、货物类型等都比较固定的货运任务。计划期有一个月、半个月、一旬、一周等。

2）短期运行作业计划。该计划适用于货运起讫点较多、流向复杂、货种繁多及当天不能折返的货运任务。计划期有3日、5日等，计划工作量较大，要求有较高的车辆调度水平。

3）日运行作业计划。该计划适用于货源多变、货源情况难以早期确定和临时性任务较多的货运任务，并且仅安排次日的运行作业计划。例如，城市地区货运计划可采用这种形式。日运行作业计划编制频繁，工作量较大。

4）运次运行作业计划。该计划适用于临时性或季节性、起讫点固定的往复式的货运任务。短途大批量货运任务，如粮食入库、工地运输、港站短途集散运输等，常采用这种计划形式。

（2）编制依据：

1）车辆运用计划中对车辆运用效率指标的要求。

2）货源调查落实资料及货主的托运计划。

3）道路通阻情况及近期天气预报。

4）车辆保养修理作业计划及计划期的出车能力。

5）驾乘人员配备计划。

6）货物装卸现场及装卸能力的调查资料。

（3）编制程序：

1）根据运输任务资料确定货物分线运量表，表明货物的流量、流向和发运到达的时间要求等，见表2-7。

表 2-7 ＿＿年＿月＿日货物分线运量表（×××分公司×××车队）

线别	编号	发货单位	货名	运输线路			运量（吨）	周转量（吨公里）
				起点	止点	里程（公里）		
…	…	…	…	…	…	…	…	…

填表说明：1. 线别：填写线路的起点和终点，例如"沈阳—大连"。
　　　　　2. 编号：从1开始顺序编号，1、2、3……。

2）认真核实全部营运车辆的出车能力及出车顺序，逐车妥善安排车辆保修计划，见表2-8。

表 2-8　出车能力计划表

年　月　日至　日

班组	车号	额定载质量（吨）	保修日期		上次保修至　日已行驶里程	完好车日	备注
			保修类别	起止日期			

3）根据有关信息，分析研究前期运行作业计划中存在的问题。

4）根据有关资料，合理选择车辆行驶路线，妥善确定运行周期，根据货物类型和性质选配适宜的车辆，指派合适的驾驶人员。

5）给每辆汽车分配具体运输任务，逐车编制车辆运行作业计划，见表2-9。

表 2-9　车辆运行作业计划表

车属单位													
车号				吨位		主车			年　月　日至　日				
驾驶员						挂车							
日期	车号	装货		卸货		货物名称	吨数	运距	车辆工作时间		车公里		吨公里（周转量）	总行程吨位公里	重驶行程吨位公里	执行情况检查
		发货单位	装货地点	收货单位	卸货地点				出车库	回车库	重车公里	总车公里				
…	…	…	…	…	…	…	…	…	…	…	…	…	…	…	…	…
		合　计														
生产指标（计划值/实际值）		总运量：平均车日行程：实载率：		总行程：车辆完好率：货物平均运距：		总行程吨位公里：周转量：车辆工作率：			重驶行程吨位公里：重驶行程：				吨位利用率：行程利用率：			

6）核准车辆运行作业计划，交付运行调度组织执行。

在车辆运行作业计划表中，按货车的编号及驾驶员姓名，分别列明逐日作业地点和路线、行驶（空车和重车）里程、完成的运输量，以及进场保养修理的时间等。每辆车的运行作业计划通常以派车单的形式制订。派车单是根据总的运行作业计划下达给驾驶员的运行作业指令，也是用来核算实际运输量、燃油消耗量、驾驶员行车津贴等的原始记录，在驾驶员执行运行任务时由调度员签发，完成任务后交回调度员结算。

实践案例 2-4　汽车部件的周运输生产计划

通用汽车 2018 年以前自己管理汽车部件进厂物流，与世能达物流公司合作后交由其进行管理。世能达公司主要为通用公司提供的运输服务包括：汽车部件进厂运输、供应商/部件制造商来货的揽收和整合、整合中心的管理、向装配线送货。具体如下：

通用汽车制造厂每周向世能达公司及其供货商发送生产所需材料需求，世能达物流公司计划办公室根据需求制订周运输生产计划，确定每日行车路线、集货地点、数量、运输车辆、时间等；操作办公室接收周运输计划，通知运输车队执行，监督其执行过程，并处理应急情况。目前，世能达物流公司依靠信息技术降低了 60% 的空驶里程，运输空驶率只有 5%，实载率达到 89%。

（三）临时型货运计划

临时型货运计划，有时也称货运任务或货运订单，其特点是运输任务下达给车队的时间很短，一般在两天以内，有时甚至只有几小时。

随着货运市场的发展，对运输企业业务部门来说，临时型货运计划占整体货运任务中的比例越来越高，对计划调度人员的工作提出了更高的要求。

车队往往一接到业务部门或客户的货运订单，就要安排车辆前往装货。当然，有时候可能会有一两天的提前期，但变动性依然很大。在这种情况下，车队就很难提前做好车辆计划、车辆运用计划和车辆作业计划。车队只能够"以客户为中心"，尽最大可能满足客户的需求。因此，这就要求车队调度人员必须具备很强的工作能力。

在这种类型的货运计划下，运输业务部门来不及编制详细的作业计划，其工作的重点在于与客户的沟通和协调。

1. 货运计划的下达

客户的货运计划下达给车队，可通过以下两种形式：

（1）正式的书面通知。该通知已往会通过传真形式或电子邮件形式下达，但目前更多运输公司与客户企业间实行了计算机业务联网，这样调度人员或计划受理人员就可以在网上直接接单。

（2）电话或口头通知。在相互熟悉的情况下，发货人可通过电话或口头形式下达货运计划。这时，车队调度人员或计划受理人员一定要认真记录相关信息（货物名称和数量、装卸地址、发货时间、运输要求等），要防止弄错。

2. 货运计划的变动

货运计划的变动主要来自客户方面的调整和变化。变化的内容主要有：

（1）取消发货计划。

（2）增加或减少发货计划量。

（3）变更货物装卸地点。

（4）变更发货时间，等等。

对于上述变更，车队也要做好相应的准备工作。

3．货运计划的沟通和协调

沟通和协调主要来自车队调度的需要。在多数情况下，客户的货运计划都是不考虑车队的运作实际的。在这个时候，车队需要主动与客户进行沟通。主要有以下几种情况：

（1）能否增加运量。例如，采用整车运输时，如果客户只有7吨货，而车队车辆的额定吨位是8吨，则可与客户协商，能否增加1吨左右的货物。因为此时付相同的运费可以运输更多的货物，客户往往是受益的一方。

（2）能否减少运量。例如，采用整车运输时，如果客户有9吨货，而车队车辆的最大载质量只有8吨，则可与客户协商，能否减少1吨左右的货物。因为有时候客户并不急于运输，没有必要多走1吨的零担运费，车队也更好操作，可使双方受益。

（3）能否提前或延后发货时间。客户对时间的要求有时候并不是一成不变的，如果从车辆调度的角度出发，更好地利用车辆，有时候可以与客户商量，适当地提前或延后发货时间。

当然，需要说明的是，市场和客户需求是第一位的，在协商不成功、不能满足车队要求时，应该想方设法满足客户要求，不折不扣地执行货运计划。

作为计划管理人员还应该掌握制订计划的一些技术方法，如网络计划技术、线性规划、甘特图、作业定义法等。这些技术方法可以通过阅读《运筹学》等相关书籍中的有关内容来学习，本书不再赘述。

任务实施

（一）实训任务

背景描述见本任务【任务情境】中的工作任务。

（二）实训目标

1．根据具体的货物运输任务，能够编制车辆运行作业计划。

2．具备良好的全局观和系统思维能力。

（三）实训内容及操作步骤

1．为小组模拟公司设计货物分线运量表、车辆运行作业计划表。

2．参考下面"操作步骤"的提示，完成车辆运行作业计划编制工作。

操作步骤：

步骤1．根据客户运输任务资料，填写"货物分线运量表"，并计算总运量和总周转量。

步骤2．绘制运输服务区域内地理路线示意图，确定运输公司、各发货地点和各收货地点的相对位置，并确定发、收货点间距离（利用网上地图搜索功能）。

步骤3．小组讨论应遵循的车辆调度原则，如就近调车、优先安排大吨位车辆、特殊的客户单独安排、车辆周转的最大时间、车货搭配限制等。

步骤4．针对每种货物，测算各吨位车辆的积载能力，估算需要的车辆数。

步骤5．小组讨论车、货、线的匹配组合，结合地理路线示意图，形成初始的调度安排方案，并标注在路线图上。

步骤6．对初始方案进行调整和优化，形成最终调度安排方案。

步骤7．根据最终调度安排方案，填写"车辆运行作业计划表"，并计算相关的数据，填入表中。（计算中可能用到的数据：运输公司到南关岭4公里、到周水子6公里、到水泥厂5公里、到建材库137公里；抚顺到鲅鱼圈275公里、到李官镇305公里、到沈阳机床厂65公里；亮甲店到向应镇10公里；瓦房店到永宁镇41公里，土城乡到永宁镇8公里。）

步骤8．汇总数据，计算各项生产指标，填入表中。

步骤9．对比各小组的生产指标计算结果，对本组的调度安排方案进行评价。

步骤10．小组讨论计划执行前、中、后应注意的问题。

（四）成果形式

总结报告：针对所学到的理论知识和获得的专业技能进行全面的总结，对获得的经验和教训进行深刻的反思，并提出以后的发展方向。报告中尽量使用图、表的形式来表述相关内容。

小组陈述：现场演示并流利讲解本组的解决方案。

（五）考核标准

评 价 项 目	分 配 分 值
1．分线运量表中的信息和数据填写是否正确	15
2．地理路线图中的各发货地点、收货地点相对位置是否准确	15
3．车辆积载能力测算及车辆需求数量估算是否正确	10
4．调度安排方案是否合理，有无明显缺陷或不可行，如车型、运行时间与货物类型、性质、路线等是否适宜	25
5．车辆运行作业计划表中的数据计算准确程度	25
6．计划执行中考虑的因素是否全面，如车队运力情况、装卸能力、路况气象、证件检查、信息统计等	10
合　　计	100

（六）注意事项

环境要求：

1．多媒体教室一间，每人配电脑并联网，提供分线运量表及车辆运行作业计划表。

2．箱式包装货物50箱，体积约为100厘米（长）×300厘米（宽）×400厘米（高）。

3．模拟的运输企业调度室一间，配有看板、电话、打印机、配货信息系统平台。

4．模拟的货物仓库一间，模型车多部。

教师要求：

对学生遇到的难点或疑问要及时给予指导，以便学生更有效地工作和深入思考；对技能训练成果要做专业性的总结，并尽可能提供额外学习资料。

学生要求：

要注意感受在企业中计划人员的职业身份；组内和小组之间要分享获得的新的信息或进一步的理解；听取来自老师、同学们的反馈建议。

归纳总结

1．制订货物运输计划的目的是对运输生产的五个环节做出合理的安排，使各个环节紧密相扣、协调一致。

2．稳定型货运计划主要包括货物运输量计划、车辆计划、车辆运用计划和车辆运行作业计划。

3．货物运输量计划表明社会对汽车运输的需要，车辆计划和车辆运用计划则表明企业可能提供的运输生产能力。

4．车辆运用效率指标包括车辆时间利用指标、车辆速度利用指标、车辆行程利用指标、车辆载重能力利用指标四个方面。

5．车辆运行作业计划的主要内容是每辆货车在一定时间内的具体运输任务，包括按日历顺序安排的车辆运行作业起止时间、运行路线和装卸货地点、应完成的运输量等。

6．临时型货运计划的特点是运输任务下达给车队的时间很短，其工作的重点在于与客户的沟通和协调。

思考问题

1．你对企业业务部门的运输规划与计划工作的重要性是怎么认识的？为什么说规划与计划工作是企业降低成本的关键环节？

2．对运输企业来讲，临时型的货运订单将越来越多，对运输规划与计划人员提出了更高的要求，那么计划人员要如何应对呢？

任务二　货物运输调度安排

知识点　运输调度基础知识；运输调度目的；运输调度工作内容；车辆调度方法；驾驶员安排方法；线路选择方法；运输调度作业的控制程序；承运商选择与管理方法；不合理运输的表现形式。

能力点　制订车辆调度方案；指派任务与人员；选择运输线路。

任务情境

大连某货运公司运输调度人员已接到第二天需要完成的运输任务，下面仅是其中的两项运输任务资料，请你学习本任务内容，完成调度安排工作。

工作任务1：测算车辆需要数量

抚顺果品公司托运苹果80吨，总计8 000箱，每箱10千克，规格为450毫米×300毫米×200毫米，堆码极限为7层，客户要求第二天从大连金州向应镇果场运至抚顺果品公司新抚仓库。现在运输公司车队有8吨货车12辆（CA1170 6×2—8 600毫米×2 300毫米×800毫米）供第二天调度使用。请测算运输公司完成此任务需要的车辆数量。

工作任务2：安排车辆及其行车路线

公司2号库房有一批房屋装修材料需要第二天（8:00—18:00）全部送货完毕，共有10个客户。每个客户的送货量刚好用一台东风牌6.2米、7.9吨的敞车即可满足要求，现在可供调用的6.2米东风敞车有8辆。因为可以提前拣好货，库房装车时间最多半个小时。具体的送货路线及时间要求见表2-10，要求尽量减少服务所有线路所需的车辆数，请对所需要的车辆数及每辆车的行车路线做出安排。

表2-10　客户送货路线及时间要求

客户路线	发车时间	返回时间
1	8:00	10:25
2	9:30	11:45
3	14:00	16:53
4	11:31	15:21
5	8:12	9:52
6	15:03	17:13
7	12:24	14:22
8	13:33	16:43
9	8:00	10:34
10	10:56	14:25

任务分析

面对各种具体运输任务，调度人员要及时做出调度安排方案，特别是任务下达时间短的货运订单，更要求调度人员做出快速响应。上述工作任务只是调度人员日常工作中的一小部分，要想较好地解决各种调度问题还需要掌握一定的定性和定量分析的方法。

为了较好完成上述任务，需要弄清和明确下述问题。

1．相关的理论知识

运输调度基础知识；运输调度的职能及工作内容；运输调度作业控制程序；车辆运行调度方法；人员任务安排方法；线路选择方法；不合理运输的表现形式；承运商选择与管理。

2．相关的实践活动

为了完成这项学习任务，还需要学会收集、整理、分析所需要的资料；掌握车辆调度、任务指派、线路选择的技术方法，如运筹学课程中的各种模型方法以及一些简单有用的图表分析方法；学会在各种物流决策支持软件的帮助下做出各种运输决策；更应该到运输企业调度部门，与运输调度人员交流有关的工作技巧和工作经验，了解他们的日常工作情况。

本任务学习完成后，你可以从事计划与调度部门的运输规划、运输调度相关岗位的工作,包括运输经理、运输业务主管、运输调度主管、车辆调度员、现场调度员等岗位工作。

任务准备

(一)运输调度基础

编制好车辆运行作业计划仅仅是调度工作的开始,更重要的是保证车辆运行计划的实施。调度人员掌握和指挥车队的三大资源——计划、车辆、驾驶人员,在运输生产过程中,调度的工作质量好坏直接影响到人力资源和运力资源的能效发挥,进而影响企业的经济效益。

我们先来看一下,作为调度人员必须掌握的一些基础专业知识。

1. 汽车运输过程

汽车运输过程就是利用汽车使货物发生位移的过程。通过运输过程,货物被移动一定距离,也就完成了相应的运输工作。

为了完成运输过程,运输工作一般必须包括以下四个主要的工作环节:

(1)准备工作,向起运地点提供运输车辆。

(2)装载工作,在起运点装货。

(3)运送工作,在路线上由运输车辆运送货物。

(4)卸载工作,在到达地点(目的地)卸货。

汽车运输过程如图 2-2 所示。

动画:汽车运输生产过程

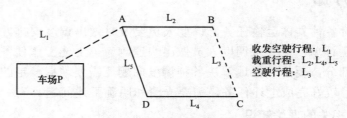

图 2-2 汽车运输过程示意图

汽车由车场 P 空车开往起运地点 A 准备装载,这时要完成一段发车空驶行程 L_1。在 A 点装货结束后,将货物运往 B 点,这时它完成一段载重行程 L_2,然后在 B 点卸货。这样,汽车自 P 点出发开始,直至到达 B 点卸货为止,完成了一次运输工作。这种完成了包括准备、装载、运送和卸载四个主要工作环节在内的一次完整的运输过程,称为一个运次。

如图 2-2 所示,如果车辆在 B 点卸货完毕后,空车出发开往 C 点,产生一段空驶行程 L_3 之后,在 C 点装货,再将货物运送到 D 点卸货完毕,汽车同样完成了一个运次的运输工作。如果车辆在 D 点卸载后,就在原地装货,货车行驶到 A 点卸货,也构成一个运次,但此运次中调车空驶距离为零。如果在完成运输工作的过程中,车辆自始点行驶到终点，中途为了部分货物的装卸而停歇，则这样的一个运输过程称为单程或车次。

运次的运输过程一般为整车货物运输，同一运次过程中运输对象的起止地点完全相同。而单程的运输过程中，运输对象的运输起止地点不完全相同，如定线式汽车零担货运就是以单程为基本运输过程的。

如果车辆在完成运输工作的过程中，又周期性地返回到第一个运次的起点，如图 2-2 中的 A 点，那么这种过程称为周转。一个周转可能由一个运次或几个运次组成，周转的行车路线习惯上称为循环回路。

2．汽车运输的合理化

合理化运输表现在以下几方面：

（1）运输网络的合理配置。在规划运输网络（运输节点数量和位置）时，节点的设置应有利于货物直送比率的提高，既要满足送货的需要，又要减少交叉、迂回、空载运输，进而降低运输成本，提高运输效益。

（2）选择最佳的运输方式。铁路、公路、水运、航空、管道等运输方式各有特点，根据各种运输方式的比较优势和不足，做出最经济合理的选择。

在选择运输方式时，费用是很重要的因素，公路运输、铁路运输和水路运输的运输成本比较如图 2-3 所示，其中包含终端的装卸费用。

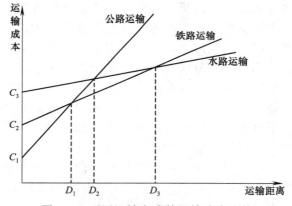

图 2-3　不同运输方式的运输成本比较

纵轴上的 C_1、C_2、C_3 点表示各运输方式相应的终端费用，当运距小于 D_1 时公路运输成本最低，D_1 至 D_3 的距离内铁路运输最便宜，而运输距离大于 D_3 时，则以水路运输为好。

在确定运输方式之后，也要考虑运输工具的问题，如用公路运输时还要选择汽车车型（大型、轻小型、专用），或选择用自有车还是委托其他运输公司运输等。

（3）提高运行效率。提高车辆运行效率包括提高装载率，减少车辆空驶，避免迂回运输、对流运输、重复运输、倒流运输等现象，缩短等待时间或装载时间，进而提高有效工作时间，降低燃料消耗。

（4）推进共同运输。提倡部门之间、集团之间、行业之间和企业之间进行合作，协调运输计划、共同利用运力；批发业、零售业和物流中心之间在组织运输方面加强配合，提高运输工作效率，降低运输成本。

（5）采用各种现代运输方法。为了提高运输系统效率，一些新的运输模式应该加以推广，如多式联合运输、一贯托盘化运输、集装箱运输、散装化运输、智能化运输等。

当然，运输的合理化必须考虑包装、装卸等有关环节的配合及其制约因素，还必须依赖于现代化信息系统，才能实现其改善的目标。

此外，实现运输合理化还要考虑输送系统的基本特性。城市之间和地区之间的长距离运输（干线输送），由于货物的批量大，对时间要求不是很苛刻，此时合理化的着眼点要考虑降低运输成本。地区内或城市内的短距离运输（末端输送），以向客户配送为主要内容，批量小，应及时、正确地将货物运到，这种情况下的合理化目标应以提高运输的服务质量为主。

3．货流

货流是组织运输工作的物质基础之一。货流也称物流，是指货物流动的数量与方向。也可以解释为：货流是在交通线路的某一方向的某一段上，在一定时间内用某种交通工具来实现位置移动的货物的总和。货流是反映国家经济情况的重要标志之一，能够反映出国家的工农业生产发展及整个国民经济的水平，以及各经济区之间的联系。它有五个要素：流量、流向、流时、距离和类别。

（1）流向。即货物流向，是指货物沿路段流动的方向，当沿路段上两个方向都有货流时，货流量大的方向称为该路段的货流顺向，而将相反的方向称为货流逆向。货物运输方向的不平衡主要是由于资源分布不均衡及开发程度不一致，使生产力配置不均衡造成的。例如，通往林区、矿区的线路上，一般是进货少，出货多。在通往加工工业基地和大城市的公路上，运进的原料、材料和燃料的重量远远大于运出的产品重量。其次，车种构成与货种构成不相适应以及车辆不能代用也加大了运输方向的不平衡。例如，装运石油的油罐车回程不能装运其他货物，势必发生相向空驶。此外，运输工作组织不善往往也造成运输方向的不平衡，如不积极组织空程货源，或不注意科学调度车辆，采取"有货就装，无货放空"的粗放经营，增加了空驶。

（2）流量。流量是指一定时间内沿路段的一个方向通过的货物数量。流量的计算方法有两种：一种按运量计量，其单位为吨/小时；另一种是按周转量计算，称为货流强度。一个路段的货流强度是指一定时间内沿该路段的一个方向通过每公里道路产生的货物周转量。

（3）距离。说明货物自起运点至卸货点之间的距离。

（4）时间。即流时，指货物运输的时间。

（5）类别。即货物流动的原因类别。

4．汽车承载质量与轴荷

调度人员要非常熟悉全车队车辆情况，包括车牌号、车型、装载情况、车况等各方面。为保证合理装载、路上顺畅通行，以下车辆知识是必备的。

（1）汽车承载质量。在解释什么是汽车承载质量之前，首先让我们来了解两个概念：汽车的总质量和整备质量。

其中，汽车的总质量是指汽车装备齐全并按规定装满客（包括驾驶员）、货物时的重量；而整备质量则是指汽车在正常条件下准备行驶时（装备完整，如备胎、工具等安装齐备，各种油水添满后），尚未载人（包括驾驶员）和载物时的空车质量。

汽车的承载质量就是汽车的总质量与汽车整备质量之差。它表示汽车可能载人、载物的总质量，也就是汽车的有效装载能力。汽车的载质量是汽车的基本使用参数之一。说明书上的承载质量一般是指在高等级路面上的承载质量。如果在低等级公路和坏路上行驶，其承载质量还应适当降低。

承载质量是营运汽车装载货物重量的标准，营运汽车超过标准载质量装载货物即为超载。超载是车辆本身对其装载货物的限值，研究的是车辆与其装载货物的关系。营运汽车超载，除了会造成车辆早期损坏、柏油路早期坍塌、桥梁早期倾斜以外，更为严重的是存在不安全因素，容易引发行车事故，给运输企业带来重大损失，影响路上行人的生命和所运货物的安全。货运调度员必须对此高度负责，对超载现象坚决予以制止，并对当事人给予批评教育；同时对超载车辆不签发调度令，直到其载质量符合规定。

（2）轴荷。轴荷也称轴负荷、轴载质量，即车轴所承受的载荷，也就是汽车各轴对地面的垂直荷载。例如：一辆汽车自重6吨，装了8吨货物，当其静止停在那里，它的轴就承受了6+8=14吨的载荷。轴荷（前后）的载重质量在车辆的合格证上都有标明。但在实际生活中，往往承载质量都要比这个大，但是请勿超过极限载重。汽车上任何参数都不是单独存在的，都会与其他参数相对应，直接影响到汽车行驶性能、安全性能和经济性能。

提高车辆核定吨位、增加车辆载质量是提高车辆生产率的一个有效途径，但大吨位载货车在不断增加承载质量的同时，轴向载荷逐渐受到法规、轮胎与道路承载能力等方面的限制。据有关研究资料表明，载货汽车轴向载荷的增加与损坏道路路面的四次方成正比，即轴向载荷每增加1倍，对路面的损坏程度将增至原来损坏程度的16倍。

（3）车辆外廓尺寸要求及允许轴荷限值。《汽车、挂车及汽车列车外廓尺寸、轴荷及质量限值》（GB1589—2016）由原国家质检总局、国家标准化管理委员会联合发布，属于强制性标准。作为调度人员需要掌握车辆外廓尺寸限值、车辆最大允许轴荷限值、车辆总质量限值及其他要求的相关标准。

知识链接 2-1　车辆载物通行规定

《中华人民共和国道路交通安全法》及《中华人民共和国道路交通安全法实施条例》对车辆载物通行规定如下：

机动车载物不得超过机动车行驶证上核定的载质量，装载长度、宽度不得超出车厢，不得遗洒、飘散载运物，并应当遵守下列规定：

1. 重型、中型载货汽车，半挂车载物，高度从地面起不得超过4米，载运集装箱的车辆不得超过4.2米；其他载货的机动车载物，高度从地面起不得超过2.5米。

2. 机动车运载超限的不可解体的物品，影响交通安全的，应当按照公安机关交通管理部门指定的时间、路线、速度行驶，悬挂明显标志。在公路上运载超限的不可解体的物品，并应当依照公路法的规定执行。

3. 机动车载运爆炸物品、易燃易爆化学物品以及剧毒、放射性等危险物品，应当经公安机关批准后，按指定的时间、路线、速度行驶，悬挂警示标志并采取必要的安全措施。

知识链接 2-2　超限运输车辆

超限运输是指公路上行驶的各种机动车辆装载货物超过路政管理规定的行为。《超限运输车辆行驶公路管理规定》中指出,超限运输车辆是指有下列情形之一的货物运输车辆:

（1）车货总高度从地面算起超过4米。

（2）车货总宽度超过2.55米。

（3）车货总长度超过18.1米。

（4）二轴货车,其车货总质量超过18 000千克。

（5）三轴货车,其车货总质量超过25 000千克；三轴汽车列车,其车货总质量超过27 000千克。

（6）四轴货车,其车货总质量超过31 000千克；四轴汽车列车,其车货总质量超过36 000千克。

（7）五轴汽车列车,其车货总质量超过43 000千克。

（8）六轴及六轴以上汽车列车,其车货总质量超过49 000千克,其中牵引车驱动轴为单轴的,其车货总质量超过46 000千克。

对超过宽度和长度标准,但符合《汽车、挂车及汽车列车外廓尺寸、轴荷及质量限值》（GB1589—2016）规定的冷藏车、汽车列车、安装空气悬架的车辆以及专用作业车,不认定为超限运输车辆。

车货外廓尺寸或车货总质量超过以上限制条件行驶的,即为超限运输,见表2-11。超限不等于不能上路,但需要承运人到当地公路管理机构办理"超限运输车辆通行证"。

表2-11　车辆超限超载认定标准

轴数	车型	图例	车货总质量限值（吨）
2	载货汽车		18
3	载货汽车		25
3	汽车列车		27
4	载货汽车		31
4	汽车列车		36

（续）

轴 数	车 型	图 例	车货总质量限值（吨）
4	汽车列车		36
5	汽车列车		43
≥6	汽车列车		49（单轴驱动的为46）

注：本表根据《汽车、挂车及汽车列车外廓尺寸、轴荷及质量限值》（GB 1589—2016）、《超限运输车辆行驶公路管理规定》（交通运输部令2016年第62号）提出的全国交通、公安统一执行的车辆超限超载认定标准整理。

5．汽车的主要使用性能

（1）汽车的动力性。汽车的动力性直接影响汽车的平均速度，对汽车的运输效率有决定性的影响。汽车的动力性主要用汽车的最高车速、加速能力和最大爬坡度三种指标来评价。

（2）汽车的燃料经济性。汽车的燃料经济性是指汽车以最低的燃料消耗量完成单位工作量的能力。汽车的燃料经济性常用单位行驶里程的燃料消耗量（升/100公里）或单位运输工作量的燃料消耗量（升/100人公里，升/100吨公里）来评价。

（3）汽车的制动性。汽车在行驶过程中视需要强制地减速乃至停车或下长坡时维持一定行驶速度的能力称为汽车的制动性，是评价汽车安全性能的主要指标。汽车具备良好的制动性才能保证其安全行驶，提高其行驶速度并充分发挥其各种使用性能。

（4）汽车的操纵稳定性。汽车按驾驶员给定的方向行驶的能力称为操纵性；汽车抵抗外界干扰和保持稳定行驶的能力称为稳定性。汽车的操纵稳定性直接影响其行驶安全，操纵稳定性好的车辆能充分发挥其动力性，提高行驶速度，有利于提高运输生产率。

（5）汽车的通过性。汽车的通过性是指车辆在一定的装载质量下以足够高的平均车速通过各种坏路及无路地带和克服各种障碍物的能力。

（6）汽车的平顺性。汽车行驶时对路面不平度的隔振特性称为汽车的平顺性。

6．道路运输地理

作为运输调度人员，要了解主要道路概况，如国家的道路运输布局、高速公路建设情况，尤其要非常熟悉本企业业务所覆盖区域的道路情况，包括公路名、车流情况、里程等。我国的道路运输网建设情况见模块一任务二中的相关内容。

7．货物运输市场

货物运输市场是运输服务提供者与运输服务需求者进行运输服务交换的场所，是运输企业从事生产经营活动的外部经营环境。调度人员必须了解运输市场的供求行情，尤其是运力资源情况。因为在实践中，很多物流货运企业既不使用自己的汽车，也不租用别人的汽车，而是把货物运输交给本企业外的专业汽车承运人来完成，与其签订汽车货物运输合同，即运输外包。在运输外包情况下，调度人员需要充分了解所在服务区域的运力及货源市场行情，为在价格、运输质量等方面选择合适的外包承运商做准备。

（二）运输调度的工作内容

1. 运输调度的含义、目的、原则

简单地说，运输调度是指运输企业接到客户货运任务后，就要着手任务与人员的指派、安排车辆前往装货，并保证货物安全、及时送达。

运输调度的目的是为满足运输自身的客观要求，合理组织运输工作，提高运输能力和效率，节省运输成本，提高企业的经济效益。

运输调度的一般原则：

（1）运输生产过程的连续性。货物在接受运输服务过程中的各项作业能够很好地衔接起来，不发生或少发生不必要的停留和等待现象，保证运输生产的顺利进行。

（2）运输生产过程的协调性。运输过程的各个环节、各项作业在安排生产能力上保持协调性，合理利用运输资源，进一步提高运输过程的连续性。

（3）运输生产过程的均衡性。运输生产过程的各个环节、各项作业之间在相同时间内完成大致相等的工作量，避免出现时紧时松、前松后紧、你松我紧的现象。

2. 运输调度的工作内容

通常来讲，运输调度的工作内容如下。

（1）市场调查与预测分析：

1）对货主需求进行调查，分析市场变化，做出近期市场预测。

2）对货运车辆情况进行调查，制订车辆配置方案。

（2）编制运行计划：

1）收集路况信息、车辆信息、货源信息，编排和调整普通货物运输计划。

2）确定特种货物的流量/流向/流时、所需的运输车辆、货物运输要求，编制特种货物的运输计划和车辆配置计划。

3）进行短期货流测算，接洽、签订特种货物运输合同。

4）编制抢险、救灾等重点物资的运输计划，制订突发自然灾害时的物资运输应急预案。

5）编制货物运输年度计划、年度货运车辆更新配置计划，提出等级货运站设置建议。

（3）实施运行计划：

1）根据货运计划调度车辆，根据临时变化调整车辆。

2）现场指挥车辆，处理现场发生的意外事件。

3）根据货运计划和经营许可范围选配车型，提出车辆维修保养建议。

4）比较运行线路的里程、路况、流量信息，选定运行线路。

5）根据运输要求选定危险货物运输车辆，按照规定的线路、时间组织危货运输。

6）优化货运线路，优化货运车辆车型档次结构。

7）实施抢险、救灾等特殊时期的运输计划，处理突发事件。

（4）监督检查：

1）查验证件。包括车辆驾驶证、车辆行驶证、道路运输证（车辆营运证）、运行车辆完好证明（车辆年检标志）、交通事故责任强制保险（车辆保险标志）、驾驶/押运/装卸人员从业资格证等。

2）安全监督。对超载、超限、装卸、车况等进行监督。

（5）信息资料管理：

1）管理运输单证，填写行车记录，统计分析车辆动态和计划执行情况。

2）采集货运车辆动态信息并进行分析，报告货源、运价、车辆、道路变化等重要信息。

3）通过卫星定位系统实时监控车辆动态、采集信息，并对其进行分析。

4）使用计算机调度管理系统进行调度作业。

5）整理数据，编写分析报告。

（三）运输调度作业控制程序

运输调度作业控制的目的是科学规划运输活动，节省运输成本，保证运力最大化。运输调度作业控制程序如图 2-4 所示，接下来我们逐一对各程序环节进行说明。

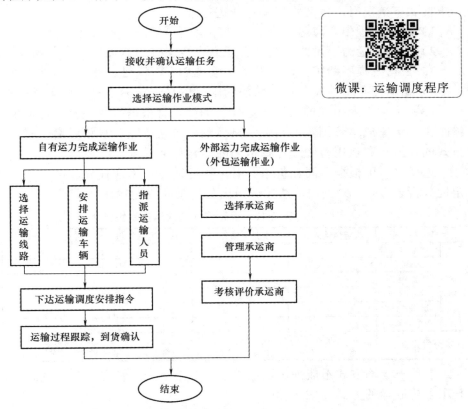

图 2-4 运输调度作业控制程序

1. 接收并确认运输任务

调度人员与客户沟通，确认客户需求详细信息，如运输货物明细（名称、数量、品种、属性、包装、单价、金额等）、运输需求明细（取货日期、取货地点、交货日期、交货地点、装卸方式、交货单号等）、货物场地信息（作业环境、装卸条件、作业时间、作业容量等），以及特殊货物信息（注意事项说明）等。

2. 选择运输作业模式

（1）运输作业模式。这里运输作业模式的选择，是指运输企业通过使用自有运力设备来完成货运任务，还是外包给承运商，通过外部运力来完成。不论选择哪种货物运输作业模式，都是出于节约成本或增加运力资源的考虑。

可供道路运输企业选择的运输作业模式包括但不限于以下几类：

1）自有公路运输。
2）公路运输外包。
3）多式联运中的铁路运输外包。
4）多式联运中的内河运输外包。
5）多式联运中的航空运输外包。
6）国际货运中的远洋运输外包。
7）本企业不具备运输条件的其他运输外包。

（2）运输需求分析。运输调度主管分析运输部门现有的运输任务和现有的运输能力，当出现如下情况时，需要将运输作业进行外包：

1）运输过程中有海运、空运、铁路运输等公司不具备运输能力的运输项目。
2）运输部运力不足或运输部有运力完成现有的运输任务但运输成本过高。
3）公司规模不断扩大，原有的运输规划不能满足企业发展的战略目标。
4）运输任务中涉及公司不熟悉的国际贸易、国际通关、空运报价等业务。

（3）运输作业模式的比较与选择。调度主管根据货物性质、运输量、运输时间、运输距离、运输成本等因素，结合铁路运输、公路运输、水路运输、航空运输等各种运输方式的优缺点和适用范围，选择恰当的运输作业模式。

选择时，可根据不同评价指标对每种运输作业模式打分，填入"运输作业模式选择定性分析表"，见表2-12，然后选择出分值最高的运输作业模式。

表2-12 运输作业模式选择定性分析表

运输模式		航空运输外包	水路运输外包	铁路运输外包	自有公路运输	公路运输外包
指标	物品种类					
	运输量					
	运输距离					
	运输时间					
	运输成本					
	总分数					
评分方式说明		对每种运输作业模式对应的评价指标进行打分，例如，当运输模式对评价指标非常符合，5分；基本符合，4分；一般适合，3分；不太适合，2分；很不适合，1分				

当单一运输方式不能满足运输需求，或者单一运输方式成本过高时，调度人员应当采用多式联运的方式完成运输。

（4）承运商选择说明。如果选择运输作业外包模式，则调度人员应当选择合适的承运商托运货物,对承运商的选择标准和方法进行说明,见本任务"(四)承运商选择与管理"内容。

3．选择运输路线

(1) 行驶路线的类型。货运车辆的行驶路线可分为三种类型。

1) 往复式行驶路线。有以下三种情况：

① 单程有载往复式。即去程载货,回程不载货,如图2-5所示。

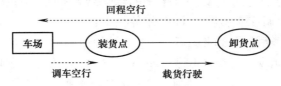

图2-5　单程有载往复式行驶线路示意图

② 回程部分有载往复式。即在车辆完成运输任务后,回程运输也有载货,但未达全程,如图2-6所示。

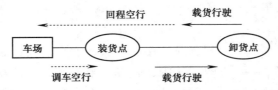

图2-6　回程部分有载往复式行驶线路示意图

③ 双程有载往复式。即去程载货,回程也全程载货运输。

2) 环式行驶路线。环式行驶路线是指车辆在由若干个装卸作业点组成的一个封闭回路上,做连续单向运行的行驶路线,分为简单环式行驶和交叉环式行驶,如图2-7所示。

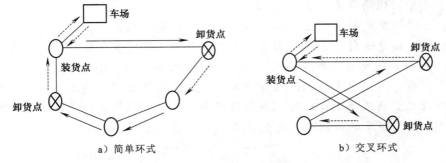

图2-7　环式行驶路线示意图

3) 汇集式行驶路线。汇集式行驶路线是指车辆沿分布于运行路线上的各装卸作业点,依次完成相应的装卸作业,且每运次货物装(卸)量均小于该车辆额定载质量,直到整个车辆装满(或卸空)后返回出发点的行驶路线。

(2) 行驶路线的选择。调度人员考虑运输网络节点路程的远近、不同运输工具成本的高低、不同时间段道路的容载情况、不同道路的时速限制等因素,根据成本较低和速度较快的原则,进行分析之后确定车辆行驶路线方案。

1) 只有一个装货点和一个卸货点的路线安排。这种情况比较多见,客户指定了货物的装卸点，运输调度只需要规定一下驾驶员走哪条道路就行了。例如，走国道还是走高速公路。

2）有一个装货点但有多个卸货点的路线安排。这种情况多见于大型生产企业，尤其是快速消费品生产企业的产品运输。在企业的仓库装货，送往分布在全国各个城市的销售点。这种运输方式还有一个特点，就是同一时间段内有很多要货单位，而且要货量都不是很大，好几家客户的货物才能装满一辆货车。这时候，调度起来相对比较复杂，因为不同的路线组合会有不同的效果，所带来的综合效益也是不同的。

假设某天运输企业调度室接到的货运任务如下：

装货地：上海，车辆都是8吨货车。

卸货地：郑州（2吨），西安（4吨），北京（3吨），太原（2吨），长春（2吨），兰州（3吨），天津（2吨），石家庄（1吨），哈尔滨（3吨），沈阳（2吨）。

面对上述情况，不同的调度人员可能有不同的调度安排，如：

第一种方案：第一车——郑州、西安、兰州，共计9吨。

　　　　　　第二车——太原、石家庄、北京、天津，共计8吨。

　　　　　　第三车——沈阳、长春、哈尔滨，共计7吨（从烟台轮渡）。

第二种方案：第一车——西安、兰州，共计7吨。

　　　　　　第二车——郑州、石家庄、太原、北京，共计8吨。

　　　　　　第三车——天津、沈阳、长春、哈尔滨，共计9吨（走陆路）。

以上两种不同方案都是可行的，可能还有第三种、第四种方案。但可以肯定的是，每一种方案的运输经济效果是不一样的。

关于运输线路选择的定量分析方法，如最短路径问题、运输问题等，可以阅读《运筹学》书籍中的有关内容来学习，本书不再赘述。

实践案例 2-5　线路调度安排

某物流公司用厢式货车从客户那里取货。货物先运回到仓库，集中后以更大的批量进行长途运输。图2-8是该公司典型的一天的取货量，取货量单位为件。厢式货车的载货量是10 000件，一辆货车取货一个往返需要一整天的时间，公司要求一天的取货任务当天要全部完成。该公司车辆调度人员应用扫描法很快得出了车辆及行驶路线的合理安排方案，公司只需要三辆厢车就可完成取货任务。在安排每辆车的站点行驶路线时可使用"水滴法"原则，即车辆行驶路线无交叉情况，如图2-9所示。

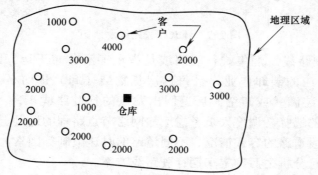

图 2-8　客户每天的取货量数据

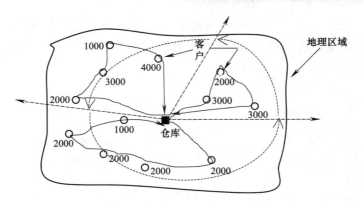

图 2-9　最优车辆调度和行车路线示意图

知识链接 2-3　不合理运输

确定车辆行驶路线方案时，要消除和避免其中的不合理运输现象。所谓不合理，有时要根据实际情况而定。运输中的不合理是指不注重经济效果，造成运力浪费、运费增加、货物流通速度降低、货物损耗增加的运输现象，主要有以下几种。

（1）空驶。空车无货载行驶是最典型的不合理运输形式。车辆空驶可能是由于工作失误造成空车调运，或由于货源计划不周造成货源不实，或由于不采用运输社会化（合作或外包）而形成的。但是，有时由于车辆过分专用（如油罐车），无法搭运回程货，只能单程实车，单程空驶周转。

（2）对流运输。对流运输是指同一种货物或彼此间可以相互替代的货物，在同一条运输路线或平行运输路线上做相对方向的运输。它主要有以下两类形式。

1）明显的对流运输。即在同一运输路线上的对流，如图 2-10 所示。

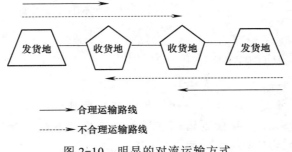

图 2-10　明显的对流运输方式

2）隐含的对流运输。有的对流运输是不明显的，如图 2-11 所示，若甲发 50 吨货物至乙，丙发 50 吨货物至丁，总运输量是 3 000 吨公里；而若甲发 50 吨货物至丁，丙发 50 吨货物至乙，总运输量是 2 000 吨公里。可见，不合理的隐含对流运输路线会浪费 1 000 吨公里。

（3）迂回运输。迂回运输是指货物经多余的路线绕道运行的不合理运输方式。由于增加了运输路线、延长了货物在途时间，造成了运力的浪费，如图 2-12 所示，图中的捷径路线是甲—丙，迂回路线是甲—乙—丙，乙是中途多余的装卸点。但是，只有因计划不周、地理不熟、组织不当而发生的迂回，才属于不合理运输；如果最短距离有交通阻塞、道路情况不好或有对噪声、排气等特殊限制而不能使用时发生的迂回，不能称之为不合理运输。

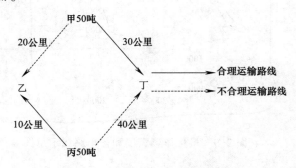

图 2-11　隐含的对流运输方式

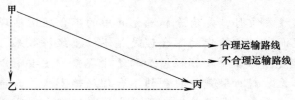

图 2-12　迂回运输方式

（4）倒流运输。倒流运输是指货物从销售地向产地或从其他地点向产地倒流的不合理运输方式，倒流运输会导致运力浪费、增加运费开支等，如图 2-13 所示。

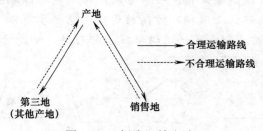

图 2-13　倒流运输方式

（5）重复运输。重复运输是指一种货物本可直达目的地，但因物流仓库设置不当或计划不周使其中途卸下，导致运输环节增加、运输设备和装卸搬运能力浪费、运输时间延长等不合理的运输方式，如图 2-14 所示。

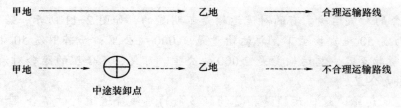

图 2-14　重复运输方式

（6）过远运输。过远运输是指舍近求远的不合理运输方式。即近处有资源却从远处运来，这就延长了货物运输距离，造成占用运力时间长、运输工具周转慢、物资占压资金时间长等问题,同时又容易出现货损,导致支出费用的增加,如图2-15所示。

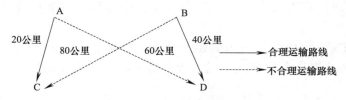

图2-15 过远运输方式

(7)无效运输。无效运输是指被运输的货物杂质过多,如原木使用时出现的边角余料、煤炭中的煤矸石等,使运输能力浪费于不必要物资的运输。我国每年有大批原木进行远距离的调运,但原木的直接使用率却只有70%,而30%的原木边角余料的运输基本属于无效运输。

4. 安排运输车辆

运输调度人员根据运输量和运输要求选择合适吨位、车况、形式的运输车辆。

(1)车辆需要量计算。运输调度人员首先根据车辆的内廓尺寸,计算出其最大容积量;其次测量所载货物的尺寸、重量,结合车辆的尺寸,初步算出装载轻重货物的比例;然后测算在不超载、不超限的情况下,车辆最大的积载能力(注意:货物摆放顺序、堆码方向、摆放方式不同,车辆的积载能力是不同的);最后结合货物总量就可估算出所需要的车辆数量。

例如,一辆3吨厢式货车,内廓尺寸为4 200毫米×2 100毫米×2 200毫米,需要装运的货物每箱尺寸为800毫米×500毫米×300毫米,高度可以堆3层,每箱重75千克。那么这辆厢车按容积估算可装载 max{(4 200/800)×(2 100/500)×3,(4 200/500)×(2100/800)×3}≈60箱货物,且300毫米×3<2 200毫米;按重量估算可装载3 000/75=40箱货物,所以车辆的最大装载量为40箱。根据这批货物总数量就可以确定所需要的车辆数量。

(2)出车车辆安排。运输调度人员应综合分析下列五个方面的因素,合理地安排车辆。

1)了解不同品牌的车辆质量、性能和长处,选择合适的车辆来作业。汽车是在一定的道路和交通条件下完成运输任务的,如新车、低温或高温条件、高原或山区、雨季翻浆土路、冬季冰雪道路、高速公路等。为了提高汽车运输生产率,降低运输成本,首先要考虑的是汽车的性能,保证车辆在特殊条件下的合理使用。例如,东风、解放、五十铃等,在选择时,主要应考虑这些品牌车辆的质量水平和性能。比如,若要将10吨货物运到重庆,考虑到山路多、上坡多,可能安排解放货车比较适宜。因为解放货车动力性能较好,更适宜于山路行驶。

2)考虑本次运输任务的货量大小,选择合适吨位的车辆,严格禁止出现超载情况。

3)参考货物的尺寸和吨位,选择合适容积的车辆。许多时候,货物重量没问题,但体积装不下,如轻泡货物、有包装的货物、不规则的货物等。

4)根据货物的包装和性质等,选择不同货厢形式的车辆。如果车辆行驶路线山路多,则选择集装箱车较为合适;如果是高附加值的纸箱包装货物,最好安排厢式车;如果是机械设备类的货物,则应安排平板车或低栏板车;另外,货物需要防雨、防丢失时，应该安排厢式车。

5）合理选择车况，对长途运输、复杂道路、重要客户、重要货物选择车况较好的车辆。

在实际选择车辆时，除了要考虑上述五个方面的因素外，还要综合其他各方面因素，如当天的运输任务情况、车辆归队情况、天气情况、驾驶员和道路情况等。

实践案例 2-6　**运输公司的营运车辆情况**

北京易通物流有限公司主要经营陆路货物运输业务，配套中转、仓储、报关、保险等一站式服务。该公司的常用车辆技术资料和数据见表2-13和表2-14。

表2-13　常用车辆技术资料

车型	7.2米		9.6米		12.5米	
	吨	立方米	吨（单、双桥）	立方米	吨	立方米
全封闭	10	28	—	—	20	58（普通）、68（高厢式）
半封闭	10	32	15　20	42	30	70
高护栏	10	32	15　20	42	30	70
低厢敞车	10	30	15　20	40	30	60

表2-14　常用车辆技术数据

车型	车长（米）	荷载（吨）	最大实载（吨）	货厢外部尺寸（长×宽×高）（米）	装载容积（立方米）	备注
1041厢式货车	4.2	1.75	3	4.15×1.85×1.97	12	
东风多利卡	5.6	1.85	5	5.5×2.3×2.03	17	
7米厢式货车	7.2	5	10	7×2.35×2.2	30	
8米厢式货车	8	5	10	7.9×2.35×2.2	35	改装高厢装载35立方米
12.5米标准厢货车	12.5	10	20	12.2×2.4×2.6	58	改装高厢装载40立方米
12.5米高厢货车	12.5	10	25	12.2×2.4×2.9	68	

5．指派运输人员

在安排车辆的时候，还要考虑驾驶员的情况。在指派驾驶员时主要考虑以下因素：

（1）驾驶经验与技术水平。在安排驾驶员的时候，这是要考虑的最重要的因素之一。一般情况下，应该安排驾驶经验丰富、驾驶技术好的驾驶员执行那些道路条件复杂的运输任务，如长途山路、城市道路的运输任务。

（2）维修技术水平。有的驾驶员具有一定的维修技术，一般的车辆故障都能自行解决，可以安排这样的驾驶员驾驶那些车况较差的车辆或执行长途运输任务。

（3）工作态度。驾驶员往往需要直接与客户或客户的客户接触，他们的工作态度会直接影响运输企业的形象。除此之外，工作态度也是影响运输质量的重要因素。有的运输任务除运送货物外还会涉及许多其他辅助性工作，如单证处理、货物清点与交接等。这种比较复杂的运输任务和与客户接触较多的任务需要安排态度较好的驾驶员去执行。

（4）性格特点。驾驶员的性格特点在调度方面有三点需要注意：一是性格内向的驾驶员应该安排其负责那些比较简单的运输任务；而对于那些需要回答、需要与客户沟通的运输任务，最好安排性格外向、善于沟通的驾驶员去做。二是对于那些性格比较急躁、喜欢开快车的驾驶员，应该少安排其跑高速和城市道路。三是在同时安排两个驾驶员跑长途时，要考虑两个驾驶员的性格特点是否能够很好地配合。如果两个驾驶员之间存在矛盾，就会影响行车安全。

（5）业务技能。这方面主要是考虑到有些运输中需要用到比较多的文化知识。比如，涉及国际货运（转关运输、保税物流等）时，可能环节多、单证多（包括英文单证），需要安排业务技能较高的驾驶员去完成。

（6）身体条件。身体状况主要考虑两个方面：一方面是驾驶员本身的身体条件（身高、体重、有无病史等），另一方面是驾驶员当前的身体状况，如生病与否、休息情况等。调度员在具体安排出车的时候，一定要考虑这些因素。

（7）思想状况。这里说的思想状况是指驾驶员有无心理负担，是否愿意执行本次运输任务等。作为调度人员，不要强迫驾驶员出车，如果他不愿意去，要了解其不愿意去的原因，做好其思想工作。如果做思想工作无效，则最好更换驾驶员。

（8）家庭情况。调度人员也应该对驾驶员的家庭情况有所了解。有强烈恋家倾向的驾驶员，最好少安排其跑长途。如果知道其家里有纠纷，也最好少安排其出车。

以上几点是安排驾驶员时要考虑的因素。需要说明的是，在做某次调度的时候，并非要同时满足以上几点，而是要针对当时的具体情况，重点考虑并分别对待。调度人员须积累经验，灵活安排。

关于运输任务人员指派问题的定量分析方法，如匈牙利法，可以阅读《运筹学》书籍中的有关内容来学习，本书不再赘述。

6．下达运输调度安排指令

调度人员制订完成运输路线、人员和车辆的安排方案后，据此逐车编制车辆运行作业计划，下达给相关部门和人员，进行货物发运准备工作。

（1）填制"运输派车单"（样式见表2-15），进行派车工作，将货物托运单或客户送货任务信息单据、运输派车单及时下达给执行运输任务的驾驶人员。

表2-15 运输派车单

部门名称		需车时间	___年__月__日__时	出发地	
需车类型		预计返回时间	___年__月__日__时	目的地	
驾驶人员		需车事由		货物名称及规格	
押运人员				货物数量	
部门经理意见			签名：	日期：___年__月__日	
出入公司时间	出	___年__月__日__时		门卫签字	
	入	___年__月__日__时		门卫签字	

（2）同时将本次送货任务信息及时下达给本公司的出货现场（货物仓库）业务人员，

安排其做货物出库装车准备工作。

（3）加油及领取运输预付款。调度人员根据送货任务信息估算车辆运输用油与相关运输费用，填写"运输费用申请表"并报部门经理审批。驾驶人员持"领油单"和"运输费用申请单"到油库领油、财务取款。运输费用申请表见表2-16。

表2-16 运输费用申请表

编号：				日期：___年___月___日
申请人		所属部门		
使用日期		___年___月___日—___年___月___日		
用途说明				
费用申请明细				
序号	项目	申请金额	详细说明	
1	汽油/柴油费用			
2	食宿费用			
3	过路/过桥费用			
…	…	…	…	
合计				
领款人	调度人员	部门主管	财务经办人	

（4）运输车辆检查。调度人员与驾驶人员一同对运输车辆（如轮胎、刹车、引擎等状况）进行运输前的检查，发现问题及时解决，避免在运输途中发生危险事故，耽误运输货物进度。

（5）运输证件检查。调度人员要查验相关证件是否随车携带齐全，以备路上执法检查。查验的证件见本任务"（二）运输调度的工作内容"部分。

发运准备工作完成后，车辆即应按时到达出货现场进行出货装车作业。

7. 运输过程跟踪

车辆载货发运后，车辆调度管理人员要实时地掌握车辆的运行情况，随时掌握货况、车况、路况、装卸状况、气象状况、驾驶员状况、安全状况等"七况"，及时纠正偏离计划要求的不正常现象，使送货任务顺利完成。

8. 到货确认

运输人员应提前通知客户，以做好到货确认安排，并对运输车辆做好返程安排工作。

关于运输过程中的出货作业、途中作业、到达作业及结算作业等操作内容，我们将在模块三、四的业务执行内容中进行详细的介绍。

知识链接2-4　运输调度员的素质要求

调度工作是运输企业的核心工作，调度员非常重要。调度员综合素质的高低直接影响调度工作的展开，影响运输企业的方方面面。对调度员的要求主要体现在以下几个方面。

1. 调度员业务素质要求

（1）要非常熟悉全车队车辆情况，包括车牌号、车型、装载情况、车况等各个方面。

（2）要非常熟悉全队驾驶员情况，包括每个驾驶员的姓名、年龄、驾驶水平、性格特点等。

（3）要了解道路情况，尤其要非常熟悉运输企业业务所覆盖区域的道路情况，包括公路名、车流情况、里程等。

（4）要了解货物情况，包括货物的名称、重量、包装情况、体积、性质等。

（5）要了解客户，以及客户的有关情况。

（6）要了解运输市场的行情，有时候可以外包运输作业，所以调度员要了解市场情况。

（7）要全面考虑问题。影响每一次调度的因素很多，要站在一定的高度，全面考虑问题。

2. 调度员思想素质要求

（1）要热爱调度工作，发掘调度工作中的乐趣，全心地投入。

（2）要有责任心。调度工作非常讲究责任心，因为运输过程中发生突发性事件的可能性很大，有时候需要24小时值班，没有责任心是很难做到的。

（3）要有很强的沟通和协调能力。一是要与客户沟通协调，二是要与驾驶员沟通，三是要与装卸点的人员协调，每时每刻都在沟通协调。

（4）要有不断创新和进取的思想。没有一次调度可以说是十全十美的，要不断努力、积累经验，力求创新与变革，努力做到更好。

（5）要廉洁自律。调度员有时"权力"很大，所以要注意自身问题，廉洁自律，不贪图客户、驾驶员等有关人员的小恩小惠，否则会很难开展工作，也会毁掉自我。

职业素养小贴士：

上述是对运输调度人员的最基本素质要求。作为调度人员肩负的使命不仅仅是维持运输生产安全运行，更要牢记调度岗位工作是企业降本增效的根本和关键环节。那么在数字化运输的新趋势下，对运输调度人员的业务和思想素质又会提出哪些新要求呢？

（四）承运商选择与管理

此处承运商是指物流货运企业委托其完成货物运输作业的社会运力提供商。外包货物运输作业是物流货运企业增加运力资源的一种方式，被物流货运企业广泛采用，且越来越多地出现在各种运输业务中。

运输外包简单地理解就是物流货运企业寻找社会运力来承接本企业的货物运送任务，社会运力包括其他物流公司、运输公司的运力资源以及个体运输业户的车辆资源。运输外包主要是出于降低运营成本的考虑，同时也能实现双方的利益共赢。

若物流货运企业是通过整合社会运力构成自己的运力网，即由外部承运商完成部分或大部分运输作业，为了保证运力网的高效、可控和稳定，同时为了使运输的作业标准、服务标准和管理思想能够有效地得以贯彻和体现，运输调度管理人员不仅要选择合格的承运商（供应商），还需要制订承运商管理制度，管理和规范承运商的运输行为和作业操作标准。

1. 选择承运商

在运输外包情况下,首先运输调度人员应充分了解所在服务区域的运力及货源市场行情,为在价格、运输质量等方面选择合适的外包承运商做准备。

微课:外包承运商选择

其次,运输调度人员对服务区域内的各类承运商进行调查了解,确定可选的承运商之后,运输主管对其逐一排查,了解各承运商的价格、服务水平、软硬件设施、作业团队、营运系统和专长、财务状态等状况,作为评估选择的依据。对承运商为以往客户服务的情况调查内容见表2-17。

表2-17　×××承运商服务情况调查表

承运商概况	价格水平		专长及优势		
	财务状态		车辆规模		
	调查事项				
调查项目	服务水平评价				
	很满意	满意	一般	不满意	很差
1. 服务响应速度					
2. 意外事故处理效率					
3. 服务态度					
4. 服务人员专业水平					
5. 货物损耗程度					
…	…	…	…	…	…
调查结论					
主管意见	签名:_____			日期:___年__月__日	

调查完相关数据后,运输业务部门对承运商进行评价、分析,做出最佳选择。评价方法可采用服务质量比较法、运价比较法和综合比较法等,见实践案例2-7。评价承运商时,下列因素是必须考虑的:

1) 取货、运输和送货服务是否良好、及时、准确、迅速、安全、可靠。
2) 门到门运输服务所需费用是否合理。
3) 能否及时提供运输车辆、货物在途情况查询和其他业务咨询服务。
4) 能否及时处理有关索赔事项。
5) 是否正确填制运单、货票和其他有关的运输凭证。
6) 双方能否建立长期的合作伙伴关系。

实践案例 2-7　托运人对运输承运商的选择

某托运人下个季度有一批货物需要运输到某地,已经确定选择公路运输方式,其备选的运输承运商信息整理后见表2-18。

表2-18　某地区货物承运商运输服务质量信息表

承运商	运价(元/吨)	信誉等级	安全性	运输时间(天)	运输能力
A	0.25	AAA	安全	3	设备较好,网络较发达
B	0.20	AAB	一般	4	设备最优,网络最发达
C	0.30	AAA	较安全	2	设备一般,网络一般
D	0.30	AAB	最安全	2	设备最优,网络最发达
权重	30%	10%	25%	25%	10%

注:运价0.20元/吨为最佳,为最高分10分;信誉等级AAA为最可信,为最高分10分;安全性指标以10分为最安全;运输时间2天为最优级,为最高分10分;运输能力指标以10分为运输设备最优和运输网络最发达。

该托运人根据各承运商的具体情况,通过运输服务质量综合评价打分的方法选择了一家合适的承运商。综合评价过程如下:

首先托运人对各家承运商的各项服务质量逐一评价打分,见表2-19。

表2-19 某地区货物承运商运输服务质量评分表

承运商	运价	信誉	安全性	运输时间	运输能力
A	8	10	8	8	9
B	10	8	7	7	10
C	6	10	9	10	8
D	6	8	10	10	10
评价项目权重	30%	10%	25%	25%	10%

根据上面的评分表对各家承运商进行综合评价,得到各承运商的服务质量价值指标总得分如下:

A=8×30%+10×10%+8×25%+8×25%+9×10%= 8.3
B=10×30%+8×10%+7×25%+7×25%+10×10%= 8.3
C=6×30%+10×10%+9×25%+10×25%+8×10% =8.35
D=6×30%+8×10%+10×25%+10×25%+10×10% =8.6

因为承运商D的综合质量评价得分最高,所以最后该托运人选择由承运商D来完成这次运输任务。

2．管理承运商

承运商管理主要包括提货(与客户的沟通、及时按点装车发车)、装卸要求、发运要求(手续单据办理)、途中及到达交货的要求、信息跟踪反馈要求、货损界定、单据交接规定、运费结算办法、综合管理及奖罚办法等内容。

实践中主要通过签订外包运输合同、建立承运商管理制度的方式对承运商进行管理。

(1)签订运输合同。选择好承运商后,须与其签订运输合同,运输合同必须采用书面形式。在合同中要明确服务环节、作业方式、作业时间、服务费用等要求,并对细节做出明确规范。在合同中还应明确合同终止条款和冲突发生时的处理方法,明确安全责任、赔偿办法等条款。

(2)评价考核。合同签订完毕后,运输调度人员监督承运商合同履行情况,即货物运输作业情况,对承运商的考核内容见表2-20。当货物发生毁损或者运输过程中遇到意外时,要求承运商按照合同相关条款赔付。合同到期后,优秀的承运商可以继续合作,以保证公司运输业务得到长期、持续、稳定的发展。

表2-20 承运商考核表

编号:

承运商	项目					总得分
	交货准时状况	包装破损状况	货物丢失状况	信息反馈状况	平均价格	

审核人: 　　　　　　　　　　　　　　　考核人:

实践案例 2-8　　某货运公司对外包承运车辆司机的管理制度

1. 承运司机必须无条件服从直属管理部门的调派，对不听直属管理部门安排的司机将给予严厉的处罚，严重者将与其解除合作关系。

2. 承运司机必须服从项目现场作业的要求，对不听从现场人员指挥调动的将给予严厉的处罚，严重者将停止其运输资格。

3. 承运司机必须在提货前提供相关的证件：派车单、身份证、驾驶证、行车证、营运证，缺一不可。

4. 承运车辆入场前必须清扫车厢，保持车厢干燥、无尘土、无杂物、无突出物。

5. 承运车辆必须配备灭火器等消防设备，承运司机应接受过系统的消防安全教育。

6. 承运车辆入场后，行驶速度不得超过 5 公里/小时，不得鸣笛，不得随意停放，须把车停在指定位置，不要影响其他车辆的流通，承运司机不得随意行走，应听从现场工作人员的指挥。

7. 承运司机要使用礼貌用语，积极与工作人员配合，顺利完成提货任务，并主动签字交接，手续办完后，应在 5 分钟内迅速把车提出厂区，并在 2 小时内起运。

8. 承运司机必须在规定的时间内把货物安全完整地运到目的地。

9. 承运司机的手机必须 24 小时开机，便于及时跟踪，承运司机服务态度不好，以致受到客户方投诉，反映我方电话咨询态度不好或不予理睬，将视情节轻重予以处罚。

10. 承运司机必须提前 24 小时通知收货人卸货时间，抵达目的地的前 2 小时，需再一次和收货人联系，通告准确到达时间，卸货后半小时内及时与我方联系。

11. 承运司机在卸货时，应主动引导客户进行货品交接，承运司机手中的两份运单需让收货人签字盖章，并填写收货时间，然后，第一份返回我方，第二份留给收货人。所返回运单如果没有签字盖章，我方将不给予此车结算运费，直到补签的运单返回为止。

12. 进入厂区从事运输的承运司机，应严格遵守厂区有关管理规定。

13. 如有不遵守以上任一条例者，或是被客户投诉的运输司机，第一次罚款 500 元人民币，第二次取消运输资格。

14. 如果在运输过程中出现一些意外情况，应及时通知我方，如没有在半小时内报告给我方，将承担连带责任。

任务实施

（一）实训任务

背景描述见本任务【任务情境】中的工作任务。

（二）实训目标

1. 根据具体的运输货物情况，能测算需要的车辆数量。

2. 根据具体的送货任务情况，能用最少的车辆数完成任务，同时对每辆车的行车路线做出安排。

3. 培养良好的沟通能力，能承受高强度的工作压力。

（三）实训内容及操作步骤

1．分析讨论运输调度工作质量好坏对企业运营的影响。
2．参考下面"操作步骤"的提示，完成调度安排工作。

操作步骤：

工作任务1：测算车辆需要数量

步骤1．查看车辆的内廓尺寸，估算其最大容积。
步骤2．查看货物的尺寸、重量、数量及装载限制信息。
步骤3．按容积估算最大装载量，要求不能超高。
步骤4．按重量估算最大装载量，要求不能超载。
步骤5．根据步骤3、4的估算结果，确定车辆的最大装载量。
步骤6．结合货物总量测算出所需要的车辆数量。

工作任务2：安排车辆及其行车路线

步骤1．以时间为轴，将所有运输路线首尾相连按顺序排列。
步骤2．按照使车辆的空闲时间最短的原则，决定所需的车辆数。
步骤3．给每一辆车分配客户路线。
步骤4．在各车辆间进行平衡、优化调整，如考虑驾驶人员因素、时间因素等。

（四）成果形式

总结报告：针对所学到的理论知识和获得的专业技能进行全面的总结，对获得的经验和教训进行深刻的反思，并提出以后的发展方向。报告中尽量使用图、表的形式来表述相关内容。

小组陈述：现场讲解本组的各种调度任务的安排方案。

（五）考核标准

工作任务1：测算车辆需要数量

评 价 项 目	分 配 分 值
1．车、货信息收集是否全面	20
2．按容积估算是否准确、是否考虑了超高限制因素	30
3．按重量估算是否准确、是否考虑了超载限制因素	30
4．车辆需要量测算结果是否正确	20
合　　计	100

工作任务2：安排车辆及其行车路线

评 价 项 目	分 配 分 值
1．能以时间为线索对所有运输路线排序	40
2．所需车辆数的判断是否正确	40
3．给每一辆车分配运输路线时考虑的因素全面，如驾驶员休息、时间因素、成本因素等	20
合　　计	100

（六）注意事项

环境要求：

多媒体教室一间，并配有多台计算机。

教师要求：

对学生遇到的难点或疑问要及时给予指导，以便其更有效地完成工作和深入思考；对技能训练成果要做专业性的总结，并尽可能提供额外学习资料。

学生要求：

1. 要注意感受调度人员的职业身份，注意沟通和交流。

2. 组内和小组之间要分享所获得的新的信息或进一步的理解；听取来自老师、同学们的反馈建议。

归纳总结

1. 从事运输调度工作应该掌握运输过程、运输合理化、货流、汽车承载质量与轴荷、汽车使用性能、运输地理、运输市场等专业基础知识。

2. 运输调度的工作内容包括：市场调查与预测分析、编制运行计划、实施运行计划、监督检查、信息资料管理。

3. 调度人员的监督检查工作内容包括：查验驾驶证、车辆行驶证、道路运输证、车辆完好证明、交通事故责任强制险、驾驶/押运/装卸人员从业资格等证件；监督车辆超载、超限、装卸、车况等安全状态。

4. 运输调度作业控制程序是从接收并分析运输任务开始，选择运输作业方式。若以自有运力完成运输作业，则做出线路、车辆和人员的安排，下达安排指令并进行跟踪；若外包运输作业，则进行承运商的评价选择和合同管理。

5. 考虑路程远近、成本高低、道路情况、车辆速度等因素，根据成本较低和速度较快的原则进行分析之后确定车辆行驶路线方案。

6. 综合分析车辆性能、货量多少、货物尺寸、货物包装、道路情况等因素，合理地安排车辆。

7. 根据驾驶经验、维修水平、工作态度、性格特点、业务技能等因素，指派合适的驾驶人员。

8. 选择外包承运商的依据包括其价格、服务水平、软硬件设施、作业团队、营运系统和专长、财务状态等因素。

思考问题

1. 货车驾驶员难管，这是运输企业一直以来最头疼的问题之一。因为当驾驶员开车离开车场后，其行踪基本上由其自己说了算，开到哪、走什么路线、有没有干私活等，如果没有有效的监督手段，运输公司便无法知晓。针对这种运输生产特点，请你思考货运企业如何形成较为完善和有效的驾驶员工作模式和机制，既能保障行车安全又能调动他们的工作积极性，同时也要有利于控制运行成本。

2. 一些运输任务的安排方案，如车辆、路线、人员的安排方案，我们可以在有关计算软件的帮助下更好地完成。请你思考作为一名未来的运输调度人员，应该掌握哪些定量分析方法来改善调度工作质量。

模块二 货物运输计划编制与调度安排

同步知识测试

一、单选题

1. 某额定吨位为10吨的货车某运次实际装卸货物8吨，则这辆车还有（　　）的载重能力未被利用，造成浪费和损失。
   A．20%　　　　　B．25%　　　　　C．55.6%　　　　　D．80%

2. 若是一趟运往重庆的10吨货物，考虑到山路多、上坡多，可能安排（　　）货车比较适宜。
   A．东风　　　　　B．解放　　　　　C．五十铃　　　　　D．黑豹

3. 安排驾驶人员时要考虑其工作态度，主要的原因是他们的工作态度会影响（　　）。
   A．行车安全　　　B．单据交接　　　C．企业形象　　　　D．按时送货

4. 运输调度人员要有不断创新和进取的思想，主要是因为（　　）。
   A．发生突发性事件的可能性很大　　　B．要与客户沟通协调
   C．不能贪图有关人员的小恩小惠　　　D．每一次调度不可能十全十美

5. 制订临时型货运计划的重点在于首先（　　）。
   A．想方设法满足客户要求　　　　　　B．要求客户增加或减少运量
   C．要求客户提前或延后发货时间　　　D．要与客户沟通和协调

二、多选题

1. 货物运输量计划一般以市场需求作为编制依据，通常根据下列（　　）资料来制订。
   A．市场调查与预测　　　　　　　　　B．车辆计划
   C．指令性计划任务　　　　　　　　　D．运输合同
   E．企业的生产能力

2. 车辆调度时，车况较好的车辆应该安排在（　　）上。
   A．短途运输　　　B．长途运输　　　C．复杂道路　　　D．重要客户
   E．重要货物

3. 一般情况下，安排驾驶员执行那些道路条件复杂的运输任务时，比如长途山路、城市道路的运输任务等，最主要的两个考虑因素是（　　）。
   A．驾驶经验丰富　B．驾驶技术好　　C．维修技术水平高　D．性格沉稳
   E．文化水平高

4. 运输调度员要了解运输市场行情，主要是因为（　　）。
   A．有时候租用外部车辆　　　　　　　B．为企业寻找合适承运商
   C．给企业内驾驶员分配任务　　　　　D．为企业寻找合适货源
   E．为企业安排车辆计划

5. 货物运输车辆在公路上行驶，下列属于超限运输的情形有（　　）。
   A．车货总高度从地面算起超过4米
   B．车货总宽度超过2.55米

C．车货总长度超过 18.1 米
D．二轴货车，其车货总质量未超过 18 吨
E．六轴汽车列车，其车货总质量未超过 46 吨

三、判断题

1．《汽车、挂车及汽车列车外廓尺寸、轴荷及质量限值》（GB 1589—2016）由原国家质检总局、国家标准化管理委员会联合发布，属于参考性标准。（   ）

2．实载率是车辆行程利用程度和载重能力利用程度的综合反映。（   ）

3．由于最短距离有交通阻塞、道路情况不好或有对噪声、排气等特殊限制而不能使用而发生的迂回，称为不合理运输。（   ）

4．调度工作的主要内容就是根据运输任务，安排正确的车辆、正确的驾驶员和正确的路线。（   ）

5．廉洁自律是运输企业对调度员思想素质要求的内容之一。（   ）

四、案例分析题

王老板对下属的要求很高。在办公室里，他反复仔细地研究所有业务的具体细节，随时呼叫当事人员提出一些改进意见。

一天，王老板叫来他的下属小张，并对她说道："我研究了有关收到订单和客户收到货物之间间隔时间的所有公司经营记录。你们配送中心的运营状况糟透了！放下你手中的其他工作，看看你到底做错了什么！然后告诉我加快运营所需要做的事。可以在任何时候和我电话联系。"

小张在自己的办公室里研究了两天，她将所有的时间花费在计算如何缩短其订货运输系统的时间上，但她不知从哪里开始。

小张已经确定有 12 个不同部门是与订单加工和运输有关的。有些是同时进行的，也有一些是按照次序进行的——即一道工序必须在另一道工序结束后才开始。在表 2-21 中表明了这些信息后，小张试图将所有这些工作联系起来。

表 2-21 即将完成的订货加工和运输

任务	描述	时间（天）	先后次序
A	收到订货并记录在计算机中	0.25	A<D、B
B	确定是否从仓库补充货物或从工厂直接运输货物	0.50	B<C
C	打印已取订货	0.30	C<I
D	验证客户信用证	0.35	D<G、E
E	检验并确定采购者可能获得的折扣	0.15	E<F
F	准备发票并记账	1.00	F<K
G	确定运输途径并选择承运商	1.65	G<L
H	在仓库提取货物	0.75	H<L
I	包装并贴上装运标签	1.20	I<H
J	通知承运人准备运输单据、派车、车辆计划	2.25	J<L
K	将发票复印件传输到装运码头	1.20	K<L
L	运输订货给客户	3.50	

模块二 货物运输计划编制与调度安排

小张回想起她在大学时学过的网络计划技术方法,这是一种面对大型、复杂的工程任务编制最优计划的管理方法。她研究这种方法并将它应用于当前遇到的问题中,得出一个相类似的图表来分析配送中心的订货加工和运输业务。用这种计划技术,她优化了订货加工和送货时间,工作成果得到了老板的认可。

根据上述案例,请认真思考以下问题:

1. 小张是如何优化订货加工和送货时间的?请你完成小张的工作。

2. 网络计划技术的基本原理是怎样的?网络计划技术有什么特点?能帮助计划人员提高工作质量吗?

3. 作为运输一线计划与调度管理人员,需要掌握的定量分析方法和优化工具还有哪些?这些定量技术在实践中的运用情况如何?

模块三

整车货物运输业务组织

导读

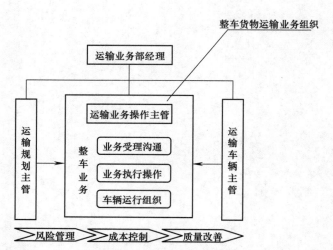

运输企业作为第三方物流为各种各样的客户提供运输服务，如果仅有运输规划与计划，缺少有效的实施方法和工具是无法达到预期效果的。所以从模块三开始，我们将学习运输业务的操作作业和作业管理。

我们解决问题的方法是以流程为中心学习各项运输业务的操作技能，包括整车货物运输业务、零担货物运输业务和特种货物运输业务的操作技能。在学习的时候，你要关注各运输岗位的工作目标、目标实现的流程及细化的操作标准。希望你能对这些内容进行再总结和提高，形成今后工作中的一套规范化的、可行的、有效的执行工具，帮助你高效地完成运输业务管理工作。

本模块我们学习整车货物运输作业操作和作业管理，包括业务受理、货物运送、货物交接等环节的作业操作，以及当事人管理和作业操作管理，其中也包括单证和信息处理、风险控制、费用节约等支持作业操作管理的内容。我们将本着实务性、操作性的原则来介绍这些内容。

整车货物运输业务主要来自制造业的物流货运需求，它是物流业发展的主要需求基础，是运输企业的主营业务之一，也是我们今后将从事的主要业务管理工作之一。

模块三 整车货物运输业务组织

学习目标

通过本模块的学习,你将懂得道路整车货物运输的受理作业流程及操作要求、运送作业流程及操作要求、货物到达作业流程及操作要求,并具备相应业务管理的能力。能够:

1. 完成整车货物运输业务受理作业并进行风险控制。
2. 安排并实施整车货物运输作业,包括理货、监装、运送、保管、交付、结算等作业过程的货物流、单据流、信息流、资金流的操作工作,并能对作业过程进行风险控制。
3. 跟踪运输过程,处理异常情况。
4. 优化整车运输项目作业流程及操作标准,并绘制作业流程图。
5. 制订双班运输组织方案并参与实施。
6. 优选甩挂运输的运行组织方案并参与实施。
7. 拥有爱岗敬业、吃苦耐劳的工作态度和职业操守,具有现代流程式管理思想,具备团队协作精神。

任务一 整车货物运输业务受理

知识点 整车运输及其业务受理方法和受理工作程序;托运单;运费计算;受理工作要求。

能力点 沟通和洽谈整车运输业务;审批和认定托运单内容;计算运输费用。

任务情境

工作任务1:短期的整车客户业务受理

某运输公司接到客户运输请求:客户沈阳 A 公司(铁西区云峰街××号),电话024-87654321,有100台电视机(35千克/台,3 800元/台)需从沈阳运给大连 B 公司(甘井子区山东路××号),电话0411-12345678,全程410公里,运价0.4元/吨公里;9月15日起运,约定1日内到达。由运输公司负责装卸,装卸费5元/台,保价费率0.7%,该电视机计费重量为100千克/台,双方约定凭签单结算运费。请你为该运输公司的业务受理工作设计一份要素齐全、格式规范的货物托运单,然后完成此次业务的单证填写及审核工作。

工作任务2:长期的整车客户业务受理

沈阳运输集团物流中心(集团下属的专业物流公司)与普利司通轮胎销售公司签订了一年期的 BSCN 轮胎运输协议。该物流中心承运了普利司通(沈阳)轮胎有限公司成品轮胎的分拨运输任务(包括从沈阳到河南、湖北、河北、吉林、黑龙江、安徽等地),年运送产品价值近亿元。张华是该物流中心"普利司通轮胎运输项目组"的客户运输计划受理员。作为项目组中的受理人员,张华该如何保质保量地完成其工作任务呢?

任务分析

托运受理作业是整车货物运输业务的第一个环节,是保证货物运输安全的第一道关口,也是和客户交流的一个重要窗口。这一阶段工作的正确操作,是单据流转、信息处理和运费结算等后续工作能否准确、顺畅进行的基础保障。许多公司往往在此环节出现问题，导致发车受阻、送货不及时。

为了完成上述情境任务，我们需要弄清和明确以下几个问题。

1．相关的理论知识

整车货物运输及其特点；整车货运业务受理方法；业务受理工作程序；业务受理工作要求。

2．相关的实践活动

为了完成这项学习任务，我们可以到一家专业的物流运输公司了解整车货物运输业务的实践发展情况，了解受理人员的工作内容，学习如何与客户沟通、审核运输单证、单证的签发等操作技能，了解实践对业务受理人员的素质要求。

完成本任务学习后，你可以从事业务受理员、业务营销员、收费开票员、单据管理员、统计结算员等操作岗位工作，并能与客户沟通、洽谈业务。

任务准备

（一）整车货物运输概念

1．整车货物运输的含义

通常来讲，如果一家客户的货足够多，一次发货量能达到至少一辆车的载运能力，然后把该整车货物直接运送至该客户指定的目地的，这种运输方式俗称为整车运输。

整车货物（也称整批货物）是指一次托运，装满整车或其性质、体积、形状需要一辆货车运输，并按车辆额定载质量计算运费的货物。整车货物运输是指按托运人要求，将整车货物交付收货人的服务行为，包括整车货物的受理、现场出货、运送及交付等过程。通常大宗货物，如粮食、煤炭、钢铁、矿物及建筑材料等常采用整车运输方式运输。

若一次托运不足装满整车，但考虑其性质，以下货物必须按整车运输方式运输：

1）鲜活货物，如冻肉、冻鱼、鲜鱼、活的牛、羊、猪、兔、蜜蜂等。
2）需用专车运输的货物，如石油、烧碱等。
3）不能与其他货物拼装运输的危险品。
4）易于污染其他货物的不洁货物，如炭黑、皮毛、垃圾等。
5）不易于计数的散装货物，如煤、焦炭、矿石、矿砂等。

2．整车货物运输的特点

（1）一个托运人。为明确运输责任，整车货物运输通常是一车一张货票（即货物托运单）、一个发货人。为此，道路货物运输企业应选派额定载质量与托运量相适应的车辆装运整车货物。

（2）门到门。由于只有一个托运人，整车运输都实行"门到门"运输。整车货物可以多点装卸，但装车点或卸货点的距离不应相距太远，比如在同一个城市的几个分厂装货，在同一个城市的几个销售点卸货。

（3）托运人负责装卸车。托运整车货物通常由托运人自理装卸车，如果需要承运人负责装卸，应该事先协商，并支付装卸费用，或者计入运费中。

（4）操作方便。整车货物运输一般无须中间环节或中间环节很少（不需要精确计算重量或体积），相应的货运集散成本较低。许多工业企业的原材料和成品运输都采用整车运输。

（5）业务开办条件简单。整车运输对生产服务设施的要求不高，只要拥有一台运输车辆即可从事整车运输，因此在实践中，整车运输是由大量分散的小型运输企业甚至个体车辆来完成的。在我国，绝大多数的车辆都进行整车货物运输。

（二）整车运输业务受理方法

在货物运输中，货物托运人向运输企业提出运送货物的要求称为托运；运输企业接受货物运输的行为称为受理，也称承运。

货物运输中涉及以下三方：

1）承运人，是指使用汽车从事货物运输并与托运人订立货物运输合同的经营者。
2）托运人，是指与承运人订立货物运输合同的单位和个人。
3）收货人，是指货物运输合同中托运人指定提取货物的单位和个人。

1. 短期或临时的整车业务受理方法

短期或临时的整车货物主要来自一些生产厂家或商贸公司的货运订单请求，其主要有以下一些托运受理方法。

微课：短期的整车业务受理方法

（1）登门受理。即由运输部门派人员去客户单位办理承托手续。

（2）下产地受理。在农产品上市时节，运输部门下到产地联系运输事宜。

（3）现场受理。在省、市、地区等召开物资分配、订货、展销、交流会议期间，运输部门在会议现场设立临时托运或服务点，现场办理托运业务。

（4）驻点受理。对生产量较大、调拨集中、对口供应的单位，以及货物集散的车站、码头、港口、矿山、油田、基建工地等单位，运输部门可设点或巡回办理托运业务。

（5）异地受理。客户单位在外地的整车货物，运输部门根据具体情况，可向本地运输部门办理托运、要车等手续。

（6）站台受理。货物托运单位派人直接到运输部门办理托运业务。

（7）电话、信函、网上托运。经运输部门认可，本地或外地的货主单位可用电话、信函、网上托运等方式，由运输部门的业务人员受理登记，代填托运单。

实践中，短期或临时的整车业务常称为货运订单，主要由运输企业中营销业务员完成前期受理工作。营销业务员在揽收客户托运业务时，应与客户进行全面的沟通和洽谈，仔细询问货物情况及客户的特殊需求，对客户的疑难问题进行耐心的解释，对如何完成运输服务请求进行详细的描述，将本企业的条件、服务特色如实告知客户，为后续的运输工作打下良好基础。

实践案例 3-1　临时整车货物受理

沈阳某货运公司市场开发部营销业务员王刚下周工作计划如下：

周一至周四，去辽宁省大连市的秋冬服装服饰博览会，四天会议期间，在会议现场设立临时托运点,现场办理托运,同时利用会议期间向各类企业潜在用户宣传本公司的服务优势和业务情况。

周五,到沈阳市大东蔬菜生产基地,与客户联系、商定大白菜等秋菜运输的货源事宜,运往省内各市区及北京等方向。

周六至周日,去黑龙江省大庆市某县玉米生产基地,公司在大庆市设立了联络点,与客户联系大庆市至大连港的玉米运输货源。

> **职业素养小贴士:**
>
> 业务员王刚凭借其丰富的工作经验,秉承为客户所想的工作理念,获得了客户信赖,顺利地完成了全部揽收业务。货运营销业务员除了专业能力,还必须具备良好的思想道德素质,把客户利益真正放在首位,要有热情地、全力以赴地帮助客户走向成功。客户不仅是我们服务的对象,更是我们事业双赢的伙伴。在新经济时代,赢得客户的策略会变化,不变的是为客户服务的理念。

2. 长期或稳定的整车业务受理方法

长期或稳定的整车货物主要来自大型工矿企业或大型的商贸企业,它们是物流货运需求的主体,如生产制造企业的产前原材料供应运输和产后成品分拨运输。由于实施供应链管理,它们对货运服务质量有更高、更严格的要求。运输企业主要是通过参与这些企业的运输项目招投标,或接受委托,或主动营销等途径获得这些运输业务,并借此加入供应链的整体运作中,形成联动发展,既满足了制造企业的物流货运需求,同时也提升了自身的运输服务水平。

微课:长期的整车业务受理方法

无论通过哪种途径获得整车货物运输业务,运输企业都需要编制投标书或运输方案建议书。在投标书中标后或运输方案建议书获得客户企业认可后,便可进入运输合同签订阶段。

实践中,长期或稳定的整车业务常称为运输项目,主要由运输经理牵头完成业务的洽谈受理工作。

实践案例 3-2　运输项目获得方式——招投标

金红叶纸业集团有限公司是 APP(中国)集团于 1996 年 3 月在苏州工业园区设立的外商独资企业,占地 114 公顷,拥有员工 6 600 多人。公司专业生产生活用纸,是国内最大生活用纸制造厂家之一。至 2013 年公司满产产能达 516 万吨,公司主打品牌"唯洁雅""清风""真真"等知名度享誉国内外市场。2013 年 4 月,金红叶纸业集团有限公司公路运输招标公告如下:

"对于 2013 年'长沙工厂湖南公路运输线路',我公司将在社会上进行公开招标,真诚地邀请广大运输公司前来参加投标,本着'公开、公平、公正'的原则,选择优秀运输公司来与我公司合作成品运输业务。"

(三)整车运输业务受理工作程序

1. 短期或临时的整车业务受理工作程序

(1)填写托运单。无论是货物交给运输企业运输,还是运输企业主动承揽货物,都必须由货主和承运企业双方办理托运手续。

对于临时性、短期性的客户货运订单，行业通行的做法是由承运人负责提供格式化的货物托运单，由托运人填写。此时是没有定期或一次性运输书面合同的，托运单就是运输合同。

托运单是运输活动交接环节中所使用的单据，是运输流程的记录，是运输信息传递的可视形式。托运单一般应包括托运人、承运人和收发货人的名称、地址、联系人及电话，货物的名称、包装、数量、体积及重量，计费项目及金额、结算方式、保价保险，运单编号、备注及签字，以及约定的运输条款等信息。通常在运单的背面附有对托运人备货的要求、货损赔偿的约定等运输条款信息。常用的道路货物托运单见表 3-1。

表 3-1　×××汽车运输公司货物托运单

托运日期：　年　月　日				经办人：			电话：			运单号：	
托运人		地址		联系人及电话			装货地点				
收货人		地址		联系人及电话			卸货地点				
付款人		地址		电话		约定起运时间			约定到达时间		
货物名称	包装形式	体积（立方米）	重量（吨）	件数	计费重量（吨）	计费里程（公里）	运价率（吨公里）	计费项目金额			保价、保险	
								运费	装卸费	…	金额	费用
		合计										
结算方式		预付□　到付□　返单□　其他□				费用合计金额	万	千	百	拾	元	角	分
备注						托运人签章　年　月　日		承运人签章　年　月　日		收货人签章　年　月　日		

公司地址：　　　　　　　　　　　　　　客服电话：

托运单一般有四联，第一联承运人留存，作为业务统计的凭据并为运输合同当事人一方保存；第二联托运人存查，作为查询的依据并为运输合同当事人另一方保存；第三联结算联，随货同行，经收货人签收后，作为交付货物和核算运费的依据；第四联为收货人存查联。

因为每一张托运单信息都要录入企业管理信息系统，作为企业营运业务的原始记录及经营分析数据的来源，所以托运单中各项数据填写的准确与否对运输主管来讲非常重要。

实践中填写托运单时应注意的事项：

1）一个托运人可以托运拼装一车的货物或分卸几处的货物，但应将拼装、分卸详情在托运单上注明。

2）一张托运单托运的货物，凡不具备同品名、同包装、同规格的，以及搬家货物，最好能提交物品清单，见表 3-2。

表 3-2　×××汽车运输公司货物运输物品清单

起运地点：							运单号：	
编　号	货物名称	包装形式	件　数	新旧程度	体积长×宽×高（立方米）	质量（千克）	保险、保价价格（元）
备　注							

托运人（签章）：　　　　　　　　　　承运人（签章）：　　　　　　　　　　年　月　日

注：凡不属于同品名、同规格、同包装的，以及搬家货物，在一张托运单上不能逐一填写的，可填交货物清单。

3）轻泡货物及按体积折算重量的货物，要准确填写货物的数量、体积、折算标准、折算重量及其有关数据。

4）托运人要求自理装卸车时，经承运人确认后，应在托运单内注明。

5）托运人委托承运人向收货人代递有关证明文件、化验报告或单据等，应在"备注"栏内注明名称和份数。

6）托运人必须准确填写托运单的各项内容，字迹要清楚，对所填写的内容及所提供的有关证明文件的真实性负责，并须签字盖章。

7）不能将危险品及易腐、易溢漏的货物夹在普通货物中交运，也不能在普通货物中夹带贵重物品、货币、有价证券、重要票证等。

8）托运有特殊要求的货物，应由托、承双方商定运输条件和特约事项，填注于托运单上。

9）需派人押运的货物，应在托运单上注明押运人员姓名及必要的情况。

（2）托运单内容的审批和认定。《道路货物运输及站场管理规定》中规定，道路货物运输经营者不得运输法律、行政法规禁止运输的货物。道路货物运输经营者在受理法律、行政法规规定限运、凭证运输的货物时，应当查验并确认有关手续齐全有效后方可运输。货物托运人应当按照有关法律、行政法规的规定办理限运、凭证运输手续。

禁运货物是指在任何情况下，均不能受理的物品。例如，各类武器、弹药，各类放射性物品和烈性毒药，各类易燃易爆等危险货物，各类危害国家安全和社会政治稳定以及淫秽的出版物、宣传片及印刷品，包装不妥进而可能危害人身安全、污染或损毁其他货物的货品，珍贵文物、濒危野生动物及其制品等。

除已取得营业性道路运输经营资格的危险货物运输经营单位外，一般道路运输经营单位或者个人都不得运送危险货物。

限运货物是指在特定的情况下，需要特定条件方可承运的物品。例如，一些需要批准运输的限运货物见表3-3。

表3-3　需要批准运输的限运货物

货物种类	批准证书	核发部门
枪支、警械	准运证、携运证	公安局、体育总局
动植物及其制品	动植物检疫证书	动植物检疫站
烟草	烟草专卖品准运证	烟草专卖局
麻醉药品	麻醉品运输凭证	卫生部药政管理局
放射性物品	放射性剂量证明	卫生防疫站
酒	进口酒准运证、外运证	省酒类专卖管理局
音像制品（光碟）	音像制品运输传递证明	省社会文化管理委员会办公室
金矿产品	调拨证明	省黄金公司
木材	准运证	县级林业局

众所周知，禁、限运物品在运输过程中，因被查扣或货损而发生纠纷，或因气压、温度、震动、空间限制等，可能发生爆炸、自燃、有毒气体泄漏等，对生命财产安全造成极大威胁。为确保运输顺利开展，运输企业必须对禁、限运物品的运输加强管理。

一般的物流运输公司都为此专门制定禁、限运物品知识手册，业务受理人员、业务营销人员要掌握本公司的禁、限运物品情况，防范运输风险。

实践案例 3-3　某物流运输公司的禁、限运物品清单

1. 严禁收运类

禁运品名：酒精（乙醇）、鸡眼水、红磷、萘、赛璐珞、导火索、雷管、炸药和爆炸性药品、烟花、鞭炮、液化气瓶、砒霜、水银、病毒、毒素、盐酸、烧碱、高锰酸钾、蛇、鳄鱼及其他活体动物等易燃、易爆及国家禁运类货物。

2. 限证运（有证明文件的时候可以承运，但运费不能到付）

1）影视类：光盘、影碟、音像制品、母碟等。此类货物运输必须有当地社会文化管理委员会办公室发的"音像制品运输传递证明"及"货物清单"，由客户自己提供。

2）烟草类：必须有当地烟草专卖局核发的"烟草准运证明"和"出厂证明"、清单。证明由客户提供。

3）林业类：木材、家私、木制办公用品等。①必须有木材检疫证明。证明由客户自行办理。②如客户无法办理，部门可转给汽运专线办理，费用10元/方，另加每单20元手续费。

4）不明物品：不明液体或不明粉剂等，如白色粉末。①要有出厂证明、货物的性状信息，必要时还应提供生产技术部门出具的技术说明书。②其包装和重量必须符合安全运输的要求。

3. 收运下列货物如果发生泄漏，污染其他货物，所产生的损失全部由收货部门承担

货物品名：油漆、油墨、胶水、涂料、香精、泡水咸菜、袋装牛奶、电解液、蓄电池等易泄漏、易燃、气味难闻，容易污染其他货物的货物。

（3）核实货物。核实货物是为确保托运的货物与托运单填写的货物一致，对可疑货物进行开箱（包）检查，防止托运人将禁运物品、违禁物品、危险物品和限运货物、凭证运输货物谎报或者匿报为普通货物。

在货主提出托运计划并填写货物托运单后，运输部门派人会同货主进行核实。核实的主要内容有：①托运单所列的货物是否已处于待运状态；②装运的货物数量、发运日期有无变更；③连续运输的货源有无保证；④货物包装是否符合运输要求，危险货物的包装是否符合《危险货物道路运输规则》（JT/T 617—2018）的相关规定；⑤确定货物体积、重量的换算标准及其交接方式；⑥装卸场地的机械设备、通行能力；⑦运输道路的桥涵、管沟、地下电缆和架空电线等详细情况。

（4）运费计算。货主向运输公司支付托运货物的费用包括基本运费、通行费用和其他收费，运价（费率）是运输企业为它们的运输服务制定并收取费用的标准，主要依据运输费用支出和市场环境制定，运价单位有元/吨公里（整批运输）、元/千克公里（零担运输）、元/箱公里（集装箱运输）、元/吨位小时（包车运输）等。

理论上，运费的计算一般要经过以下几个步骤：

第一步，确定计费重量。

1）计量单位。整批货物运输以吨为单位；零担货物运输以千克为单位；集装箱运输以标准箱为单位。

2）重量确定。

① 一般货物：无论整批、零担货物计费重量均按毛重计算。整批货物吨以下计至100千克，尾数不足100千克的，四舍五入。零担货物起码计费重量为1千克，重量在1千克以上，尾数不足1千克的，四舍五入。

② 轻泡货物：装运整批轻泡货物的高度、长度、宽度，以不超过有关道路交通安

全规定为限度，按车辆核定载质量计算重量。零担运输轻泡货物以货物包装最长、最宽、最高部位尺寸计算体积，按每立方米折合 333 千克计算重量。轻泡货物也可按照立方米作为计量单位收取运费。

③ 包车运输按车辆的核定质量或者车辆容积计算。

④ 货物重量一般以起运地过磅为准。

⑤ 散装货物，如砖、瓦、砂、石、矿石、木材等，按重量计算或者按体积折算。

第二步，确定计费里程。

1）里程单位。货物运输计费里程以公里为单位，尾数不足 1 公里的，四舍五入。

2）里程确定。

① 货物运输的营运里程，可按交通运输部核定颁发的《中国公路营运里程图集》（交通运输部道路运输司编制）确定。未核定的里程，由承、托运双方共同测定或者经协商按车辆实际运行里程计算。

② 货物运输的计费里程按装货地至卸货地的营运里程计算。

③ 城市市区里程按照实际里程计算，或者按照当地人民政府交通运输主管部门确定的市区平均营运里程计算。

④ 国际道路货物运输属于境内的计费里程以交通运输主管部门核定的里程为准，境外的里程按有关国家（地区）交通运输主管部门或者有权认定部门核定的里程确定。

第三步，计算运费。

整批货物运费＝整批货物运价×计费重量×计费里程＋车辆通行费＋其他法定收费

零担货物运费＝零担货物运价×计费重量×计费里程＋车辆通行费＋其他法定收费

重（空）集装箱运费＝重（空）箱运价×计费箱数×计费里程＋车辆通行费＋其他法定收费

包车运费＝包车运价×包用车辆吨位×计费时间＋车辆通行费＋其他法定收费

其中，"货物运价×计费重量×计费里程"为基本费用，基本费用主要由油费、人员工资、维修费、材料费、事故费等项目构成；车辆通行费是指货物运输需支付的过渡、过路、过桥、过隧道等通行费，由托运人负担，承运人代收代付；其他法定收费有保价费、提/送货费、装卸费、可能的中转费、送达时限内的暂存费、燃油附加费、信息费和工本费等项目。

实践中，虽然承运人仍旧要保持上述费用计算规则，但他们主要是按托运单或运输合同要求，以协商的价格完成托运人的运输任务的。

微课：实践中运费的计算

如果所有的运输服务都以吨公里（或千克公里）为基础收费，那么费率制定就会简单很多，即 1 吨（或千克）货物运输 1 公里需要付费多少元。但事实上，运输服务不是以吨（或千克）公里数来收费的，而是以在两个具体的点之间运输具体的某种商品、以具体的运输规模来收费的。例如，将 10 吨面粉从沈阳运到北京，如何定价？通常情况下，运输公司的道路运输价格成本模型可用下面的公式说明：

道路运输价格成本＝现场提货费用＋干线运输费用×回程系数＋目的城市配送费用＋管理费用＋税金

实践案例 3-4　**北京易通物流公司的报价方式及报价表**

北京易通物流有限公司主要经营陆路货物运输业务，配套中转、仓储、报关、保险等一站式服务。该公司的报价方式及运输报价表分别见表 3-4～表 3-7。

表 3-4　市场开发人员对外报价方式

报价方式	报价项目	报价内容
整体报价	综合物流服务	城际运输费+集货与配送费+仓储费+保险费+装卸费+包装费
单项报价	城际运输（零担）	城际运输费（零担）+集货与配送费+保险费+装卸费
	城际运输（整车）	城际运输费（整车）+保险费+装卸费
	市内配送	集货与配送费+装卸费
	仓储服务	仓储费+保险费+装卸费
	包装服务	包装费

表 3-5　集货与配送、仓储、装卸、包装、保险费报价表

项　目		费　率		
		0～4 立方米（1 吨以下）	4～15 立方米（1～5 吨）	15 立方米（5 吨以上）
集货与配送	四环以内	50～80 元/车次	150 元/车次	免费
	四环至五环	60～100 元/车次	160～180 元/车次	
	五环以外	200～300 元/车次	200～300 元/车次	
	送货上门	3 元/层/件　（0.05 立方米/件以内的计算机、标准件图书）		
	等候费	2 吨车：50 元/时/车，300 元/天/车		
仓储	仓租费	15 元/月/平方米		
	出入库费	根据每件货物实际的重量、体积、搬运的难易程度来计算		
	管理费	仓储总费用的 20%		
	信息服务费	酌情收取		
装卸费		装车：12 元/吨；卸车：12 元/吨		
包装费		5 元/件　（图书）		
保险费		货物价值的 0.3%～0.5%		

注：如一票货物需要多点配送，则每增加一个配送点加收 35 元；配送时限为：当日提货，次日配送，如需加急，价格另议；超范围配送价格另议；此表仅适用于××年××月。

表 3-6　北京至全国公路干线零担运输报价表

省　份	地　名	里程（公里）	费　率				到货时限（天）
			元/千克	元/吨	元/立方米	元/件	
直辖市	上海	1 424	0.8	540	180	13	3
	天津	148	0.3	180	60	6	1
	重庆	2 117	1.4	960	320	21	6
辽宁省	沈阳	728	0.6	390	130	9	2
	铁岭	794	1.4	900	300	25	2
	本溪	824	1.2	810	270	20	2
	鞍山	735	0.8	540	180	15	2
	丹东	985	1.4	900	300	25	2
	大连	952	0.9	600	200	15	2
	…	…	…	…	…	…	…

注：1. 以上表中仅为城际运输报价（点到点）。
　　2. 每一票货物大于 1 吨，或 3 立方米，或 50 件（书）时，免收一方的集货与送货费。
　　3. 次集货量和单点送货量不足上述标准时参见前述集、送货收费标准。大客户、长期合同客户例外。

表 3-7　北京至全国一级城市公路运输整车报价表

城市名称	里程（公里）	7.2米整车（元）	9.6米整车（元）	到货时限（天）
上海	1 424	5 400	8 100	2
天津	148	1 500	2 000	1
重庆	2 117	9 600	14 400	6
石家庄	353	2 000	2 750	1
太原	550	2 700	3 960	1
呼和浩特	570	2 700	3 960	1
沈阳	728	3 600	5 400	1
大连	952	6 000	9 000	3
长春	1 048	4 800	7 200	2
…	…	…	…	…

注：以上报价为市场开发人员一般对外报价，对于大客户需要的详细报价，则由项目经理根据客户的实际需求和业务量大小参考运输底价进行调整后对外报价。

（5）收费开票。收取预付运费，开出运输发票。对于临时性的客户，实践中常有以下几种结算方式：预付运费（发货人付款）、到付运费（收货人付款）、凭签单付运费（发货人凭收货人签收回单付款）、在货物托运时一次结清等。

（6）托运单编号及分送。托运单内容经双方认定后，承托双方在托运单的相应位置签字、盖章，编定托运单号码，然后告知调度、运务部门，并将结算通知交付给货主。

2．长期或稳定的整车业务受理工作程序

对于长期性、稳定性的客户，不需要像临时性客户那样填写托运单并进行托运单内容审批认定、货物核实、运费计算及托运单签字盖章等工作。

长期的、稳定的整车货物运输业务，承托双方最终通过签订定期（一般为一年）货物运输合同来确定合作关系。在合同中会明确双方合作的业务范围（货物、时间、地点等），各自的权利、责任和义务，如货物的发运手续、质量标准、赔偿责任、运费及其结算方式等都会在合同条款中进行明确的约定。

在合同期间，每一次的运输任务，货主企业会通过电话、邮件、网络等方式提前一定的时间（几小时、天或周）告知运输企业业务受理人员。受理人员应准确、详细、全面地记录客户发货计划信息（发运货物的数量、属性、时间、地点及要求等），并及时将这些信息传递给调度人员、运务部门及财务部门等。

调度人员在每一次接到发货（送货）任务通知后，即派人员与货主企业办理货物出库装车交接手续，作为货物交付、费用结算、事故责任划分等的记录和凭证。

实践中，每一次执行运输任务时使用的手续凭证，通常是货主企业的客户送货计划单，由运输企业派驻现场业务人员在货主企业的发运物品库房现场获得。客户送货计划单因不同的货主企业而不同，一般三到六联不等。

实践案例 3-5　客户送货计划单

沈阳运输集团物流中心与普利司通轮胎销售公司签订了一年期的 BSCN 轮胎运输协议。合同期间，每一次轮胎运输任务双方都办理运输手续作为记录和凭证。该手续是指普利司通轮胎销售公司的客户送货计划单，共六联：BSCN 留存联、成品库留存联、门卫留存联、运输公司留存联、客户签收返回联、客户留存联。表 3-8 是其中的运输公司留存联。

表 3-8　送货计划单（运输公司留存联）

BRIDGESTONE Lun Tai XS
普利司通轮胎销售公司

BRIDGESTONE 送货单　　　　　　No.

发货日期					计划到货日期						
收货单位					卸货点						
发货工厂					销售订单号						
物料编号	规格	花纹	层级	编号	库存地	出货指示	出货数量	重量	体积
…	…	…	…	…	…	…	…	…	…
合计									
备注：									

运输公司：				车辆要求：按条数装运	
制品发货确认	仓库主管签字	收货单位确认	收货日期	车号	数量	收货单位经理签字
						（签字、单位章）
运输公司确认	司机签字	车号	数量	现场负责人签字

普利司通（中国）投资有限公司

（四）整车运输业务受理工作要求

托运、受理工作应做到：①托运人及收货人名称、联系人、地址、电话要准确；②起讫站名、装卸货物地址要详细；③货物名称、规格、性质、状态、数量、重量应齐全、准确；④有关证明文件、货运资料应齐全；⑤危险货物和特种货物应说明运输要求、采取的措施、预防的方法；⑥运费结算单的托收银行、户名、账号要准确。

实践中货物托运应注意如下事项：

（1）在办理货物托运时，如果客户是电话通知，运输公司工作人员一定要有书面记录，记录内容包括客户名、货物名、数量、规格、装卸地、发车时间等关键要素。许多公司往往会在此环节出现问题，导致发车受阻。

（2）最好要求客户通过电子邮件、网络平台等形式下达货运任务，如果是临时电话通知，要求过后补上书面材料。因为这是运输的一个重要凭证。

任务实施

（一）实训任务

背景描述见本任务【任务情境】中的工作任务。

（二）实训目标

1．能熟练地填写托运单并进行内容审批认定、运费计算等工作。
2．能全面、准确地记录客户发货计划信息并正确传递发货计划信息。
3．具备与客户进行业务沟通的能力，具有耐心、细致的工作品质。

（三）实训内容及操作步骤

1．为本组的模拟运输公司设计一份个性化的托运单。
2．参考下面"操作步骤"的提示，模拟完成业务受理工作。

操作步骤：

工作任务 1：短期的整车客户业务受理

步骤 1．设计托运单，要求正面要素齐全、格式规范；背面运输条款合理、全面。
步骤 2．判断该货为轻货还是重货（实践中按体积或重量收费，取其大者），确定收费标准，计算基本运费、装卸费、保价费。
步骤 3．根据运输需求信息，逐项填写各栏内容。
步骤 4．提醒托运人注意相关约定事项条款，特别是限额赔偿条款。
步骤 5．填写备注栏，明确随货文件、特约事项等。
步骤 6．编定运单号，托运人、承运人签字盖章。

工作任务 2：长期的整车客户业务受理

步骤 1．与客户沟通。通过电话、网络等方式。
步骤 2．做书面记录，包括：发货人和收货人联系方式；货物名、数量、重量、规格、有无特殊要求；装货地、卸货地全称；发车时间、到货日期等详细信息；特殊需求信息。
步骤 3．及时传递客户发货信息给调度员、运务部门、财务部门等。

（四）成果形式

总结报告：针对所学到的理论知识和获得的专业技能进行全面的总结，对获得的经验和教训进行深刻的反思，并提出以后的发展方向。

小组陈述：现场演示并流利讲解本组的解决方案。

（五）考核标准

工作任务 1：短期的整车客户业务受理

评 价 项 目	分 配 分 值
1．运单栏目内容齐全、栏目布局合理、格式规范	20
2．各项内容填写清楚、准确、无涂改、无遗漏	20
3．内容审批正确	10
4．各项费用计算正确	20
5．对特别约定条款进行了提醒	10
6．认真填写备注栏	10
7．承托双方签字清晰、有效	10
合　　计	100

工作任务2：长期的整车客户业务受理

评 价 项 目	分 配 分 值
1．能够运用电话、书面等方式的沟通技巧	30
2．记录内容齐全、详细、准确	50
3．及时、准确传递发货任务信息	20
合　　　计	100

（六）注意事项

环境要求：

多媒体教室，多台计算机（可以联网），一部打印机，企业托运单多份。

教师要求：

对学生遇到的难点或疑问要及时给予指导，以便其更有效地完成工作和深入思考；对技能训练成果要做专业性的总结，并尽可能提供额外学习资料。

学生要求：

要注意感受在企业中的职业身份；组内和小组之间要分享获得的新的信息或进一步的理解；听取来自老师、同学们的反馈建议。

归纳总结

1．整车货物运输是指按托运人要求，将整车货物交付收货人的服务行为，包括整车货物的受理、现场出货、运送及交付等过程。

2．短期或临时的整车货物常采用登门受理、下产地受理、现场受理等方法，并通过填签托运单的方式确定承托双方合作关系。

3．长期或稳定的整车货物一般经过运输项目招投标或运输方案建议洽谈后，通过签订货物运输合同的方式确定承托双方的合作关系。

4．运价是运输企业为它们的运输服务制定并收取费用的标准，主要依据运输费用支出和市场环境制定。

5．货物运输费用包括基本运费、车辆通行费、其他法定收费三项。

6．整车货物运输费用计算公式：整批货物运费=整批货物运价×计费重量×计费里程+车辆通行费+其他法定收费。

7．零担货物运输费用计算公式：零担货物运费=零担货物运价×计费重量×计费里程+车辆通行费+其他法定收费。

思考问题

1．产业联动是指以制造业与物流业的产业关联为基础，将制造业物流业务与物流企业的物流运作联合起来，进行产业协作的活动，实现双方互利共赢。结合当前产业联动发展情况，谈一谈整车运输市场发展现状如何。整车货物运输企业如何获得更好的发展？

2．实践中，道路货物运输服务是如何定价的？

任务二　整车货物运输业务执行

知识点　整车货物运输基本作业程序；出货监装作业内容及要求；运送途中作业内容及要求；到达交接作业内容及要求；运输业务流程设计方法。

能力点　执行出货单据交接、货物核实及监装作业；执行运送途中作业；提供货物途中及到达信息；执行到达交接作业；处理运输回单及记录信息；设计整车运输项目作业流程及操作标准；绘制作业流程图。

任务情境

工作任务1：计算机配件运输项目操作

沈阳一家计算机配件制造厂委托当地某货运公司运送一批计算机配件到上海，计算机配件包括：17英寸显示器（长50厘米、宽46厘米、高46厘米）216件，货物价值为1 000元/件，总重为1.08吨；15英寸显示器（长46厘米、宽42厘米、高42厘米）320件，货物价值为800元/件，总重为0.8吨。客户要求凭签单结算运费。该货运公司已经承运了这项运输任务，那么接下来该如何实施运输任务呢？请学习本任务内容，为保证顺利完成运输任务，请你为该货运公司制订一份运输项目作业流程和操作标准指导文件。

工作任务2：普利司通轮胎运输项目操作

沈阳运输集团物流中心与普利司通轮胎销售公司签订了普利司通轮胎运输协议后，公司运输经理将这项运输任务交给了有多年大项目运输经验的项目主管马星全权负责。在马星的带领下，项目团队精诚合作，货损率、超期率、及时率等指标达到了优质服务标准，客户满意度较高。

视频：普利司通轮胎运输项目介绍

视频：普利司通轮胎运输项目操作流程

现在请你组建运输项目作业团队，编制该运输项目的作业流程及操作标准文件，并按文件要求完成一次送货任务。

普利司通（BSCN）轮胎运输项目情况资料如下：

运输项目需求方是普利司通（沈阳）轮胎销售有限公司。作为全球500强企业、世界三大轮胎生产商之一的普利司通轮胎集团是国际性的跨国公司，在24个国家和地区内设有50多家轮胎工厂。目前在我国的沈阳、天津、无锡、惠州建立了四家工厂。

运输项目供应方是沈阳运输集团物流中心，物流中心位于沈阳经济技术开发区。公司地理位置优越，西靠沈大高速公路，北临京沈高速公路，交通十分便利。公司是大型综合性物流运输企业，占地面积10万平方米，拥有现代化高档库房25 000平方米、货物堆场30 000平方米、铁路专用线1 500延米长，以及各种吨位运输车辆和装卸机械。公司于2003年通过ISO 9001：2000国际质量体系认证，多家大型知名企业为其客户。

双方合作的内容是普利司通轮胎销售公司沈阳生产厂的成品轮胎向全国各地轮胎经销商处的送货任务。物流中心承运了送货任务中的28条线路（包括从沈阳到河南、湖北、河北、吉林、黑龙江、安徽等地），年运送产品价值近亿元。

双方就合作业务范围、运输公司履行的业务内容、货物的发运手续、赔偿责任、运费、付款方式等都在合同中做了明确的约定。运费结算方式为凭签单月结。在质量有保证的情况下，客户允许物流中心利用社会车辆来完成运输任务。

货物的发运手续见"实践案例 3-5：客户送货计划单"，运输项目整体情况如图 3-1 所示。

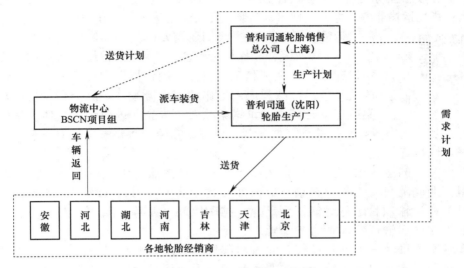

图 3-1 轮胎运输项目示意图

任务分析

上述工作任务 1 是临时性的整车货物，工作任务 2 是典型的长期整车运输项目，在实践中被称为大项目运输。任务 2 的货物来源于生产制造企业的产后成品分拨，这类货物运输的特点是：货源相对稳定、运输线路相对固定、途中中转换装作业少、车辆多为多轴载重挂车、货物存放在生产企业仓库、对运输服务质量要求较高（如 JIT 运送且要求产品质量 100%完好）。

为了完成上述情境任务，我们需要弄清和明确以下几个问题。

1．相关的理论知识

整车货物运输的基本作业程序；整车货物运输各作业环节的岗位及其操作标准；整车货物运输作业实践中应注意的问题；运输业务流程设计原则和方法。

2．相关的实践活动

为了完成这项学习任务，我们可以到一家专业的物流运输公司了解整车货物运输的实践运作情况，了解运输岗位设置情况以及团队的合作情况，重点了解运输操作中各流程环节是如何衔接的，分析其中的货物流、信息流、单据流和资金流的起点、终点及流转过程，了解整个运输作业过程是如何控制风险的。

本任务学习完成后，你可以从事整车运输业务中的计划受理员、理/验货员、现场业务员、车辆调度员、单据管理员、统计结算员等操作岗位工作，并能胜任运输项目主管/经理的管理岗位工作。

任务准备

在我们完成了业务受理（本模块任务一）、计划与调度安排（模块二）前期工作后，接下来将执行货物运输业务，主要包括出货监装作业、运送途中作业和到达交接作业等环节。

动画：整车运输业务执行前准备工作

运输业务执行前，我们还需要研究和编制运输业务操作指导文件——"作业流程和操作标准文件"，来规范操作人员的正确操作方法，建立工作规则和工作秩序。操作指导文件的内容包括运输任务的具体解决办法和内部运作的工作流程，实际上它是将运输投标方案或运输合同中的承诺条款转化为企业内部可以具体实施的操作步骤。因此，要求操作指导文件的制订要科学、合理、完善，并要求操作人员全面地理解和掌握，严格地执行。

对于大客户的运输项目，运输企业都会建立内部的服务组织体系，也就是设立专门的项目组，明确项目负责人。在项目组内部传达运输项目的运营特点、货物属性及注意事项，以便在运输项目运行时能做到迅速、准确地联系业务，及时反馈，快速反应，保证高质量地完成运输任务，让客户满意。

实施运输项目管理不仅是运输企业对内部规范管理、规范操作的保证，同时对外界来说，运输项目本身也是运输企业的服务品牌，反映运输企业的实力和服务水平。

实践案例 3-6 普利司通轮胎运输项目作业团队

沈阳运输集团物流中心与普利司通轮胎销售公司签订了一年期的轮胎运输服务合同。物流中心针对该运输项目成立了的"普利司通轮胎运输项目组"，该项目组人员组成如下：

微课：整车货物运输作业流程

项目主管：×××。
计划受理员：×××。
车辆调度员：×××。
现场业务员：×××（现场内）、×××（现场外）。
统计结算员：×××。
司机：×××、×××、×××等。

职业素养小贴士：

BSCN 轮胎运输项目作业团队在项目主管带领下，成员各司其职，精诚合作，货损率、超期率、准时率等指标均超额完成了合同约定的标准，多年的实践运作形成了有影响力的 BSCN 轮胎运输项目服务品牌，客户满意度高，实现了双赢。基层运输管理工作即简单又复杂，如何带领团队高质量地完成客户所托，如何进行团队建设，是管理者必须掌握的一门功课。

（一）出货监装作业

1. 含义及相关岗位、单据

出货监装作业是指在发货人出货地点（货物仓库），承托双方办理货物和单据的交接并将货物装车的作业过程。货物搬运装卸由承运人或托运人承担，可在货物运输合同中约定。

出货监装作业涉及的岗位人员有：运输主管、调度员、现场业务员（出货仓库现场业务操作人员)、驾驶员/送货员、信息统计员等。涉及发货企业岗位人员有：发货信息管理员、出货负责人（仓库主管）、门卫等。

出货监装作业涉及的单据有：
1) 货物托运单（用于临时性、短期性的客户，由运输企业提供，一式四联）。
2) 发货计划单（用于长期性、稳定性的客户，通常由客户企业提供，一式多联）。

2. 作业内容

运输调度员完成调度安排后，告知车辆装货地点及时间，同时通知驻现场业务员做接车准备。在运输车辆准时到达发货人出货地点后，现场业务员和驾驶员会同发货方出货负责人（仓管员）三方一起根据出货清单（托运单或发货计划单）核实货物，监督和协助货物装车，办理货物、单据交接。

（1）引车入厂。运输车辆到达发货人出货地点后，由驻现场业务员检查派车单（自有车辆）或审核车辆证件（外包运输车辆），然后引领车辆经过门卫登记后进入仓库装货作业区现场，等待装车。

（2）联系出货。对于临时性的客户，现场业务员或送货员凭托运单向发货方出货负责人联系出货和装车事宜。对于长期性的合同客户，由现场业务员凭派车单或车辆证件（驾驶证、道路运输证、身份证等）向发货方发货信息管理员索要本次出货清单（即发货计划单），然后凭出货清单向发货方出货负责人联系出货和装车事宜。

（3）货物核实/理货。根据运单或出货清单，现场业务员、驾驶员、发货方出货负责人一起对装车的货物名称、重量、件数进行清点和再次核实，检查包装是否完好，核对无误后进行装车环节作业；若发现货物有破损、渗漏、污染等不适合装车的情况，应及时与发货人商议修补或调换。发货人如果自愿承担由此引起的货损，则在托运单或出货清单上做备注说明和加盖印章，以明确责任。

（4）单据签发。装车完毕后，三方一起再次清查货位，检查有无错装、漏装，核对实际装车件数，确认无误后，三方在托运单或出货清单上签字确认，办理货物交接签收手续，收好各自应留存的单据联，其余单据联（收货人签收联、收货人留存联）随货同行。

（5）封车出厂。为保证车辆及货物的途中运行安全，将装载的货物捆扎牢固，若货物需绑扎苦盖篷布的，必须将篷布苦盖严密并绑扎牢固，以防止货物由于路途颠簸、刹车而发生窜动、滑落等情况，并按有关规定施加封志和外贴有关标志。现场业务员监督送货员封车，封车要做到不出现超高、超长、超宽、超重、偏重等现象，检查装载是否稳定、捆绑是否牢固、施封是否符合要求等。然后将需由门卫留存的单据联交予门卫，车辆出厂。

（6）上交单据。现场业务员定期（如每天或每周）将托运单或出货清单中的"承运人留存联"上交公司信息统计员，统计员据此对完成的运输任务进行分类汇总统计。

实践案例3-7　外包运输车辆管理

沈阳一运实业公司有一长期合同运输项目，即"航天三菱发动机运输项目"，为了减少运输成本，在保证运输服务质量的前提下，该公司通过整合社会运力资源完成了大部分的送货任务。与只使用自有车辆进行运输相比，该公司在使用外部车辆时，制订了严格的作业标准，并专门设置了驻现场外业务岗位，以防范运输风险的发生。现场外业务岗位人员的工作内容是：完成车辆进客户生产厂仓库前的车辆检查和车辆证件检查，出厂后再次核对证件与进厂前是否一致；车辆出厂后，进行人、车、货三位一体拍照，留存；现场签订运输承运合同（先期调度员已经谈好价格）；提醒驾驶员途中安全运输注意事项；交代交货注意事项及签单要求；跟踪车、货在途情况，保证货物准时送达。

3. 实践中货物装车注意事项

1）货物运输中的质量事故，很多是在装卸作业过程中或由于装卸作业质量不好而在运输过程中发生的。货物承运人应监装监卸，使装卸质量得到保证，并尽量压缩装卸作业时间。

2）要严格遵守到车时间的规定。现实中，在许多情况下，由于承运人的车辆未按时到达装货现场而导致发生一系列问题。另外，承运人要提前通知托运人装车时间，保证车辆到达后能及时装车，否则也会造成很大的损失。

3）有些货物装载时需要衬垫、加固，必须照章做到，所需费用由托运人承担。

4）防止货物装卸时的混杂、污染、散落、漏损、砸撞。严禁有毒、易污染物品与食品混装，危险货物与普通货物混装。

5）装车货物应数量准确，捆扎牢固，做好防丢措施；卸货时点交清楚，码放整齐，标志向外，箭头向上。

6）装车前、卸货后，对车厢进行检查和清扫。因货物性质要求，装车前后需对车辆进行特殊清洗、消毒的，必须达到规定要求，所需费用由托运人负担。

7）装好货物后，要及时盖篷布，防雨淋湿。

知识链接 3-1　提高车辆技术装载量的方法

提高技术装载量，就是要在统一包装规格的基础上，根据不同商品的性能和包装形状，结合所使用的运输工具的有效容积和载质量，运用配装、积载、堆码等装载方法和技巧，结合数学方法，提高运输工具的装载量。提高技术装载量，是在保证商品运输安全的前提下，最大限度地缩小包装物之间的空隙，尽量做到容满吨足，达到节约社会运力和降低流通费用的目的。

因此，首先要改进商品包装，使其能适合运输工具对包装件的要求；其次是在改进包装的基础上采用科学的装载技术。主要方法有：

（1）轻重配装。轻重配装是指在保证运送安全的前提下，把轻泡商品和实重商品按比例适当搭配拼装。这样既可使运输工具装足载重吨位，又能装满容积空间，达到少用车（船）、多运货、节约运力和运费的效果。组织轻重商品配装，首先要熟悉各种运载工具的形状、容积和载质量；其次要掌握各种商品的包装体积和质量，以及每种商品、每个包装实装商品的数量；最后应用数学方法，计算轻重商品装载搭配比例和各自装载质量。

（2）解体运输。解体运输是指把整件商品拆解为便于组装的若干部件，采取分别包装、成套装运的一种装载方法。某些形状不规则的商品，由于体积庞大、占用空间多，不便于堆垛、码高，如不实行解体运输，则占用空间较多，浪费车（船）运力，增加运输费用和装卸、搬运的困难，如自行车、缝纫机、台秤等。采用解体装载后，可以压缩商品体积，提高技术装载量，便于搬运、装卸，加速商品周转。同时，要注意对拆解的部件妥善包装，防止其丢失、损坏，影响商品整体的装配。如若拆解后会影响质量，则不允许拆解。

（3）紧密装载、巧装满载。紧密装载、巧装满载是指以压缩货车上货物间的空隙为主要特征的各种装载方法，适用于一头大、一头小或规格不统一的商品包装，以及大小、长短混装的商品包装等。装载时根据货车类型和货物包装形状，采取多种装载方法，有头尾对装、大小套装、压缝装载、长短接装、口底套装、粗细套装、内外套装、颠倒装载等。必要时可在商品间加入隔垫物，以免损坏商品，并使装载稳固。头尾对装如图3-2所示，大小套装如图3-3所示，压缝装载如图3-4所示。

图 3-2　头尾对装　　　　　图 3-3　大小套装　　　　　图 3-4　压缝装载

（4）散装运输。散装运输是指对运送的商品不进行包装，而以自然形态直接装入车厢、船舶或罐车中进行运输的一种方法，适用于块状、粒状、粉状以及液态的大宗货物，如食糖、粮食、水泥、汽油、煤油等。采用散装运输，不但有利于提高装载量，节约运费支出，而且可以节省包装材料和费用，减少损耗以及确保质量，改善劳动条件和实行机械化装卸，提高劳动生产率。采用散装运输时，运输过程中各环节必须具备相应的散装设备，有关部门应密切配合与协作，才能顺利完成运输任务。

（5）多层装载。多层装载是指在货车上设置可以分解、组合的栅栏，中间搁板有双层或多层的架子，把可供使用的空间分隔成双层或多层，用以装载货物的一种装载方法。一般适用于活猪、牛、羊、家禽等运输。

（6）加宽、加高装载。加宽、加高装载是指在保证商品和车辆运行安全的原则下，使用辅助器材，使车厢加宽、加高、加长，以达到满载的一种方法，主要适用于堆装轻泡商品。有些轻泡商品在车厢内堆装，达不到货车的装载限界。采用活动加宽器可以多装商品，而且可以保证商品运输安全，如毛竹、杂木杆、矿笆条等。有些商品体大腹空，容易滑动碎损，只能装平车厢高度为止，达不到车厢标记载重，如瓦罐、砂锅等陶瓷制品，若采用活动加高栏可以提高装载量80%左右。

（二）运送途中作业

1. 含义及相关岗位、单据

货物在运送途中发生的各项活动作业统称为运送途中作业，主要包括途中货物跟踪、货物整理或换装以及异常情况处理等活动。

运送途中作业涉及的岗位人员有：运输主管、调度员、驾驶员/送货员、客服人员/车辆信息跟踪员、押运员等。

运送途中作业涉及的单据有：收货人签收返回联、收货人留存联。

2. 作业内容

车辆离开出货地点后，运输调度要对在途的货物及车辆情况进行全程监控，调度员、驾驶员等相关人员要对货物、车辆的安全负责，对所运货物准时到达负责。

视频：车辆动态监控（GPS跟踪）

（1）跟踪及处理。车辆信息跟踪人员通过货运车辆GPS系统或电话，跟踪货物、车辆的在途运行状态，定时与驾驶员联络，记录路况、货物情况、驶抵地点。若发生问题，如前方修路、车辆事故、货物损坏、天气变坏、不能按时到达等意外情况，及时通知运输主管或调度员，由运输主管或调度员与发货人或收货人沟通，及时做出处理意见。

阅读资料 3-1　货运车辆GPS系统

货车驾驶员难管，不论是运输公司，还是货主都希望运输过程透明化，针对运输企业的实际情况和实际需要，结合GPS卫星定位技术、移动通信技术、网络技术，专业物流GPS生产厂家现在已经开发出"货运车辆GPS系统"，能时刻监控车辆和货物的行踪，对车辆运输过程全程透明调度管理。

当驾驶员开车离开车场后，其行踪基本上由自己说了算，开到哪、走什么路线、有没有干私活等，若没有有效的监督手段，运输公司便无法知晓。在整个过程中，以前缺乏有效的手段制约他们虚报过路过桥费、油费、维修费等揩油行为。车辆运输过程不透明，不仅驾驶员行为得不到监管，同时也加大了企业成本，这些使运输企业管理者头疼不已。

GPS帮企业解决了这一难题。GPS能对车辆的运行位置及众多的信息进行实时获取，实现对车辆的准确、快捷、连续定位和监控，管理人员可以在监控室看到每一入网车辆的运行位置、运行情况，并通过无线通信手段下发合适的指令。驾驶员说："以前车辆在哪公司不知道，走错路自己也不知道，现在有了GPS系统，调度人员会及时通知我们走哪条路以及在哪个路口下车。"

（2）整理及反馈。驾驶员或押运人员在货物运输途中，要定时汇报路况、货物情况及驶抵地点，定时停车检查货物及车辆情况，如发现货物捆绑松动、货物撒漏、加固材料折断或损坏、货车篷布遮盖不严等情况，或发现车辆技术状况不良，有可能危及行车安全和货物完好时，应及时采取措施，对货物进行整理或换装，若无法自行解决则要将异常情况及时向跟踪人员反馈。若发生调换车辆，要登记备案。

（3）装卸及交接。为了方便货主，整车货物运输允许途中拼装或分卸作业。为保证货物运输的安全与完好，便于划清相关方的运输责任，驾驶员之间、驾驶员与站务人员之间，应认真办理交接检查手续。一般情况下，交接双方可按货车现状及货物装载状态进行交接，必要时可按货物件数和质量交接，如接收方发现有异状，由交出方编制记录备案。

3．实践中运输途中注意事项

（1）在运输途中，驾驶员或押运人员要定时检查车内货物，尤其是要防止货物由路途不平、车辆颠簸造成的松动。如有异常情况，要及时解决。

（2）如果遇上交通堵塞、交通事故，可能会延误到达目的地的时间，要通过电话等方式通知公司或直接通知客户，以便采取措施。

（3）如果是拼装货物，途中有不同的卸货点，要特别注意不要误卸货物，否则造成的损失是很大的。

（4）遇上大雨、大雪等恶劣天气，以保护货物为首要任务。

（5）如果是冷藏运输，途中还需要维持和记录冷藏设备的温度。

（三）到达交接作业

1．含义及相关岗位、单据

到达交接作业是指在到达站发生的各项活动作业，主要包括验货、票据交接、货物卸车、保管和交付等活动。

到达交接作业涉及的岗位人员有：运输主管、调度员、驾驶员/送货员、客服人员、押运员等。

到达交接作业涉及的单据有：收货人签收返回联、收货人留存联。

2．作业内容

（1）通知接货。货物快要运达承托双方约定的地点前，驾驶员应提前通知收货人，做好接收货物准备，如安排卸货地点、货位、行车道路、卸车机械等。

（2）卸车前检查。在车辆到达卸货地点后，驾驶员向收货人递交随货同行的托运单或送货计划单（收货人签收返回联、收货人留存联），收货人根据此单据验收货物。卸车前，驾驶员会同收货验货人员先检查车辆装载有无异常，如封志或有关标志无异常则开始卸车；若发现异常，要在随货同行的单据联上进行备注、拍照后再开始卸车。

（3）验收签单。卸货过程中，驾驶员要态度热情、文明用语，注意维护公司信誉和形象。卸货时，驾驶员应根据托运单或送货计划单所列的项目与收货人点件（包装货物）、监秤记码（散装货物）或凭封志（施封货物）交接。如发现货损货差，则应在托运单或送货计划单上备注货损情况，并对货损情况拍照留存，按发货人指示处理货物并在运输单据上进行备注。

货物交接完毕后，驾驶员需让收货人在运输单据上签字盖章，收回签收返回联单据（签单），并征求收货人对运输服务的意见，将收货人留存联单据留给收货人。同时将卸货情况汇报调度，签单应保持完整、字迹清楚。返回后，驾驶员及时将签单上交公司统计结算人员，收货人意见反馈给客服人员。

> **知识链接 3-2　签收回单**
>
> 签收回单是指在我国国内公路货物运输中，当承运人将货物运达收货人处时，托运人要求由收货人签字确认后的"单据（货物托运单或发货人的送货单）"再返回托运人处的一种合作条款。

（4）客服跟踪。客服人员跟踪每次货物的运送情况，收集发货人和收货人对运输服务的评价意见，并将这些信息向运输主管反馈。

3．实践中货物到达注意事项

（1）到达目的城市后，如果是第一次配送该点的货物，建议驾驶员或送货人员通过电话先联系收货人，确认准确的卸货地点。因为许多时候，托运单上的地址不一定准确（往往是收货人的地址，而非卸货地）。

（2）送货人员要注意周末、节日、晚间等特殊时间的卸货问题，同时也要注意卸货点是否允许货车通行。

（3）装运货物车辆抵达卸车地点后，收货人或车站货运员应组织卸车。卸车时，对卸下货物的品名、件数、包装和货物状态等应做必要的检查。

（4）货物交接是到达交接作业最重要的内容，对包装货物要"件交件收"，点件清楚；散装货物尽可能做到"磅交磅收"，计重准确；施封货物（如集装箱）凭铅封点交。

（5）货物运到交货地点，承运人应立即请收货人查验签收，之后，运输任务履行完毕。如发现有货损、货差情况，双方交接人员应做详情记录，并签章确认、交货。

（6）当运达到站的货物无人接收时，承运人一方面应妥善保管货物，另一方面要积极查找货主。

（四）统计结算作业

1. 含义及相关岗位、单据

统计结算作业是指货物运送任务履行完毕后，承托双方按事先约定好的结算方式结算运输服务费用，主要包括运输签单回收、送货任务统计、运输费用计算等活动。

统计结算作业涉及的岗位人员有：运输主管、调度员、驾驶员/送货员、统计结算员等。

统计结算作业涉及的单据有：收货人签收返回联、运费结算请求表。

2. 作业内容

（1）回收签单。送货车辆返回后，统计结算人员要及时回收返回的签单。回收时，结算人员要检查每张签单的真实性、合法性，及时存档，以备结算。

（2）统计运输任务。结算人员定期对存档的签单按收货人或地区分类汇总，统计出当期（天、周或月）完成的运输任务，并据此编制运输服务费用结算请求表。

（3）办理运费结算。若为到付运费，货物交付后向收货人收取到付运费；若为预付运费，则在受理阶段向发货人收取；但在实践中，通常为凭签单向发货人结算运费。

若为凭签单结算运费，则统计结算员按期提交运输服务费用结算请求表，并同时提交对应的签收返回联单据，向发货人请求运费结算。

（4）异常处理。若签单上有异常情况备注，如货损、晚到等违约情况，统计结算员需通知运输主管，由运输主管根据事故责任情况做出处理意见。

（五）运输业务流程设计

1. 作业标准的含义

作业是一些具体的操作动作，作业标准主要是指为指导和规范员工的日常操作，针对各项作业工作制定的统一规定和规范化要求，是标准化工作中的重点研究内容。研究作业标准是为了保证在规定的成本和时间内完成规定质量的产品或服务。

2. 业务流程的含义

业务是通过按一定顺序编排的多个作业来完成的，业务流程就是为特定的客户或特定的市场提供特定的产品或特定的服务所精心设计的一系列作业活动。业务流程可以把一项业务中的若干个作业项目或者若干个工作环节，以及它们的责任人和责任人之间的相互工作关系一目了然地表述出来。

3. 业务流程设计的意义

运输业务流程设计是在运输作业活动调查分析的基础上,对运输活动过程进行改善,从而形成一种优化作业程序的过程。持续改善的业务流程和作业标准是提升运输作业管理水平的最有效工具,其作业活动研究形成的业务流程和作业标准规范文件(标准化作业指导书),是指导和规范操作人员的正确操作方法,进而为客户提供标准化的运输服务,使运输服务品牌化、服务质量升级。标准规范文件实际上是企业的内部法规,据此才能建立起正常的工作规则和工作秩序,为业务管理提供规范化的工作程序与量化标准。

4. 业务流程设计的原则

做什么事都要遵循一定的原则,流程设计也不例外。运输企业在进行流程设计时,应当掌握以下基本原则。

(1)以客户为导向。今天的市场竞争,在很大程度上表现为对客户的争取。一家极具竞争力的企业,必然是能充分满足客户需求的企业,也必然是一家以客户为导向的企业。开发市场是运输企业营运的起点,为客户提供满意的服务则是落脚点,有高质量的服务才能拥有更多的客户,才有企业的生存和发展,所以运输企业要对内强调成本,对外强调服务。而运输服务是通过执行业务操作流程一步一步实现的。因此,以客户为导向就成为业务操作流程设计要遵循的最基本原则。

(2)以流程为中心。将企业的管理方式从以任务为中心改造成以流程为中心,将原来一个个孤立的任务连接成能够表示任务之间关系的流程。企业管理的重点不是任务而是流程,这也就是我们通常所说的"流程式管理"。

(3)以人为本的管理团队。因为流程是需要一个团队来共同完成的,所以在流程再造中,要贯彻以人为本的团队式管理精神,注重团队的整体作用,注重团队中人员之间的相互配合。这也是从单纯的任务式管理向流程式管理的一种转变。形成流程式管理之后,团队的每一个成员都知道自己要做什么,这样有助于提高员工工作的自觉性。

设计人员只有掌握了以上三项基本原则,才有可能设计出适合本企业、适应市场竞争的流程,流程式管理也才有可能落到实处。否则,就会给企业的管理、发展等带来诸多负面的影响。

5. 业务流程图的绘制方法

除了掌握流程设计的原则外,对企业有关的部门和人员来说,很现实的一个问题就是如何绘制流程图。

一般来说,流程图分为一、二、三级。一级流程图即公司级的流程图,如公司主导业务流程图、公司决策流程图等;二级流程图即部门级的流程图,如客户业务开发的流程图、人力资源管理的流程图、供应商管理的流程图等;三级流程图即部门内具体工作的流程图,如运输项目作业流程图、销售流程图、统计工作流程图等。运输业务流程图应属于三级流程图,它是运输企业业务部门的具体工作流程图。

流程图应该是环环相套的。上一个级别的流程图中的一个节点,到下一个级别可能就会演化成一张流程图。例如,在二级流程图中的运输业务开发管理流程图中,某一个客户运输项目工作可能只是一个节点,而它会演化成三级流程图中的具体运输项目作业流程图。

具体来说,流程图有很多类型,其中,矩阵式流程图是国际上通用的一种流程图形式。这种流程图分成纵向和横向两个方向，纵向表示工作的先后顺序，横向表示承担该项工作的部门和职位。这样通过纵向和横向两个方向的坐标，可以达到前面所谈到的要求，既解决了先做什么、后做什么的问题，又解决了哪项工作由谁来负责的问题。

关于矩阵式流程图，美国国家标准学会（ANSI）规定了管理流程设计标准符号，如表 3-9 所示。

（1）流程的开始或结束，用椭圆来表示。
（2）具体任务或工作，用矩形来表示。
（3）需要决策的事项，用菱形来表示。
（4）流程线，用带箭头的直线来表示。
（5）信息来源，用倒梯形来表示。
（6）信息存储与输出，用平行四边形来表示。

下面的图 3-5 为物流企业运输管理工作的矩阵式流程图。

表 3-9　管理流程设计标准符号表

设计符号	符号含义
⬭	椭圆——流程的开始或结束
▭	矩形——具体任务或工作
◇	菱形——需要决策的事项
→	箭线——流程线
⏢	倒梯形——信息来源
▱	平行四边形——信息存储与输出

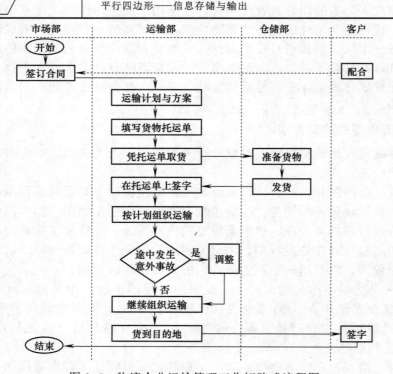

图 3-5　物流企业运输管理工作矩阵式流程图

6. 业务流程图的绘制要求

流程图的绘制越简洁、明了，操作起来就越方便，管理人员和操作人员也越容易接受和落实；符号越多，会使流程图越复杂，企业越不易接受。一般情况下，只使用前四种符号、按纵向绘制基本就能满足需要。

实践案例 3-8   某货运公司零担营业部的发送货车作业流程

某货运公司零担营业部的发送货车作业流程如图 3-6 所示。

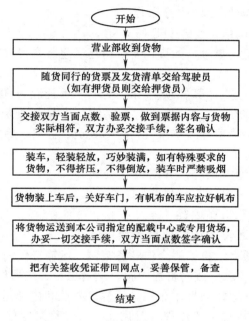

图 3-6   发送货车作业流程图

我们要意识到，运输实践中业务流程及标准的设计会复杂得多，会有很多不确定的事件发生，流程环节和操作标准要随着业务发展、客户要求、企业自身条件等的变化不断调整。

任务实施

（一）实训任务

背景描述见本任务【任务情境】中的工作任务。

（二）实训目标

1．能熟练地核实理货、办理运输手续、正确装车、安全运送及交付结算等操作。

2．能设计运输项目作业流程及操作标准，并能具体负责实施该流程及标准。

3．具有现代流程式管理思想，具备团队协作精神。

微课：操作流程及标准汇报任务的准备工作

（三）实训内容及操作步骤

1．分析讨论运输作业中的货物交接、单据流转、风险控制等问题。
2．小组组建运输项目作业团队，并进行作业岗位设置及人员分工。
3．参考下面"操作步骤"的提示，初步设计作业流程及操作标准。
4．分角色模拟演练，对作业操作过程进行仔细观察，通过反复模拟演练，优化流程程序，并对操作过程中的各种问题进行详细的记录。

操作步骤：

工作任务1：计算机配件运输业务操作

步骤1．客户填写托运单，受理员逐项审定。
步骤2．与客户沟通运前事项，如货物备好待运、包装合格、交接方式、装卸场地及道路情况。
步骤3．确定计费项目并计算各项费用，填单，承托双方在运单上签字确认。
步骤4．调度员调配合适车辆，选择行驶路线，安排驾驶员。
步骤5．派出现场业务员协调装车事宜，与驾驶员、客户仓库主管共同现场确认装车情况，完成货物和单据交接。
步骤6．封车出厂，途中跟踪，异常情况处理。
步骤7．车辆到达，客户验收交付货物，签单。
步骤8．凭签单向客户结算运费。

工作任务2：普利司通轮胎运输项目操作

步骤1．运输经理、项目主管了解合作业务范围、运输合同内容，如运输公司履行的业务内容、货物的发运手续要求、违约责任内容、运费项目、运费结算方式等。
步骤2．研究和编制该运输项目作业的具体解决办法和内部运作的工作流程，即设计作业流程和操作标准。通过模拟演练流程，对作业操作过程进行仔细观察，优化流程和标准内容，最后形成标准操作程序文件并绘制流程图。
步骤3．建立内部服务体系，也就是设立项目组（作业团队），明确岗位分工及职责，组织项目组成员学习和掌握流程标准内容，了解在运行当中可能会遇到的种种问题，一起分析并探讨解决对策。
步骤4．项目组内部传递和传达信息，告知此客户的运营特点、货物属性及注意事项。
步骤5．项目运作实施和管理要确保货物流、单据流、资金流完整，达到质量要求。运输经理、项目主管指导和监督项目的操作情况。
步骤6．实施中遇到问题，主动与客户进行沟通，共同寻求补救措施。
步骤7．安排专人负责将客户每天的货物在途情况或整个流通过程及时、准确地传递给客户。

（四）成果形式

总结报告：针对所学到的理论知识和获得的专业技能进行全面的总结，对获得的经验和教训进行深刻的反思，并提出以后的发展方向。报告中作业流程环节安排合理、岗位设置适当，流程图绘制清晰、规范、实用。

小组演练：现场模拟演示本组设计的作业流程及操作标准方案。

（五）考核标准

工作任务 1：计算机配件运输业务操作

评 价 项 目	分 配 分 值
1．托运单各项内容填写清楚、正确	20
2．核实货物操作内容全面	10
3．运费计算正确，承托双方签字齐全	10
4．车辆调配、路线选择及人员安排等考虑因素全面、正确	20
5．执行了途中跟踪及异常情况处理	20
6．到达验收交付、签单、货损信息记录操作全面	20
合　　计	100

工作任务 2：普利司通轮胎运输项目操作

评 价 项 目	分 配 分 值
1．设计流程所需的信息收集全面	10
2．运输项目作业流程及操作标准中： ● 流程环节安排合理、岗位设置适当 ● 操作标准内容详细、描述清晰、简洁，操作人员易接受和落实 ● 操作标准内容能反映出客户意识、成本意识和风险意识 ● 作业流程图简洁、明了	40
3．项目实施过程中，严格执行各操作标准及注意事项，重点关注货物交接、单据流转、风险控制以及异常情况处理等问题	20
4．操作标准文件及执行过程中，货物流、单据流、资金流表现完整	10
5．项目运作遵循现代流程式管理思想，注重团队建设	10
6．重视运输服务质量和客户满意度情况	10
合　　计	100

（六）注意事项

环境要求：

（1）多媒体教室一间。

（2）模拟演练实训室并配有多台计算机（可以联网），一部打印机。

（3）载重 20 吨平板挂车或敞车（12 米长）一部（模型车）。

（4）箱式包装货物 50 箱，长约 100 厘米，宽约 300 厘米，高约 400 厘米。

（5）模拟的客户仓库及办公室一间。

（6）模拟的运输企业综合办公室一间。

（7）模拟的运输企业调度室一间，配有看板、电话、网上配货信息系统平台。

（8）模拟的收货人接收货物的仓库一间。

（9）业务单据多套，包括托运单、物品清单、派车单、运输合同（外包）、客户企业送货单等。

教师要求：

（1）教师向学生讲解运输作业流程及操作标准的重要性，让学生知道这次实训的重点及实训的意义。

（2）对学生遇到的难点或疑问要及时给予指导，以便其更有效地完成工作和深入思考；对技能训练成果要做专业性的总结，并尽可能提供额外学习资料。

学生要求：

（1）5～6人一个工作组，进行岗位角色分工。然后小组模拟操作该整车运输项目流程，认真观察每一步的操作是否合理，并做记录分析，通过多次模拟，小组成员意见一致后形成作业流程和操作标准文件。

（2）在技能训练过程中，要注意感受在企业中的职业身份。

（3）组内和小组之间要分享获得的新的信息或进一步的理解；听取来自老师、同学们的反馈建议。

归纳总结

1．整车货物运输作业的基本程序主要包括业务受理、调度安排、出货监装、运送途中、到达交接、统计结算等环节。

2．研究和编制运输业务操作指导文件的目的是，规范操作人员的正确操作方法，建立工作规则和工作秩序。

3．出货监装作业是指在发货人出货地点，承托双方办理货物和单据的交接并将货物装车的作业过程。

4．运送途中作业是指在送货途中发生的各项活动作业，主要包括途中货物跟踪、货物整理或换装以及异常情况处理等活动。

5．到达交接作业是指在到达站发生的各项货运作业，主要包括验货、票据交接、货物卸车、保管和交付等活动。

6．统计结算作业是指货物运送任务履行完毕后，承托双方按事先约定好的结算方式结算运输服务费用，主要包括运输签单回收、送货任务统计、运输费用计算等活动。

7．持续改善的作业流程和操作标准是提升运输作业管理水平的最有效工具。

思考问题

1．"实践案例3-5：客户送货计划单"中的单据是普利司通轮胎运输项目的流转单据，共六联。请以该案例为例，说明整车运输项目中单据流、货物流、资金流的流转过程。

2．向管理要效益是企业发展过程中的一个永恒主题，但在实践中我们的管理工作往往达不到预期的目标，如货损货差、丢货、延迟到达的情况经常发生，不仅给企业带来经济上的损失，同时企业信誉也受到影响。请你结合本任务内容的学习，思考如何提高运输管理工作的有效性。

3．什么是流程式管理？"以任务为中心"和"以流程为中心"两种管理方式有什么不同？设计运输项目作业流程及操作标准的意义是什么？

模块三 整车货物运输业务组织

任务三 整车货运车辆运行组织

知识点 双班运输组织；甩挂运输组织。
能力点 制订双班运输组织方案；优选甩挂运输方案。

任务情境

工作任务1：制订双班运输组织方案

沈阳一运实业公司承接了客户企业在沈阳与山西太原之间的长期货物运输任务，已知沈阳至山西太原的运距为1 400公里，汽车列车的行驶速度为70公里/小时。运输经理任命小于为该运输任务主管，要求他提交一份双班运输组织方案，并绘制运行图。小于应该怎么做呢？

工作任务2：制订甩挂运输解决方案

沈阳经济技术开发区有一家国际知名的生产制造企业，所生产的产品运输量大且集中，需要通过大连港外运。尽管该企业已经有6家物流企业为其提供运输服务，但由于他们的服务质量问题，该企业并不满意。这一现象不仅使该企业销往外地产品的运输成本居高不下，而且直接影响了企业的形象。面对这一局面，该企业也没有很好的解决办法。

沈阳某运输公司了解到这一情况后，派专人对大连至沈阳方向货源情况进行了调查，得知有医疗器械、装饰材料、五金百货、药品等基本对等的运输服务需求。于是，该运输公司主动向这家企业提出用甩挂运输方式来解决其运输问题，并承揽他们的全部运输任务。运输公司耐心地介绍了甩挂运输的好处和优势，这家企业同意将运往大连港的产品交由运输公司采用甩挂运输的方式运输。

为稳妥起见，该企业要求先试运行3个月。由于采用了甩挂运输的方式，企业生产的产品可以直接装"箱"，减少了产品从下线到仓库的一次搬运装卸费用，降低了搬运装卸过程中可能产生的货损货差率，运输的效率大幅提高。客户看到了甩挂运输的好处，在为期3个月的试运行合同到期后，该企业与运输公司签订了全年度的运输合同。

那么，运输公司是如何设计甩挂运输整体解决方案和具体实施的呢？

任务分析

上述两项任务涉及提高汽车货运效率的途径及其措施问题。双班运输可以充分发挥车辆的利用率，而甩挂运输与传统运输相比，具有运输时效性强、车辆实载率高、牵引车使用效率高、货损货差率低等优势。当前运输市场竞争激烈的形势下，甩挂运输是企业提升服务质量、获得竞争优势的一个重要方法。

为了完成上述两项工作任务，我们需要弄清和明确以下问题。

1. 相关的理论知识

车辆运行组织的意义及提高车辆货运效率的措施；组织双班运输的基本方法及运行

组织形式；甩挂运输的基本原理及运行组织方式；开展甩挂运输的条件及组织方法。

2．相关的实践活动

为了完成这项学习任务，我们应该到有双班运输、甩挂运输作业的物流货运公司，了解其货运车辆配置情况、货源情况，以及双班运输、甩挂运输的应用条件与实际应用情况等。查阅资料了解国内外甩挂运输发展情况。

本任务学习完成后，你即可以从事双班运输、甩挂运输的一线管理工作，包括运输计划员、现场调度员、运输主管等岗位工作。

任务准备

（一）车辆运行组织的意义

车辆运行组织是指汽车运输生产者为提高车辆利用率和运输生产率，依据货流情况、客户要求及其他运输条件，组织货物运输的方法。

为了满足客户日益增长的运输需求，运输企业固然可以有计划地增加车辆，配备与需求相适应的运力，但更主要的还是应该不断地加强运输生产的组织和管理工作，在不增加或增加较少设备的前提下，充分挖掘运输潜力，以既定设备完成更多的运输生产任务。

运输企业只有结合实际情况，采用科学、合理的车辆运行组织方式，并加强运输过程的组织衔接，才能取得较好的经济效益。

需要说明的是，本任务内容不仅适合整车运输车辆运行组织，对零担运输车辆运行组织也同样适用。这些组织方法也是运输调度人员应该掌握的技术方法。

（二）双班运输作业组织

1．双班运输的含义

一天24小时内，如果一辆车出车工作两个班次（以8小时为一个班次）或三个班次，即称为双班运输或多班运输。其基本出发点就是"人停车少停"，充分发挥设备（主要是车辆）的利用率，为社会提供更大的运输能力。

2．组织双班运输的基本方法与要求

组织双班运输的基本方法是根据双班运输的不同形式，每辆汽车配备一定数量的驾驶员，按计划分日、夜两班出车工作。这种组织方法比较简便易行，在货源、驾驶员、保养检修等条件满足的情况下，不需要增添其他车辆或设备即可完成，因此易于推广应用，它已成为一种有效的车辆运行组织方式。

组织双班运输时，原则上应满足以下几点要求。

（1）最大限度地发挥车辆的运输效能，努力提高驾驶员的劳动生产率，尽量满足货物运输的需要，争取最大的经济效益。

（2）加强劳动组织，科学地安排好驾驶员的工作、学习和休息时间，保证劳逸结合；加强技术管理，合理地安排好车辆的保养检修时间，保证较高的完好率。

（3）加强企业内外的协作与配合，特别是与货主单位、装卸环节以及其他运输环节之间的联系，确保双班运输的正常进行。

（4）必须贯彻安全第一方针，注意行车安全，尽可能做到定车、定人，确保作业计划的顺利执行。

3．双班运输的组织形式

不同的双班运输组织形式，会有不同的效果。双班运输组织形式的选择涉及运距长短、站点配置、货流分布、货源数量、运输条件、道路状况、驾驶员配备、保养检修和装卸能力等具体因素。因此，只有因地制宜地选择和安排各种相宜的组织形式，才能充分发挥既有设备的潜力，才能充分体现双班运输的优越性。

根据驾驶员劳动组织的不同，双班运输主要有以下几种组织形式。

（1）一车两人、日夜双班、起点交接。此类双班运输每车固定配备两名驾驶员，每隔一定的时期（如每周或每旬），夜班驾驶员互换一次。驾驶员可在正常编制情况下加倍配备。这种组织形式的优点是能做到定人、定车，能保证车辆有比较充裕的保养检修时间；驾驶员工作、学习和休息时间能得到正常的安排；行车时间安排也比较简单，伸缩性较大，易于得到货主单位及有关部门的配合。其缺点是车辆在时间上的利用还不够充分，驾驶员不能完全做到当面交接。这种组织形式的具体交接班方法如图3-7所示。

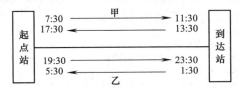

图 3-7　一车两人起点交接示意图

（2）一车三人、日夜双班、两工一休。此类双班运输每车配备三名驾驶员，每个驾驶员工作两天、休息一天，见表 3-10，轮流担任日、夜班驾驶员，并按规定地点定时进行交接班。这种组织形式适用于一个车班内能完成一个或几个运次的短途运输线路，因此，在城市出租汽车运输中应用较多。采用这种组织形式，能做到定车、定人，车辆出车时间较长，运输效率较高。缺点是每车班驾驶员一次工作时间较长，容易疲劳；安排车辆和保养检修时间比较紧张；需要配备驾驶员数量也较多。

表 3-10　两工一休制排班表

人员	星期一	星期二	星期三	星期四	星期五	星期六	星期日
甲	日	日	休	夜	夜	休	日
乙	夜	休	日	日	休	夜	夜
丙	休	夜	夜	休	日	日	休

（3）一车两人、日夜双班、分段交接。此类双班运输每车配备两名驾驶员，分段驾驶，定点（中间站）交接。每隔一定时期驾驶员对换行驶路段，确保劳逸均匀。这种组织形式一般适用于运距比较长，车辆在一昼夜内可以到达或往返的运输线路。其具体交接班方法如图3-8所示。这种组织形式的优点基本与第一种形式相同，但能保证驾驶员当面交接。

图 3-8 一车两人分段行驶示意图

（4）一车三人、日夜双班、分段交接。此类双班运输每车配备三名驾驶员，分日、夜两班行驶，驾驶员在中途定点、定量进行交接，中途交接站可设在离终点站较近（约为全程的 1/3），并在一个车班时间内能往返一次的地点，在起点站配备的两名驾驶员采用日班制，每隔一定时期可使三名驾驶员轮流调换行驶线路或时间，如图 3-9 所示。这种组织形式下，车辆在时间上利用充分，运输效率较高，能做到定车、定人运行；驾驶员的工作时间比较均衡。缺点是车辆几乎全日行驶，如不能做到快速保养检修，则遇保养时需另派机动车顶替。因此，这种组织形式只能在保养检修能力很强、驾驶员充足，或为完成短期突击性运输任务时采用较为适宜。

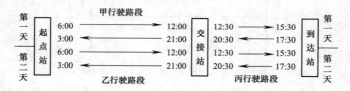

图 3-9 一车三人分段行驶示意图

（5）两车三人、日夜双班、分段交换。此类双班运输每两辆车配备三名驾驶员，分段驾驶。其中两人各负责一车，固定在起点站与交接站之间行驶，另一人每天交换两辆车，驾驶员在固定站定时交接。交接站同样设在离起点站或到达站较远的地点，这种组织形式适用于两天可以往返一次的行驶线路上，其具体交接班方法如图 3-10 所示。

图 3-10 两车三人分段行驶示意图

这种组织形式的优点在于：能做到定人、定车运行，可减少驾驶员配备；车辆在时间上利用较好；车辆保养检修时间充分。但这种形式下，驾驶员工作时间较长，不利于正常的休息；运行组织工作要求严格，行车时间要求正点。这种组织形式仅在运输能力比较紧张时适用。

（6）一车两人、日夜双班、轮流驾驶。此类双班运输一辆车上同时配备两名驾驶员，在车辆全部周转时间内，由两人轮流驾驶，交替休息。这种组织形式适用于运距很长、货流不固定的运输线路或长途干线货运线路上。其优点是能定人、定车，最大限度地提高车辆时间利用率；缺点是驾驶员在车上得不到正常的休息。随着道路条件的不断改善，车辆性能的不断提高，这种组织形式已越来越多地被采用。表 3-11 表明了这种组织形式的实际情况。

表 3-11　一车两人轮流驾驶安排表

时间		14:30—17:00	17:00—21:00	21:00—1:00	1:00—5:00	5:00—12:00	12:00—19:00	19:00—21:30
作业项目		准备与装车	运行	运行	睡眠	运行	运行	卸车与加油
执行者	驾驶员 A	√	√		√	√		√
	驾驶员 B	√		√	√		√	√

实践案例 3-9　某汽车运输公司的双班运输组织

某汽车运输公司一直实行的是双班运输：白班 8:00—17:00，夜班 17:30—3:30（次日）。但运力仍不能很好地满足业务发展需要。因此，在劳动组织上又做了重大改进。考虑人力和运力资源现状，在原有的车辆中选 70%实行多班运输制度（两工一休）。即三班人开两辆车，驾驶员工作两天休息一天，三人轮流开车轮流休息；汽车运行时间调整为 7:00—19:00，其中有一个小时是驾驶员的吃饭休息时间，一天中工作 11 小时。

具体做法是：两辆汽车固定五名驾驶人员（定人定车），他们的工作分为日班和夜班，日班驾驶员两人，每人每天从 7 点工作到 19 点，工作时间 12 小时（包括吃饭、休息在内），工作两天休息一天，日夜班每隔一星期对调一次（这个星期是夜班、下个星期是日班），还有一名驾驶员专门做轮休驾驶员的替班，随车装卸工的作息时间和调换班次与驾驶员一样。实行这一制度后，汽车吨位只增加 14%，但运量比一年前增加了 78.66%。

（三）甩挂运输作业组织

1. 甩挂运输的含义及发展

甩挂运输是指按一定比例配置牵引车和挂车，在运输停顿过程中牵引车可以甩掉一个挂车、挂上另一个挂车继续空间移动过程的车辆运输组织形式。

甩挂运输也称拖挂运输或汽车运输列车化，它是以汽车列车形式参加生产活动的一种货车运行方式。在甩挂运输实践中，牵引车或牵引汽车与挂车能够自由分离与结合，通过挂车的合理调度与搭配，缩短因装卸货物而造成的牵引车停歇时间，提高车辆动力利用率。

甩挂运输的基本工作模式是一部牵引车按计划或根据调度指令分时段拖挂不同的挂车，从而提高牵引车的有效工作时间。对于某些货运企业，车辆工作时间内的实际行驶时间低于或者基本等于货物的装卸时间和待装卸时间。在这种情况下，甩挂运输的应用使得两台或两台以上的挂车由同一台牵引车根据需要在不同时段牵引，就可有效减少牵引车的保有量。

甩挂运输的产生与发展是大吨位道路货运车辆发展的必然结果。这是因为，提高汽车货运效率的重要途径是提高车辆的燃油经济性和装载能力，为此可采取的最现实的措施就是使用大吨位货车。大吨位货车在满足上述两方面的要求上已经达到较高水平，而进一步提高汽车货运效率或运输经济效益则须着眼于货车之外的途径。甩挂运输是提高汽车货运效率和运输经济效益的另一种思路。

在欧美和日本等发达国家和地区，自20世纪40年代起开始尝试甩挂运输的方式，经过多年的发展，甩挂运输方式已经成熟，并被欧美等发达国家和地区广泛应用于道路运输中，成为主流运输方式，厢式半挂车也已成为欧美地区承担内陆运输的主要工具。而在其他一些国家如新加坡、韩国、巴西等，汽车列车甩挂运输的应用也很广泛。

受各种制约因素影响，我国的甩挂运输发展相对滞后。我国在珠三角、长三角、山东烟台以及沿海经济发达地区的第三方物流企业依托港口开展了这种运输组织方式。总体上，集装箱甩挂运输发展较早、较快，运作日臻成熟，而其他方式的甩挂运输起步晚，仍处于探索阶段，甩挂运输并未成为道路主流运输方式。

阅读资料3-2 甩挂运输试点工作方案

多年来，我国政府及职能部门高度重视甩挂运输的发展，连续出台了一系列鼓励甩挂运输发展的政策措施，取得了一定效果。2010年10月，交通运输部与国家发改委共同推出《甩挂运输试点工作实施方案》，在全国选定数十家货运或物流企业作为甩挂运输试点单位。甩挂运输试点工作启动以来，各甩挂运输试点企业开辟大量甩挂运输运营线路，健全甩挂运输网络体系，甩挂运输业务量增长明显，经济效益和社会效益开始显现。

2. 甩挂运输的经济性

作为道路运输业未来的发展方向，甩挂运输相对于传统的单车或定挂运输相比，经济性极为显著。

（1）降低运输成本。一辆牵引车最多可以拖三个挂车，相当于减少了两个车头，同时也减少了驾驶员的配置，节省牵引车购置费、人工费和管理费等运营成本。另外，甩挂运输创造的时间效益使得材料随订随到变为可能，有效地增强了货物的流动性，为实现零库存创造了条件，节省了货物仓储成本。以广汽越野车型为例，两个车头约94万元，两个挂车约30万元，两项相减，购置成本即可节省64万元。

（2）提高运输效率。一是甩挂运输使牵引车和挂车能够自由分离，减少货物装卸的等待时间，加速牵引车周转，提高牵引车生产效率。二是挂车独特的厢体车轴使其承载能力与容积远大于货车厢体，长途货运效益明显。

以沈阳到上海为例，如果采用普通单车运输，装卸货各需5小时左右，路上行程20小时左右，运输公司全程运输时间共计约30小时。甩挂运输节省了装卸货时间10小时，而且，牵引车跑得比普通车快，行程又减少3小时，这样，共计减少约13小时。

（3）降低劳动强度，减少货损货差。采用甩挂运输的货物可以直接由城市配送车装到干线运输挂车上，不用进入仓库后再倒装到货车上，减少了一次装卸环节。因此，甩挂运输与单车运输相比可降低劳动强度，减少货损货差，节约大量的理赔金，还可以提高客户的满意度。

（4）实现节能减排。一方面，甩挂运输牵引车和挂车分离的技术特性能够有效降低能耗。据统计，运输同样重量的货物，厢式半挂车的耗油量只有普通货车的一半左右。

另一方面，甩挂运输组织模式能够减少车辆空驶和无效运输，从整体上降低能耗和减少废气排放。

以 30 吨货物运输 300 公里为例，普通单车两次才能运完，以百公里油耗 35 升计算，全程耗油 210 升。甩挂运输一车一次即可完成，百公里油耗 42 升，全程耗油 126 升，节油 84 升，也减少了相应的碳排放。

3．甩挂运输的原理

"甩挂"顾名思义就是"甩掉挂车"，继续行驶。传统运输中，从甲地到乙地，都是一车到底，在甲地需等候货物装车上路，到乙地后又要把货卸下才能离开。等候时间等于装车时间和卸车时间之和，造成时间、运力上的浪费。而甩挂运输把货车分成两个部分，牵引车与挂车分离，从甲地出发到乙地后，牵引车不再等候卸货，而是直接卸下挂车，拉上另一辆已经装好货物的挂车即可上路，这样就大大提高了运输效率。

为了说明甩挂运输的基本原理，以汽车列车行驶在往复式线路上，一辆汽车配备三辆全挂车做两头甩挂运输为例，如图 3-11 所示。当汽车列车在 A 地装货行驶至 B 地后，卸车工人摘下重挂，再集中力量将载货汽车卸空，然后挂上预先卸妥的全挂车返回 A 地；与此同时，B 地卸车工人完成摘下挂车卸车作业。当汽车列车返回 A 地，装车工人摘下空挂，再集中力量完成载货汽车的装车作业，然后挂上预先装妥的全挂车继续向 B 地行驶。重复以上过程直至运输任务完成。

图 3-11 "一线两点、两端甩挂"示意图

由此可见，上述甩挂运输的基本原理实质上是平行作业原则的最大应用，它是利用汽车列车的返回行驶时间来完成甩下挂车的装卸作业，从而使原来整个汽车列车的装卸作业时间缩短为载货主车装卸作业时间和甩挂作业时间，加速了车辆的周转，提高了运输效率。甩挂运输虽有不同的组织形式，其作业程序也可能会有所区别，但基本作业原理是一样的。

在同样的条件下，以在往复式行驶路线上向一端运送散装货物为例，如单程运距 20 公里，技术速度 40 公里/小时，装车作业时间定额 6 分钟/吨，卸车作业时间定额 4.5 分钟/吨，摘挂作业 6 分钟/次，载货主车、全挂车、半挂车的装载量分别为 4 吨、4 吨、8 吨，则组织甩挂运输时的工作情况分别见表 3-12、表 3-13。

表 3-12 一（汽）车三（全）挂甩挂运行

时区		8	9	10	11	12
距离	装点					
	卸点					
主车		装 挂	摘 卸 挂	摘 装 挂	摘 卸 挂	摘 装 挂
挂1		挂	摘	卸		摘 装
挂2			挂	摘 装		挂
挂3				装 挂	摘 卸	

表 3-13　一（牵引）车三（半）挂甩挂运行

时区	8		9		10		11		12	
距离 装点／卸点	↗↘		↗↘		↗↘		↗↘		↗↘	
牵引车	挂	摘挂		摘挂		摘挂		摘挂		摘挂
挂 1	挂	摘	卸			挂	摘	装		挂
挂 2			挂	摘 装			挂	摘	卸	
挂 3				装 挂	摘	卸		挂	摘	装

在承担相同载质量的情况下，由牵引车和半挂车组成的汽车列车所完成的工作量比由载货汽车和全挂车组成的列车要大。由于半挂汽车列车没有主车的装卸作业时间，其经济效益更高。

4．甩挂运输的组织形式

（1）一线两点甩挂。这是在短途往复式运输线路上通常采用的一种甩挂形式。汽车列车往复于两个装卸作业点之间，在整个系统中配备一定数量的挂车，汽车列车在线路两端根据具体条件做甩挂作业（装卸）。根据货流情况或装卸能力不同，可组织"一线两点、一端甩挂"（即装甩卸不甩或卸甩装不甩）和"一线两点、两端甩挂"两种形式的作业，如图 3-11 所示。

这种形式被广泛应用于集装箱甩挂作业。

（2）循环甩挂。这是在车辆环形行驶线路上组织甩挂作业的一种方式。它要求在闭合循环回路的各装卸点上，配备一定数量的周转集装箱或挂车，汽车列车每到达一个装卸点后甩下所带集装箱或挂车，装卸工人集中力量完成主车的装（或卸）车作业，然后装（挂）上事先准备好的集装箱（挂车）继续行驶，如图 3-12 所示。

（3）多线一点、轮流甩挂。在码头、火车站、大型厂矿和仓库集中的地方，安排一定周转挂车，预先装卸好货物，由各线开来的列车，甩下挂车，集中力量装卸主车，装卸好主车后，立即挂上拖走预先装卸好的挂车。各线列车可以轮流拖带各线列车甩下的挂车，如图 3-13 所示。这种形式适用在发货点集中、卸货点分散，或卸货点集中、装货点分散的若干条线路上，且所运货物性质以不相抵触为宜。

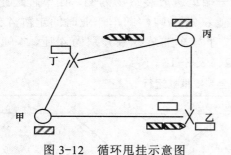

图 3-12　循环甩挂示意图　　图 3-13　"多线一点、轮流甩挂"示意图

实践案例 3-10　**新杰物流公司网络型甩挂运输模式**

新杰物流集团股份有限公司是一家总部位于上海的合约物流公司，年销售额 10 亿元人民币，在全国 30 多个城市设有全资子公司。公司主要为惠普、联想、戴尔、3M、ABB 等

模块三 整车货物运输业务组织

大型制造企业提供物流保障服务，每个客户在全国有多个工厂的产品需运往销售地点。公司在上海、深圳、北京、厦门、重庆等经济相对发达地区业务量较多。

作为公路运输承运人，新杰物流公司被交通运输部列入甩挂运输试点企业，确定了"长短途结合"的网络型甩挂运输模式。

公司将长途线路"分割"成多段，设计了一张以武汉为中心节点，上海、北京、深圳、成都为区域节点的放射型甩挂运输干线网络；结合以上海、深圳为区域节点的短途甩挂运输网络，形成了一个覆盖全国主要城市的高效公路运输网络。

在甩挂运输的具体组织上，实行整车甩挂与零担甩挂相结合，能整车甩挂的，在武汉中心节点实行换头不换箱的甩挂作业模式；对于货量不够整车的线路，在中心节点部分或全部拆箱后进行甩挂作业。目前整箱甩挂的货量约占武汉中心甩挂量的三分之一。未来随着货量的增加，整箱甩挂的比例将逐步提高。

整箱甩挂与原一车到底的方式相比，由于司机线路固定、有合理的休息时间，提高了运输的安全性，同时拖头在中心场站有合理的检修时间，提高了车辆的出勤率。分段甩挂也能使每段都能配置最合适的拖头，以上海至成都为例，上海至武汉段以平路为主，配备小功率 4×2 的拖头即可，武汉至成都段以山路为主，配备大功率 6×4 的拖头反而能降低油耗。

推行网络型的甩挂运输模式后，公司的整体运输效率、货物送达时效性大幅度提高，运输货损率大幅度降低。

职业素养小贴士：

发展甩挂运输是我国道路货运行业转型升级的需要。甩挂运输是一种集约、高效的运输组织模式，代表了先进道路运输生产力的发展方向，国家已把发展甩挂运输上升为节能减排国家战略。

5. 开展甩挂运输作业的条件

（1）道路条件。由于汽车拖带挂车后，汽车列车的动力性、通过性、行驶稳定性、转向操纵性、机动灵活性等都不同于单体汽车，因此，甩挂运输车辆运行线路的路面要较为平坦、坡度不大、弯道平缓。

（2）通行条件。需要交通量较小、交通状况良好的线路，以保证汽车列车安全行驶、顺畅通过。

（3）货源条件。货源充足，以保证有针对性地、合理地配备挂车。同时货物起运点和接收点相对固定，便于挂车的存放、维护和调度。

（4）技术条件。①需要专业化的甩挂作业站场，提供摘挂、停车、理货、装卸等生产流程服务。例如，用于甩挂运输的牵引车与挂车，合计车长近20米，无大型的甩挂场站将无法作业。②需要信息管理系统，提供车辆管理、车辆监控与调度、订单管理、仓储管理、装卸理货管理、企业综合管理等功能。③需要标准化的车辆配备，确保不同的牵引车和挂车之间能够自由组合。

实践案例 3-11 甩挂运输基础条件建设

新杰物流集团股份有限公司是交通运输部首批甩挂运输试点企业，该公司为了实现以长途干线甩挂为主体、以短途甩挂为支撑的"长短途结合"甩挂运输网络方案，首先加强了甩挂运输基础条件建设。对甩挂运输场站进行适当改造。2011年6~8月，公司先后对上海嘉定场站、上海浦东分部甩挂运输场站、上海华翔路仓库进行了满足甩挂作业功能的改造；2011年8月，公司通过招投标取得武汉江夏金口12.2公顷土地用于中心枢纽的场站建设，建成后该站场即成为公司网络型甩挂的中心节点；同时公司按照交通运输部推荐的甩挂运输车型，对企业原有拖头和挂车进行了必要的改造。

6. 甩挂运输作业组织的实践应用

一般而言，货物运输的主要类型有整车运输、零担运输、集装箱运输、特种货物运输等。在这些货物运输类型中，有的适宜采用甩挂运输，有的则不适宜。

（1）整车货物甩挂运输。一般情况下，对于货源稳定、货运量较大、装卸货地点比较固定的"一线两点"之间的整批货物运输，适宜在装货点和卸货点两端都进行甩挂作业，即采用"一线两点、两端甩挂"的组织方式，在装货点和卸货点都配备周转挂车。例如，在同一区域内，对一些大型生产企业和商贸企业与港口、火车站以及大型物流中心之间的同城货物运输，生产企业大型零部件配送中心向其生产线进行的零部件配送等类型的运输活动，都可以采用这种甩挂运输组织方式。

对于货物一端装卸条件差、装卸速度慢，而港口或物流中心一端装卸速度快的情况，可只在货主一端甩挂，在港站不甩挂，即采用"一线两点、一端甩挂"的组织方式，以保证交通运输流的均衡。

（2）零担货物甩挂运输。零担货物运输（见模块四）属于网络化运输形式，其运输组织化程度较高，运输场站等节点设施较齐全，从组织条件上比较适宜采用甩挂运输。对于大城市和重要枢纽位置的一级场站，货物吞吐量较大，场站与场站之间多有高等级干线公路连接。因此，在高等级零担站或货运站之间，如果货运量较大，可以采用甩挂运输方式。甩挂运输的组织形式，可根据运输线路的类型选择"一线多点、沿途甩挂"或"循环甩挂"等形式。即：如果场站与场站之间的运输线路为往复式多场站的线型结构，可以根据各个场站货运量的规模，配备一定数量的周转挂车，在沿途各个场站之间组织甩挂运输；如果场站与场站之间的运输线路为闭合循环式回路，则同样可在沿途各个场站之间组织甩挂作业，形成循环甩挂运输。

（3）集装箱甩挂运输。道路集装箱运输是最适宜采用甩挂运输的一种运输形式。因为道路集装箱大多数是承接和转运海运集装箱，为港口和铁路车站进行集装箱疏运服务，运输距离一般较短，而集装箱在货主一端的装货和卸货点大多需要进行就车装货或拆箱卸货，装卸作业时间较长，采用甩挂运输可以大大提高牵引车周转速度。另外，对集装箱的运输作业大多利用专用集装箱半挂车实现，开展甩挂运输无须占用牵引车装卸作业时间。此外，集装箱半挂车结构简单，购置费用较低。因此，开展集装箱甩挂运输具有显著的经济优势和现实意义。

（4）中短途甩挂运输。对装载率要求不是很高，但是对装卸效率、货物完好率要求较高的运输任务，为了解决这个矛盾，可开展短途甩挂运输，推行全托盘运输、合理的绑扎填充，来有效地降低货物破损率。

（5）货运专线甩挂运输。零担货运专线运输已经非常普遍，如果专线运输货源比较丰富，就应该实施专线上的甩挂运输作业。利用甩挂车辆集零为整的方式，同时还可以通过与其他物流公司对接组织货源，实现互利共赢。

（6）多式联运甩挂运输。与甩挂运输结合的运输方式又被称为载驳运输或驼背运输，是在多式联运各运输工具的衔接点，由牵引车直接拖带载有集装箱的底盘车或挂

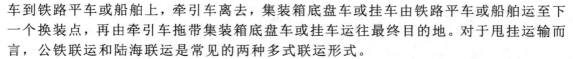

车到铁路平车或船舶上,牵引车离去,集装箱底盘车或挂车由铁路平车或船舶运至下一个换装点,再由牵引车拖带集装箱底盘车或挂车运往最终目的地。对于甩挂运输而言,公铁联运和陆海联运是常见的两种多式联运形式。

(7)特种货物甩挂运输。采用甩挂运输开展特种货物运输的一个典型例子是重油运输。例如:某石化控股公司投资50亿元开展重油运输项目,该公司将订购的重油自铁路线运至某石化仓库。重油稠度较大时,加温时间为10～13小时,装车时间为3～4小时。面对这种情况,公司决定为每辆牵引车配置一个原油罐挂车和一个成品油罐车,在等待装车的时间将要外运的成品油运输至铁路专用线,由于专用线到石化公司距离较短,一辆牵引车在等待原油罐装车过程中可多次运输成品油至铁路专用线,极大地提高了牵引车的利用效率,既节约了时间又降低了公司的装车成本,取得了显著的效果。

任务实施

(一)实训任务

背景描述见本任务【任务情境】中的工作任务。

(二)实训目标

1. 能根据运输任务具体情况,制订双班运输组织方案。
2. 能根据企业现实运输业务情况,优选甩挂运输方案。
3. 具备现场作业沟通、协调及指挥的能力。

(三)实训内容及操作步骤

参考下面"操作步骤"的提示,完成制订双班运输组织方案和甩挂运输解决方案任务。

操作步骤:

工作任务1:制订双班运输组织方案

步骤1. 了解运输任务的货流分布、货源数量、运输要求等信息并获得相关数据。

步骤2. 了解运输任务的运距长短、站点配置、道路状况等条件因素。

步骤3. 了解车辆装载量、车辆速度、装卸时间等信息。

步骤4. 了解驾驶员配备、保修和装卸能力等条件因素。

步骤5. 计算、分析各种双班运输方案的成本和效益,如:一车两人、起点交接;一车三人、两工一休;一车两人、分段交接等组织形式。

步骤6. 对比优选合适的双班运输组织形式。

步骤7. 形成双班运输组织方案文件,包括运作过程描述并绘制组织运行图。

工作任务2:制订甩挂运输解决方案

步骤1. 组建专业队伍——甩挂运输组织小组。

步骤2. 对运输资源开展深入细致的调查研究:了解大连—沈阳线路两端的货源情况、货运量情况、道路情况、装卸条件及装卸时间情况等,尤其大连端的回程货物品类情况。

步骤3. 甩挂运输基础条件建设:对两端的货物仓库现场进行满足甩挂作业功能的改造,同时,根据运输量和道路条件配备周转挂车。

步骤 4. 组织对接货源：大连地区设立分公司或揽货点，拓展客户，保证两端货源对等。

步骤 5. 对比运输成本和效益后优选甩挂运输方案。

（1）"一线两点、一端甩挂"运输方案：若大连端装卸条件差、装卸速度慢，而客户端装卸速度快，则可只在大连一端甩挂，在客户端不甩挂。牵引车与挂车比 1:2。

（2）"一线两点、两端甩挂"运输方案：若大连端货源分散，甩挂车辆运用集零为整方式集货，且客户端装卸速度慢，则在两端都甩挂。牵引车与挂车比 1:3。

（3）优选列车组合形式：根据道路状况和货运量多少等情况，采用"一牵一挂""一主一挂"或"一牵两挂"。

步骤 6. 安装或改造信息系统：GPS 调度管理系统、站场监控系统、短信辅助系统等。

步骤 7. 制订应急预案，应对牵引车故障、驾驶员因故无法出车、车辆抛锚等意外事故。

步骤 8. 甩挂方案操作实施。

（1）客户端和港口端甩挂：在沈阳客户端货物从生产厂仓库直接装箱，到大连港甩箱后，挂上已集满货的货箱返回沈阳。

（2）依托信息系统，提前获得货量预报，做好大连地区货物配载方案，整体组织好两端的货量。

（3）组织驾驶员休息，安排车辆维修保养，换人不换车，实行车辆满负荷运作。

步骤 9. 制订相应的甩挂运输管理制度，保证甩挂运输的有序开展。

（四）成果形式

总结报告：针对所学到的理论知识和获得的专业技能进行全面的总结，对获得的经验和教训进行深刻的反思，并提出以后的发展方向。

小组陈述：现场演示并流利讲解本组的运输组织和解决方案。

（五）考核标准

工作任务 1：制订双班运输组织方案

评 价 项 目	分 配 分 值
1. 方案选择考虑的因素全面（货物、道路、驾驶员、装卸、保修等）	30
2. 成本和效益分析合理	20
3. 选择的方案与现有条件匹配合适	20
4. 方案中运作步骤描述清晰、简练、易懂	10
5. 组织运行图简洁，逻辑关系清晰、易懂	20
合　计	100

工作任务 2：制订甩挂运输解决方案

评 价 项 目	分 配 分 值
1. 前期数据收集全面	10
2. 准备工作充分：货源条件、道路通行条件、运力条件、场站条件等	30
3. 优选甩挂运输方案：对各种甩挂运输方案、各种列车组合形式进行成本和效益对比分析	30
4. 保障措施齐全：有信息系统、应急系统等	10
5. 精细化管理甩挂运输方案实施过程	20
合　计	100

（六）注意事项

环境要求：

（1）多媒体教室一间。

（2）模拟演练实训室一间，配有模拟甩挂运输场站设施两处，有多台计算机、一部打印机。

（3）半挂式牵引车多部，牵引汽车多部，半挂车多部，全挂车多部，以上均为模型车。

（4）箱式包装货物60箱，体积约100厘米（长）×300厘米（宽）×400厘米（高）。

教师要求：

对学生遇到的难点或疑问要及时给予指导，以便其更有效地完成工作和深入思考；对技能训练成果要做专业性的总结，并尽可能提供额外学习资料。

学生要求：

要注意感受在企业中的职业身份；组内和小组之间要分享获得的新的信息或进一步的理解；听取来自老师、同学们的反馈建议。

归纳总结

1. 双班运输的基本出发点是"人停车少停"，充分发挥车辆的利用率。

2. 组织双班运输的基本方法是根据双班运输的不同形式，每辆汽车配备一定数量的驾驶员，按计划分日、夜两班出车工作。

3. 双班运输主要有以下几种组织形式：一车两人、日夜双班、起点交接；一车三人、日夜双班、两工一休；一车两人、日夜双班、分段交接；一车三人、日夜双班、分段交接；两车三人、日夜双班、分段交换；一车两人、日夜双班、轮流驾驶。

4. 甩挂运输是用牵引车拖带挂车至目的地，将挂车甩下后，牵引另一挂车继续作业的运输组织方式。

5. 甩挂运输的基本原理实质上是平行作业原则的最大应用，它是利用汽车列车的返回行驶时间来完成甩下挂车的装卸作业。

6. 甩挂运输的车辆运行组织形式主要有：一线两点甩挂；循环甩挂；多线一点、轮流甩挂。

思考问题

1. 某物流公司现有一项运输服务项目，其具体的运输活动情况是：在单线往复式行驶线路上运送散装货物，单程运距40公里，技术速度60公里/小时，装车作业时间定额6分钟/吨，卸车作业时间定额4分钟/吨，摘挂作业5分钟/次，载货主车、全挂车、半挂车的装载量分别为5吨、4吨、8吨。试在一个工作班内比较半挂汽车列车运输和全挂汽车列车运输的效率。

2. 甩挂运输能够促进道路货运的组织化、规模化、网络化、信息化和标准化发展，并推进道路货运与海上滚装运输、铁路驼背运输等运输方式形成多式联运，促进综合运输体系和现代物流业的发展。试分析我国甩挂运输发展较为缓慢的原因。

同步知识测试

一、单选题

1. 运输企业营运业务的原始记录及经营分析数据的来源是（　　）。
   A．货物运输托运单　　　　　　　　B．货物运输派车单
   C．货物运输装车单　　　　　　　　D．货物运输签单

2. 整车运输货物装车完毕后，应清查货位，检查有无错装、漏装，并与发货人核对实际装车件数，确认无误后，（　　）。
   A．办理货物交接签收手续　　　　　B．货车离库出发
   C．进行安全教育　　　　　　　　　D．开票收费

3. 装运整批轻泡货物的高度、长度、宽度，以不超过有关道路交通安全规定为限度，按（　　）计算重量。
   A．货物实际重量　　　　　　　　　B．每立方米折合333千克
   C．货物实际体积　　　　　　　　　D．车辆核定载质量

4. 甩挂运输的基本原理实质上是（　　）的最大应用。
   A．节省装卸时间　　　　　　　　　B．平行作业原则
   C．降低运输成本　　　　　　　　　D．提高运输效率

5. 在承担相同载质量的情况下，由牵引车和半挂车组成的汽车列车所完成的工作量，比由载货汽车和全挂车组成的汽车列车（　　）。
   A．相等　　　　B．低　　　　C．高　　　　D．无法比较

二、多选题

1. 需要到有关部门办理准运证后方可承运的货物是（　　）。
   A．木材　　　　　　　　　　　　　B．粮食
   C．动植物及其制品　　　　　　　　D．金矿产品
   E．麻醉药品

2. 对于定期合同运输客户，在合同期间，每一次的运输任务都要办理货物出库装车交接手续，作为（　　）等的记录和凭证。
   A．合作的业务范围　　　　　　　　B．货物交付
   C．权利、责任和义务　　　　　　　D．费用结算
   E．事故责任划分

3. 实践中，一般货物的运输服务不是以吨公里数来收费的，而是以运输的具体的（　　）来收费的。
   A．货物属性　　　　　　　　　　　B．两个点之间距离

C．某种商品　　　　　　　　　　D．运输规模

E．市场环境

4．整车运输业务中，在车辆到达发货人出货仓库后，由（　　　）一起根据出货清单，对货物包装、数量和重量等进行清点和核实，核对无误后进行装车环节作业。

A．驾驶人员　　　　　　　　　　B．运输调度

C．运输公司现场业务人员　　　　D．发货人仓库负责人

E．业务受理员

5．设计适合本企业、适应市场竞争的运输业务操作流程，要求设计人员应掌握的基本原则有（　　　）。

A．以客户为导向　　　　　　　　B．以利润为导向

C．以流程为中心　　　　　　　　D．以任务为中心

E．以人为本的管理团队

三、判断题

1．临时性、短期的客户，是没有运输合同的，"托运单"往往就是合同。（　　　）

2．对于签订长期整批货运合同的运输业务，在每一次执行送货任务时不需要再办理相关手续。（　　　）

3．运输业务流程及操作标准的内容设计不要随着业务发展、客户要求、企业自身条件的变化等不断调整。（　　　）

4．无论整批货物，还是零担货物，其计费重量均按净重计算。（　　　）

5．双班运输或多班运输的基本出发点就是"人停车少停"，充分发挥人力资源的潜力，为社会提供更大的运输能力。（　　　）

四、案例分析题

以往，某物流运输公司一直在走传统的货运路子，即从出发点到目的地，一车到底。但是，随着沿海企业生产下滑、业务萎缩，运输货源减少，该公司湖州到广州货运专线的车辆空驶率上升，工作车日明显下降，企业经营成本上涨。"如何才能让货车不跑空呢？"公司经过调查发现，"甩挂运输"可以在整车到达目的地后，挂车留在当地，牵引车拉着其他挂车继续运输，这也是国家提倡的大吨位、集约型、环保型运输模式。

此后，该公司投入百万元更新设备，购买厢式货车，同时对运输方式进行了革新，采用大型物流公司较热门的甩挂式运输方式。

具体做法是：在广州和湖州两地的货物集散点上，满载货物的高性能牵引车甩下挂车，挂上另一辆已经满载货物的挂车，马不停蹄地返回另一集散点。在集散点处，装卸工如同装卸火车车皮般随时装卸"甩挂"，另有10余辆小型厢式货车专司"转驳"，负责支线运输以及送货上门。

以往，货物从承接到运达需要3天，如今货运时间大大缩短，仅需19小时。该公司管理人员对这一项目进行跟踪和测算，结果是：按1辆牵引车配置3辆挂车来计算，采用甩挂运输可比传统运输降低成本40%左右，减少油耗30%以上。

一车（牵引车头）多个挂车的快速甩挂运输大大减少了空驶等无效运输，并且大幅降低油料消耗。运输方式革新后公司又开发了多条甩挂运输专线，花费500多万购置了5辆牵引车，这主要缘于企业尝到了"甩挂运输"的甜头，它不仅节能，还可以减少企业的人力和物力成本。

根据上述案例，请认真思考以下问题：
1. 为什么该公司开发了一车（牵引车头）多个挂车的快速甩挂运输方式？
2. 什么样的货运线路适合开展甩挂运输这种组织方式？
3. 为保证甩挂运输作业顺利进行，应重点做好哪些方面的准备工作？

模块四

零担货物运输业务组织

 导读

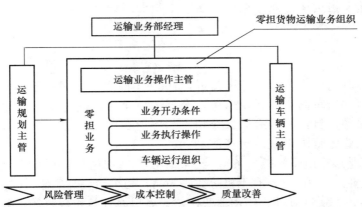

我们已经了解了整车货物运输的作业操作内容以及业务运作管理模式,本模块我们学习零担货物运输的作业操作和运作管理,包括业务开办、货物运送、货物交付等环节的作业操作,以及当事人管理和作业流程管理等内容,也包括单证和信息处理、风险控制、费用节约等支持作业操作管理的内容。希望你能与整车运输作业各项内容对比着学习。

整车作业中的一些细节操作也适合零担作业。请你继续关注各运输岗位的工作目标、目标实现的流程及细化的操作标准,以流程为中心学习各项运输业务的操作技能。

零担货物运输业务主要来自中小生产厂家、公司企业、批发市场及个体消费者等的货运需求,这些货运订单也是物流业发展的主要需求基础。因此,零担货物运输也是运输企业的主营业务之一,也是我们今后将从事的主要业务管理工作之一。

学习目标

通过本模块的学习,你将懂得道路零担货物运输的业务开办条件及相关要求、运送作业流程及操作要求、货物交接作业流程及操作要求,并具备相应业务管理的能力。能够:

1. 完成开办零担运输业务的前期准备工作。
2. 开展有效的零担货源组织活动。
3. 安排并实施零担货物运输作业,包括接货、接车、发货、发车等作业过程中货物流、单据流、信息流、资金流的运作,并能对作业过程进行风险控制。
4. 跟踪运输过程,处理异常情况。
5. 优化零担货物运输业务作业流程及操作标准,并绘制作业流程图。
6. 选择适宜的零担货车运行组织形式。
7. 采用合理的中转作业组织方法。
8. 具有耐心细致并勇于实践创新的工作品质,具有现代流程式管理思想,具备团队协作精神。

任务一 零担货物运输业务开办

知识点 零担货物运输;零担货物运输业务开办条件;零担货源组织方法。
能力点 组建零担货运营业站点;开展零担货源组织活动。

任务情境

某物流运输公司地处沈阳市三好街附近,2009年成立,公司基于自己的仓储设施、场地及两台小型厢式货车向客户提供服务。公司成立至今,仅有货运代理、仓储理货、场站出租等物流服务项目,收入有限。公司不想停留在仅仅只是一个货运站和现有业务的规模上,想扩大业务范围以获得更多的利润。

沈阳市三好街是该市电子科技一条街,经市场考察,该街IT卖场面积接近8万平方米,网点460余家,企业近4000家,有手机等数码产品、相机镜头等配件、U盘等存储设备、投影仪等商用设备、主板等硬件、路由器等网络设备以及计算机耗材等需要运出。于是公司管理层决定开发新的物流服务项目,即开设沈阳至外埠的电子产品零担专线快运业务。

工作任务1:成立零担货运营业站点

现在沈阳零担站点的前期筹建准备工作交给张先生全权负责,并任命其为该站点的负责人(经理)。张先生将如何完成站点的设施设备配备和人员的岗位设置呢?

工作任务2:制订零担货源组织方案

沈阳至盘锦是该公司新开设的一条零担专线,现在该公司选派刚从物流专业毕业的大学生李华担任盘锦站点经理,公司已经为站点配备了一辆货车以及计算机(可以联网)、电话等设备。李华的主要任务是带领三位员工负责接货并组织回程货源。李华将如何开展货源组织工作呢?

任务分析

如今,零担快运业务正蓬勃发展,因为航空运输成本高昂,而传统零担运输市场"散、小、乱",所以零担快运成为众多生产贸易型企业、大型第三方物流企业的首选。零担

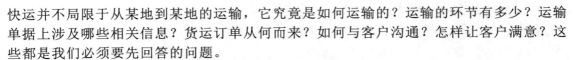
模块四 零担货物运输业务组织

快运并不局限于从某地到某地的运输，它究竟是如何运输的？运输的环节有多少？运输单据上涉及哪些相关信息？货运订单从何而来？如何与客户沟通？怎样让客户满意？这些都是我们必须要先回答的问题。

为完成上述零担站点筹建和货源开发任务，我们需要弄清和明确以下问题。

1．相关的理论知识

零担货运的客户及货源特点；零担货运业的发展情况；开办零担业务需要的硬件设施和软件条件；零担营业站点的管理和经营注意事项；组织货源的方法。

2．相关的实践活动

为了完成这项学习任务，我们需要到一家专业的零担运输公司进行调查，了解公司开展零担业务必须具备的条件、零担营业站点的建设与管理应注意的问题、站点货源的组织方法；还需要对某一地区的零担货运市场进行调查，了解零担货运业的发展现状，分析零担货源的特点等。

完成本任务学习后，你将能够从事零担货物运输业务的营销业务员、零担营业站点经理、开票员、信息统计员等岗位工作。

任务准备

（一）零担货物运输概念

1．零担货物运输的含义

零担货物是指一次托运不足装满整车，体积、质量和包装符合拼装成整车运输的要求，并按质量或体积计算运费的货物。零担货物运输是指按托运人要求，将零担货物交付收货人的服务行为，包括零担货物的受理、拼装、运送及交付等过程。即把运往一个地方的多家客户的货物，通过配载的手段达到一辆车的基本载运能力，然后运送到目的地，再在当地分发给各个客户。

零担货物运输是相对整车运输提出来的，与整车运输的不同点就是零担运输需要等待凑够整车才能发运。这样，发货时间就拖长了。与民生相关的食品、家电、纺织、服装、日用品等常采用零担运输。

2．零担货源的特点

（1）需求客户。零担需求客户主要有：

1）生产厂家，如服装厂、鞋厂、皮具手袋厂、服装配料厂、包装材料厂、塑胶制品厂、玩具厂、五金制品厂、电子厂、灯饰厂、家具厂、涂料厂、建材厂、食品厂、洗涤用品厂等。

2）公司企业，如工贸公司、医药公司、化妆品公司、出版社、印务公司、广告公司、电子公司、科技公司、食品公司、装饰材料公司、灯饰公司、家电制品公司、通信器材公司、医疗器械公司、保健品公司、汽配公司等。

3）大中型批发市场，如服装市场、皮具手袋市场、布料市场、化妆品市场、水果蔬菜市场、药材市场、建材市场等。

除上述的中小工商企业外，个体消费者也是零担货物的来源之一。

（2）货源品种。零担货物主要是日用工业品、其他轻工业产品和手工业产品等。例如，电视、冰箱、空调、热水器、风扇、洗衣机、音响、计算机、电子配件、通信器材、医疗器材、保健器材、药品、化妆品、印刷品、汽车配件、摩托车配件、轮胎、服装、布料、包装材料、五金杂件、百货、机械、零配件、装饰材料、饮料、食品等。

（3）货源特点。对运输企业来说，这些货源品种具有不确定性、品种繁杂、量少批多、价高贵重（如计算机、高档服装等）、时间紧迫、来源广泛、去向分散等特点。

3．零担货物运输的特点

与整车货物运输业务相比，零担货物运输业务具有以下特点。

（1）多个托运人。零担货物运输通常是一车多张货票（即货物托运单）、多个发货人。

（2）方便快捷。零担货物托运，随交随收，手续简便。对需要经由几个场站中转的货物，可以一次托运、一次交费、一票到底、全程负责，并能做到上门收货、送货到家。

（3）开办条件要求高。由于零担货物运输需要等待凑够整车才能发运，所以除了运输车辆外，业务开办还必须配备货运场站等设施设备来满足集散货的需要。

（4）组织工作复杂。零担货源的流量、流向的不确定性使其难以纳入计划管理范围。零担货物运输环节多，货物品种多样、规格不一，作业操作细节多，对货物配载和装载要求也相对较高。因此，其业务组织工作相对复杂。

（5）单位运输成本较高。为了适应零担货物运输的要求，货运站要配备一定的仓库、货棚、站台以及相应的装卸、搬运、堆置的机具和专用厢式车。此外，相对于整车货物运输而言，零担货物周转环节多，更易于出现货损货差，赔偿费用相对较高，因此导致了零担货物的运输成本较高。

（二）开展零担货物运输的意义及货运市场细分

道路货物运输市场分为普通货物运输市场和特种货物运输市场。道路普通货物运输市场按照基础服务分类，主要有整车运输、零担运输、快递运输以及配送运输等。

整车运输主要是围绕大型工矿制造企业的产前原材料供应和产后成品分拨环节，提供 JIT 运输服务，例如普利司通轮胎运输项目、航天三菱发动机运输项目等。整车运输份额约占货运市场容量的 50%，是货运市场需求的主体。中远物流、中外运、招商物流、宝供物流等第三方物流企业都提供整车运输服务。

零担运输（快运）主要是围绕中小工商企业的生产活动或购销活动，为其提供生产资料、快速消费品等的及时送货服务，其份额约占货运市场容量的 40%，零担运输仍保持较快的增长速度。德邦、天地华宇以及佳吉等快运企业已形成遍布全国的运输网络，凭借其严格、细致的货物交接规程跻身国内零担行业前沿。

快递运输（速递）主要针对个人、团体和组织单位的信函、包裹等的不确定性运送需求，提供快速、可靠的递送服务，其份额约占货运市场容量的 5%，近年来快递运输保持高速增长态势。中国邮政、顺丰、申通、圆通、中通、韵达、京东等快递企业，通过提升服务质量和品牌价值等竞争战略成为快递行业龙头。2018 年 7 月，德邦物流更名为德邦快递，并推出大件产品（3~60千克）快递服务。

此外，配送运输（落地配）通常指的是城市配送，以及区域内（小范围内）的送货服务，主要为商超、个人、团体、组织等提供专业化和个性化的配送服务。作为零担和快递干支线运输"最后一公里"的配送运输正在快速发展中，潜力巨大，如驹马物流为顺丰、天猫、海尔等提供末端配送服务。在资本和大数据、云计算等互联网新技术的双重助力下，城市配送行业步入发展的新阶段，并且出现了众多新模式、新业态，诞生了不少新兴城配企业，比如易货嘀、驹马物流、云鸟科技、货拉拉等。

本书未对快递运输和配送运输内容进行阐述，请查阅相关书籍和资料。

（三）零担货运业务开办条件

开办和发展零担货物运输业务，需要配备相应的设施设备、人力资源和经营管理资源。设施设备条件主要指物质条件，人力资源条件主要指零担营业站点的定员，经营管理资源条件是指对营业站点的经营管理。

微课：零担业务的开办条件

1. 设施设备条件

（1）建立零担货物仓库。货物仓库是开办零担货物运输的首要条件。由于零担货物具有品种繁多、小批量、多批次、时间紧迫、到站分散的特点，这就决定了多数零担货物不可能在业务受理后即行装车，也不可能在货物运达卸车后即行交付，它有一个"集零为整""化整为零"的过程。同时有些货物还需要中转，必须在货运站做短期堆存保管。所以，必须根据吞吐量的大小，建设一定面积的零担货物仓库。仓库由货位、通道、仓门、装卸站台等组成，仓库前还要有一定的装卸作业场地或停车场地。

（2）开设零担运输营业站点。营业站点（也称货运站、营业部、网点）是开办零担货物运输业务的中介。站点是货源、货流的直接组织者，一方面起着集结和疏散货物的作用，另一方面为运输车辆承揽运输业务，是建立在运输车辆和货物之间的纽带。

营业站点一般应开在靠近厂家、靠近工业区、靠近批发市场或交通方便（易找、易停车、易装卸）之处。站点内要公示经营线路、运输价格、营业时间、送达时限等服务承诺，以及由国家相关部门制定发布的《零担货物道路运输禁止托运和运输物品指导名录》。另外，零担营业站点除企业直接经营模式外，还可以采用合作加盟模式。

实践案例 4-1   零担直营网点

天地华宇的前身华宇物流1995年成立于广州，总部设在上海，拥有中国最大的公路快运网络。截至2018年10月，天地华宇集团在全国约500个城市拥有74个货物转运中心、2 500多家直营网点、近3 000台自有运营车辆、4 000多条运营线路，以及超过36万平方米的仓库。

实践案例 4-2   零担加盟网点

安能物流成立于2010年，是一家专注于高端公路零担运输渠道和配送网络开发与运营的综合供应商。安能物流作为公路零担运输企业，致力于为客户提供"安全、准时、服务、经济"的物流产品。安能物流整合传统物流专线、零担快运网络和信息技术平台，创造新的颠覆性商业模式，打造国内零担快运加盟网络。经过多年的努力，安能物流企业规模迅速扩大，配送网络基本覆盖全国，已在全国建立八大转运中心、40多个分拨中心，拥有2 000多名员工和1 000多个认证加盟商和合作伙伴。安能物流在公路运输行业首创加盟模式，有着规模经济、快速入行、免开发费、高信誉度等独特的优势。

（3）开辟零担运输专线或搭建零担快运网络。

1）零担货物运输专线。货物专线运输是现阶段我国货运和物流市场较为普遍的一种运输组织形式，是指货运企业选定两个货物交流地，配备货运车辆进行两地间的点到点直达式运输，企业可在两地中的某地设立本部，在另一地点设立分公司或揽货点，以方便货源组织和集配货作业。开通专线的出发点是以尽可能少的成本、尽可能低的风险开展运输服务，且要建立在货运量相对充足、货物交流相对均衡的条件下。但是专线运输的发车时间和频率一般难以确定，"货满车才走"，在降低客户运输成本的同时，也降低了运输的时效性。

零担运输专线这种货运经营模式适合一般的中小物流货运企业采用。中小物流货运企业由于自身资源条件的限制，把主要资源集中在某条或几条业务专线上，安排专车跑专线，做好专线两端城市及中途卸货点的相关作业，如省际专线、省内专线。在这样的情况下，多数货运企业都有能力做专线经营业务，没有专线的物流货运公司则很难生存和发展。

开辟零担专线的好处有：①发货和到达的时间可以保证；②价格上不受人制约；③服务质量可以得到保证；④不容易丢货；⑤回签单容易返回，不影响与货主结算；⑥出了问题容易解决。此外，由于有自己的专线，易于取得客户的信任，放心交货。

2）零担货物快运网络。我国具有一定规模的零担运输企业都采用站点分级制网络结构经营模式。在这种网络结构中，按经济地理区位、货物吞吐量和节点重要度等因素将运输场站分为不同级别。大城市和重要枢纽位置的节点一般为一级场站（称为中心站点、转运中心），覆盖区域可跨越数省、市或自治区，货物吞吐量较大，一级场站之间多由高等级公路连接（称为干线）。一级场站服务区域内，根据货源分布情况可设若干二级场站（称为基层站点）为其揽货，一级场站与二级场站之间通过区域内公路连接（称为支线）。二级场站服务区域内，根据情况还可设若干三级站点（称为揽货站点），依此类推，如图4-1所示。

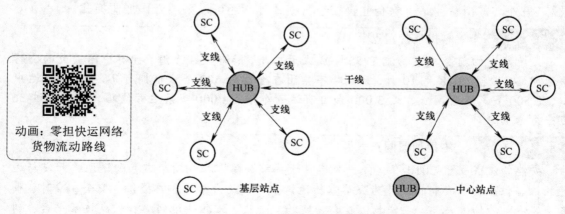

图4-1 零担货物快运网络示意图

从供应链的角度看，运输形成网络有很多的好处，如有助于业务量的扩大，有利于客户满意度的提升，有利于成本的降低等。但是，庞大的运输网络需要有庞大的物流资源（资金、管理人才等）来支撑，这是一般的中小物流运输企业不太可能做到的。目前，德邦、天地华宇（TNT集团）和佳吉等企业已形成遍布全国的快运网络，依靠自身庞大的资金、人才、信息体系优势和差异化竞争战略跻身国内零担行业的前列。

实践案例 4-3　环东物流的零担专线与快运网络的形成

环东物流有限公司于1994年1月在大连市创立，主营国内公路零担限时快运业务。经过20多年的发展，形成公司核心业务：华东（上海及周边城市）、华南（广州及周边城市）、东北（含北京、大连、沈阳及周边城市）间的城际快运业务。公司的专线开辟、网络搭建历程如下。

1996年：正式进入国内物流业务领域，北京分公司成立，开始运营大连—北京专线运输。

1998年：天津、沈阳分公司成立，开辟大连—沈阳专线。

1999年：长春、哈尔滨分公司成立，东北运营网络基本形成。

2002年：上海分公司成立，开始运营大连—上海、长三角专线。

2002年：广州、青岛、济南等分公司陆续建立。

2003年：苏州、无锡、南京、杭州等分公司成立，长三角网络基本形成。

2004年：武汉、长沙、郑州、西安等分公司陆续成立，中西部网络形成；深圳、厦门、珠海分公司陆续成立，珠三角网络基本形成；同时环渤海、长三角、珠三角三大区域间的物流网络正式建立。

2006年：公司总部正式由大连迁至上海，赢得了全新的发展机会。

2008年：明确"零担限时快运"经营核心业务。

2009年：大连物流中心项目启动，迎来全新发展契机。

2010年：TMS系统上线，为公司信息化系统管理与运营创造了更有利的条件。

（4）配备零担货车。零担货车是开办和发展零担货运的保证。零担货车是道路运输零担货物的工具，没有它，即使其他条件都已成熟也不能实现零担货物的运输。

零担货运干线运输一般以大吨位厢车或敞车为主，由于运量与成本的关系，一般不使用中巴和小型货车。支线运输一般以5吨（约8米，40立方米）、8吨（8.5米，45立方米）及10吨（10米或12米，60立方米）的厢车运输居多，主要运输生活用品等零担物品。一些生产资料类零担物品，多以3吨（约5.8米）、5吨（8米）和10吨（10~12米）的敞车运输为主。

实践案例 4-4　驻点货车

一位零担业内成功的经营者这样说：怎么样才有货源？怎么样才能做到货源多？这不是一句空话就能做到的。实践证明，货源是从无到有、从少到多的。客户通常要先试试你这家货运公司的实力和服务，通常不会一下子就给你许多货的。那么，我们就必须把服务做好，客户打电话来说有货，我们必须有车上门去接货，取得客户的信任。另外，货多你才派车上门接，货少你就不派车上门接？客户会反感这点。有货没车去接，客户可能就不再给货了。另外，各站点每天都要发送零担班车，到达货要及时派送，为了不拖延发货、送货时间，各站点也要有驻点货车。

（5）组织零担货物联运。联运是增强零担货物运输活力的关键。联运是指通过两种或两种以上不同运输方式或虽属同种运输方式但须经中转换装的接力运输。由于零担货物运距长短不一，货车不可能每点都到、各线都跑，因此，必须与铁路、水路、航空搞好联运，才能满足托运人多方面的需要。

2. 人力资源条件

在业务运营刚开始的时候，营业站点的定员人数不宜太多，但一般不少于4～5人（其中包括经理、开票员、装卸工、驾驶员），有关人选必须精干，素质和能力必须很强。

（1）经理。营业站点业绩好坏关键在经理，站点经理必须具备下列条件：

1）事业心强。站点经理要有"一定要把这个营业站点做好"的理想，有事业心，才会拼搏奋斗，才有可能做好营业站点的经营和管理。

2）开发能力强。站点经理必须是开发型人才，有开发能力，会组织货源，会洽谈生意。

3）熟悉业务。站点经理必须懂业务，要有货运的实践经验，熟悉本公司的运作流程，熟悉本地和周围的货运行情。

4）善于经营。营业站点是直接面对市场、贴近市场的，站点经理要有一定的经济头脑，要懂经营策略，能够规避风险，把握竞争优势，获取利润。

5）善于管理。一个有能力的营业站点经理必须善于管理站点，能够及时发现和处理问题，善于安排工作，善于调度指挥，防止差错和事故。

实践案例 4-5 站点经理的素质要求

某物流货运公司的一个营业部经理，他所在的营业部位置并不好，附近没有工厂，没有批发市场，但他一上任就到周边地区走访厂家，走访批发市场，经过艰苦的努力，很快就打开局面，货源陆续增加，收货量从每月的几千元上升到几万元，几十万元，一百多万元。

而另一个营业部经理，他所在的营业部位置不错，附近就有工厂，有批发市场，可是这位营业部经理比较懒，活动能力也差，整天待在营业部，不主动去联系开发货源，营业部冷冷清清，货源少得可怜，每个月都亏本。

由此可见，有能力的经理，即使营业部位置差，同样能打开局面，做出成绩来；没有能力的经理，即使营业部位置是黄金宝地，也照样不行。

（2）开票员。营业站点的开票员不仅负责开票，而且要熟悉货运业务，熟悉本公司的运作流程，同时会招呼客户，会接电话，会跟客户联系沟通，会查货、统计、制表，经理不在营业站点时，应能代理经理的工作，安排站点员工工作，处理站点的事情。

实践案例 4-6 开票员的工作要求

某物流货运公司营业部的开票员经常出差错，把到达地"南京"写成"北京"，"送货"写成"自提"，"提货付款"写成"已交款"，既耽误时间，又造成损失，客户投诉，公司罚款，整个营业部的绩效都受到影响。

（3）装卸工。营业站点的装卸工不仅要负责货物装卸工作，还要能与客户沟通，能收货、点数、过磅、量方，会上门接货，会押车，会送货。装卸工培养得好、用得好，能发挥很大的作用。

（4）驾驶员。营业站点的货车驾驶员选得好不好、会不会用，对站点的绩效有很大的影响。站点经理应选择态度好、技术好、勤快、服从领导、团结同事的驾驶员做站点的货车驾驶员。

随着营业站点的运营发展和业务量的增长，定员必然增加。原来由经理承担的货源开发和客户维护工作将分别交由专职的营销业务员和客服人员来完成；开票员的工作将分工为受理人员、统计信息员、收款结算员等专职人员的工作；驾驶员将由车辆调度员统一指挥和调配；收货、点数、过磅、量方等工作将由现场业务操作员和提/送货人员完成，装卸人员工作将由现场业务员统一安排和指挥。

3．经营管理资源条件

营业站点是零担运输企业的窗口，是前沿阵地，是贴近市场、宣传本企业各专线、组织开发货源的场地，是运输企业的根基。实践证明，从事物流货运，没有营业站点不行，有了营业站点但不会经营管理也不行。

（1）站点的具体工作。营业站点的具体工作可用一句话概括："麻雀虽小，五脏俱全。"

1）人员的管理：包括业务员、开票员、装卸工、驾驶员的思想教育，业务指导，工作安排，指挥调度，规章制度的贯彻执行，检查、监督规范化作业的实施等。

2）货源开发：包括宣传、走访厂家、寻找货源信息、接待客户、洽谈业务等。

3）业务操作：包括收货、过磅、量方、点数、验货、开票、编号、单据录入计算机、收款、贴货签、按去向分类堆码、装车、送货到配载中心或货场、办理交接、货物跟踪、查货、回签单、到达货物的派送、中转等。

4）统计报表：包括每天、每月收货量的统计，营业收入核算，统计整理货源开发情况、货源流失情况、应收款情况、欠款情况、回单情况、理赔情况、现金或支票的进账情况、差错或事故、盈亏情况、站点存在问题、专线存在问题、要求或建议等。

5）售后服务：包括查货、信息反馈、理赔。

6）处理客户投诉：误时交货、货物破损丢失的有关问题。

7）与公司总部进行沟通、报账等。

此外，还需要办理工商、税务、交管、城管、环保、车管等有关事务。

（2）站点的经营管理注意事项：

1）一般来讲，每一个营业站点都有一个市场培育的过程，如半年至一年。因此，投资者、经营管理者应有良好的投资心态。

2）营业站点是零担运输企业的货源基地，货运是一环扣一环的，站点需要公司总部的支持和配合，如政策、人力物力、车辆、业务指导、操作、配载中心、货场、到达、派送、中转、客服等方面的支持和配合，营业站点才能正常运作。

3）货源是营业站点的根本，没有货源一切都是空谈，每一位站点经理上任后必须首先抓货源。

（四）零担货源组织

有了仓库、站点、专线、货车及人员，但是如果市场开发不得力，货源少，则货运班车装不满，运输成本高，就会造成亏本。所以，零担运输企业最关心的就是货源。

零担货源组织工作始于货源调查，直至货物受托为止，即为寻求、落实货源而进行的全部组织工作，如零担货源的市场实际调查、编印宣传资料、刊登广告、网上接单、设立揽货网点等。

1．配备专职的营销业务人员

零担货运需求客户及其货源的特点使得零担货运市场竞争十分激烈，通常零担货运企业都配备专职的货运营销人员进行组货，以加大市场开发的力度。

货运营销业务员必须具备以下的素质，才能把货源开发工作做好。

1）善于捕捉货源信息。例如，留意路边的招牌、广告，留意展销会、博览会、交易会的宣传广告等。

2）要有计划。在站点的东南西北分期、分批、分地段进行货源搜索。

3）要有对象、有目标。零担货运的目标客户是工厂、公司、企业、批发市场等单位的销售部、市场部、储备部、业务部。

4）建立客户档案，跟客户保持联系，维护好老客户，这是营销业务员的无形资产。

5）责任心强，办事认真。例如，揽到货源后，还要跟踪货物是否按时发车、按时到达，出了问题及时向上级反映，采取补救办法，做好售后服务。

此外，雷厉风行、能吃苦、不怕失败等思想意识也是营销人员必须具备的。

实践案例 4-7　营销业务锻炼人

一位业内成功人士自述：2001 年，我带领一批业务员，共 15 人，每天一早就分头跑工业区，跑批发市场，跑厂家，早出晚归，在短短的两个多月里跑了 200 多个厂家，完成上货的就有 70 多家。几年过去，那批业务员中有的当了经理、总经理，有的自己当了老板。每当回忆起那段日子，他们都认为：那时候虽然很苦、很累，每天跑得腿脚酸痛，却真能锻炼人，培养了吃苦耐劳的作风，开阔了眼界，增长了知识，积累了经验，为自己后来的成功打下了基础。

职业素养小贴士：

零担货运需求客户及其货源的特点使得零担货运市场竞争十分激烈，通常零担货运企业都配备专职的货运营销人员进行组货，来加大市场开发的力度。但如何成为一名合格的营销业务员并不是一件简单的事情。除了专业知识外，营销业务员必须具备雷厉风行、能吃苦、不怕失败等思想素质才能把货源开发工作做好。

2．实行合同运输

积极争取与客户签订定期货运合同，实行合同运输是多年来运输企业行之有效的货源组织方式之一。实践中实行合同运输，有利于运输企业稳定一定数量的货源，可以实施计划运输，使运输活动更加合理；有利于简化运输手续，节约人力和时间；同时还有利于加强运输企业的责任感，提高运输服务质量。

3. 设立零担货物运输代办站（点）

由于零担货物具有零星、分散、品种多、批量少和流向广等特点，因此需要通过站（点）和仓库来集散组织零担货源。但这些站（点）和仓库不能仅依靠运输企业自身的力量去设置。因此，运输企业可利用社会上代办单位或个人的闲置资源开办零担货物运输代办站（点），这样既可以弥补运输企业在发展业务中资金、仓储以及人力的不足，又可以调动代办站（点）工作人员的积极性，从而在客观上为运输企业扩大了组货能力。零担货物运输代办站（点）一般只负责零担货物的受理、中转和到达业务，不负责营运。

4. 寻找合作

运输企业可以委托货物联运公司、日杂、百货、打包公司以及邮局等单位代理零担货物运输受理业务。这些单位社会联系面广，有较稳定的货源，委托其代理零担货物运输受理业务是一种较为有效的零担货源组织方法。代理单位一般向托运人收取一定的业务手续费，有的同时向零担站（点）收取一定的劳务费。

5. 建立货源信息制度

运输企业可以在物资单位发展货物运输信息联络员，建立货源信息制度。此时，货物运输信息联络员实质上充当了运输企业的业余组货人员。在有较稳定零担货源的物资单位发展货物运输信息联络员，可随时得到准确的货源消息。采取这种办法还可以零带整，组织整车货源。零担站（点）按组货的数量，给予货物运输信息联络员一定的报酬。

6. 设立电话受理业务或网上接单业务

运输企业可以利用现代信息技术，创建数字化的零担货物运输受理平台，形成虚拟的零担货物运输业务网络，进行网上业务受理和接单工作。

任务实施

（一）实训任务

背景描述见本任务【任务情境】中的工作任务。

（二）实训目标

1. 根据现实软硬件条件，能组建零担营业站点。
2. 根据当地运输市场情况，能开展零担货源组织活动。
3. 具备良好的分析、判断能力，积极的工作态度和强烈的责任心。

（三）实训内容及操作步骤

1. 为本组的模拟运输公司设计一份零担货物托运单（背面附有运输条款）。
2. 参照下面的"操作步骤"，模拟完成下述两项工作任务。

操作步骤：

工作任务1：成立零担货运营业站点

步骤1. 小组讨论开办道路零担运输业务的条件，形成零担站（点）筹建工作初步书面文件。包括站点名称、人员岗位设置和职责、配备的货车和仓库、经营理念、发展计划等内容。

步骤 2. 对零担货物运输经营的发展模式进行选择，如专线经营还是网络快运系统模式，建直营站点还是加盟站点。

步骤 3. 采用讨论、头脑风暴等方法设计并形成零担运输产品的服务品牌。

步骤 4. 设计相关业务单据，如托运单、派车单、货物标签、货物出/入库单等。

步骤 5. 形成站点筹建正式书面文件。

工作任务 2：制订零担货源组织方案

步骤 1. 调查"IT 产品"零担货物市场货源情况，包括客户的服务需求，设计调查表并实地走访，获得货源货流信息。

步骤 2. 讨论并确定市场开发的全部工作内容，如市场调查、编印宣传资料、刊登广告、网上接单、设立收货点、设置专职营销人员等。

步骤 3. 确定组织货源的具体实施方法，如成立营销部、确定广告宣传方式、设立代办点、建网上接单平台等。

步骤 4. 制定营销人员的管理办法，如业务员开发货源业绩考核方法及相关的管理制度，包括业务定位、业务操作标准、业务活动范围、收货权限、工资待遇、奖罚标准等。

步骤 5. 形成正式货源组织方案文本。

（四）成果形式

总结报告：针对所学到的理论知识和获得的专业技能进行全面的总结，对获得的经验和教训进行深刻的反思，并提出以后的发展方向。

小组演讲：利用幻灯片现场讲解本组的解决方案。

（五）考核标准

工作任务 1：成立零担货运营业站点

评价项目	分配分值
1. 岗位人员定员、岗位职责分工合理，配备的货车和仓库资源合适，经营理念先进、吸引人，发展计划可行	30
2. 经营专线或快运网络铺设符合实际现状	10
3. 零担运输产品的服务品牌设计合理、有创意	40
4. 设计的相关运输单据、表格齐全，内容正确	20
合计	100

工作任务 2：制订零担货源组织方案

评价项目	分配分值
1. 市场开发工作内容全面、设计正确	20
2. 组织货源的具体方法多样、有效，有创意	50
3. 营销业务人员的管理办法符合企业需要，并能调动积极性	30
合计	100

（六）注意事项

环境要求：

多媒体教室一间，模拟实训室一间，多台计算机（可以联网），一部打印机。

教师要求：

对学生遇到的难点或疑问要及时给予指导，以便其更有效地完成工作和深入思考；对技能训练成果要做专业性的总结，并尽可能提供额外学习资料。

学生要求：

要注意感受在企业中的职业身份；组内和小组之间要分享获得的新信息或进一步的理解；听取来自老师、同学们的反馈建议。

归纳总结

1．把运往一个地方的多家客户的货物，通过配载的手段达到一辆车的基本载运能力，然后运送到目的地，再在当地分发给各个客户的运输，即为零担货物运输。

2．零担货源具有不确定性、品种繁杂、量少批多、价高贵重、时间紧迫、来源广泛、去向分散的特点。

3．道路普通货运市场细分为整车运输、零担运输、快递运输和配送运输四部分。

4．开办零担运输业务需要的设施设备条件是：仓库、站点、专线或网络、货车、联运。

5．开办零担运输业务需要的人力资源条件是：初期有经理、开票员、装卸工、驾驶员等，定员随着业务量的扩大而增加。

6．货物专线运输是指货运企业选定两个货物交流地，配备货运车辆进行两地间的点到点直达式运输，此经营模式适合一般的中小物流货运企业采用。

7．零担快运网络一般指分级制点线网络结构系统，一级场站间通过干线公路连接，一级场站与二级场站之间通过区域内支线公路连接。具有一定规模的零担运输企业都采用这种网络结构经营模式。

8．站点经营管理的具体工作包括人员管理、货源开发、业务操作、统计报表、售后服务、处理客户投诉等有关事务，其中最重要的工作是货源开发。

思考问题

1．对你所在地区的零担货运市场进行调查，了解货源品种及规模、市场竞争情况、运作规范程度、市场潜力、区域性特点、发展前景等情况，并给出分析和建议，写一份调查报告。

2．零担货物运输量小，但是总的市场需求量不可小视。运输公司只有搞好每一次零担货物运输，才能在单批利润小、总需求量大的零担货物运输市场上分一杯羹。只有不轻视小需求客户，才可能把市场做大。请你谈谈货源对零担货运公司的重要性以及如何才能有货源。

任务二 零担货物运输业务执行

知识点 零担快运网络运作原理；接货作业内容及要求；接车作业内容及要求；货物配载装车原则；货物发车作业内容及要求；到达送货作业内容及要求。

能力点 执行接货作业；执行接车作业；执行发车作业；执行送货作业；设计零担运输业务作业流程及操作标准；绘制作业流程图。

任务情境

某物流运输公司在 2005 年创业初期只是一个货运站，仅有货运代理、仓储理货、场站出租等物流服务项目，当时仅仅基于自己的仓储设施、场地及两台小型厢式货车向客户提供服务，货运站收入有限。经过十几年的发展和积累，该公司已经由专线零担运输企业开始向规模化、网络化方向发展。目前在东北已拥有四个分公司，近 20 个营业站点，建立了三大区域快运中心：沈阳区、长春区和哈尔滨区。除了电子产品，还有服装、药品、饮料、家具等生活用品的运输服务。

随着业务量的增加，货运事故经常发生，不仅要赔偿客户，而且对公司的形象也造成了一定的影响。管理层对公司经营现状进行了全面分析，发现其主要原因是粗放式的内部管理。各站点作业操作不规范，没有统一的作业标准，导致各部门及一线人员随意操作行为的出现，服务质量难以保证。为公司的长远发展考虑，必须提升服务质量和品牌价值。公司决定首先投入一定的资金改善管理流程，对运输业务操作流程进行有效设计，以提高物流服务质量。

请你通过本任务内容的学习，完成下述两项任务。

工作任务1：编制零担站点业务操作指导书

为改善管理水平，公司决定各站点实施统一作业流程及操作标准，为客户提供规范化的服务。现需要制订一份操作指导文件，为运输作业管理提供规范化的工作程序与量化标准。

工作任务2：完成客户零担货物运输业务操作

视频：天地华宇"定日达"运输服务品牌介绍

现在沈阳区大连站点接到一客户订单，要求及时将货物运出。客户订单内容如下：

大连红星灯具公司（大连市甘井子区松江路 56 号），现有 11 箱灯具（体积 2 立方米，重量 360 千克），需要运到长春市万和（路灯）电力设备有限公司（长春市四马路 28 号）。要求两天内送到收货人手中，结算方式为凭签单付费。

职业素养小贴士：

因为公司管理层已经深深地认识到，运输企业的经营目标（运输企业的使命）是降低客户企业的经营成本（物流成本），让客户满意，客户的不断成功才是运输企业的真正成功。所以服务质量升级，打造自有运输品牌，实现双赢，不仅是公司今后转型升级的需要，也是其肩负的一份社会责任。

任务分析

上述工作任务 1 是为站点编制作业流程和操作标准文件，工作任务 2 是完成一次零担货物的运输作业。由于零担运输涉及的作业环节多、岗位人员多、相关信息多，易造成货损货差、延迟到达等意外事故。所以为保证服务质量，零担快运企业通过研究和编制营业站点内部的作业流程和操作标准，建立起日常的工作规则和工作秩序，保障为客户提供标准化的运输服务。

要注意的是操作指导文件中不仅货物流要完整，伴随的单据流、资金流、信息流的作业流程也要完整。操作指导文件除了有文字的详细说明外，还应配有作业流程图，以便管理人员和操作人员一目了然地看到流程的全貌。

为了完成上述情境任务，我们需要弄清和明确以下问题。

1．相关的理论知识

零担网络运作原理；零担货运子系统作业过程；检查包装、过磅量方、验收入库、开票收费、配载装车、货物中转、到达交付等的操作方法及注意事项；运输过程中的单据交接、信息处理方法。

2．相关的实践活动

为了完成这项学习任务，我们还需要到一家专业的零担物流公司现场学习运输作业操作及各流程环节的衔接注意事项，分析其中的货物流、单据流、资金流的流转过程，了解整个运输作业过程是如何控制风险的，体验感受现代流程式管理思想和团队建设的意义。

完成本任务学习后，你将能够从事业务受理员、理/验货员、积载配货员、现场业务员、调度员、提/送货员、单据管理员、统计结算员等操作岗位工作，并能胜任业务操作主管的管理岗位工作。

任 务 准 备

（一）零担货物运输业务受理

受理托运是零担货物运输业务中的首要一环。由于零担货物运输线路站点多、货物品类繁杂、包装形状各异、性质不一，因此，受理人员必须熟知营运范围内的线路、站点、运距、中转范围、车站装卸能力、货物的理化性质及收运限制等一系列业务规则及有关规定。

关于零担运输业务受理方法、受理工作程序及受理工作要求，整车业务受理环节的作业操作同样适用于零担业务，详见"模块三任务一"中的相关内容，这里不再重复。

（二）零担快运网络运作原理及零担货运子系统

在执行零担业务接货、运送、交付等作业之前，我们先来了解零担运输业务的运作模式、零担快运网络的运作原理及零担货运子系统的货物流转过程。

1．零担运输业务运作模式

零担货物运输需要等待凑整车，尤其对于需要长距离运送的货物，等待（集货）的时间可能会更长，因而速度慢。针对零担货物运输的这一特点，中转换装作业应运而生，即在货物起点和终点之间设立中转站，卸货后与同方向的货物配装再继续运送。所以，零担货物运作模式主要有两种，一是依托专线直达运送开展业务，二是依托干支线快运网络中转运送来开展业务。其中，干支线快运网络现在已发展出定线路、定时间的零担班车和中转换装、门到门的零担营业站点组成的网络化、规模化的快运系统。

零担货物快运系统除干支线和站点组成的网络、专业化的运输车队外，还包括覆盖网络的信息共享平台以及专业管理人才团队。

实践案例 4-8　佳吉的货运网络体系

上海佳吉快运有限公司于1994年正式在上海注册成立，注册资金6 060万元人民币，公司主营公路零担运输业务，总部设在上海。佳吉快运是国家"AAAAA"级物流企业、中国驰名商标，是国内领先的网络型公路快运企业。佳吉快运以高速公路和国家高等级公路为依托，配套科学的货运模式、灵活的经营方式、先进的货运装备和现代化的互联网管理技术，发展建成以上海、天津、广州、武汉、杭州、西安、沈阳、淮安、成都、郑州十地为中转枢纽的全国性货运网络体系。目前，佳吉快运拥有全资直营网点1 200余个，网络服务能力覆盖到大陆地区（除西藏外）所有省级行政区。

华东地区运输网络：以上海、杭州、淮安为中心组成的货运网络遍布江、浙、沪、皖、闽。

华南地区运输网络：以广州为中心组成的货运网络覆盖珠江三角洲，并延伸到海南、广西、云贵地区。

华北地区运输网络：以天津为中心组成的货运网络纵跨京、津、冀、晋、鲁、内蒙古地区。

东北地区运输网络：以沈阳为中心组成的货运网络纵跨黑、吉、辽并延伸到环渤海地区。

华中、西南地区运输网络：以武汉、郑州、成都为中心，由湘、豫、鄂、赣、川、渝组成的华中、西南货运网络。

西北地区运输网络：以西安为中心，由陕、甘、宁、青、藏、新组成的网络，铺设在西北货物运输的通道。

2．零担快运网络运作原理

我国大多数零担快运企业都采用分级制点线网络结构体系，其零担快运网络的运作原理如下：

1）设区域集散中心（转运中心、一级站点）。区域内以中心站点为中心向外辐射基层营业站点，它的主要功能是集散货物。

2）区域内设多个基层站点（二级站点），它的主要功能是揽取货物。

3）基层站点结合当地实际情况设置若干操作点（三级站点），它的主要功能是方便客户办理业务。

4）两个区域间通过一条长途干线连接。

微课：零担快运网络运作原理

5）区域内中心站点与各基层站点间通过短途支线连接。

这种网络运作模式的优势有：

1）有效利用资源，整体资源利用率高。

2）作业模式先进，有利于规范管理。

3）操作整齐划一，保证整体运作时效。

4）利用中心站点的网络覆盖优势，迅速实现网络铺设及区域间对接。

5）基层站点的货源是区域的核心竞争力。

这种网络运作模式的劣势有：

1) 对于新增区域,初期投入较大。
2) 货量不足时,运作成本高。
3) 操作环节较多,增大了出错概率。
4) 个别线路时效性可能较差。例如,地理位置相近网点之间的运输需经转运中心,此时时效要比直达的差。
5) 对各环节操作要求较高。受网络放大效应的影响,某操作环节时效的延误可以影响到整个网络。例如:如果某站点因揽取某票货物晚发车1小时,这样中心站点将会晚分拨1小时,从而区域内支线车均晚回1小时,则该区域内所有站点都将晚1小时,发往其他区域干线车晚发1小时,其他区域也会晚分拨1小时,如图4-2所示。

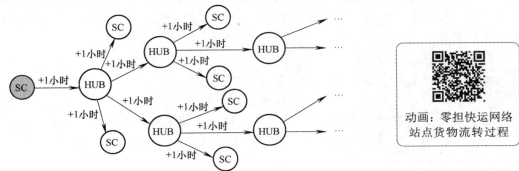

图 4-2 网络放大效应示意图

3. 零担货运子系统货物流转

零担快运网络中的每个营业站点都是一个零担货运子系统,其货物流转过程如图4-3所示。首先站点接收货物,包括接收发货人的货物和接收从其他站点发送过来的零担班车货物。接收发货人货物时,需要完成托运手续办理、检货司磅、开票收费、验收入库等工作,然后将货物放置在发送货物区;接收零担班车货物时,需要完成到站交接工作,然后将货物入库,放置在到达货物区(到门货物)或中转货物区(到站货物)。对到达货物区的货物,站点应及时安排送货工作;对中转区和发送区的货物,经分线配装后,发送零担班车至下一站点。

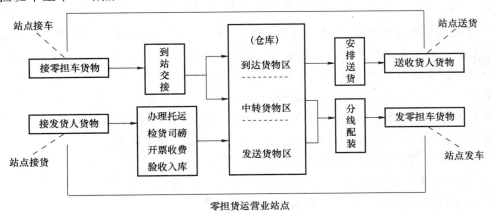

图 4-3 零担营业站点货物流转过程示意图

为了有利于业务操作的标准化管理,我们将站点的所有作业以货物流、信息流及单据流为线索,细分为以下四个作业模块。

（1）站点接货（货物从发货人仓库到本站点仓库）。

（2）站点发车（货物从本站点仓库出库到装入本站点发送班车上）。

（3）站点接车（货物从到达本站点班车上卸下到存入本站点仓库）。

（4）站点送货（货物从本站点仓库到收货人仓库）。

接下来,我们将逐一学习这些作业模块的作业流程及具体操作内容。

（三）零担业务站点接货作业

1. 作业目的

确保零担班车（指将装满零担货物的车辆发运到其他站点）发车前将货物及时、安全地提回站点。

2. 作业相关岗位及责任

（1）调度：合理安排提货车辆,保证货物及时提回站点。

（2）提货员：办理托运手续,根据调度要求将货物提回站点,收取预付运费。

（3）现场业务员（库房现场操作人员）：接收提货员提回的货物,进行理货、入库。

（4）录入员：将托运单内容及时录入信息系统。

（5）统计员：收款、记账。

实践中站点接货有两种情况：客户要求站点上门提货或客户自己送货到站点。

3. 站点接货-站点上门提货作业流程

微课：零担站点接货作业流程

（1）调度了解客户的发货信息,如货物的体积、重量、目的地、时间要求等信息。

（2）调度根据站点提货车的使用情况、货物状况、提货时间,安排车辆、人员提货。调度需将提货要求事先告知提货员,并开具派车单交予驾驶员作为出门凭证。

（3）提货车到达客户指定提货地后,提货员核实货物信息,并填制托运单。

知识链接 4-1　核实货物、检查包装的方法及重要性

货物包装是货物在运输、装卸、仓储、中转过程中保护货物质量必须具备的物质条件。货物包装的优劣,直接关系到运输质量和货物自身的安全,因此,必须按货物的特性和要求进行包装,要达到零担货物运输的关于货物包装的规定（JT/T 385—2008）。例如,发现应包装的货物没有包装或应有内包装而只有外包装的,应请货主重新包装。对包装不良或无包装但不影响装卸及行车安全的,经站点同意可予受理,但应请货主在托运单中注明包装不良状况及损坏免责事项。对使用旧包装的应请货主清除旧标志、旧标签。

实践中检查货物包装的方法具体如下。

1）看：包装是否符合相关规定要求,有无破损、污迹。笨重货物外包装上面是否用醒目标记标明重心点和机械装卸作业的起吊位置。

2）听：有无异声。

3）闻：有无不正常的气味。

4）摇：包装内的衬垫是否充实，货物在包装内是否晃动。

检查货物虽然是十分琐碎的工作，但极为重要。如果在接收货物时检查疏忽，就会使原来已经残破短少或变质的货物进入运送流程，不仅加剧货物的损坏程度，也不能保证承运期间的安全，而且会转化为运输部门的责任事故，影响企业信誉，造成损失。

实践案例 4-9　零担货物托运单

中外运久凌储运公司零担货物托运单一式四联：第一联公司自留凭证（白色）、第二联发货人凭证（粉色）、第三联运费结算凭证（黄色）、第四联收货人凭证（蓝色），见表4-1（背面运输条款略）。

视频：沈阳久凌快运公司介绍

表4-1　中外运久凌储运公司托运单

服务热线：		总部电话：		分公司电话：		配送站点：		运单号：	
托运人名称及地址：				收货人名称及地址：					
联系人		电话/传真			联系人			电话/传真	
货物名称		重量（千克）		体积（立方米）		件数		申明价值（元）	
运输费用		结算方式	预付□		到付□		返单□	其他	
配送费用		计价方式	重量□		投保方式		自办□	交货时间	
保险/保价			体积□				代办□	货物状态	
其　　他		上门提货	是　□		送货上门		是　□	收货时间	
合计金额			否　□				否　□	签收状态	
托运人签字					备　注				
收货人签字					承运人签字				

重要提示：填单前，务请认真阅读本托运单正面和背面条款，如有异议或不明，请向我公司业务人员洽询。

（4）提货员根据实际情况，过磅（量方）后收取预付运费，承托双方在托运单上签字确认后将托运单的托运人留存联留给托运人。

知识链接 4-2　**过磅量方**

货物重量和体积是正确装载，凭以核算运费和发生事故后正确处理赔偿费用的重要依据。因此，必须随票过磅量方，准确无误。

一张托运单的货物分批过磅量方时，应将每批的重量和体积尺寸（长、宽、高）记在托运单内，以备查考。然后将总重量和总体积填入托运单并告知货主。

（5）提货员把货物安全、合理地装上提货车，返回站点或到下一个提货点继续提货。

（6）提货车返回站点后，提货员与现场业务员进行货物、运单的交接，现场业务员核查单货是否一致，审核重量、体积，并查验货物状况是否符合运输条件且无误后，在货物交接单（见表4-2）上签字确认。

表 4-2　货物交接单

日期：　　　　　承运驾驶员：　　　　　承运车辆：　　　　　签封号：

发货站点	货物名称	送货地点	体积	件数	备注

现场业务员：　　　　　　　　　　　　　　　　提货员：

（7）现场业务员根据货物目的地、运单号、件数等信息填制标签，并将标签贴在货物表面（200 件以上的货物可不贴标签），然后安排装卸人员将货物堆放到指定的位置（根据货物方向分区存放）。

知识链接 4-3　零担货物标签

现场业务员需根据托运单为零担货物填制标签。零担标签、标志能够建立货物本身与其运输票据间的联系，标明货物本身性质，是理货、装卸、中转、交付货物的重要识别凭证。标签的各栏必须认真、详细填写，在每件货物的两端或正、侧两面明显处各扣（贴）一张，样式见表 4-3。

表 4-3　零担货物标签

公路货物标签	
车牌号	
起点站	
到达站	
运单号	
总件数	
时间	

（8）现场业务员将托运单的承运人留存联交给录入员，托运单的其他联交给调度。
（9）录入员将托运单内容及时录入信息系统，并将录完的托运单交给调度。
（10）提货员将收取的预付运费整理后，交信息统计员，并索要收款收据。
（11）信息统计员整理当日的交款明细上交财务并索要收据。

实践案例 4-10　零担站点接货-站点上门提货作业流程

某物流企业站点上门提货作业流程及操作标准见表 4-4。

表 4-4　某物流企业站点上门提货作业流程及操作标准

接货-站点上门提货流程				
流程图	岗位	主要操作内容	注意事项	涉及单据
客户电话通知上门提货	电话接听人员（业务员、调度、二级经理）	①询问并记录联系人、联系方式、提货地址；②了解货物属性、重量、体积、提货时间等信息	联系电话和提货地址一定要记录清楚	

(续)

接货-站点上门提货流程

流程图	岗位	主要操作内容	注意事项	涉及单据
填写提货运行卡	电话接听人员	填写提货运行卡交调度		提货运行卡
调度派车	调度	①调度根据提货运行卡及货量,合理安排车辆、提货;②VIP客户、大客户优先安排车辆到位	暂不能及时提货的,一定要与客户联系,取得客户谅解	
提货途中	业务员	业务员提货前,再次通知客户,告知预计到达时间	①业务员在去提货的途中,出现异常情况要及时通知客户和公司,取得客户谅解;②了解客户发货情况,并简单介绍本公司发货及新建网点情况	
验货、计量	业务员	①业务员必须用卷尺测量每一件货物的最大外廓尺寸,算出体积;②货物外包装有重量标志的可按标准重量计算,无重量标志要过磅确认;③如货物包装不好,要进行二次包装	①不准不计量或计算抹零;②体积计算保留一位小数;③大件重货难以称重时,可测量体积后,依据货物比重确认;④大件货物运输应收取大件费;⑤不同货物用不同货贴;⑥拒收易燃易爆、有毒、有害物品	
开单	业务员	①开单填写要字迹工整、信息准确,详见开单作业指导书,减少有货无单和有单无货问题的发生;②让客户签字;③在货贴上注明提货日期	①开单人负责按规定在每件货物外包装右上角处贴上相关货贴;②对于易碎品与客户讲明保丢不保损,不保价;③电话、地址、收货人等填写完整	托运单
已付/月结、提付	业务员	业务员开单前应详细了解客户费用结算方式,新客户尽量争取做已付	要动员客户参加保价运输,保价费不能含在运费中,对高保价物品要开箱验货,防止骗保	
收款	业务员	收款时要当面点清、验钞,并让客户在托运单上签字确认		托运单
制作内部交换清单	业务员		填写内部中转交接单时,应字迹清楚、工整	内部交接清单
卸货、入库	业务员/仓管员	①将内部中转交接单第二联交仓管员卸货;②卸货时按装车、码放作业指导书操作;③各公司必须保证卸货时间,保证货物时效;④发现单货不符,及时与业务员确认	①入库完毕后,仓管员须在托运单上签字、确认;②仓管员在托运单上注明库区、库位;③卸货时要轻拿轻放,防止因人为操作产生货损,减少理赔;④仓管员要求理货	托运单
财务交账、录单 / 结束	财务人员/计算机操作员	业务员拿有仓管员签字的托运单到财务处交账,盖章后将托运单交计算机操作员录入系统	①二级公司财务人员对当天的收款进行核对,定期上交一级公司本部财务;②托运单录入时电话、地址、收货人须填写完整;③托运单模糊、看不清,应及时与业务员确认,核对金额	托运单

4. 站点接货-客户上门发货作业流程

(1) 调度告知客户送货地址、联系电话及进门要求并定时跟踪。

(2) 客户将货物送达后,调度根据货物的实际情况(体积、重量、品项、发货人信息、收货人信息、结费方式、保险等信息)填写托运单,并要求客户在托运单上签字确认所有条款。

(3) 信息统计员根据实际情况收取预付运费,并将托运单的托运人留存联交给客户。

(4) 客户与现场业务员进行货物、托运单的交接,现场业务员核查单货是否一致,审核重量、体积,并查验货物状况是否符合运输条件,无误后,在交接单上签字确认。

(5) 现场业务员根据货物目的地、运单号、件数等信息正确填制标签,并将标签贴在货物表面,然后把货物堆放在指定位置。

(6) 现场业务员将托运单的承运人留存联交给录入员，托运单的其他联交给调度。

(7) 录入员将托运单内容录入信息系统，并将录完的托运单交给调度。

(8) 信息统计员整理当日的交款明细，将款项上交财务并索要收据。

实践案例 4-11 零担站点接货-客户上门发货作业流程

某物流企业客户上门发货作业流程及操作标准见表 4-5。

表 4-5 某物流企业客户上门发货作业流程及操作标准

流程图	岗位	主要操作内容	注意事项	涉及单据
客户上门发货	业务员	热情接待客户	各公司人员应及时了解公司网点建设情况，主动与客户进行交流，询问客户发货情况，并主动将公司网点发展情况与客户做简单介绍	
验货、计量	业务员	①业务员必须用卷尺测量每一件货物的最大外廓尺寸，算出体积；②货物外包装有重量标志的可按标准重量计算，无重量标志要过磅确认；③如货物包装不好，要进行二次包装	①不准不计量或计算抹零；②体积计算保留一位小数；③大件重货难以称重时，可测量体积后，依据货物比重确认；④大件货物运输应收取大件费；⑤在货签上注明货物属性；⑥确认货物是否属于易燃易爆、有毒、有害物品	
开单	业务员	开单填写要字迹工整、信息准确，详见开单作业指导书，减少有货无单和有单无货问题的产生	①开单人负责在每件货物外包装右上角处贴上货签，并按货签使用规定执行；②要动员客户参加保价运输，保价费不能含在运费中，对高保价物品要开箱验货，防止骗保	托运单
入库	业务员/仓管员	按装车、码放作业指导书操作，入库后仓管员在托运单上签字确认	①仓管员应在托运单上写明货物库区、库位；②仓管员按要求对在库货物进行整理、理货	托运单
已付 月结、提付	业务员	业务员开单前应详细了解客户费用结算方式，新客户尽量争取做已付		
交款	财务人员	收款时要当面点清、验钞，并在托运单上盖章	二级公司财务人员对当天的收款进行核对，定期上交一级公司本部财务	托运单
录单 结束	计算机操作员	①计算机操作员将托运单录入系统；②如托运单看不清，要及时与业务员确认，核对结算金额	有计算机的二级公司及时完成计算机录单；无计算机的二级公司由一级公司本部负责协助录单	托运单

5. 实践中站点接货入库时的注意事项

零担货物验收入库是站点对货物履行运输责任的开始。把好验收关，才能有效减少差错。验收时必须逐件查收，按指定货位堆放。零担货物仓库应严格划分货位，一般可分为待运货位、急运货位、到达待交货位等。堆码整齐，经复点无误后在托运单上注明货位，经办人签章后生效。零担仓库的货位配置可根据通道位置，分成一列式排列和双列式排列。零担货物仓库要具备良好的通风能力、防潮能力、防火和灯光设备及安全保卫能力。此外，还应注意以下事项：

（1）凡未办理托运手续的货物，一律不准进入仓库。
（2）认真核对托运单、货物，坚持照单验收入库。
（3）货物必须按流向堆码在指定的货位上。
（4）一批货物不要堆放两处，库内要做到层次分明、留有通道、互不搭肩、标签向外、箭头向上。
（5）露天堆放的货物要注意下垫上盖。

同时，要经常检查仓库四周，不可将有碍货物安全的物品堆放在仓库周围，保持仓库内外整洁。另外，货物在仓库待运期间，要经常对其进行检视核对，以票对货，票票不漏。

视频：久凌公司站点提货操作流程

（四）零担业务站点发车作业

1．作业目的

确保支、干线班车按时发车，保证装载率及装车的合理性。

2．相关岗位及责任

（1）调度：合理安排发车计划。
（2）现场业务员：根据调度安排完成发车及合理装车作业。
（3）信息统计员：整理各类单据。

微课：零担站点发车作业流程

3．支、干线发车作业流程

（1）调度根据站点的货物情况及车辆资源情况合理配载，在信息系统上制订当日的支、干线发车计划，即当日支、干线发送班车的货物装车计划（货物装车单），见表4-6。

表4-6　货物装车单

发车时间：		出发地：		目的地：		承运车辆/承运商：		签封号：		
序号	接货时间	运单号	发货站点	到达站点	货物名称	包装	重量（千克）	总体积（立方米）	总件数	类型
1										
2										
3										
4										
5										
6										
…										
驾驶员/承运商签字：_____				监装签字：_____			监卸签字：_____		签字时间：_____	
打印日期：						装车单号：				
发车备注：						卸货备注：				

> **知识链接 4-4　货物配载**
>
> 配载是指对一个有限的运输工具进行合理装载，从而提高工作效率和经济效益。
>
> 零担货物装车是起运的开始。装车前必须根据车辆核定吨位、车厢容积和起运货物的重量、理化性质、长度、大小、形状等以及货物运送方向、中转、直达等情况，做好货物配载工作。
>
> 配载的一般原则有：
>
> 1）中转先行、急件先行、先托先运、合同先运。
> 2）尽量采用直达运输方式，必须中转的货物则应合理安排流向。
> 3）组织轻重配装、大小配装，充分利用零担货车的吨位和容积。
> 4）认真执行有关货物混装限制的规定，保证运输安全和货物完好。
> 5）加强预报中途各站的待运量，并尽量能使两站装卸的货物在重量及体积上相适应。
> 6）根据需要和可能，为中途作业站留有一定的吨位和容积。

（2）调度将货物装车计划及装车要求告知现场业务员，现场业务员合理安排装卸人员，监督装卸人员合理、按顺序装车，必要时要求驾驶员一同监装。

（3）在装车过程中如发现货物有破损或货物数量、品项差异，则必须在现场业务员与驾驶员同时在场的情况下，履行现场拍照、数量清点、签字确认等手续，并将异常信息记入差损档案，装车完毕后，现场业务员给车上签封，并通知调度装车完成。

（4）调度根据各线路发车计划，填制运输费用申请表，预先向财务部门借出发车预付款。

（5）信息统计员把待返的签收回单（此时点之前站点送货时收回的签单）整理完毕，交给调度。

（6）调度根据货物装车的实际情况（如签封号、车号、发车时间等是否有变化）在信息系统上修改货物装车计划，然后在信息系统上确认发车。

（7）调度通过信息系统打印生成两份货物装车单（即修改后的货物装车计划），在货物装车单上备注异常信息，现场业务员及驾驶员在货物装车单上签字确认。调度将货物装车单、随货运单（托运单的收货人签收联、收货人留存联）、待返的签收回单交接给驾驶员；同时将另一份货物装车单留给信息统计记账、存档。

（8）调度将发车预付款交予驾驶员。

（9）如果是外包车辆，另需与其签订运输协议。

（10）如在交接过程中发现单据与货物有分歧，应迅速与相关人员及车辆所属的站点经理或调度协商处理，双方达成一致后，方可放行。

（11）车辆出发，在途中如出现可能会影响准时到达的异常情况，驾驶员要在第一时间内通知调度，调度安排与到货站点及客户沟通、解释工作。

（12）客服除对运输车辆进行跟踪外，还需跟踪车辆的返程情况。

实践案例 4-12　零担站点发车-发车计划作业流程

某物流企业发车计划作业流程及操作标准见表 4-7。

模块四 零担货物运输业务组织

表 4-7 某物流企业发车计划作业流程及操作标准

发车计划流程

流程图	岗位	主要操作内容	注意事项	涉及单据
内部中转到车 / 外部到车	仓管员/接单员	①当面与驾驶员清点交接单据，并在合同、车辆运行卡上填写到车时间；②及时在系统中签收（长途到车无邮件要及时与发方、信息部联系）	发货公司计算机操作员在打印发车清单、质量反馈单和合同后，立即点发车	内部中转交接单、发车清单、质量反馈单、合同、运行卡
发货部组织卸货 / 到货部组织卸货	仓管员/装卸工	①到接单员处领单，并熟悉发车情况，组织卸货；②注意车门要缓缓打开，避免突然打开造成货物跌落、损坏或伤人；③仓管员时时在场；④必须保证卸货时效，尤其是加急、VIP货物，以提高时效	①必须卸一票核对一票，做好清点；②对于货物渗漏、污染、货损严重的，要先拍照再卸货；③发现有货无单、有单无货、货损、少货现象及时反馈	发车清单、质量反馈单
与业务员交接 / 与发货部仓管交接	仓管员/业务员	与发货部交接时做好清点、交接记录，包括货号、件数等		内部中转交接单、交接单
入库	计算机操作员/仓管员	①在业务员与仓管员交接后，确认货物正常入库无异常，计算机操作员检查仓管员交来的质量反馈单，录入系统完成反馈，有问题暂不入库，及时与上一级公司联系	①仓管入库发现异常，如破损、潮湿、有货无单或有单无货等，应及时反馈给业务员或计算机操作员；②仓管员须在托运单上注明货物库区、库位	发车清单、内部中转交接单
制订装车计划	计划员	①计划员在制订计划时，要考虑客户的级别、时间、中转、急货信息、货物体积、货物重量等，选择合理车型，保证货物时效，并按该车型装载的70%制订计划；②在库货物长时间在库且有发车时，要查原因	①应实地考察货物的属性，做到最大合理配载；②项目客户、加急、中转优先；③保证单车毛利润；④各公司因停电等原因不能系统发车，采用手抄单发车的，恢复后及时在系统中发车或通知信息部，并告知到货公司	发车清单、付货小单
打印装车计划	计划员	系统中按下列路径操作：发货业务—查询—装车计划单	装车计划一式三联	装车计划
装车、补货	仓管员/装卸工	①仓管员必须与计划员做好协调工作，按计划清单装车；②手抄单一定要书写工整，保证信息准确性；③对不允许粘贴签、编号的货物，要在装车清单上注明；④装车完毕要箱封，并于反馈单上注明；⑤轻拿轻放、重下轻上，减少货损和理赔产生	①装车前，发货部主管按计划员确认的车型、经审核合格后方可调用；②新外购车辆审核5证；③装一票记一票，杜绝有货无单等现象；④对于易损、高价值的货物要轻拿轻放，合理装车；⑤单票不齐或有问题的货一律不准装车；⑥仓管员补货注意重泡货比例，保证单车毛利；⑦开包、损货、泄漏货物必须经过处理方可装车	装车计划
配载确认	计算机操作员/仓管员	仓管员要将最终实际发车清单交予计算机操作员，计算机操作员对发车清单进行确认，然后补货配载	严格审核托运单与清单是否一致	装车计划
打印发车清单、质量反馈单和合同	计算机操作员	系统中按下列路径操作：发货业务—装车质量反馈—查询，录入装车信息	计算机操作员注意检查打印出的发车清单是否存在断号	发车清单、质量反馈单、合同
交驾驶员 / 结束	计算机操作员	将发车清单的二、三联，质量反馈单二、三联与合同，装信封后交予驾驶员	①对于合同车辆，需要填写车辆运行卡；②马上在系统中点发车；③与驾驶员交流，要用规范的服务用语	发车清单、质量反馈单、合同

视频：久凌公司站点发车操作流程

4. 实践中零担货物发运装车时的注意事项

（1）检查零担车的车体、车门、车窗是否良好，车内是否干净。

（2）根据车辆容积和货物情况，均衡地将货物重量分布于车底板；对某些集重货物和畸形偏重货物，下面应垫以一定厚度的木板或钢板，并使其重心尽可能位于车辆纵横中心线的交叉点。

（3）紧密地堆放货件，以期充分利用车厢容积和车辆最大载质量，防止因车辆在运行途中发生振动、冲击、颠簸而引起货物倒塌或破损。

（4）同一批货物应堆置在一起，货件上的货签应向外，以便工作人员识别。

（5）装车完毕后，要检查货位，以免错装、漏装，还应及时检查车辆的关锁及货物的遮盖捆扎情况。

（6）运送距离较短的货物，应堆放在车厢的上层或后端，以便卸载作业的进行。

（7）沉重的、长大的或包装结实不易受损的货物，宜堆放在车厢的下层。

（8）中途站装卸零担货物，应先卸后装，依次进行，避免货物混乱，产生差错。

（五）零担业务站点接车作业

1. 作业目的

确保到站支、干线班车及时卸车，保证货物安全入库。

2. 作业相关岗位及责任

（1）调度：合理安排接车计划。

（2）现场业务员：根据调度的安排完成接车及合理卸车作业。

（3）信息统计员：整理各类单据。

3. 支、干线接车作业流程

微课：零担站点接车作业流程

（1）调度了解将到班车的装车情况、预到时间及货物配送要求，提前做好接车安排，包括安排现场业务人员、交代操作要求等。

（2）班车到达站点后，现场业务员要求驾驶员将车辆停放到具体位置。

（3）驾驶员将随车同行的货物装车单交给现场业务员，托运单、回单交给调度。

（4）现场业务员核实车上签封号与货物装车单上的签封号是否一致；然后开启签封，组织卸货。

（5）调度在企业信息系统平台上进行到车确认操作，将托运单与系统货物装车单核对，并将中转货物信息按到货区书写到看板上，将回单交予回单管理员。

（6）现场业务员监督装卸人员合理卸车，核对实际货物信息是否与货物装车单一致，并将异常情况备注在货物装车单上（异常情况备注应详细、表达清楚）。卸货完毕，现场业务员在货物装车单上签字，货物装车单交予调度保存。

（7）若卸货过程中发现货损货差，现场业务员除在货物装车单上备注外还应拍照，将照片报予信息统计员存档形成破损档案，信息统计员将货损照片及货损情况线上反馈给发货站点，调度根据发货站点要求安排处理破损货物；发现缺货由现场业务员将情况上报调度，由调度反馈给发货站点，协调解决。

（8）现场业务员对到货进行整理，包括将货物分区存放、整齐码放，以及对货物进行修补等。

（9）信息统计员根据货物的目的地将托运单及回单合理归类，并做书面记录。

（10）卸货完毕后，调度在信息系统上进行卸货完毕、货物交接及集货等操作。

模块四　零担货物运输业务组织

实践案例 4-13　**零担站点接车-到货计划作业流程**

某物流企业到货计划作业流程及操作标准见表4-8。

表4-8　某物流企业到货计划作业流程及操作标准

流程图	岗位	主要操作内容	注意事项	涉及单据
到车签收	接单员	①与驾驶员交流用语规范，禁止与驾驶员发生冲突；②当面与驾驶员交接单据，并在运行卡与合同上填写到车时间；③及时在系统中签收	接单员在系统中做签收时，发现无邮件应及时与发货公司、信息部联系	发车清单、合同
卸货、入库	仓管员/装卸工/计算机操作员	①卸货前必须核对箱封；②查看发车清单和反馈单，了解货物属性；③仓管员必须时时在场，按要求与发货部仓管员交接；④提高卸货速度，保证整体时效	①根据随车同行的清单卸货；②具体卸货要求按装车、码放作业指导书要求；③逐票入库；④货损、少损应填写质量反馈单，计算机操作员录入系统，完成反馈；⑤有货无单等异常问题及时反馈仓管员	发车清单、质量反馈单
电话通知客户	计算机操作员	①公司倡议在车到后没卸车时就电话通知客户，通知时必须在系统中录入（卸货后发现货丢、货损须立即再次通知客户）；②详细了解地址，靠近哪一路（注意同音字，避免给业务员造成麻烦）；③与客户沟通时要规范服务用语	①详细了解送货地址、要求送货时间等；②一次未成功的要多次通知，缺少信息主动与发货方联系；③超期货物多次通知，反馈主管	
本部配送 / 转二级公司		分为两种不同的状态，一种为一级公司本部配送的货，一种为转二级公司的货		
本部客户自提 / 送货上门 / 制作派车计划，打印单据	业务员/调度	注意限载量与区域的划分	根据计算机通知情况，选择合理的线路	
详见客户自提流程 / 详见送货上门流程 / 业务员领票、装车	业务员/仓管员/装卸工	①注意加急货物与VIP客户的优先级别；②要先送的货必须装在靠车后门的地方	①从调度处领取派车单交仓管员出库、装车；②装车时严禁扔、抛、摔等动作，防止出现货损，减少公司理赔发生；③加急货物按公司规定收取加急费用	付货小单、派车单
配载确认 / 发车	调度	装不下、多装等情况必须由仓管员、调度签字确认	业务员没有装的货物应及时与调度协调是否改变计划，确认无误后计算机操作员进行配载确认，方可发车送货	
二级公司入库	业务员			
电话通知客户	业务员	转二级公司的货，业务员入库完毕后，须再次通知客户，拿付货小单送货	有计算机的二级公司要及时在系统中做签收；无计算机的二级公司，由一级公司本部负责二级公司的入库签收	付货小单
二级公司客户自提 / 送货上门	计算机操作员	①公司倡议在车到后没卸车时就电话通知客户，通知时必须在系统中录入（卸货后发现货丢、货损须立即再次通知客户）；②详细了解地址，靠近哪一路（注意同音字，避免给业务员造成麻烦）；③与客户沟通时要规范服务用语	①详细了解送货地址、要求送货时间等；②一次未成功的要多次通知，缺少信息主动与发货方联系；③超期货物多次通知，反馈主管	
详见客户自提流程 / 详见送货上门流程				
结束				

视频：久凌公司站点接车操作流程

4．实践中接车卸货时的注意事项

零担班车到站时，站点现场业务人员应向随车理货员或驾驶员索阅货物交接清单以及随附的有关单证，两者要注意核对，如有不符，应在交接清单上注明不符情况，还要检查车门、车窗及敞车的篷布覆盖、绳索捆扎有无松动、漏雨等情况，确认货物在运送过程中的状态和完整性，以便在发生货损货差时划清责任并防止误卸。若有票货不符情况，处理原则如下：

（1）有单无货，双方签注情况后，在交接单上注明，原单返回。

（2）有货无单，确认货物到站，收货后仓库保管员签发收货清单，双方盖章，清单寄回起运站。

（3）货物到站错误，将货物原车运抵起运站。

（4）货物短缺、破损、受潮、污染、腐坏时，均不得拒收，但应在交接清单上签注并做出处理记录。双方共同签字确认，填写事故清单。

（六）零担业务站点送货作业

1．作业目的

确保货物及时、安全地送交收货人。

2．相关岗位及责任

（1）调度：合理安排送货任务，处理送货过程中的异常事件。

（2）送货员：根据调度要求将货物安全、准时送达，收取到付运费。

（3）现场业务员：做好出库管理。

（4）信息统计员：整理待返回的签单。

实践中站点送货有两种情况：客户要求送货上门或客户自己上门提回货物。

视微课：零担站点送货作业流程

3．站点送货-站点送货上门作业流程

（1）调度根据待送货物情况，制订送货计划（送货单），给送货员分配送货任务，同时将托运单的收货人签收联（签单）、收货人留存联交予送货员，并交代签单要求及注意事项。

（2）送货员与客户联系送货事宜，如是否需要开发票。如需开发票，送货员在出发前要向相关部门和人员索要发票。

（3）送货员持单找现场业务员装车，现场业务员根据送货计划核对货物信息并安排装卸人员装车，装车过程中送货员需核对数量，确认无误后，送货员需在出库单上签字确认。

（4）送货车装车完毕后，站点调度通过信息系统确认送货计划，并打印送货单，送货员及现场业务员在送货单上签字。

（5）送货车出发后，站点调度要随时跟踪送货车辆，了解送货车辆送货情况，及时处理突发事件。

（6）送货车快到送货地点时，送货员要与收货人联系，通知收货人安排接货事宜。

（7）送货车到达送货地点后，送货员要把货物送达客户指定位置，要求收货人验收，若有异常情况在送货单、托运单上备注，且要求收货人在单据上签字，托运单的收货人留存联交给收货人，收货人签收联收回，并向收货人收取到付运费（将发票转交）。

（8）送货完毕返回后，送货员将签单交给单据管理员。

（9）送货员将收取的运费上交相关人员并办理交款手续。

模块四 零担货物运输业务组织

（10）站点调度根据送货情况在信息系统上确认每票货物的送货信息及收费情况。

实践案例 4-14 零担站点送货-站点送货上门作业流程

某物流企业站点送货上门作业流程及操作标准见表4-9。

表4-9 某物流企业站点送货上门作业流程及操作标准

送货-站点送货上门（收款）流程				
流程图	岗位	主要操作内容	注意事项	涉及单据
接派车单、装车	业务员/仓管员	①接派车单后，及时到仓库装货；②装货时应注意装车的先后顺序	当天的派车单调度必须及时传给财务人员	派车单
配载确认	计算机操作员/仓管员/调度	仓管员、调度将最终实际装车清单交予调度，调度对派车单进行确认，然后配载		装车清单
发车	业务员	业务员按预定的行车路线送货	业务人员在送货过程中，出现任何异常问题不能按时到达客户处时，必须及时通知客户，说明情况，避免客户投诉	付货小单
客户签收	业务员	①客户签收时，须请客户出示有效证件，核对其证件上的名称是否与托运单一致并将证件号码及收货日期填写在付货小单上，请客户签字确认；②如果有签单的，必须让客户按签单要求签收	①规范服务用语，微笑服务，主动与客户友好沟通，并主动询问是否有货要发，简单介绍本公司网点建设情况；②有附单的，应交予客户	付货小单、签单
是否收款	业务员	①业务员收款时，应当面点清，注意验钞；②如果客户无钱付款，必须当场与公司经理、主管联系，得到明确指示后再操作；③如果是老客户无钱付款，且公司经理同意先付货，需请客户在运单上注明"运费未付"，业务员回公司后需让经理签字后交财务人员		
业务员/财务审核 / 将货带回公司	业务员/财务人员/签单管理员	①如客户无钱付款或其他原因导致无法交货，经公司经理同意后将货带回公司；②按派车单挑单、审核；③签单须在系统签单模块中回填	收款后，当天需到财务报账，并将付货小单交予财务人员；已付或月结的货物，则直接将签单交予签单管理人员	派车单、付货小单、签单
交款 / 入库	业务员/财务人员/仓管员	①业务人员将返回的货物送回仓库，经仓管员、调度签字认可；②业务员将当天的收款交予财务人员	对当天未及时报账的，财务人员下班前应提供一份当天未报账明细，发送到货主管（业务）和经理，以便主管、经理及时协助催收货款	
送货回填 / 结束	计算机操作员	业务员送货完毕后，将派车单交予计算机操作员，由计算机操作员在系统中对已经配送完毕和未配送完毕的货物回填	当天配送完毕的货物一定要在当天进行送货回填	

153

4. 站点送货-客户上门提货作业流程

（1）调度通知客户提货地点、进门要求及询问相关的事宜，如是否需要开发票等。

（2）客户到达后，调度核实提货人身份并要留存提货凭证（身份证明或委托书等文件）。

（3）调度安排现场业务员与客户交接货物。

（4）调度安排收款人员收取到付运费。

（5）调度要求提货人在托运单（托运单的收货人签收联、收货人留存联）上签字确认；托运单的收货人留存联交给提货人，签单交给单据管理员。

（6）调度在信息系统上确认已提货物信息及收费情况。

实践案例 4-15 零担站点送货-客户上门提货（自提）作业流程

某物流企业客户上门提货（自提）作业流程及操作标准见表 4-10。

表 4-10 某物流企业客户上门提货（自提）作业流程及操作标准

流程图	岗位	主要操作内容	注意事项	涉及单据
送货-客户上门提货（自提）流程				
到货部提货处	客户		客户到公司提货时，各窗口人员要热情、微笑服务，引导客户到各窗口办理相关手续	
出示有效证件	计算机操作员	有效证件为：身份证、驾驶证	如果非本人提货，则需提供收货人和提货人的身份证或驾驶证	
计算机操作员打印付货小单	计算机操作员	将客户身份证号码输入计算机，打印付货小单后让客户签字		付货小单
财务审核、交款	记账员/财务人员	收款后，财务人员在付货小单上加盖有效印章（提货盖核准章，已付盖收讫章）	①已付、月结则不需要交款；②指引客户到仓库提货；③规范服务用语	付货小单
仓库提货 / 结束	仓管员	①仓管员根据盖章的付货小单到库区提货；②客户提货完毕后，计算机操作员及时在系统中完成回填	①不允许客户车辆进入仓库，提醒客户不能吸烟；②仓管员认真检查付货小单上是否有相应的印章	付货小单

视频：久凌公司站点送货操作流程

5. 实践中站点送货时的注意事项

到达本站已是终点的货物，站点应将货物登入"零担货物到货登记表"，对客户自提货物，要在 12 小时内通知收货人取货，并做好记录备查。自通知到收货人次日起，货物免费保管期限不得少于 3 天。对送货上门货物，站点应立即组织送货上门工作，保证货物按时送达。

货物交付中发现包装破损或对货物的数量、质量存在质疑时，托运人、承运人或收货人均可提出查验、复磅，由此产生的货损货差由责任方承担。托

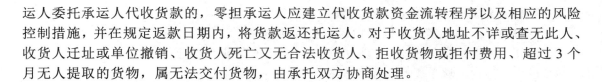

运人委托承运人代收货款的,零担承运人应建立代收货款资金流转程序以及相应的风险控制措施,并在规定返款日期内,将货款返还托运人。对于收货人地址不详或查无此人、收货人迁址或单位撤销、收货人死亡又无合法收货人、拒收货物或拒付费用、超过3个月无人提取的货物,属无法交付货物,由承托双方协商处理。

任务实施

(一)实训任务

背景描述见本任务【任务情境】中的工作任务。

(二)实训目标

1. 能合理划分营业站点中的各岗位职责范围。
2. 能设计零担业务各环节的作业流程及操作标准(站点的收货、接车、发车、送货作业环节)。
3. 根据站点操作规范要求,能带领团队具体实施运输业务。
4. 具有现代流程式管理思想,具备团队协作精神。

(三)实训内容及操作步骤

1. 分析讨论运输作业中的货物交接、单据流转、风险控制等问题。
2. 小组进行零担运输岗位设置及人员分工。
3. 参考下面"操作步骤"的提示,设计作业流程及操作标准。

操作步骤:

工作任务1:编制零担站点业务操作指导书

步骤1. 了解公司运输合同中或客服部门对外承诺的有关服务条款,了解营业站点设施设备配置、人力资源等情况。

步骤2. 研究站点接货、送货、接车、发车等作业方法,分析其中的货物流、单据流、资金流的流转环节。

步骤3. 将作业流程分解,如分解为六个子流程:客户送货或站点上门提货、支干线发车、支干线接车、站点送货上门或客户自提。

步骤4. 将确定的操作方法与站点的实际条件结合,形成作业流程及操作标准初稿。

步骤5. 模拟演练流程及标准,对作业操作过程进行仔细观察,优化流程及操作,并对操作过程中的各种问题进行详细的记录。

步骤6. 对模拟的效果进行分析和评价,列出关键操作点及注意事项,重点是货物交接、单据流转、风险控制等问题。

步骤7. 完善上述的作业流程及操作标准,检查流程环节安排是否合理,岗位设置是否适当,内容能否让操作人员易接受和落实,是否反映出客户意识、成本(风险)意识,作业流程图是否简洁、明了。

步骤8. 编制正式的作业流程文件,即作业操作指导书。要求:操作标准要翔实、表达清楚、语言准确,作业人员及管理人员容易领会,达到能规范作业人员正确操作的目的。

步骤9. 组织相关的作业人员和管理人员进行学习,掌握指导书中的内容,了解在实施中可能会遇到的种种问题，分析解决的对策。

工作任务 2：完成客户零担货物运输业务操作

步骤 1．大连站点与客户沟通接货方式：上门取货或客户送货。

步骤 2．验货、填单、贴标签、货物入库。

步骤 3．装车、发车到沈阳中心站点。

步骤 4．与沈阳中心站点办理单据、货物交接，货物入库。

步骤 5．沈阳中心站点将同方向货物配载，装车、发车。

步骤 6．长春站点接车，卸货入库。

步骤 7．长春站点与收货人沟通送货方式：站点送货或客户自提。

步骤 8．签单返回大连站点，结算运费。

（四）成果形式

总结报告：针对所学到的理论知识和获得的专业技能进行全面的总结，对获得的经验和教训进行深刻的反思，并提出以后的发展方向。报告中作业流程环节安排应合理，岗位设置应适当，流程图绘制清晰、规范、实用。

小组演练：现场模拟演示本组设计的作业流程及操作标准方案。

（五）考核标准

工作任务 1：编制零担站点业务操作指导书

评 价 项 目	分 配 分 值
1．流程环节安排合理，岗位设置适当	20
2．操作标准内容翔实，相关人员易接受和落实	30
3．文件内容反映出客户意识、成本（风险）意识	10
4．作业流程图逻辑清晰、简洁、符号规范	10
5．文件研究和编制工作组织合理，考虑因素全面	30
合　　计	100

工作任务 2：完成客户零担货物运输业务操作

评 价 项 目	分 配 分 值
1．接货作业操作符合相关的标准、规范，无异常	20
2．接车作业操作符合相关的标准、规范，无异常	20
3．发车作业操作符合相关的标准、规范，无异常	20
4．送货作业操作符合相关的标准、规范，无异常	20
5．签单正常返回发货站点	20
合　　计	100

（六）注意事项

环境要求：

（1）多媒体教室一间。

（2）模拟演练实训室并配有多台计算机（可以联网），一部打印机。

（3）载货 10 吨厢车或敞车（10 米长）两部（模型车）。

（4）箱式包装货物 50 箱，体积约为 50 厘米（长）×80 厘米（宽）×100 厘米（高）。

（5）模拟的客户（生产厂家）仓库及办公室一间。
（6）模拟的运输企业零担仓库一间。
（7）模拟的运输企业调度室一间，配有看板、电话、配货信息系统平台设备。
（8）模拟的收货人接收货物的仓库一间。
（9）业务单据多套，包括托运单、装车单、送货单、货物标签、派车单等。

教师要求：

（1）教师对运输业务作业流程及操作标准的重要性对学生进行辅导，让学生知道这次实训的重点及实训的意义。

（2）对学生遇到的难点或疑问要及时给予指导，以便其更有效地完成工作和深入思考；对技能训练成果要做专业性的总结，并尽可能提供额外学习资料。

学生要求：

（1）5~6人一个工作组，进行岗位角色分工。然后小组模拟站点零担运输业务作业流程，认真观察每一步的操作是否合理，并做记录分析。通过多次模拟，小组成员意见一致后形成作业流程和操作标准文件。

（2）在技能训练过程中，要注意感受在企业中的职业身份。

（3）组内和小组之间要分享获得的新的信息或进一步的理解；听取来自老师、同学们的反馈建议。

归纳总结

1．零担货物运输已发展为定线路、定时间的零担班车和中转换装、门到门的零担营业站点组成的网络化、规模化的快运系统。

2．零担快运网络运作原理可以概括为：以区域中心站点为集散中心、基层站点为其揽取货物、区域内站点支线相连、区域间通过中心站点干线连接的网络分拨系统。

3．零担站点接货作业流程：调度合理安排提货车辆；提货员办理托运手续，将货物提回站点；现场业务员接收提回的货物，进行理货；录入员将货物信息录入系统；统计员收款、记账。

4．零担站点发车作业流程：调度合理安排发车计划；现场业务员进行发车及合理装车作业；信息统计员整理各类单据。

5．零担站点接车作业流程：调度合理安排接车计划；现场业务员进行接车及合理卸车作业；信息统计员整理各类单据。

6．零担站点送货作业流程：调度合理安排送货任务；现场业务员做好货物出库管理；送货员将货物安全、准时送达，办理签单、收取到付运费；信息统计员整理回单。

思考问题

1．请结合本任务中的零担作业操作内容，分别绘制站点上门提货、客户上门发货、支干线发车、支干线接车、站点送货上门、客户上门提货的作业流程图，要求简洁明了。

2．请结合实践案例4-10至实践案例4-15，思考如下问题：

- 流程中的岗位设置情况及各岗位人员的工作标准是什么？
- 流程操作中运输单据有哪些？各起什么作用？单据传递流程是怎样的？
- 流程中与客户的业务接口有哪些？具体沟通内容是什么？
- 资金流是如何运转的？
- 整个作业流程中对事故风险是如何控制的？
- 该作业流程中还有可以优化的操作标准或流程环节吗？

3. 对比整车运输和零担运输作业的区别，谈一谈零担运输的复杂性表现在哪里。

4. "运输的实质是什么？是服务。货运公司必须把优质服务放在第一位，才能让客户放心，才能留住客户。如果服务态度差，查货没人理，差错事故没人管，签单没返回，索赔没人办，这样的物流货运公司是很难有客户的。因此，物流货运公司必须有客户服务这样的专门机构，并且把客服工作做好、做细、做到位，确保本公司的声誉，创立真正过硬的品牌。"结合上面这段话，谈一谈你对运输服务品牌的认识。目前零担物流市场上较成功的服务品牌有哪些？各有什么特点？

任务三　零担货运车辆运行组织

知识点　零担营运车组织形式；零担货物中转作业方法。

能力点　选择零担车运行组织方式；组织零担货物中转作业。

任务情境

工作任务：制订零担车辆运行组织方案

沈阳华顺运输公司零担业务部开办了从沈阳九路市场（沈阳家具城）到省内各主要城市（大连、鞍山、盘锦、营口等）的家居装饰产品零担货物运输业务。运输经理将此项业务的日常运行组织工作交给了运输主管李明负责。李明根据家居装饰产品特性，并对客户分布和需求情况进行了实地调查研究，提交了该运输业务的车辆运行组织方案报告，经运输经理批准后具体实施。该零担业务运行几年来得到了稳定的发展，车辆运行组织稳定，服务质量得到客户认可。那么，李明是如何完成这项任务的呢？

任务分析

根据运输任务情况，合理、科学地组织车辆运行，并加强运输过程的组织衔接，与客户进行良好的沟通，在满足客户服务要求的前提下，以最经济的方式完成零担货物的送达任务，这是对运输一线管理人员的一项基本技能要求。

上述情境任务涉及零担货物车辆采取何种运行组织方式的问题。为完成上述任务，我们需要弄清和明确以下问题。

1. 相关的理论知识

零担营运车运行组织方式；零担货物中转作业方法。

2. 相关的实践活动

为了完成这项任务，我们需要到一家货运公司了解零担货运车的运行组织方式；到零担货运中转库，了解零担货物的中转作业组织方法及实践应用情况。

完成本任务学习后，你将能够从事零担站点的车辆运行组织工作、货物中转作业的组织管理工作。

任务准备

（一）零担车辆运行组织方式

零担货物运送时间和方式、收发和装卸交接等方面的不同需求，决定了零担货物运输车辆采取不同的运行组织方式。这些组织方式形成了零担货物运输的基本组织形式。按照零担车（即装运零担货物的车辆）发送时间的不同可将零担货物运输的组织形式划分为定期零担货物运输班车（简称零担货运班车）和不定期零担货物运输车（简称零担货运车）两大类。

1. 定期零担货运班车的运行组织方式

这种零担货运班车一般是以营运范围内零担货物流量、流向，以及货主的实际要求为基础来组织运行的。运输车辆主要以厢式专用车为主，实行定车、定期、定线、定时运行，有固定的停靠站（点）可以装卸货物。

定期零担货运班车主要采用以下几种运行方式。

（1）直达式零担班车。直达式零担班车是指在起运站将各个发货人托运的同一到站且性质适宜配载的零担货物，同车装运后直接送达目的地的一种货运班车，其运行示意图如图4-4所示。具备条件的货运场站均应加强对零担货物的运输组织工作，尽可能开行直达零担车。

图4-4 直达式零担班车运行示意图

（2）中转式零担班车。中转式零担班车是指在起运站将各个发货人托运的同一线路、不同到达站且性质允许配载的各种零担货物，同车装运至规定的中转站，卸后复装，重新组成新的零担班车运往目的地的一种货运班车，其运行示意图如图4-5所示。

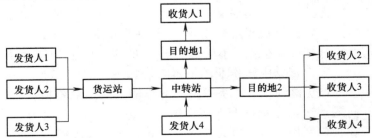

图4-5 中转式零担班车运行示意图

这种形式与直达零担班车相比，虽然组织形式复杂，但从零担货物量少批多、流向分散方面看，它具有很大的现实意义。

（3）沿途式零担班车。沿途式零担班车是指在起运站将各个发货人托运的同一线路、不同到达站且性质允许配装的各种零担货物，同车装运后，在沿途各计划停靠站卸下或装上零担货物再继续前进，直至到达终到站的一种货运班车，其运行示意图如图4-6所示。

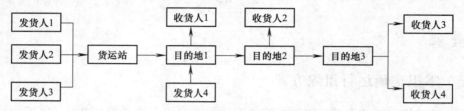

图4-6 沿途式零担班车运行示意图

这种零担班车在组织工作上较为复杂，车辆在途时间也较长，但它能满足沿途货主的需要，是一种不可缺少的补充形式。

2. 不定期零担货运车的运行组织方式

不定期零担货运车是指根据货流量的需要，随时组织运行的一种零担车，通常在新开辟零担货运线路或季节性零担货物线路上使用。不定期零担货运车通常作为定期零担货运班车的补充，有时亦称加班车。在尚未开行定期零担货运班车的运输线路上，当受理托运的零担货物达到一定数量时，可组织不定期的一次性零担货物运输。

（二）零担货物中转作业组织

对于需要中转的零担货物则以中转零担班车或沿途零担班车的形式运到规定的中转站进行中转。零担货物中转作业是按货物流向或到站进行分类整理，以先集中再分散的方式，将来自各个方向仍需继续运输的零担货物卸车后重新集结待运，再重新组织各类零担车将货物运至终点站的作业。

零担货物中转站除了承担货物的保管工作外，还需进行一些与中转环节有关的理货、堆码、整理、倒载等作业，因此，中转站应配备一定的仓库或货棚等设施，以及相关作业设备。零担货物的仓库或货棚，应具备良好的通风、防潮、防火、采光、照明等条件，以保证货物的完好和适应各项作业的需要。中转站的硬件设施与仓库的要求相同。

合理选择中转站点和划分中转范围，对于加速零担货物的送达速度，减少不必要的中转环节，均衡分配中转站的作业量有很大的作用。中转站点的选择和中转范围的划分，必须根据零担货源和货流的特点，按照经济区划原则，在充分做好运输经济调查的基础上加以确定。如佳吉快运公司分别在上海、天津、广州、武汉、杭州、西安、沈阳、淮安、成都、郑州10地设立了转运中心，形成全国性货运网络体系。

零担货物中转作业的基本方法如下。

动画：中转作业落地法

（1）落地法。它是指将到达车辆上的全部零担货物卸下入库，按方向或到达站在货位上重新集结，再重新配装。这种方法简便易行，车辆载货量利用较好，但装卸作业量大，作业速度慢，仓库和场地的占用面积也较大。

（2）坐车法。它是指将到达车辆上运往前面同一到站，且中转数量较多或卸车困难的那部分核心货物留在车上，将其余货物卸下后再加装同一到站的其他货物。采用这种方法，其核心货物不用卸车，可以减少装卸作业量，加快中转作业速度，节约装卸劳动力和货位。但对留在车上核心货物的装卸情况和数量不易检查和清点，在加装货物较多时也难免发生卸车和倒装等附加作业。

动画：中转作业坐车法

（3）过车法。它是指当几辆零担车同时到站进行中转作业时，将车内部分中转货物由一辆车直接换装到另一辆车上。组织过车时，可以向空车上过，也可以向留有核心货物的重车上过。这种方法在卸车作业的同时即完成了装车作业，可以减少零担货物的装卸作业量，

动画：中转作业过车法

提高作业效率，加快中转速度，但对到发车辆时间衔接要求较高，容易遭受意外因素的干扰。

落地法可为各个中转站采用，但随着零担运量的日益增加，零担货运组织工作也应得到相应加强，条件成熟时可逐步推行坐车或过车等方法。采用坐车或过车方法，零担车在起运站装车时，应预先为中转站的作业创造便利条件；中转站也应认真做好零担货物中转配装计划。在条件许可时，如能根据实际情况将三种方法结合运用，将会产生良好的效果。

> **职业素养小贴士：**
>
> 目前实践中，零担营业中转站大多采用的是落地法中转作业。但面临的问题是，中转货运量日益增加，进而装卸作业量和仓库面积需求也随之增加，同时货物中转时间也延长了。那么在企业标准化运营、可视化和数据化的管控下，探索和实践无缝衔接的货物中转作业组织方法尤为重要。

任务实施

（一）实训任务

背景描述见本任务【任务情境】中的工作任务。

（二）实训目标

根据零担站点货流量的实际情况，能安排合适的零担货运车运行组织方式。

（三）实训内容及操作步骤

参照下面的"操作步骤"，制订完成零担车辆运行组织方案。

操作步骤：

步骤1．详细了解客户对送货时间、送货方式、线路、地点、收发和装卸交接的要求。

步骤2．收集站点营业范围内零担货物的流量、流向。

步骤3．了解货物性质、适宜配载情况。

步骤4．同一流向、流量大且性质适宜配载的，采用直达式零担班车运行方式。

步骤5．流量小、流向分散的，采用中转式零担班车运行方式。

步骤6．流向分散、性质允许配装、对时间要求不高的货物，采用沿途式零担班车运行方式。

步骤7．对新开辟的零担货运线路或季节性零担货物线路上的货物，采用不定期的零担货运车组织形式。

步骤8．建议经主管经理批准后，制订正式的零担车辆运行作业计划，组织实施。

（四）成果形式

总结报告：针对所学到的理论知识和获得的专业技能进行全面的总结，对获得的经验和教训进行深刻的反思，并提出以后的发展方向。

小组陈述：现场演示并流利讲解本组的解决方案。

（五）考核标准

评 价 项 目	分 配 分 值
1．考虑的因素是否全面：考虑了时间、方式、线路、收发要求、流量、流向、货物性质等因素	40
2．不同的货物运输条件与所选择的车辆运行组织方式是否合适	40
3．制订的车辆运行组织方案是否可行，能否具体负责实施	20
合　　计	100

（六）注意事项

环境要求：

多媒体教室一间，模拟演练实训室一间并配有多台计算机（可以联网），一部打印机。

教师要求：

对学生遇到的难点或疑问要及时给予指导，以便其更有效地完成工作和深入思考；对技能训练成果要做专业性的总结，并尽可能提供额外学习资料。

学生要求：

要注意感受在企业中的职业身份；组内和小组之间要分享获得的新的信息或进一步的理解；听取来自老师、同学们的反馈建议。

归纳总结

1．定期零担货物运输班车以营运范围内零担货物流量、流向，以及货主的实际要求为基础来组织运行。运输车辆实行定车、定期、定线、定时运行，有固定的停靠站（点）可以装卸货物。

2．直达式零担班车适宜同一流向、流量大且性质适宜配载的线路货物；中转式零担班车适宜流量小、流向分散的线路货物；沿途式零担班车适宜流向分散、性质允许配装、对时间要求不高的线路货物运输。

3．不定期零担货运车是指根据货流量的需要，随时组织运行的一种零担车。

4．零担货物中转作业是按货物流向或到站进行分类整理，以先集中再分散的方式，将来自各个方向仍需继续运输的零担货物卸车后重新集结待运，再重新组织各类零担车将货物运至终点站的作业。

5．合理选择中转站点和划分中转范围，是零担货物运输业务中的关键技术工作，可使零担货物的中转作业更合理、更高效。

6．零担货物中转作业的基本方法有：落地法、坐车法、过车法。

思考问题

1．在零担货物中转作业组织中，如何选择中转站点和划分中转范围？

2．详细描述零担货物中转作业的各种方法，包括优缺点。在实践中这些方法应如何使用？

模块四 零担货物运输业务组织

同步知识测试

一、单选题

1. 零担营业站点经理上任后必须首先抓（　　）。
   A．货源开发　　　　B．人员管理　　　　C．业务操作　　　　D．售后服务

2. 零担货物运输与整车运输的不同点就是零担运输需要（　　）才能发运。
   A．货主运送的货够一整车　　　　　　B．等待凑够整车
   C．托运货物计费重量3吨以上　　　　D．多家客户的货物配载

3. 零担运输专线实际上是一种货运经营模式，适合（　　）采用。
   A．大型物流货运企业　　　　　　　　B．第三方物流货运公司
   C．货运代理公司　　　　　　　　　　D．中小物流货运企业

4. （　　）可以建立零担货物本身与其运输票据间的联系，标明货物本身性质，是理货、装卸、中转、交付货物的重要识别凭证。
   A．零担标签　　　　B．托运单　　　　C．派车单　　　　D．货物清单

5. 当几辆零担车同时到站进行中转作业时，将车内部分中转货物由一辆车直接换装到另一辆车上。以上描述的是（　　）。
   A．落地法　　　　B．坐车法　　　　C．行走法　　　　D．过车法

二、多选题

1. 零担货源具有品种繁杂、量少批多、（　　）等特点。
   A．时间不紧迫　　　B．来源广泛　　　C．去向分散　　　D．不确定性
   E．价值不高

2. 零担快运网络中根据（　　）等因素将运输场站分为不同级别。
   A．经济地理区位　　　　　　　　B．客户群分布
   C．货物流量流向　　　　　　　　D．货物吞吐量
   E．节点重要程度

3. 零担货物运输网络系统除分级制的场站网络结构外，还包括（　　）。
   A．四通八达的道路网　　　　　　B．专业化的运输车队
   C．货运车辆GPS系统　　　　　　D．覆盖网络的信息共享平台
   E．专业管理人才团队

4. 相对于整车运输业务，道路零担货物运输业务操作的特点是（　　）。
   A．货源品种繁杂　　　　　　　　B．业务开办条件高
   C．组织工作复杂　　　　　　　　D．对托运人不方便
   E．单位运输成本较高

5. 零担货物运输有一个（　　）的过程。
   A．集整为零　　　B．化整为零　　　C．集零为整　　　D．化零为整
   E．中转作业

三、判断题

1．大型零担货运网络中个别操作环节时效的延误不会影响到整个网络。（　　）
2．零担货运网点只能开设直营网点，不可以采用加盟网点模式。（　　）
3．今后零担运输物流市场将不会是规模化、网络化的大型企业和中小型专线零担运输企业长期并存的格局。（　　）
4．零担货物验收入库作业中凡未办理托运手续的货物，一律不准进入仓库。（　　）
5．零担货物中转作业采用过车法时，在卸车作业的同时不能完成装车作业。（　　）

四、案例分析题

下面是一位零担货运业界成功人士的自述成功感受："在计划经济时代，物流货运是国家有关部门独家经营，只有国有铁路部门才有车皮计划，客户没有别的门路，现在的情况就不同了。市场放开了，客户选择的运输渠道多了，你没有车，人家有车，你不干有人干，你干不好有人比你干得好！因此，现在的客户特别挑剔。物流货运必须做到门到门服务，上海、江浙一带的有些客户还要你把货物扛上楼呢，因此，现在的货运公司必须适应潮流，否则就没有优势，没有竞争力。"

根据上述案例，请认真思考以下问题：

1．在当前竞争激烈的零担货运市场中，零担货运企业的优势和竞争力表现在哪些方面？
2．资金、专线、市场、货场、客户、服务等要素在发展零担货运业务中各起什么作用？
3．建零担营业网点容易，养网点难，你认为网点经理最重要的工作任务是什么？为什么？
4．零担货运企业怎样做才能为客户提供满意的运输服务呢？

模块五

特种货物运输业务组织

导读

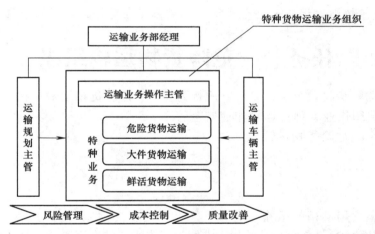

模块三、四中，我们主要学习了普通货物的运输作业及其管理问题。实际运输中除了普通货物运输之外，还有工业用原料或产品（如天然气、汽油、炸药、油漆、硫酸等）的运输，电力、冶金、航天、石化、军事领域的大项目及工程的大型笨重设备（如发电机定子、大板梁、化工反应器等）的运输以及鲜活农产品和易腐食品（如活畜、生鲜食品等）的运输。这些货物的特殊性决定了其对运输安全性要求极高，对承运企业资质、技术条件、操作工艺也提出了更高要求。本模块将探讨和研究如何圆满地完成这些特种货物的运输业务问题。

任务一，学习危险货物运输组织及作业管理。危险货物运输一旦发生事故，可能危害公共安全或造成巨大的经济损失，所以，我国对道路危险货物运输实施严格的市场准入和监督管理制度，颁布了多项有关危险货物运输的强制性技术标准。这一任务中，我们主要学习危险货物安全运输的有关规定和要求，加强规则意识。

任务二，学习大件货物运输组织及作业管理。随着重型牵引汽车及板车技术的不断进步，公路建设及公路网络的不断完善，基于公路运输快速、灵活、门到门的特点，

道路运输管理实务

越来越多的大型设备已由公路承运。大件运输要求万无一失,对专职管理人员和桥梁、装载加固、安全运行等方面的工程技术人员、车辆装备、理论研究等都有更高的要求。这一任务中,我们主要学习大件运输的有关管理规定及作业流程。

任务三,学习鲜活货物的运输组织及作业管理。我国是易腐食品的生产和消费大国,尤其城市的猪/羊/牛肉、禽蛋禽肉、奶制品、水果、蔬菜等产销量巨大。近几年我国易腐食品每年增产约10%。这一任务中,我们主要学习冷藏运输操作技术及组织管理。

学习目标

通过本模块的学习,你将懂得道路危险货物、大件货物和鲜活货物运输的有关规定及操作要求,了解对有关当事人的管理规定,以及相关单证处理、运输风险控制等内容,从而初步具备相应业务管理的能力。能够:

1. 参与完成常见危险货物的运输组织管理工作。
2. 初步制订大件货物运输方案并参与方案的实施工作。
3. 参与完成鲜活货物的运输组织管理工作。
4. 增强法律规则意识、安全生产意识、食品安全意识,增强社会责任感。

任务一　危险货物运输组织

知识点　危险货物及分类;参与方的行为管理;危险货物运输单据;从业人员培训;装卸作业管理;运输作业安全管理。

能力点　组织危险货物运输。

任务情境

工作任务:食用酒精的运输

沈阳市某食用酒精销售公司从锦州市柠檬酸厂购买9吨食用酒精,某从事危险货物运输公司承接了这项运输任务。乙醇(酒精)或乙醇溶液属易燃液体货物,危险货物编号:UN1170,其主要危险是燃烧和爆炸。运输经理经过考虑将这项任务交给了有经验的运输业务员李利,由他全权负责完成这次运输任务。李利将采取哪些安全措施来圆满完成这次任务呢?

任务分析

危险货物种类繁多,每一类危险货物都具有各自独有的危险特性,有的具有易燃性,有的具有氧化性,有的则具有还原性。不尽相同的危险特性使得每一类危险货物在运输时对所承运的运输车辆以及整个运输过程的要求都有所不同。例如,爆炸品需要使用罐式车辆或货厢为整体封闭结构的厢式车辆承运,且运输时间、路线都应事先报请当地公安部门批准,车辆应按照公安部门指定的时间、路线行驶;而液化气体则需要使用受压的罐式车辆或者灌装在相应气瓶中运输,且运输过程中必须注意容器的温度,以防出现容器破裂等现象。

上述任务中的食用酒精为危险品货物,危险货物运输过程中安全是第一要务,为了圆满完成这项运输任务,我们需要弄清和明确以下问题。

1. **相关的理论知识**

危险货物及特点;危险货物运输的风险;托运人、承运人及收货人应遵循的行为规范;危险货物运输涉及的相关单据;从业人员的要求;装卸作业、运输作业的安全要求等。

2. **相关的实践活动**

为了完成这项学习任务,我们需要查阅相关的法规文件资料,了解各类危险货物的属性及安全运输的要求,还要到一家专业的危险货物运输公司参观学习其受理托运过程,了解作业组织各环节的操作方法及注意事项。

3. **相关的运输法规及标准**

《危险化学品安全管理条例》(2002年国务院公布,2013年第二次修订)
《道路危险货物运输管理规定》(2013年交通运输部发布,2016年修正)
《放射性物品道路运输管理规定》(2010年交通运输部发布,2016年修正)
《危险货物道路运输规则》(JT/T 617—2018)

本任务学习完成后,你应该具备危险货物运输规则意识,可以从事危险货物运输受理员、押运员、装卸管理人员、安全管理人员等岗位工作,并能协助危险货物运输专职管理人员、工程技术人员开展工作。

任务准备

(一)危险货物运输概述

1. **危险货物**

危险货物是指具有爆炸、易燃、毒害、感染、腐蚀或放射性等危险特性,在生产、经营、运输、储存、使用和处置中,容易造成人身伤亡、财产损毁或者环境污染而需要特别防护的物质和物品。如我们熟知的烟花爆竹、天然气、汽油、柴油等易爆物品,硫酸、盐酸、氢氧化钠等腐蚀性物品,氰化物、砷化物、剧毒农药等剧毒化学品等。

微课:危险货物运输概述

危险货物具有以下三个要素:

1)物理化学性质不稳定。危险货物具有爆炸、易燃、毒害、腐蚀、放射性等性质,易造成火灾、中毒、灼伤、辐射伤害与污染等事故。

2)潜在性危害大。危险货物在运输、装卸和储存保管过程中,在受热、明火、摩擦、振动、撞击、撒漏以及与性质相抵触物品接触等外界因素作用下,易发生化学变化引发危险事故,造成人身伤亡和财产损毁。

3)防护措施特殊。为保证危险货物的安全运输,必须针对各类危险货物本身的物理化学性质采取特殊的防护措施,例如,对有机过氧化物必须控制环境温度,对爆炸品必须添加抑制剂等。

2. **危险货物运输及发展现状**

道路危险货物运输是指使用载货汽车通过道路运输危险货物的作业全过程。

从事道路危险货物运输应当保障安全,依法运输,诚信经营。国家鼓励技术力量雄厚、设备和运输条件好的大型专业危险化学品生产企业从事道路危险货物运输，鼓励道路危险货物运输企业实行集约化、专业化经营，鼓励使用厢式、罐式和集装箱等专用车辆运输危险货物。

目前我国有 6 000 多种危险化工产品，常用的有 2 000 多种，主要通过公路运输完成，多为跨省、长距离运输。危化品公路运输占公路年运输总量的 30% 以上，且仍然在逐年上升。每年所发生的危化品道路运输安全事故上百起，给人民生命财产带来了巨大的损失。

截至 2018 年底，全国从事危险化学品道路运输的物流企业超过 1.2 万家，共有危险货物道路运输车辆 37.3 万辆、吨位总计 727.9 万吨。这些运输危险货物的车辆行驶在全国各地，在运输过程的各个环节或因素中，稍有不慎就可能诱发事故，因此有人称此为"流动的危险源""炸药桶""活炸弹"，故而公路危险货物运输安全必须引起高度重视。

实践案例 5-1 重庆市綦江县液罐车倾覆事故

某翼翔牌 HGJ5190 GHY 液氨专用罐车（核载吨位 7 吨）运送危险货物——无水氨（UN1005，CN23003）。货物性质：遇氧发生剧烈反应，气体外逸会危及人畜健康与生命。车辆实载吨位 7.82 吨，超载 0.82 吨；驾驶室共 2 人。

某日 5 点 40 分，驾驶员驾驶翼翔牌液氨专用罐车，由重庆某化工公司载液氨返回南川，当车行至 303 国道 291 公里处綦江县大桥时翻于 25 米高的桥下。造成驾驶员当场死亡，乘车人重伤，车辆严重损坏的重大交通事故。

事故后核实承运方基本情况：承运方获得道路运输危险货物资质；驾驶员经过有关培训，持有危险货物运输从业资格证明；车辆技术鉴定转向各部连接完好、紧固。

经查实，此次事故直接原因属驾驶员驾车时疏忽大意，违反《中华人民共和国道路交通安全法实施条例》之规定，应由驾驶员负责事故全部责任。事故间接原因是车辆超装、押运人员没有随车押运，驾驶员私自搭载 1 名乘客。该事故反映出公司安全监控管理和职工安全教育方面存在很大不足。

职业素养小贴士：

危险化学品运输事故不同于一般运输事故，往往会衍生出燃烧、爆炸、泄漏等更严重的后果，造成经济损失、环境污染、生态破坏、人员伤亡等一系列的社会问题。

危险品运输从业者要从已往的事故中吸取教训与经验，充分认识危险化学品运输的危险所在，秉承"生命至上"的理念，坚守"安全第一、预防为主、综合治理、持续改进"的职业素养，成为维护安全生产的身体力行者。

3．危险货物分类、编号及确认

（1）危险货物分类。危险货物的分类、分项、品名和品名编号按照国家标准《危险货物分类和品名编号》（GB 6944—2012）和《危险货物品名表》（GB 12268—2012）执行。危险货物按其具有的危险性或最主要的危险性分为 9 个类别，有些类别再分成项别，类别和项别的序号并不是危险程度的顺序。

第 1 类：爆炸性物质和物品（分为 6 个项别）。

第 2 类：气体（分为易燃气体、非易燃无毒气体、毒性气体 3 个项别）。

第 3 类：易燃液体。

第 4 类：易燃固体、易于自燃的物质、遇水放出易燃气体的物质（分为 3 个项别）。

第5类：氧化性物质和有机过氧化物（分为2个项别）。
第6类：毒性物质和感染性物质（分为2个项别）。
第7类：放射性物质。
第8类：腐蚀性物质。
第9类：杂项危险物质和物品，包括危害环境物质。

（2）危险货物编号。每类危险货物有多个条目，每个条目都对应一个联合国编号（UN编号），用以识别这些危险货物。如，UN1090丙酮、UN1133胶黏剂。每个条目下的危险货物性质基本相同，运输、储存条件和灭火、急救、处置方法相同。

除第1类、第2类、第5类有机过氧化物项、第6类感染物质项、第7类以及第4类中的自反应物质以外的物质，根据物质本身的危险程度，将其分为3个包装类别：①包装类别Ⅰ：适用内装高度危险性的物质；②包装类别Ⅱ：适用内装中等危险性的物质；③包装类别Ⅲ：适用内装低度危险性的物质。

（3）危险货物确认。危险货物以列入国家标准《危险货物品名表》（GB 12268—2012）的为准，未列入《危险货物品名表》的，以有关法律、行政法规的规定或者国务院有关部门公布的结果为准。

托运未列入《危险货物品名表》的危险货物时，托运人应提交与托运的危险货物完全一致的安全技术说明书、安全标签和危险货物鉴定表（见表5-1）。

表5-1　危险货物鉴定表

品　　名		别　　名	
英　文　名		分　子　式	
理化性能			
主要成分			
包装方法			
中毒急救措施			
撒漏处理和消防方法			
运输注意事项			
鉴定单位意见	属于＿＿＿＿类＿＿＿＿项危险货物 比照＿＿＿＿品名办理 比照危规第＿＿＿＿号包装		
鉴定单位联系人：	电话：		传真：
地址：	邮编：		
鉴定单位及鉴定人＿＿＿＿＿＿（盖章）　年　月　日			
申请单位联系人：	电话：		传真：
地址：	邮编：		
申请单位及鉴定人＿＿＿＿＿＿（盖章）　年　月　日			

注：鉴定单位由国家安全生产监督管理总局指定。

4．危险货物运输从业条件

相关的法规标准对道路危险货物运输实施严格的市场准入和监督管理制度，颁布了危险货物运输强制性技术标准。其从业条件如下：

视频：危险货物运输-从业条件

（1）有5辆以上经检测合格的危险货物运输专用车辆、设备。

例如，运输剧毒化学品、爆炸品、易制爆危险化学品的，应当配备罐式、厢式专用车辆或者压力容器等专用容器。

（2）有经所在地设区的市级人民政府交通主管部门考试合格，取得上岗资格证的驾驶人员、装卸管理人员、押运人员。

（3）危险货物运输专用车辆配有必要的通信工具。

（4）有健全的安全生产管理制度。

（二）危险货物运输主要参与方的行为管理

参与方是指与危险货物道路运输相关的单位或企业，包括托运人、承运人、收货人、装货人、包装人、充装人、罐式集装箱或可移动罐柜经营者以及卸货人等。

各参与方应根据危险货物运输风险，采取适当的措施避免事故发生、减少事故损失。当危及公共安全时，各参与方应当立即向相关管理部门报告，并提供所需信息。

1. 托运人行为管理

在危险货物交付运输时，托运人应遵循下列要求：

（1）托运人应依据《危险货物道路运输规则》（JT/T 617—2018）（以下简称《规则》）中的分类规定对危险货物进行分类，且确认该货物允许进行道路运输。

（2）使用的包装、大型包装、中型散装容器和罐体应符合《规则》中运输包装使用要求的规定，并按照《规则》中托运要求粘贴标记、标志。

（3）托运人应向承运人如实提供危险货物特性信息，并向承运人提交危险货物托运清单，以及法规标准要求的相关证明文件，如托运剧毒化学品、民用爆炸物品、烟花爆竹或放射性物品时，应向承运人提供公安部门核发的许可或批准文件；托运《放射性物品安全运输规程》（GB 11806—2019）规定的一级放射性物品时，应向承运人提供国务院和安全监管部门核发的"放射性物品运输核与辐射安全分析报告批准书"；托运危险废物（包括医疗废物）时，应向承运人提供环境保护主管部门核发的"危险废物转移联单"。

2. 承运人行为管理

承运人在运输危险货物之前，应遵循下列要求：

视频：危险货物运输-承运人的行为管理

（1）确认承运的危险货物属于允许进行道路运输的货物。

（2）确认托运人已提供了与所承运危险货物相关的所有信息。

（3）确认随车携带了《规则》规定的单据和证件，包括：①道路运输证、危险货物道路运输运单；②危险货物道路运输安全卡；③危险货物道路运输车组成员从业资格证；④托运人提供的法规标准要求的其他证明文件及单据。

（4）确认车辆技术状况良好，货物无明显的缺陷、泄漏、遗撒、破碎等情况。

（5）确认罐体检验日期在有效期内。

（6）确认车辆不超载。

（7）确认车辆已按照《规则》规定粘贴或悬挂菱形标志牌、矩形标志牌和标记。

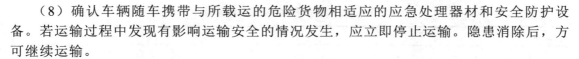

（8）确认车辆随车携带与所载运的危险货物相适应的应急处理器材和安全防护设备。若运输过程中发现有影响运输安全的情况发生，应立即停止运输。隐患消除后，方可继续运输。

3．收货人行为管理

（1）若无确认的不可抗拒的原因，收货人不得拒收货物。

（2）收货时，若发现违反《规则》要求的，收货人应及时通知托运人。

> **知识链接 5-1** 危险货物运输当事人行为的法律规定
>
> 危险品的特性决定了其在运送途中极有可能发生危害公共安全的重大事故，而不仅仅是货物及运输工具的损失问题，因而危险货物运输合同必须由具备相应资质和技术条件的运输主体与危货托运人之间签订。托运人要求不具备危货运输资质的承运人为其运输危险品的行为具有违法性。
>
> 危货托运人依法应比普通货物托运人承担更多更严厉的法律责任，须履行更多的法定义务，如危货托运人必须履行法定义务，"按照国家有关危险物品运输的规定对危险物品妥善包装，做出危险物标志和标签，并将有关危险物品的名称、性质和防范措施的书面材料提交承运人"。若对此不作为亦属违法。
>
> 法律赋予危货承运人比普通货物承运人更多的权利，如在危货托运人未履行法定义务时，承运人可以拒绝运输，也可以采取相应措施使之不能为害，以避免损害的发生，但这并未豁免或部分豁免承运人安全运输的基本义务。

（三）危险货物运输单据管理

1．危险货物托运清单

托运人办理危险货物托运手续时，应向承运人提交危险货物托运清单。

危险货物托运清单至少应包含以下信息：①托运人的名称和地址；②收货人的名称和地址；③装货单位名称；④实际发货/装货地；⑤实际收货/卸货地址；⑥运输企业名称；⑦所托运危险货物的 UN 编号；⑧危险货物正式运输名称；⑨危险货物类别及项别；⑩危险货物包装类别及规格；⑪危险货物运输数量；⑫24 小时应急联系电话；⑬必要的危险货物安全信息。作为托运清单附录，主要包括操作、装卸、堆码、储存安全注意事项以及特殊应急处理措施等。

2．危险货物道路运输运单

危险货物运输承运人应制作危险货物道路运输运单，并交由驾驶员随车携带。

危险货物道路运输运单应至少包含以下信息：①托运人的名称和联系电话；②收货人的名称和联系电话；③装货人（或充装人）的名称；④运输企业名称、许可证号、联系电话；⑤车辆车牌号码、道路运输证号；⑥挂车车牌号码、道路运输证号；⑦罐车（如使用）罐体编号、罐体容积；⑧驾驶员姓名、从业资格证号及联系电话；⑨押运员姓名、从业资格证号及联系电话；⑩危险货物信息；⑪实际发货/装货地址；⑫实际收货/卸货地址；⑬起运日期；⑭是否为城市配送；⑮备注；⑯调度人、调度日期。

危险货物道路运输运单格式见表 5-2。

表 5-2 危险货物道路运输运单

运单编号：							
托运人	名称			收货人	名称		
	联系电话				联系电话		
装货人	名称			起运日期			
	联系电话			起运地			
目的地						□城市配送	
承运人	单位名称			联系电话			
	许可证号						
	车辆信息	车牌号码（颜色）		挂车信息	车牌号码		
		道路运输证号			道路运输证号		
	罐体信息	罐体编号			罐体容积		
	驾驶员	姓名		押运员	姓名		
		从业资格证			从业资格证		
		联系电话			联系电话		
货物信息	包括序号、UN 开头的联合国编号，危险货物运输名称、类别及项别、包装规格、单位、数量等内容，每项内容用逗号隔开						
备注						（二维码）	
调度人：				调度日期：			

3. 危险货物道路运输安全卡

驾驶员应随车携带危险货物道路运输安全卡。

在运输开始前，承运人应告知驾驶员所装载的危险货物信息，并提供道路危险货物运输安全卡，确保其掌握安全卡内容并正确操作。

安全卡由以下四部分内容组成：第一部分规定事故发生后，车组人员需采取的基本应急救援措施；第二部分规定不同类别项别危险货物发生危险事故时可能造成的后果，以及车组人员应采取的防护措施；第三部分规定危害环境物质和高温物质发生事故时可能造成的后果，以及车组人员应采取的防护措施；第四部分规定运输过程中应随车携带的基本安全应急设备。

（四）危险货物运输从业人员培训管理

1. 培训对象

托运人、承运人、收货人、充装人等危险货物运输各参与方聘用的，从事危险货物运输业务的人员，在上岗作业前应接受危险货物道路运输专业知识培训，具体人员包括：①对危险货物进行分类和确定其正式运输名称的人员；②对危险货物进行包装作业的人员；③对包件贴标记、标志的人员；④从事包件货物装卸作业的人员；⑤从事罐车、可移动罐柜及其他散装货物装卸作业的人员；⑥制作托运清单、运输单证的人员；⑦危险货物运输车辆驾驶人员；⑧危险货物运输车辆押运人员；⑨危险货物运输应急处置人员。

2．基本要求

（1）企业或者单位应对新聘用的危险货物道路运输从业人员进行岗前培训和考核。

（2）企业或者单位应根据法律法规、技术标准或安全操作要求的变化，定期对危险货物道路运输从业人员进行复训。

3．培训内容

危险货物道路运输专业知识培训内容应包括以下基础知识培训和业务操作培训。

（1）基础知识培训内容主要包括危险货物运输有关法规，以及各类危险货物的特性、标志、标记、标志牌、包装、装卸、隔离等基础内容。

（2）业务操作培训与接受培训人员所承担的职责、义务及岗位操作相适应，其中驾驶人员还应符合《规则》规定的培训要求。

（3）安全应急培训考虑事故发生时的人员暴露风险和应履行的职责，主要包括：各类危险货物的基本危险特性和个人防护方法，如个人防护设备的正确使用；事故预防措施和程序；可获得的应急响应信息和使用方法；发生意外时应遵循的应急响应程序。

（4）安保防范培训，仅适用于从事高风险危险货物道路运输业务的相关人员。

（五）危险货物运输装卸作业管理

1．危险货物装卸作业管理的一般规定

（1）车辆、大型集装箱、散装容器、罐式集装箱或可移动罐柜等，应符合安全、安保防范、清洁及装卸操作等相关管理规定。

（2）装货人员在对车辆、大型集装箱、散装容器、罐式集装箱或可移动罐柜及其装卸载设备进行检查时，若发现不满足法规或标准要求，不得进行装载。

（3）装卸操作人员在装卸之前应检查车辆、罐体或集装箱等，如果发现安全隐患，不得进行装卸作业。

（4）某些特定的危险货物应采用单次专用形式运输。

（5）包件与集合包装应按其方向标记进行装卸。液体危险货物应尽可能装载在干燥的危险货物下方。

（6）危险货物装卸操作应按照其预先设计要求或测试过的操作方法进行。

2．包件混合装载要求

（1）除满足《规则》中危险货物道路运输混合装载通用要求的规定，允许进行混合装载之外，标有不同危险性标志的包件不应装载在同一车辆或集装箱中。

（2）《危险货物分类和品名编号》中所列第1类爆炸性物质和物品中1.4项（不呈现重大危险的物质和物品）、1.5项（有整体爆炸危险的非常不敏感物质）或1.6项（无整体爆炸危险的极端不敏感物品）的包件，在同一车辆或集装箱中混合装载时，应符合《规则》中不同配装组的包件混合装载要求的规定。

（3）带有有限数量标志的包件，禁止与其他含有爆炸物质或物品的货物混合装载。

3．包件与普通货物的装载要求

（1）除非另有规定，危险货物不能与含有食品、药品、动物饲料及其添加剂的货物

混装在同一车辆或集装箱中。

（2）除非另有规定，危险货物包件与普通货物装载在同一车辆或集装箱时，应采取下列方式之一进行隔离：①使用与包件等高的隔离物；②四周至少保持0.8米的间隔。

4．操作和堆放

（1）在车辆或集装箱上，应视情况配备紧固和搬运装置：①含有危险物质的包件或无包装的危险货物应通过紧固带、滑动板条或扣式装置等合适手段进行紧固，防止运输途中货物出现晃动，改变包件朝向或造成损毁；②危险货物与其他非危险货物混合运输时，应确保所有货物已安全固定，防止危险货物泄漏；③可以通过衬垫、填充物或支撑物等方式填充空隙，防止货物的移动；④使用紧固带或绷带时，不要固定过紧以防造成包件的变形或损毁。

（2）除非包件设计为可堆码，否则不应堆码。不同类型包件装载堆码时，应避免包件堆码可能导致的挤压、破损。堆码不同包件应根据需要使用承载装置，以防下层包件受损。

（3）装卸过程中，应采取保护措施防止装有危险货物的包件受损。

（4）装载、堆放和卸载集装箱、罐式集装箱、可移动罐柜应遵守上述（1）、（2）、（3）中的规定。

（5）车组成员不可擅自打开装有危险货物的包件。

5．卸载后的清洗

（1）装有危险货物的车辆或集装箱卸载后，若发现有危险货物遗洒，应及时对其进行清洗，方可再次装载。如果不能在卸载点清洗，车辆或集装箱应被安全运输到最近的合适地点进行清洗。应采取适当措施保证其安全运输，防止发生更大的遗洒或泄漏。

（2）散装运输的危险货物车辆或集装箱，在再次装载前应正确清洗，除非要装载的货物与前次装载的危险货物相同。

6．禁止吸烟

装卸过程中，禁止在车辆或集装箱附近和内部吸烟，以及使用电子香烟等其他类似产品。

7．预防静电

在装卸可燃性气体，或闪点不超过60℃的液体，或包装类别为Ⅱ、UNNO.为1361的物质时，应在装卸作业前将车辆底盘、可移动罐柜或罐式集装箱进行接地连接，并要限定充装流速。

（六）危险货物运输作业要求

1．车辆、单据和证件的检查

开展运输作业之前应做好车辆、单据和证件的检查工作，检查内容包括：

（1）车辆卫星定位装置是否正常运行。

（2）上次运输任务期间（或上周）车辆运行轨迹是否正常（是否在线、运行轨迹是否一致）。

（3）车辆道路运输证经营范围是否与承运货物相符，车辆是否按期年审等。

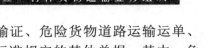

（4）随车携带的单据和证件是否齐全，包括道路运输证、危险货物道路运输运单、危险货物道路运输安全卡、车组成员从业资格证、法规标准规定的其他单据。其中，危险货物道路运输安全卡应放置在车辆中易于取得的地方。

2．车组人员要求

（1）禁止搭乘无关人员。
（2）车组人员应会使用灭火装置。
（3）非紧急情况下，车组人员不应打开含危险货物的包件。
（4）应使用防爆的（非金属外表面，不产生火花）便携式照明装置。
（5）装卸作业时，车辆附近和车内禁止吸烟和使用明火。
（6）装卸过程中应关闭发动机。
（7）运载危险货物的运输单元停车时，应使用驻车制动装置。挂车使用至少两个轮挡限制其移动。

3．车辆停放要求

危险货物车辆停车时应受到监护。应按以下优先顺序选择危险货物车辆停车场所：
（1）未经允许不能进入的公司或工厂的安全场所。
（2）有停车管理人员看管的停车场，驾驶员应告知停车管理人员其去向和联系方式。
（3）其他公共或私人停车场，但车辆和危险货物不应对其他车辆和人员构成危害。
（4）一般不会有人经过或聚集的、与公路和民房隔离的开阔地带。

4．道路通行要求

（1）危险货物运输车辆应遵守国家和行业对道路通行限制的要求。
（2）如果某个隧道入口处贴有隧道类别代码，承运人应根据《规则》中的规定，判断该隧道是否允许所运输的危险货物通行。

知识链接 5-2 危险货物运输术语和定义

● 标记（Mark）：一种图形标志，标识于货物外包装上，提示运输信息、注意事项等，主要包括危险货物联合国编号、货物名称，或高温、危害环境、放置方向等特殊信息。

● 包件标志（Package Label）：粘贴（或喷涂）在包件外表面，形状呈菱形，标明包件中危险货物的主要和次要危险性。

● 菱形标志牌（Placard）：外形为菱形，用于标识运输对象危险特性，喷涂或固定（粘贴、悬挂）于运输单元上，标明所载危险货物的主要和次要危险性。

● 矩形标志牌（Orange-coloured Plate）：外形为矩形、底色为橙色，喷涂或固定（粘贴、悬挂）于运输单元上，标明所载危险货物的危险性。

● 联合国编号（UN Number，UN 编号）：《关于危险货物运输的建议书规章范本》中载明的物质或物品的 4 位阿拉伯数字编号，用以识别一种或一类特定物质或物品。

● 运输单元（Transport Unit）：用于运输危险货物的载货汽车（半挂牵引车除外），或一辆半挂牵引车与半挂车组成的汽车列车。

任务实施

（一）实训任务

背景描述见本任务【任务情境】中的工作任务。

（二）实训目标

1．掌握危险货物安全运输的有关规定和要求。

2．具有危险货物运输规则意识。

（三）实训内容及操作步骤

参照下面"操作步骤"，完成食用酒精运输的各项工作。

操作步骤：

步骤1．做好运送前的准备工作，包括车辆、人员的检查工作。

步骤2．运送前，确认货物的所有信息；确认随车携带的单据和证件；确认车辆不超载；确认车辆悬挂了危险标志牌；确认随车携带的应急处理器材和安全防护设备。

步骤3．确定装卸车的注意事项。

步骤4．对车组人员提出要求。

步骤5．提出车辆停放要求。

（四）成果形式

总结报告：针对所学到的理论知识和获得的专业技能进行全面的总结，对获得的经验和教训进行深刻的反思，并提出以后的发展方向。

小组陈述：现场介绍本组的酒精运输任务的操作流程方案。

（五）考核标准

评 价 项 目	分 配 分 值
1．运输前的车辆情况、人员证件的检查内容全面、正确	20
2．运送前的确认货物信息、单据和证件、危险标志等工作内容全面、正确	30
3．装卸车的注意事项能保证运送的安全	20
4．对车组人员提出的各项要求符合危险货物运输规范	20
5．规定的车辆停车场所要求合适	10
合　　计	100

（六）注意事项

环境要求：

多媒体教室一间，模拟实训室一间，多台计算机（可以联网），一部打印机。

教师要求：

对学生遇到的难点或疑问要及时给予指导，以便其更有效地完成工作和深入思考；对技能训练成果要做专业性的总结，并尽可能提供额外学习资料。

学生要求：

组内和小组之间要分享获得的新的信息或进一步的理解；听取来自老师、同学们的反馈建议。

模块五 特种货物运输业务组织

归纳总结

1. 道路危险货物运输是指使用载货汽车通过道路运输危险货物的作业全过程。

2. 危险货物按其具有的危险性或最主要的危险性分为9个类别，采用联合国编号，以列入国家标准《危险货物品名表》的为准。

3. 各参与方应根据危险货物运输风险，采取适当的措施避免事故发生、减少事故损失。

4. 危险货物运输涉及的单据包括：危险货物托运清单、危险货物道路运输运单、危险货物道路运输安全卡等。

5. 从事危险货物运输业务的人员，在上岗作业前要接受危险货物道路运输专业知识培训，获得职业资格。

6. 危险货物装卸作业要遵循相关的规定。

7. 危险货物运输作业要求包括车辆、单据和证件的检查，车组人员要求，车辆停放要求，道路通行要求等内容。

思考问题

1. 我国对道路危险货物运输实施严格的市场准入和监督管理制度，颁布了多项有关危险货物的强制性技术标准，请你逐一列举这些法律、规章及标准。

2. 道路危险货物运输作业具有复杂性和危险性，因为它涉及的部门多、人员多、环节多，所需的专业知识广、技术多。请你举例说明。

任务二　大件货物运输组织

知识点　大件货物；大件运输车辆；大件运输；大件运输准备工作；大件运输作业流程；理货；验道；大件车辆运行作业要求。

能力点　制订大件货物运输方案。

任务情境

工作任务：大型变压器的运输（投标书制作）

沈阳变压器集团有限公司现有变压器产品的运输需求：从沈阳市铁西区运送到葫芦岛港码头，变压器规格：6.7米×3.2米×5.25米，重量：246吨。

沈阳运输集团有限公司是当地一家著名的多功能现代化大型物流公司。沈阳联运分公司是该集团下属的专业物流公司。联运分公司拥有一支高素质的员工队伍和资深的物流专家，并拥有雄厚的运力资源和仓储资源优势；服务质量获得认可，通过ISO9002质量认证；拥有机电产品大件运输资质，曾经先后圆满地完成过其他同类项目的运输任务。例如，葫芦岛—北台钢厂两套120吨转炉运输任务，直径9.2米，成为辽宁高速公路史上体积最大的货物；沈阳—济南钢厂炼钢炉运输任务，规格15米×4.51米×4.51米，载运量105吨。所以,联运分公司管理层决定参与该项目的投标、竞标。

通过本任务内容的学习,请你协助该公司完成变压器大件运输项目投标方案的制作。

任务分析

大件运输企业获得大件产品运输项目的方式通常有两种:第一,对国家电力、化工、石油等行业的大型建设项目运输进行投标、竞标,中标之后负责部分或全部的物资承运,即总承包;第二,与设备制造厂建立合作关系,长期负责该厂的各类设备运输业务。

大件运输作业是一项技术性和专业性很强的工作。制作大件运输项目投标书(或运输方案建议书)是获得大件运输项目的首要环节,而方案的实施还需要团队的精诚合作。

若要圆满地完成上述情境任务,我们需要弄清和明确以下问题。

1．相关的理论知识

大件货物及大件货物运输的特点;大件货物运输的准备工作;大件货物运输的作业流程及操作规范;线路运输作业组织管理;相关的行业法规及管理规定。

2．相关的实践活动

为了完成这项运输任务,我们还需要到一家专业的大件货物运输公司参观实践,调查了解我国大件货物运输的现状、发展趋势、存在问题及发展对策;学习大件运输的作业组织方法及关键作业环节的操作。

3．相关的运输法规

《超限运输车辆行驶公路管理规定》(2016年交通运输部发布)

本任务学习完成后,你可以参与大件货物运输的理货、验道、制订运输技术方案、线路运输组织管理等岗位工作,可以协助经理拟订运输合同条款及进行方案报价等工作,也为你以后成为大件运输的专职管理人员、工程技术人员、理论研究人员打下一定的基础。

任务准备

(一)大件货物运输概述

1．大件货物

微课:大件货物运输概述

当货物的质量和外形尺寸超过了常见重型载货汽车的装载极限时,称其为大件货物(大型物件)。

大件货物在运输时表现为超限和超重两方面特性。超限是指装载轮廓尺寸超过车辆或公路限界标准;超重是指车货总质量超过公路、桥梁的限载能力。

大件货物主要是一些大型设备,例如,大型火力发电设备中的发电机定子、转子、锅炉汽包、水冷壁、除氧水箱、高低压加热器、大板梁等,大型水力发电设备中的转轮、上下机架、转子、定子、主轴、座环、导水机构、闸门启闭机以及主变压器、厂用变、联络变、电抗器和高压电气设备等均为超限或超重设备。

模块五 特种货物运输业务组织

2．大件运输车辆

大件货物需要采用可以承受超重荷载的车辆进行运输，该车辆除了要保证可以安全承载以外，还要能分散荷载以满足道路、桥梁承载能力和通过能力的要求，这种车辆被称为大件运输车辆。

大件运输车辆也称超限运输车辆，公路管理机构负责对超限运输车辆行驶公路进行监督管理。关于超限运输车辆的认定标准见模块二任务二的相关内容。

为了满足道路和桥梁承载能力要求，大件运输车辆需要用很长的车体和很多的轮胎进行分载，并在行驶中要保持各车轮受力相等。随着现代液压技术的发展，当代大件运输车辆基本上都采用了液压平板挂车，或以液压平板挂车为基础再加装一些构件来承载货物的其他车组形式。

图片：大件车辆用很多轮胎分载

实践案例 5-2 发电机定子运输项目车辆配置

南通远航运输有限公司承运了秦山核电站发电机定子运输项目，发电机定子外型尺寸为 9 900 毫米×5 000 毫米×4 500 毫米，重 335 吨。运输车辆配置：奔驰 4160AS8×8 重型牵引车，MDE 全液压模块平板挂车，3 纵列 12 轴线，承载能力 510 吨。

3．大件运输及管理等级划分

采用大件运输车辆在公路、码头、工地现场等道路上运输大件货物习惯上称为道路大件运输。大件运输，也称超限运输，一般是指大设备的运输配送。

《超限运输车辆行驶公路管理规定》对大件运输分为三个等级，在实行许可、处罚管理上予以区别对待。级别划分如下：

（1）车货总高度从地面算起未超过 4.2 米、总宽度未超过 3 米、总长度未超过 20 米且车货总质量、轴荷未超载。

（2）车货总高度从地面算起未超过 4.5 米、总宽度未超过 3.75 米、总长度未超过 28 米且总质量未超过 100 吨。

（3）车货总高度从地面算起超过 4.5 米，或者总宽度超过 3.75 米，或者总长度超过 28 米，或者总质量超过 100 吨。

4．大件运输的意义

当今世界各国科学技术发展趋势是工业品逐步向小型化、轻型化和微型化发展，而工业设备则逐步向大型、重型和超重型发展。电力、化工、石油、冶金、建材等工业设备的单套机组或单套设备的容量、生产能力越来越大，单件设备重量往往达数百吨，长度达几十米，宽度与高度也远远超出一般公路通行界限。

大件货物运输所承运的对象很大一部分为国家电力、化工、石油、军工、机械、冶金等行业建设项目运输中的超长、超宽、超高、超重设备。例如，到目前为止，我国大件运输项目中，最大长度达 83.7 米（天津，乙烯工程蒸馏塔），最大宽度达 12.3 米（秦皇岛，取煤机门架），最大高度达 12.3 米（宝山，苯加氢模块），最大重量达 600 吨（镇海，加氢裂化反应器）。这些大型设备的安全运输对国家基础能源等关系国计民生的行业发展建设有着重大影响。

5．大件运输的特点

基于大件货物的特点，其运输组织与一般货物运输应有所不同，它的超限运输的特点对装载、运输条件和安全保证有以下三方面的特殊要求。

（1）特殊装载要求。大件货物运输对车辆和装载有特殊要求，一般情况下，大件货物装载在超重型挂车上，用超重型牵引车牵引，而这种超重型车组是非常规的特种车组，车组装上超限货物后，往往重量和外形尺寸大大超过普通汽车、列车，因此，超重型挂车和牵引车都会用高强度钢材和大负荷轮胎制成，价格较为昂贵。

（2）特殊运输条件。大件货物对运输条件也有特殊要求，途经道路和空中设施必须满足所运货物外形的通行需要。道路要有足够的宽度、净空以及良好的曲度。桥涵要有足够的承载能力。这些要求在一般道路上往往难以满足，必须事先进行勘测，运前要对道路相关设施进行改造，如排除地空障碍、加固桥涵等，运输中采取一定的组织技术措施，采取分段封闭交通，大件车组才能顺利通行。

（3）特殊安全要求。大件货物一般均为国家重点工程的关键设备，这些货物制造周期特别长，而且往往是投资几亿甚至上百亿元的重大工程的配套设备。例如，大型燃煤发电站配套所必需的发电机定子或变压器，缺了它们，工程就不能按时发挥投资效益。因此，超限货物运输必须确保安全，万无一失。其运输可以说是一项系统工程，要根据有关运输企业的申请报告，组织有关部门、单位对运输路线进行勘察筛选；对地空障碍进行排除；对超过设计荷载的桥涵进行加固；制订运输护送方案；在运输中，进行现场的调度，搞好全程护送工作，协调处理发生的问题。

（二）大件运输准备工作

1．配备超重型汽车列车

动画：超重型汽车列车介绍

道路大件货物的运输对运输工具提出了特殊要求，目前常见的适用车辆是超重型汽车列车。这种重型车辆是由一辆超重型牵引车与一辆或一辆以上超重型挂车组成的载货汽车。

超重型牵引车是用于牵引和顶推超重型挂车的驱动车，又称主车；而被主车牵引的从动车简称挂车。主车装有大功率的柴油机，并配有大速比的机械或液力变速器和主减速器。有的还有轮边减速装置，以降低车速，加大牵引力。超重型牵引车多系3轴或4轴，由后两轴驱动，也有的是前后轴全驱动。在牵引全挂车时，牵引车上必须加适当的压重，以增加作用在驱动车轮上的荷重，从而使驱动车轮和地面之间有足够的附着力。在一般情况下超重型挂车只用一辆牵引车牵引；在公路坡度大、弯度大、货件重等情况下，可用两辆牵引车牵引，或一辆在前牵引，一辆在后顶推；有时甚至要用多辆牵引车牵引和顶推。

图片：多辆牵引车牵引

例如，沃尔沃（VOLVO）重型牵引车可用于长距离运输重型物品，强劲的发动机使其能够保持很高的平均速度。

超重型挂车是用于装载超大型和超重货件的挂车。超重型挂车的基本形式为各种单体平板车。常见的板车主要有：

（1）液压平板车。此类板车自带动力泵油装置，可利用液压升降、转向，可将模块任意拼接成设备运输所要求的长度或宽度，所以是远程超长、超宽、超高、超重设备运输的首选板车类型，适合在各种路况使用。

（2）普通单体平板车。此类板车可任意拼接但不可升降、转向，适合在路面条件较好的情况下使用。

（3）凹板车。此类板车适合运输超高设备，但承压能力较小，最大负荷在180吨左右。

（4）炮车。此类板车功能结构简单，板面较高，适合短途普通大件设备运输。如运梁炮车，是架桥必用的设备。

其中，单体平板车可以纵横拼装组合，构成多种变形挂车，以适应装运不同重量和外形尺寸的大型货件。变形通常有如下三种。

1）组合平板挂车：以一辆或几辆单体平板车按要求的长度拼装组成的挂车。

2）长货挂车：以两辆平板车一前一后根据长货支撑位置要求分开适当距离，各加装可转动的承载架，长货两端的支撑位置固装在前后两辆平板车的承载架上，使货件与车辆构成一个整体的挂车（见模块一图1-7）。

3）桥式挂车：用两辆平板挂车一前一后分开一定距离，各加装一个液压举升台，两举升台间安装承载桥，使前后挂车、举升台、承载桥连成一体的挂车。承载桥是装货部位。桥式挂车用于装运比重大的大型货件。

2．申请超限运输车辆通行证

《超限运输车辆行驶公路管理规定》中明确规定：大件运输车辆行驶公路前，承运人应当按规定向公路管理机构申请公路超限运输许可，按照指定的时间、路线、速度行驶公路。未经许可，不得擅自行驶公路。

（1）跨省、自治区、直辖市进行运输的，向起运地省级公路管理机构递交申请书，由其统一受理并组织协调沿线各省级公路管理机构联合审批。

（2）在省、自治区范围内，或者在直辖市范围内进行运输的，向该省级公路管理机构提出申请，由其受理并审批。

（3）在设区的市范围内进行运输的，向该市级公路管理机构提出申请，由其受理并审批。

（4）在区、县范围内进行运输的，向该县级公路管理机构提出申请，由其受理并审批。

公路超限运输申请表的主要内容包括货物的名称、外廓尺寸和质量，车辆的厂牌型号、整备质量、轴数、轴距和轮胎数，载货时车货总体的外廓尺寸、总质量、各车轴轴荷，拟运输的起讫点、通行路线和行驶时间。

超限运输车辆通行证的式样由交通运输部统一制定，各省级公路管理机构负责印制和管理。申请人可到许可窗口领取或者通过网上自助方式打印。

大件运输车辆应当随车携带有效的超限运输车辆通行证，主动接受公路管理机构的监督检查。

3．提交护送方案

大件运输车货总高度从地面算起超过4.5米，或者总宽度超过3.75米，或者总长度超过28米，或者总质量超过100吨，以及其他可能严重影响公路完好、安全、畅通情形的，承运人还应当向公路管理机构提交记录载货时车货总体外廓尺寸信息的轮廓图和护送方案。

护送方案应当包含护送车辆配置方案、护送人员配备方案、护送路线情况说明、护送操作细则、异常情况处理等相关内容。

承运人自行采取护送措施,若承运人不能自行护送的,可委托公路管理机构实施护送,并承担所需费用。

4．提交加固、改造方案

大件运输需要采取加固、改造等防护措施的,承运人应当按照规定要求提出加固、改造措施方案,公路管理机构对方案进行现场审查,并组织验收。承运人不具备加固、改造措施的条件和能力的,可以通过签订协议的方式,委托公路管理机构制订相应的加固、改造方案,并组织实施,其所需的费用由承运人承担。

图片：破路挖地法

由于不可拆解的超长、超宽、超重的大件货物运输对通行路线上的公路设施要求较高,为了大件运输的安全和公路桥梁结构物等的安全,对路线上不能满足通行要求的路段或桥梁,需要采取临时加固或改造措施,以保证大件运输车辆安全通行。

例如,大件设备的陆地运输有时需要修建一些临时性道路,以作为厂区或其他无路处所的临时道路。对于影响大件设备运输的空中障碍,如隧道、立交桥等,可采用破路挖地法,以降低运输道路路面高程,待运送大型设备的车辆通过后,再重新修复。

5．制订货物装卸与捆扎加固方案

大件货物一般为大型仪器设备,在装卸、运输过程中,对于操作技术要求特别严格,稍有不慎就有可能造成设备损坏,损失巨大。因此,做好吊装、加固和卸车就位的操作工作非常重要。

（1）吊装是用专门的吊用机械设备将大件货物装上运输车辆的过程。

（2）加固是将已装入运输车辆的大件货物用专用的固定工具、材料进行固定处理。

（3）卸车就位主要有水平滑移、直接吊卸等方式。

（三）大件运输作业流程

大型超限设备的运输涉及面广,牵扯到沿途的公路、桥梁、公安、交通、通信、电力、行政等多个部门,是一项复杂的系统工程。依据大件货物运输的特殊性,其作业流程主要包括以下10个环节。

1．办理托运

大件运输的托运人应当委托具有大型物件运输经营资质的道路运输经营者承运,并在托运单上如实填写托运货物的名称、规格、重量等相关信息。

在办理托运手续时,除按一般规定外,托运人必须提交货物说明书,以及装卸、加固等具体要求。

实践案例 5-3　托运大件货物需提供的资料

某运输公司要求发货人托运大件货物时,除按一般货运手续办理外,还应提供以下资料:

（1）大件货物说明书、货物外形的三视图,并须以"+"号标明货物重心位置。

（2）大件货物支重面的长度和宽度。

（3）计划装载、加固方案。

（4）自轮运转的大件货物，应有自重、轴数、轴距、固定轴距、长度、转向架中心销间距离、制动机形式，以及限制条件。

（5）必要时，应附有计划装载、加固计算根据的图样和说明。

2. 理货

理货是大件运输企业事先取得关于货物几何形状、重量、重心位置等可靠数据和图样资料的工作过程。通过理货工作分析，可为确定大件货物级别及运输形式、查验道路以及制订运输技术方案提供依据。

动画：大件货物运输理货作业

理货工作的主要内容有：①调查大型物件的几何形状、质量；②调查大型物件的重心位置和质量分布情况；③查明货物承载位置及装卸方式；④查看特殊大型物件的有关技术经济资料；⑤完成书面形式的理货报告。超限（大件）货物理货报告单见表5-3。

表5-3 超限（大件）货物理货报告单

长度单位：米
重量单位：吨

年　　月　　日

货　主				货　名			
运输起止点							
预计起运日期				用　途		价　值	
长　度			宽　度	高　度		包　装	
货　重			重心高		重心位置		
货件是否均质	长度方向			质量是否对称	长度方向		
	宽度方向				宽度方向		
对承载方式有无特殊要求							
有无承载架（非短货件）							
起重装卸方式							
货件简图							

理货人员：（签字）

注：1. 货件简图必须标出最外廓尺寸、重心位置、承载架尺寸。
　　2. 如内容较多，可另用外用纸填写。

结合理货报告，进行车辆初步选配；计算货物装车后的车组转弯半径、通道宽度、扫空半径及各轴轴荷等；确定车组行驶速度等技术参数，绘制装载三视图。对货物扫空、弯道超高或横坡较大等特殊情况，必要时进行图上作业，实地放样或精确测量后带回分析。

3. 验道

验道是指查验运输起止点的道路通行情况。验道工作的主要内容包括：①了解沿线地理环境及气候情况；②查验运输沿线全部道路的路面、路基、横向坡度、纵向坡度及

动画：大件货物运输验道作业

弯道超高处的横坡坡度、道路的竖曲线半径、通道宽度及弯道半径；③查验沿线桥梁涵洞、高空障碍；④查看装卸货现场、倒载转运现场。根据上述查验结果预测作业时间，编制运行路线图，完成验道报告。验道报告单见表5-4。

根据验道结果，绘制运行路线图。图中应标明装卸地点、倒载转运地点、行经城镇、重要桥涵、复杂路段、运行障碍及间隔里程等情况。

表5-4 验道报告单

年　月　日

货　主						
货　名						
运输路线						
车辆选配						
桥梁情况	存在问题				桥梁总数	
涵　洞						
最大纵坡	1	坡度	宽度	路面	弯道半径	地点
	2	坡度	宽度	路面	弯道半径	地点
	3	坡度	宽度	路面	弯道半径	地点
最大横坡	1					
	2					
	3					
道路竖曲线（或路面障碍）	1					
	2					
	3					
最大横坡		弯道半径		通道宽度		地点
空中障碍						
装卸地点						
地理环境及气候情况						
其他注意情况						
运行路线简图：						
运输前需要解决的问题：						
道路情况能否承运的意见：						

验收人员：（签字）

4．制订运输技术方案

在充分研究、分析理货报告及验道报告基础上，制订安全可靠、可行的运输技术方案。其主要内容包括：①配备牵引车、挂车组及附件；②配备动力机组及压载块；③确定限定最高车速；④制订运行技术措施；⑤配备辅助车辆（生产指挥车、生活服务车、起重工具运载车、汽车吊等）；⑥制订货物装卸与捆扎加固方案；⑦制订加固、改造措施方案；⑧制订护送措施方案；⑨制订和验算运输技术方案；⑩完成运输技术方案书面文件。

实践案例 5-4　61米富气甲分离器运输

南通远航运输有限公司承运了镇江索普集团60万/年醋酸造气工艺技术改造项目——CO_2富气甲分离器运输，从辽宁大连运至江苏镇江项目工地现场。分离器重：130吨，外形尺寸：61 000毫米×Φ4 500毫米。运输车辆配置：3轴线全液压平板+一线双轴线平板 200吨浮吊卸船装车。凭借前后可控转向系统的灵活操纵，使超长设备顺利通过厂区内弯道。

5. 运输报价

大件货物运输在理货、验道工序完成的同时或以后就进入了谈判、报价阶段。这是个重要环节，要讲科学性，既不能要价太高把货主要跑，又不能价格过低，企业没有了盈利空间。一般的大件运输企业都有统一的对外谈判、报价原则，依照企业的大件运输收费标准，根据运输市场形势，结合货物的实际情况，经相关部门论证，确定最终的运输项目报价方案。

实践案例 5-5　大件运输收费标准

大连北方重大件运输公司是专业化重大件设备运输企业，下面是该企业的收费标准及计算方法。

1. 计费吨位

凡使用大型挂车运输大件货物，按挂车标记吨位计收运费，尼古拉斯挂车每轴线计费吨位25吨。

2. 计费时间

按大件货物运输车辆从出车单位出发之日起，至完成运输任务返回之日止的载运时间，为计费时间，以小时为单位（调车空驶费按里程另收费）。

3. 计算方法

（1）大件货物运输运价，其计算单位：元/（吨·小时）。

（2）大件货物运输基本价率：8元/（吨·小时），根据市场情况确定运价浮动范围或控制在±15%，要灵活掌握。

（3）调车空驶费（往返）：0.2元/（吨·小时）。

（4）特种运价：一级大件货物运输按基本价率收取，为8元/（吨·小时），二级大件货物运输按基本价率加成10%收取，三级大件货物运输按基本价率加成20%收取，四级大件货物运输按基本价率加成30%收取。

其他特殊情况，如货物运输时有防震、防倾斜等特殊技术要求，严寒地区运输，高温地区运输，风沙地区运输，山区运输，雨雪天气运输和等级以外道路运输等，可根据实际情况提高价率10%～40%。

（5）其他收费：

1）过路过桥费，按实际发生收取。

2）封车工具费按运费 10%收取，或按实际发生收取。
3）排障费按运费 10%~30%收取，或按实际发生收取。
4）人工费 80 元/（人·天）。
5）工程保障车费用根据实际发生收取。
6）装卸机械费用根据实际发生收取。
7）作业点所在地各种额外的税收及罚款等其他费用，根据实际发生收取。
（6）计算公式：

$$运费 = 运价率 \times 车辆标记吨位 \times 运载时间 + 其他费用$$

6. 签订运输合同

运输报价征得委托方的同意后，便进入运输合同签订阶段。

根据托运方填写的委托运输文件及承运方进行理货分析、验道、制订运输技术方案的结果，承托双方签订书面形式的运输合同，其主要内容包括：①明确托运与承运甲乙方、超限物件数据及运输车辆数据、运输起讫地点、运距与运输时间；②明确合同生效时间、承托双方应负责任；③有关法律手续及运费结算方式、付款方式等。

7. 制订线路运输组织方案

线路运输组织工作包括：建立临时性（针对本次大件运输项目）的大件运输工作领导小组，具体负责实施运输技术方案、执行运输合同和相应对外联系（行业申报）。领导小组下设行车、机务、后勤生活、安全、材料供应等工作小组及工作岗位，并制定相关工作岗位责任制。组织大型物件运输工作所需牵引车驾驶员、挂车操作员、装卸工、修理工、工具材料员、技术人员、质保员及安全员等，依照运输工作岗位责任制及整体要求认真操作、协调工作，保证大件运输工作全面、准确完成。

实践案例 5-6 大件运输项目工作组构成情况

大连北方重大件运输公司的某大件运输项目工作组构成情况如图 5-1 所示。

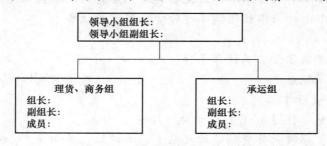

图 5-1 大件运输项目工作组构成

8. 货物装车和加固作业

（1）装车作业。装车前需对所运的大件货物进行测量，根据测量数据合理选择装车方案，如顺装、横装或立装等方案。

实践中，进行大件货物装卸的经验如下：

1）货物的装卸应尽可能选用适宜的装卸机械，装车时应使货物的全部支承面均匀、平衡地放置在车辆底板上，以免损坏车辆大梁。

2）除有特殊规定外，装载货物的质量不得超过车辆的核定吨位，其装载的长度、高度、宽度不得超过规定的装载界限。

3）支承面不大的超限货物，为使其质量能均匀地分布在车辆底板上，必须将货物安置在纵横垫木上，或相当于起垫木作用的设备上。

4）货物的重心尽量置于车底板纵、横中心线交叉点的垂直线上，如无可能时，则对其横向位移严格限制。纵向位移在任何情况下必须保证负荷较重一端轮对或转向架的承载质量不超过车辆设计标准。

5）重车重心高度应有一定限制，重车重心如偏高，除应认真进行装载加固外，还应采取配重措施以降低其重心高度。

（2）加固作业。大件货物在运输过程中，比普通货物更易受到包括纵向惯性力、横向惯性力、垂直惯性力、风力以及货物支承面与车底板之间的摩擦力等各种外力的作用，这些外力的综合作用往往会使货物发生水平移动、滚动甚至倾覆。因此，运送大件货物时，除应考虑它们合理装载的技术条件外，还应视货物质量、形状、大小、重心刻度、车辆和道路条件、运送速度等具体情况，采取相应的加固捆绑措施，使之足以承受车组在起步、制动、运行中所产生的各种力的作用，确保大件货物在运输全过程中不发生移动、滚动、倾覆等情况。

9．车辆运行作业

车辆运行作业主要包括重车运行、途中货载的检查及异常情况的处理。异常情况的处理主要指货物装载移位、运输阻碍等的处理。为保证车辆的出行安全，保证大型设备能够顺利运至目的地，车辆行驶过程中，承运人应做到如下要求：

（1）按照有关要求在车辆上悬挂明显标志，以警示来往车辆，保证运输安全。

（2）按照超限运输车辆通行证上指定的时间、路线和速度行驶。

（3）在大型运载车组前面要设一部模拟车兼架线车，模拟车两侧腰装有探测杆，杆的顶端设有接触触发信号装置，一旦碰到高空障碍，模拟杆的高度调整到行驶时设备的运行高度，车上还应配有架线杆和架线托架，沿途线缆高度不够时，随时进行托架。

（4）车辆通过公路桥梁时，应当匀速居中行驶，避免在桥上制动、变速或者停驶。大型车组通过跨度较大的桥梁时，要断路通过，使桥上只行驶大型车辆，不准其他车辆同时在桥上行驶。

（5）需要在公路上临时停车的（如更换轮胎等），除遵守有关道路交通安全规定外，还应当在车辆周边设置警告标志，并采取相应的安全防范措施；需要较长时间停车或者遇有恶劣天气的，应当驶离公路，就近选择安全区域停靠。

（6）由于大型运载车组行驶速度较慢，在高速公路上行驶时，车组后方护卫车要打开警告灯，提示后面车辆注意，防止追尾事件发生。

（7）为保证设备的安全，大型运输车速度为平坦道路 30 公里/小时，车辆交会时，速度限制在 8 公里/小时，普通行驶时速度 20 公里/小时，整个运输过程中严禁急刹车、急加速。通过桥梁时，速度限制为 5 公里/小时，配有开道联络车随时监测道路情况，山路不允许停车，监护人员做好前后的防护。

（8）车辆通过采取加固、改造措施的公路时，应当提前通知该公路设施的养护管理单位，由其加强现场管理和指导。

（9）通过上下坡及弯道前，运输车辆必须进行全面的检查，尤其要保证制动系统良好，其他随车人员必须随车跟进，随时做好掩车准备，此外，开道安全人员必须做好封闭道路工作，以防止意外事件或造成中途停车。

（10）沿途每隔 50 公里，安全技术人员须对行驶车辆进行检查，发现问题及时处理。

（11）为保证车辆运行不出意外，运输过程中要请当地公安交警和路政部门派警车护送，特别是在上、下高速公路前后及经过人口密集地区时派警车开道，以保证交通顺畅。

（12）因自然灾害或者其他不可预见因素而出现公路通行状况异常致使车辆无法继续行驶时，应及时告知做出行政许可决定的公路管理机构，由其协调当地公路管理机构采取相关措施后继续行驶。

实践案例 5-7　大型变压器的运输组织

某物流公司接到一项大型变压器的运输任务，为保障货物运输安全，采取了以下措施：

（1）交通管制。设备在运输过程中必须进行交通管制，分段封闭道路，全程进行监控。

（2）运行时间。设备运输必须在白天进行。

（3）运行速度。正常运输速度必须控制在 5 公里/小时以下；道路不平整的路段速度必须控制在 2 公里/小时以下；通过障碍的速度控制在 3 公里/小时以下。

（4）车辆启动前的检查。车辆启动前必须对平板车和加固情况做详细的检查，杜绝隐患，并做好记录。有问题必须在启动前排除。

（5）运行过程中的检查。

1）横坡检查：通过横坡大于3%的道路，必须进行平板车的横坡校正，确保设备处于相对水平的状态。

2）纵坡检查：通过较大的纵坡时，对平板车进行纵坡校正，确保设备处于相对水平状态。

（6）车辆停放。运输过程中，夜间停放或中途停车必须选择道路坚实平整、路面宽阔、视线良好的地段，设置警戒线、警示标志，并派人守护。停放时间较长时，需要在平板车主梁下部支垫道木，降低平板车高度，主梁落在道木上，检查平板车压力表，将压力降低。将平板车停放妥当后，检查设备捆绑情况和车辆轮胎等，及时排除隐患；沿途路段实行封闭或半封闭通行；停车时，做好安全隔离措施，提醒其他车辆注意绕行。

10. 运输统计与结算

运输统计是指完成大型物件运输工作各项技术经济指标统计，运输结算是指完成运输工作后按运输合同有关规定结算运费及相关费用。

模块五 特种货物运输业务组织

运输费用由承托双方协商确定。因运输大型特型笨重物件发生的道路改造、桥涵加固、清障、护送、装卸等费用,由托运人负担。

实践案例 5-8　大连北方重大件运输公司的 50 万吨/年冷催化剂罐运输方案

1. 概述

本运输方案针对××长风机械制造有限公司到沈阳石蜡化工有限公司工地现场的 50 万吨/年冷催化剂罐整体经公路运输直至安装工地最终车板交货的全过程。由于罐体的直径达到了 5 米,直接用车板运输的高度受到公路桥梁的限制,因此只能采用抱杆这种桥式运输形式。对整个运输工程的质量起关键作用的主要是"运输设备的选型、运输过程的全程组织协调与运输的质量管理"三个要素。为了对整个运输队工程的施工在各方面(包括软、硬件)均做到可控,我公司将从运输方案的设计、运输的组织到运输的质量管理,均按照超限运输质量管理体系的要求进行设计。在工程实施前,参照超限运输质量管理体系标准,针对本工程编写专项质量计划,并设置专门的现场运输组织机构全权进行管理。

2. 设备参数

共计划运输 3 件设备,具体规格见表 5-5。

表 5-5　50 万吨/年冷催化剂罐的规格

货 物 名 称	尺寸(毫米)	质量(吨)	件　数
50 万吨/年冷催化剂罐	$\phi 5\,000 \times 23\,396$	72	2
50 万吨/年冷催化剂罐	$\phi 5\,000 \times 23\,396$	62	1

3. 运输要求

1)起运地:大连旅顺羊头洼。

2)目的地:沈阳石蜡化工有限公司工地现场。

3)运输时间:20××年 10 月。

4. 车辆选配

1)牵引车:主牵引和备用车为沃尔沃 FL10 各一辆,其参数见表 5-6。

表 5-6　牵引车参数

牵引形式	厂牌型号	功率(瓦)	牵引吨位(吨)	自重(吨)
牵引车(备用车)	沃尔沃 FL10	235 359.68	150	20

2)挂车:二纵列液压全挂车二组,各组参数见表 5-7。

3)设备及改造:200 吨桥式抱杆(由于罐长约 24 米,而现有抱杆设备长度达不到运输要求,需要加长改造),设备参数见表 5-8。

4)工程车:解放牌 5 吨单车(3 吨油箱 1 个、架线杆 4 支、道木若干、备胎 40 条、支架 4 个)一台,50 吨吊车一台。

5)指挥车:面包车一辆。

6)车辆、设备技术参数。

表 5-7　挂车参数

轴线数	5	2
轴列数	2	2
货台尺寸（长×宽）（毫米）	8 000×3 400	4 800×3 400
起升高度（毫米）	1 070（±210）	1 070（±210）
轴线载荷（吨）	22	22
承载吨位（吨）	110	66
轴距（毫米）	1 600	1 600
轮距（毫米）	2 020	2 020
内侧转弯半径（毫米）	15	10
轮胎规格	8.25R15	8.25R15
轴自重（吨）	4.4	4.4
车板总重（吨）	22	13.2

表 5-8　设备参数

设备名称	桥式抱杆（改造后长度）
外形尺寸（长×宽）（毫米）	36 000×5 800
承载吨位（吨）	200
自重（吨）	50

5. 道路运输

（1）道路选择：大连—金州—沈大北李官—沈阳石蜡化工有限公司工地现场。

（2）证件办理：

1）由于罐体运输是跨市的长途公路运输，而且属于超限货物运输。按照《超限运输车辆管理规定》，需办理"超限运输车辆通行证"；道路牌证办理根据目前我国各个省份各自制定相应的超限货物运输收费标准，根据不同路段分别办理，同时还需要缴纳一定的护送费。

2）我公司需提前向各地交警、路政部门申报运输路线、设备情况、运输方案、车辆选择、车组编队等信息，各地公路交通部门根据申请材料对经过的路线上的桥梁、涵洞进行通过能力演练，在各方面都达到要求后，才可获得批准，取得"超限运输车辆通行证"。

6. 装载方案

（1）车辆装载倒运。

1）先将抱杆的两个转盘及横担分别放在 5 轴线和 3 轴线上，在车间地面画出两个轴线板的位置（5 轴在前），然后分别将两个车板引入车间，并在车间吊钩下装载罐体。

2）专人指挥吊车将罐体吊落在两个车板上方，缓缓落到车板安装好的横担上。罐体前后几何中心与两个车板前后几何中心对正。根据车板压力表示数相应调整罐体位置，到符合车板承载位置为止。把罐体完全落到两个车板上，拆除吊装索具。

3）将罐体在车板上的适当位置进行捆扎加固后，车辆承载罐体驶出车间，到厂区组拼桥式车组作业区域停稳。

（2）将罐体降落至地面。

1）将两个液压车板缓缓升高，升到车板的最大值，解除罐体在车板上的捆扎工具。

2)将道木在罐体中间适当的位置上打两个实垛,使用四个100吨电动千斤顶,摆放到适当位置,将罐体顶起,抽出车板。

3)罐体落到道木垛上后,调整电动千斤顶位置及高度,重新顶起罐体,撤离部分道木,降低道木垛高度,将罐体落在道木垛上;反复操作,直至将罐体落至离地面0.1米左右,适应运输最低高度。

(3)组拼抱杆。

1)将刚才两组代转盘和横担的5轴线和3轴线车板分别移动到罐体的运行方向的前后方,调整好车组与罐体纵向方向,使两组车板与罐体总纵为一条直线,车板端梁距离反应器0.5米处。车板通过液压动力,落至地面。

2)将两根桥杆安装到罐体的两侧并在前后车板的横梁交点处,使用定位角将桥杆与横梁连接好,固定住。保证桥杆在横梁上无纵向、横向移动。

3)将两根桥杆分别从罐体底部前后的适当位置穿过,使用四组滑轮组拉紧拉带,把滑轮组分别固定到桥杆适当位置上,锁紧锁死。

4)全面检查桥式车组的连接是否紧固,以及连接体的加固情况。各连接部位的加固一定要达到车组运行要求。

(4)封固和运行前检查。

1)在罐体前后左右分组封固,保证纵向、横向均固定牢固,不能前后窜动、左右晃动,不能刮碰到罐体的壳体,并使之足以克服车组在起步、制动、运行中所产生的各种作用力,确保罐体在运输过程中前后不移动,左右不摆动。

2)启动动力组,起升前后挂车,挂车压力表压力差小于10%,达到符合要求的运行高度,装载完毕。

7. 运行技术

(1)运行前车辆检查。

(2)运行速度:重驶运行速度≤8公里/小时。

(3)通过困难路段(空中路障、桥涵等)应事先采取技术措施,包括:调整左右液压悬挂行程、降低车辆高度、改变三角支撑、降低车速等。

(4)车辆起步、停车要慢,严禁紧急制动,运输途中要匀速行驶。

(5)上下坡路时,应预先选择档位,降低车速,一般不高于5公里/小时。

(6)通过道路、桥涵有控制线时,一律按指挥路径行驶,无控制线时,一律沿正常车道行驶。

(7)大型车辆通过桥梁时,只能单车行驶通过,禁止桥上会车、超车、换档、制动、加速、减速等,应匀速居中通行。

(8)参运人员必须与前来护送的公路、交警等部门保持良好的合作关系。

8. 卸车

(1)挂车到达工地现场后,将挂车降低到最低点,并依次松开各个滑轮组,使罐体平稳降到地面上。

(2)拆下滑轮组、桥杆等连接部件,分别向反方向移开两组挂车,远离罐体。

(3)将运输中的所有设备分两部分挂上。

9. 安全保质

严格遵守公司保质方案,认真做好各种检查记录。在各主要路段、市区、弯道、道路障碍处均设专人进行交通疏导,必要时进行封道通行,确保运输全过程的安全。运输货物必须参加运输保险。

10. 运输组织机构及相关职责

(1) 总指挥:对运输全过程负全责,具体包括车辆配备、人员组织、运输指挥、重大问题决断、运输过程中对外协调。

(2) 副总指挥:对运输全过程负责,具体包括运输指挥、重大问题决断。

(3) 运输指挥:对运输工作负责实施。

(4) 商务指挥:负责业务衔接。

(5) 质保总监:全面监督。

(6) 质保工程师:对运输质量负总责,监督各环节是否按方案、按计划实施,对影响安全、质量的操作或事项可行使一票否决权。

(7) 车辆工程师:对运输全过程车辆技术负全责,包括工程部施工方案制订、车辆技术保障、车辆装载、临时故障指挥排除等。

(8) 现场调度:现场协调,并负责运输辅助工作的实施。

(9) 主驾驶:对主车的检查、使用负全责。

(10) 副驾驶:协助主驾驶工作,负责通信、观望。

(11) 挂车主操:对挂车的检查、使用负责,对运行时动力机组的观察、使用负全责。

(12) 挂车工:对挂车主操负责。根据工位要求,做好瞭望、绑扎、测量挂车高度、故障排除、测量挂车运行高度等具体工作。

(13) 工具车驾驶员:驾驶工具车并保管好车上物品。

(14) 生活保障:负责项目工作人员的后勤供给、临时采购等事项,包括劳动用品的供给。

11. 报价(报价从略)

12. 附件

(1) 冷催化剂罐运输安全技术检查表(略)

(2) 冷催化剂罐装载图(略)

职业素养小贴士:

从本案例可以看出,大件运输是支撑国家重大工程项目的关键环节。例如,中国装备制造、能源、石化、冶金等行业的国家重点工程项目,特别是中西部地区重点建设项目,都需要大件运输来承担关键设备的运输保障任务。这些设备有的单件价值上亿元,重量往往超千吨,长度超百米,一旦发生事故将造成严重的损失。所以,运输从业者要精准掌握大件运输的"专业性、规范性、安全性"的内在要求,不负使命和担当。

任务实施

(一) 实训任务

背景描述见本任务【任务情境】中的工作任务。

模块五 特种货物运输业务组织

（二）实训目标

1．根据大件货物运输实际情况，制作大件运输项目投标书或大件运输方案建议书。
2．具有团队协作精神，具备业务沟通能力。

（三）实训内容及操作步骤

参照下面"操作步骤"，完成大型变压器运输项目投标书的制作。

操作步骤：

步骤1．本企业概况、企业资质文件、大件运输资质文件及企业质量管理体系认证等情况介绍。

步骤2．确定大件产品参数：运输产品型号及数量、技术参数等。

步骤3．设计运输路线方案并绘制运输路线图，包括临时道路修建、空中障碍及排除方法等的说明。

步骤4．说明所选配的车辆方案，包括牵引车、拖板车及辅助车辆等的配备方案。

步骤5．介绍采用的吊装方案及实施办法。

步骤6．介绍采用的捆绑方案及实施办法。

步骤7．介绍针对运输项目而建立的运输质量保证系统。

步骤8．行业申报情况说明：

1) 承运方负责申请通报会。
2) 所采用车辆、路线、时间由会议决定，由高速公路管理局指挥通行，按时段封道，确保货物安全到达。
3) 参加会议单位：省公安厅交通安全管理局、省高速公路管理局、省市公安交警支队、省市交通局、高速公路工程公司等。

步骤9．本企业成功案例介绍：以往完成的同类其他大件运输项目情况介绍。

（四）成果形式

总结报告：针对所学到的理论知识和获得的专业技能进行全面的总结，对获得的经验和教训进行深刻的反思，并提出以后的发展方向。

小组演讲：利用PPT演示文稿现场介绍本组的大件运输投标方案。

（五）考核标准

评价项目	分配分值
1．承运人资质情况介绍全面、有吸引力	10
2．理货作业内容全面、操作正确	10
3．验道工作内容全面、操作正确	20
4．运输技术方案内容（采用车辆、装卸方案、捆绑方案等）全面、合理、可行	30
5．运输质量保证措施具体、可靠	20
6．行业协调工作正确	10
合计	100

（六）注意事项

环境要求：

多媒体教室一间，模拟实训室一间，多台计算机（可以联网），一部打印机。

教师要求：

对学生遇到的难点或疑问要及时给予指导，以便其更有效地完成工作和深入思考；

对技能训练成果要做专业性的总结,并尽可能提供额外学习资料。

学生要求:

要注意感受在企业中的职业身份;组内和小组之间要分享获得的新的信息或进一步的理解;听取来自老师、同学们的反馈建议。

归纳总结

1. 当货物的质量和外形尺寸超过了常见重型载货汽车的装载极限时,称其为大件货物。
2. 道路大件运输即采用大件运输车辆在公路、码头、工地现场等道路上运输大件货物。
3. 大件运输车辆行驶公路前,承运人应当按规定向公路管理机构申请超限运输车辆通行证。
4. 大件运输准备工作包括:配备超重型汽车列车、申请公路超限运输许可、提交护送方案和加固改造方案、制订货物装卸与捆扎加固方案等工作。
5. 大件运输作业流程主要包括10个环节:办理托运、理货、验道、制订运输技术方案、运输报价、签订运输合同、制订线路运输组织方案、货物装车和加固作业、车辆运行作业及运输统计与结算。

思考问题

1. 道路大件运输作业是一项技术性和专业性都很强的工作,在运输作业过程中稍有不慎,便可能对道路、桥梁、设备,尤其是所运大型工程设备造成损害。请你举例说明大件货物运输都需要哪些专业技术和管理人员。
2. 质量保证工作是大件运输安全的关键,任何人不得以任何理由拒不执行有关质保文件。请你谈一谈大件运输项目质保工作的内容应有哪些。
3. 大件运输企业要想获得快速发展,不能仅靠大型项目运输长期积累的经验和方法进行运作,那么要想获得专业化发展,应该在哪些方面下功夫呢?

任务三 鲜活货物运输组织

知识点 鲜活货物;运输温度;冷链运输;保温车、冷藏车、保温集装箱、冷藏集装箱;冷链运输作业组织。

能力点 组织鲜活货物冷链运输。

任务情境

工作任务:鲜猪肉的运输

近年来,北京肉类需求量不断增大,北京方面要求每天增加一定的进货量,运输任务自然就需要增长。沈阳华顺运输公司临时承接了宏都实业公司肉类进京的运输业务。这次的运输任务是在夏季将1 000头鲜猪肉一周内从辽宁新民市宏都实业公司运到北京朝阳大洋路农副产品批发市场。

华顺运输公司运输经理把这次肉类进京的运输任务全权交给了运输业务员张华负责,要求他尽快制订一份冷藏运输方案以适应这次运输的要求,并要求他负责具体实施。张华将如何完成这一次的运输任务组织工作呢?

任务分析

肉类属于易腐货物,需要冷藏运输,相关业务人员必须掌握冷藏车、冷藏货物运输组织与管理的相关知识和操作技能,才能保质保量地完成冷藏运输任务。

由于北京50%~60%的猪肉和60%~80%的牛羊肉都由外省市提供,量非常大。为保证肉类的质量,在外地进京各公路站点,安装有进京动物及产品卫生监督网络管理系统,对进京的鲜肉运输车辆进行逐辆检查,如货主、来源地、重量、检疫证明等指标信息。

为完成这次鲜肉的运输任务,我们需要弄清和明确以下几个问题。

1. 相关的理论知识

鲜活货物运输的特点;运输温度及鲜活货物运输质量保证的条件;冷链运输工具;冷链运输各环节的作业要求等。

2. 相关的实践活动

为了完成这项学习任务,我们还应该到一家专业的冷链运输服务企业参观学习其作业组织过程及关键作业环节的操作,还应该调查了解我国冷链物流的发展情况以及国外冷链物流的发展情况。

3. 相关的行业标准

《道路冷链运输服务规则》(JT/T 1234—2019)

本任务学习完成后,你可以从事鲜活货物的运输作业及组织管理工作。

任务准备

(一)鲜活货物运输概述

1. 鲜活货物的含义

鲜活货物是指在运输过程中需要采取保鲜、保活措施,并需在限定运输期限内运到和交付的货物。鲜活货物一般价值较高,运输时间性强、效率低、责任重,因此列为特种货物。鲜活货物分为两大类:易腐货物和活动物。

(1)易腐货物。易腐货物是指容易腐烂变质,其价值与时间密切相关,对运输时间要求严格的货物。这一类货物主要有初级农产品(蔬菜、水果、肉、禽、蛋、水产品、花卉产品)、加工食品(速冻食品、禽、肉、水产等包装熟食、冰淇淋和奶制品)、快餐原料、特殊商品（药品）等。

（2）活动物。活动物包括禽、畜、兽、蜜蜂、活鱼以及鱼苗等。

2. 鲜活货物运输的特点

（1）季节性强、运量变化大。水果蔬菜大量上市的季节、沿海渔场的鱼汛期，运量会随着季节的变化而变化。

（2）运送时间要求紧迫。大部分鲜活货物极易变质，要求以最快的速度、最短的时间运达。

（3）运输途中需要特殊照料。例如，牲畜、家禽、蜜蜂、花木秧苗等的运输，需配备专用车辆和设备，沿途进行专门的照料。

3. 鲜活货物的运输温度

鲜活易腐货物在运输过程中为了防止货物变质需要保持一定的温度，该温度一般称作运输温度。温度的高低应根据具体的货种而定，即使是同一货物，由于运输时间、冻结状态和货物成熟度的不同，对运输温度的要求也不一样。运输中，当外界气温远高于物品所要求的运输温度时，即需使用冷藏运输。

一些具有代表性的冷冻货物和低温货物的运输温度见表5-9和表5-10。

表5-9 冷冻货物的运输温度

货　名	运输温度（℃）	货　名	运输温度（℃）
鱼	-17.8～-15.0	虾	-17.8～-15.0
肉	-15.0～-13.3	黄油	-12.2～-11.1
蛋	-15.0～-13.3	浓缩果汁	-20

表5-10 低温货物的运输温度

货　名	运输温度（℃）	货　名	运输温度（℃）
肉	-5～-1	葡萄	6.0～8.0
腊肠	-5～-1	菠萝	11.0以内
黄油	-0.6～0.6	橘子	2.0～10.0
带壳鸡蛋	-1.7～15.0	柚子	8.0～15.0
苹果	-1.1～16.0	红葱	-1.0～15.0
白兰瓜	1.1～2.2	土豆	3.3～15.0
梨	0.0～5.0		

温度固然是储藏和运输鲜活易腐货物的主要条件，但湿度的高低、通风的强弱和卫生条件的好坏对货物的质量也会产生直接的影响。

在实际运输过程中，温度、湿度可以相互配合，冷冻食物为减少干耗，湿度可以大些；水果、蔬菜温度不能太低，湿度可适当小些。蔬菜、水果、动物性食物在运输过程中，都需要通风，目的是排除呼吸时放出的二氧化碳、水蒸气和热量，同时换入新鲜空气。而如果卫生条件不好，微生物太多，鲜活易腐货物沾染的机会多，则即使温度、湿度适合，食物也易于腐烂。只有妥善处理好它们相互之间的关系，才能保证鲜活易腐货物的运输质量。

模块五 特种货物运输业务组织

4. 鲜活货物运输及发展现状

连续冷藏是保藏和运输鲜活易腐货物的一个突出特点。若储运中某个环节不能保证连续冷藏的条件，微生物活动和呼吸作用都将随着温度的升高而加强，货物就可能在这个环节中开始腐烂变质，因此要求协调组织好物流的各个环节，为冷藏运输提供必要的物质条件。就运输环节来讲，我国冷藏运输目前以公路为主导，公路鲜活易腐货物的运输组织，对保证鲜活易腐货物的质量十分重要。

2018年我国冷链物流需求总量达到1.8亿吨，冷链物流市场规模为3035亿元。同时专业化第三方冷链物流企业开始大量兴起，呈现规模化、集团化、网络化的发展趋势。虽然我国冷链物流发展势头良好，但由于发展起步晚、基础比较薄弱，总体发展水平还不高，"冷链不冷"和"断链"的问题比较突出。我国冷链物流发展面临以下问题需要解决：①冷链物流标准和服务规范体系不健全，部分领域的标准规范仍然缺失；②存量冷链基础设施结构性矛盾比较突出，存在低水平、重复建设现象；③最先一公里和最后一公里存在短板，农产品产地和田头市场的预冷、储藏、保险等初加工冷链设施建设不足；④车辆定位、温度监控等信息化设备运用不足；⑤行业内中小企业占据多数，缺乏龙头企业引领；⑥尚未形成覆盖全链条的冷链物流监管体系，无法实现对生产、储藏、运输、销售等各环节以及温度控制和记录设备使用情况的全方位监管。

阅读资料 蔬菜冷链运输现状

果蔬具有易腐的特性，流通难度和风险很大，在果蔬从采收到上市的整个物流过程中，对贮运温度、机械伤害等方面都有十分严格的要求，普通车辆运输的蔬菜品质与冷藏车辆运输蔬菜的品质是有一定差异的。

然而，目前我国大约有90%的蔬菜都不是冷链运输，一方面，冷链运输成本高；另一方面，冷藏运输车辆装载能力较一般运输车辆差很多，即存在"冷链虽好，实施不易"的问题。

举例来说，如果用普通的运输车辆运送一种价格在2元左右的蔬菜，到达目的地后，刨除损耗部分一斤卖5元，不算亏；但如果用冷藏运输车辆运送到目的地，那么加上成本价格可能就要达到7~8元。如此比较下来，还是用普通车辆运输价格更能为客户和消费者所接受。

此外，冷藏运输车辆本身重量就达几吨，运载蔬菜有限额，而普通车辆6吨的车可能装载12吨左右的蔬菜；同样运输一次，要走的路径一样，比较下来冷藏运输车由于运输途中需要不断制冷，本身运输定价就高，运载能力又小，成本合计起来远远高出普通车辆运输。所以大部分蔬菜经营商还是宁愿选择有耗损的非冷藏运输车辆运送蔬菜。

职业素养小贴士：

目前我国农产品冷链物流所需的运输仓储设备陈旧落后，冷藏车数量不足，现代化冷库容量不足，直接影响物流企业的服务水平和运营效率。同时在实践当中，由于作业人员操作不规范，以及在管理上的不当，导致供应链（加工、储藏、运输、销售）脱节。这些问题不仅会影响冷链物流的发展，也会让人们逐渐对冷链物流的开展失去信心，直接影响到我国食品药品的质量与安全。

（二）道路冷链运输

1．基本概念

（1）冷链。冷链是指根据物品特性，为保持其品质而采用的从生产到消费的过程始终处于低温状态的物流网络。具体讲，冷链是指通过利用制冷技术使易腐物品在生产、加工、运输、销售等各个环节中保持适宜的低温状态，最大限度地减少易腐物品的损耗并保持其品质的流通活动过程。冷链体系离不开"冷"，同时各环节环环相扣缺一不可，一旦某一环节操作不当，便有可能造成整个体系的不可逆损失，因此称之为冷链。冷链涉及的领域很广，包括食品、医药、鲜花等很多方面。

（2）冷链运输。冷链运输是根据货物特性，使用专用设施设备对货物温度进行控制的一种运输方式。它是冷链中必不可少的一个环节。冷链运输的货物分为冷冻货物和冷藏货物两种。

冷冻货物是指经过冷冻加工成为冻结状态，需要在不高于其冻结点温度（当除去热量后，液体将要冻结的温度）的条件下储运的货物。此时货物在冻结状态下进行运输，运输温度的范围一般在$-20 \sim -10℃$；

冷藏货物是指需要在不低于冻结点的低温条件下储运的货物。此时货物在还未冻结或货物表面有一层薄薄的冻结层的状态下进行运输，一般允许的温度调整范围在$-1 \sim 16℃$。

常见道路运输冷链货物类别有：鲜水果、鲜蔬菜、肉类、蛋类、水产品、乳制品、干制品、速冻食品、糖果、油脂类、花卉植物。

（3）冷链运输的意义。我国冷链运输的发展起步较晚，冷链运输环节缺乏统一的标准，运输作业不规范，冷链"断链"现象十分严重。目前许多企业仍使用普通车加棉被、改装面包车、海运淘汰冷藏集装箱进行冷链运输，在露天场所进行装卸，为了省油甚至人为关闭制冷设备，无法保障货物需要的低温环境；也没有制定收货判定标准，仅根据异味、融化程度来判断货物品质，未配备温度监控设备，缺乏有效的温度监控手段。这些问题严重影响了冷链运输质量，难以保证货物温度，许多产品在运输途中变质腐烂，造成了巨大的浪费，甚至威胁食品安全。

2．运输工具及装置

由于冷链物品对外界条件的要求严格，在运输过程中，为了降低货物变质的速率，延长保鲜的时间，需要配备专门的设施和设备来维持较低的温度。冷链运输作业过程中涉及的设施设备主要包括运输工具及装置、装卸场所及其配套设施、装卸工具、温度监控设备等。

道路冷链运输的运输工具主要包括冷藏车、保温车、冷藏集装箱、保温集装箱，它们必须满足运输安全和运输环境的需要，在整个冷链运输过程中将货物始终保存在低温环境下。

（1）保温车。保温车是指车厢内置隔热层，但是没有制冷装置的冷藏运输设备。保温车没有制冷设备，主要靠车厢体隔热材料维持车内冷量，因此适用于保温运输。

（2）冷藏车。冷藏车是指车厢内置隔热层并且装有制冷装置的冷藏运输设备。有些冷藏车还装有加热装置，以便在外界环境温度低于货物适宜温度时，也能保证车厢内的温度符合货物适宜温度条件。

（3）保温集装箱。保温集装箱是指设有带隔热层的壁板、箱门、箱底和箱顶，以减缓箱内、箱外热量交换的集装箱。

（4）冷藏集装箱。冷藏集装箱是指设有制冷装置的保温集装箱。冷藏集装箱的温度调节范围是-30～20℃，为易腐食品的运输储藏提供适宜的温度、湿度和气调等环境条件，冷藏集装箱可看作是可以移动的小冷库。

（5）运输用制冷机组。运输用制冷机组是一种机械式制冷系统，用以控制运输途中货物的温度。主要包括：压缩机、动力装置、风冷冷凝器组件、风冷蒸发器组件、制冷管路及电气、控制系统等。

运输工具及装置应定期进行检查和维护，及时清洁、除霜，保持运输工具及装置工作状态正常，保温隔热、密封、空气循环状况良好。

3．冷链运输作业组织

（1）运输温度控制。温度控制是冷链运输的核心，是区别于常温运输的最主要环节，为了防止冷链"断链"，在冷链运输作业的全过程中都离不开对温度的控制。温度监控的对象包括装卸场所作业环境温度、运输工具厢（箱）体内部环境温度和货物温度，货物温度又包括货物表面温度和货物中心温度。温度控制作业要达到以下要求：

微课：冷链运输作业组

1）运输过程中货物的温度及运输工具厢（箱）体内部的环境温度应符合托运方的要求，或者通过试运输，由托运方和承运方共同确定运输过程中的温度控制要求。

2）若托运方未做要求，一般情况下，运输过程中（必要的除霜过程除外）温度的控制应符合以下要求。

① 冷冻货物运输：运输全程运输工具厢（箱）体内部温度、货物温度应不高于-18℃，装卸场所环境温度宜不高于7℃。

② 冷藏货物运输：运输全程运输工具厢（箱）体内部环境温度及货物温度应保持在冻结点以上的低温状态，装卸场所环境温度宜不高于15℃。

③ 运输过程中（包括货物装卸过程）温度波动范围应不超过3℃。

3）运输工具厢（箱）体内部应配备适宜的温度监测设备监测内部环境温度，温度应由温度监测设备自动记录且记录间隔时间不超过10分钟。温度监测点应合理布置在具有普遍代表性的位置和最不利温度条件处。环境温度监测设备的传感元件不应与其他物体接触。

4）对货物温度进行全程实时监测和记录。

5）温度监测设备温度异常报警时，应立即进行检查，采取措施将温度调控至允许的范围内。

《道路冷链运输服务规则》中给出了"常见冷链货物道路运输推荐的温度控制范围"表，可以作参考。

（2）业务受理。运输业务的受理是发运工作的初始环节，这个环节工作质量的好坏直接影响运输过程中的其他环节。业务受理时应明确货物运输是否有特殊要求，例如温度要求、测温方法和测温点布置等事项，以便更好地做运输前的准备、制订科学合理的运输计划。

1）承运方受理运输任务时应获取货物的相关信息，与托运方进行确认并在运输合同中明确以下内容：

① 货物的名称、规格、数（重）量、包装、标识。

② 货物的收发人、收货地点及时限要求。

③ 货物运输的温度要求，包括装载、运输、交接各环节温度要求和偏差范围、装卸时间、温度测量位置及方法等。

④ 对双方的责权利做出明确界定，作为事后处理争议的依据。

⑤ 其他相关事项。

2）承运方应根据货物的数（重）量、收发货地点、运输时间、温度要求等制订运输计划，包括运输工具配置、运行线路、温度监控方案、应急处置措施等。

（3）运输工具选择。运输工具的选用应根据货物的特性及托运方提出的温度要求来确定。

在货物经过充分预冷，且运输环境、运输时间满足一定条件的情况下，可采用将货物放置于保温容器内且（或）使用符合要求的保温车、保温集装箱进行运输，但运输途中货物温度变化应不大于 3℃。具体环境温差、运输时间需要满足的条件如下：

1）运输工具厢（箱）体内部环境温度与外部环境温度之间的温差不大于 15℃，运输时间不大于 12 小时。

2）运输工具厢（箱）体内部环境温度与外部环境温度之间的温差大于 15℃且不大于 30℃，运输时间不大于 6 小时。

3）运输工具厢（箱）体内部环境温度与外部环境温度之间的温差大于 30℃，运输时间不大于 3 小时。

（4）装载作业。

1）装卸场所要求。装卸作业环节是影响冷链运输质量的关键环节，冷链物品在冷库和运输工具之间转移，装车、卸车、清点检查、堆码等一系列作业需要一定的时间，为了避免货物长时间停留在较高温度的环境中，装卸场所应提供低温、卫生的环境条件，并配备提高装卸效率的装置。

① 装卸场所应清洁、卫生，无毒、无害、无异味、无污染物。

② 装卸场所应设置在低温、尽可能封闭的区域，不应设置在有阳光直射、热源设备附近或周围环境温度可能会升高的区域。

③ 与运输工具对接的封闭式装卸平台应配备对接升降平台、滑升门和门套密封装置；如无封闭式装卸平台，应使用连接装置将冷库门与运输工具门对接。

④ 装卸场所的环境温度应符合前述（1）运输温度控制的要求，环境温度无法达到时应尽快装卸完毕。

⑤ 装卸场所应配备环境温度监测设备，实时监测环境温度。

2）装载前的准备。

① 对运输工具进行检查，应保证：制冷机组技术状况良好，制冷系统、除霜系统运转正常；厢（箱）体密封性能良好，厢（箱）门完好；厢（箱）体内部卫生状况良好、清洁，无结霜、无异味、无污染、无碎屑、无尖锐突出物品；温度监测设备工作正常，电池电量充足。

② 对运输工具进行预冷，预冷温度应与货物运输要求的温度接近，偏差范围不大于

3℃。预冷时紧闭厢门，温度预冷达到要求后方可装载。

③ 检查、确认货物名称、种类、规格、数（质）量等信息及相关文件。

④ 检查货物包装，确认包装无因温度不符、变质或其他原因造成的破损、撒漏和污染。

⑤ 抽测并记录货物温度，抽样时应选取最具普遍代表性和最不利温度条件区域的货物进行测量。测量结果由托运方和承运方签字确认。

⑥ 货物有误，或包装、温度不符合要求的，承运方应与托运方协商解决，并做好记录。

3）装载作业相关要求。

① 装载作业应安全、快速，轻搬轻放，防止损坏货物包装。

② 装载过程应关闭运输工具的制冷机组。

③ 有毒、有害、有异味、易产生乙烯气体、易污染的货物不应与其他货物拼装。不同温度要求的货物不应放置在运输工具的同一控温空间内。

④ 货物堆码应符合以下要求：a）冷冻货物应紧密堆码，冷藏货物须在货件之间保留一定的空隙；b）货物堆码不应遮挡出风口和回风口，高度不应超过厢（箱）体的最大装载限制线；c）货物不应直接接触底板，厢（箱）体底板宜设置通风槽或可通风托板，保持充分的冷气循环空间；d）低温敏感货物应远离出风口；e）应用支架、栅栏、货架或其他固定装置固定货物，防止货物移动。

⑤ 装载作业应在约定时限内完成；未约定的，作业时间应不超过 1.5 小时，冷冻货物在装卸平台停留时间应不超过 15 分钟，冷藏货物在装卸平台停留时间应不超过 30 分钟。

⑥ 装载过程中要进行温度监控，应保持厢（箱）门随开随关，作业需中断时，应立即关闭厢（箱）门，启动制冷机组。

⑦ 装载完毕应及时关闭厢（箱）门，检查厢（箱）门密闭情况，启动制冷机组并设定温度，尽快将运输工具厢（箱）体内部温度降到要求的范围内。

（5）运输途中作业。运输途中主要应防止出现以下几种情况：一是在途时间过长，超出货物运输的时限要求导致货物变质，这一般是由于车辆故障、交通事故、交通拥堵、极端天气等情况引起；二是不能将温度控制在允许的范围内导致货物变质，这种情况的发生原因可能是制冷系统或温度监测设备故障，或者人为关闭制冷设备等；三是发生较大事故，货物倾倒遭受挤压、碰撞等损伤，甚至厢（箱）体或包装损坏受到外来污染物的污染。因此对途中作业要求如下：

1）运输车辆应尽量保持平稳行驶，减少起伏和震动。

2）货物应安全、准确、及时运输到目的地，途中不宜长时间停留。

3）运输过程中要进行温度监控。需要除霜的，应在除霜后尽快将温度降到要求范围内。

4）运输途中发生交通事故或机械故障不能继续运行时，应尽快抢修；如不能及时修复，或需要长时间停留时，应立即按照应急预案采取措施转运或就近处理，并通报托运方。

（6）卸货与交付作业。卸货与交付是运输过程的最终作业环节，也是确定运输质量的最后环节，如处理不当也可能导致"前功尽弃"，因此必须妥善处理好这一环节工作。

对卸货交付环节的作业要求如下：

1）交货时，承运方应出示收货时的温度记录以及运输过程中的温度记录。

2）交接双方应核查货物名称、种类、规格、数（重）量等信息及相关文件。检查货物包装，确认货物无包装破损、撒漏和污染。

3）交接双方应抽测并记录货物温度，测量结果由双方操作人员签字确认。

4）发现破损、货差、温度超出允许范围，或运输过程中的温度记录不符合要求等情况时，应在交接凭证上标注清楚，交接双方签字确认，按合同约定进行处理。

5）卸货作业应安全、快速，轻搬轻放，防止损坏货物包装。

6）卸货过程应关闭运输工具的制冷机组。

7）卸货作业应在约定时限内完成；未约定的，作业时间应不超过 1.5 小时，冷冻货物在装卸平台停留时间应不超过 15 分钟，冷藏货物在装卸平台停留时间应不超过 30 分钟。

8）卸货过程中要进行温度监控，保持厢（箱）门随开随关，作业需中断时，应立即关闭厢（箱）门，启动制冷机组。

9）卸货交付后应及时将运输工具清洗干净，必要时进行消毒。运输工具厢（箱）体内部应干燥清洁，无残留污水、异味、污染物。

（7）记录保存。相关记录是监督和改进运输过程、实施质量追溯的重要依据，应当分类归档妥善保存。

1）承运方应保留相关温度记录，包括货物温度抽测情况、全程厢（箱）体内环境温度情况、测温设备、超温报警情况等。

2）温度记录应真实完整、不可更改。

3）相关记录保存时间应超过产品保质期 6 个月以上。

实践案例 5-9　冷藏集装箱货物运输组织

某物流公司接到一批冷藏货物运输任务，由于货运量大，客户要求采用冷藏集装箱运输，公司遂组织人员完成了以下工作流程。

（1）货物预冷。将货物预冷至运输要求的温度，因冷箱设计制冷能力有限，仅能用于保持货物的温度。如果货物温度过高，将使制冷系统超负荷工作，导致该系统出现故障，影响货物安全。

（2）冷箱预冷。一般情况冷箱不应预冷，因为预冷过的冷箱一打开门，外界热空气进入冷箱遇冷将产生水汽凝结，水滴会损坏货物外包装和标签，在蒸发器表面凝结的水滴还会影响制冷量。但在冷库的温度与冷箱内温度一致，并采用"冷风通道"装货时，可以预冷冷箱。当冷箱装运温度敏感货物时，冷箱应预冷，预冷时应关紧箱门。如冷箱未预冷，可能造成货物温度波动，影响货物质量。

（3）预检测试。每个冷箱在交付使用前应对箱体、制冷系统等进行全面检查，保证冷箱清洁、无损坏、制冷系统处于最佳状态。经检查合格的冷箱应贴有检查合格标签。

（4）装箱前准备工作。根据不同易腐货物应确认下述事项：最佳温度设定；新鲜空气换气量设定；相对湿度设定；运输总时间；货物体积；采用的包装材料和包装尺寸；所需的文件和单证等。装箱前及装货时应注意：设定的温度应正确；设定的新鲜空气换气量应正确;设定的相对湿度应正确;装箱时制冷系统应停止工作;箱内堆装的货物应低于红色装载线且不超出T形槽的垂直面;箱内堆装的货物应牢固、稳妥;箱内堆装货物的总重量应不超过冷箱最大允许载质量;冷箱装货后总重量(包括附属设备的重量)在运输途中不应超过任一途经国的限制。

(5)脱离制冷时间。各种运输方式之间的交接可能出现短途常温运输或制冷系统故障,造成停止制冷。对冷冻和冷藏保鲜货物短时间的停止制冷状态是允许的。许多产品出现几小时的停止制冷可以接受,但并非所有货物都如此。对任何冷藏货物均不允许出现长时间地停止制冷。

4. 冷链运输的制度管理

冷链运输的高质量实施依赖于完善的管理制度和操作规程。冷链运输是一项专业性强、复杂程度高的生产活动,涉及货类广泛且各具特殊性,并应用了特殊的设备和技术,对运输过程每一环节的要求都较普通运输更高、更专业、更复杂。冷链运输企业或单位应建立完善的管理制度、操作规程、应急预案,以从制度管理方面保障道路冷链运输服务质量。

(1)管理制度。依据冷链运输的特点和主要运输质量关键控制点,应建立冷链运输质量管理制度、运输工具及温度监控设备等设施设备的使用管理制度、信息管理制度、人员管理与培训制度,从而规范冷链运输的质量管理、设备设施使用维护管理、信息管理和人员管理等。

(2)操作规程。应制订并实施以下操作规程,为作业人员提供作业指导。

1)驾驶员行车操作规程,包括出车检查、故障排查、行车注意事项以及运输后清洁与检查等要求。

2)温度监控操作规程,包括制冷机组与温度检测设备的检查与使用、测温点选择、测温方法及记录等要求。

3)冷链货物装卸操作规程,包括各类冷链货物的装卸要求、装卸设施设备操作、堆码规则、物品保护和卫生等要求以及其他注意事项。

4)验货交接操作规程,包括货物交接的程序、场所与设备要求、验货方法、不合格货物处理方式、交接记录等要求。

(3)应急预案。承运方还应制订各类应急处置预案,以应对各类突发事件,如运输途中可能发生的设备故障、异常天气影响、交通拥堵等。

任务实施

(一)实训任务

背景描述见本任务【任务情境】中的工作任务。

(二)实训目标

1. 能按冷链运输作业要求完成鲜活易腐货物的运输组织工作。
2. 具备细致的工作品质。

（三）实训内容及操作步骤

参照下面"操作步骤"的提示，完成鲜猪肉进京运输任务的各项工作。

操作步骤：

步骤1．明确鲜肉运输的特殊要求：进入市场前必须采取冷藏运输，检验检疫手续齐全，了解北京市区白天限制货车通行规定等。

步骤2．制订运输计划方案：现有的运力资源能否满足要求？增加运输量需增加相应冷藏设施，考察原来的冷藏设施设备情况、各作业环节（储存、装卸、搬运、运送途中等）的操作衔接情况、操作人员的质量意识情况、冷藏车车况等，提出冷藏设施改造及运输调整计划方案。

步骤3．办理相关证件，如检验检疫证明。

步骤4．起运前准备，如运输工具的卫生要求等。

步骤5．确定装载方法，如悬挂装载等。

步骤6．运送过程中的温度控制。整个运输途中密切关注车厢内温度的控制，以保障货物安全到达目的地。

步骤7．驾驶员注意事项。

（四）成果形式

总结报告：针对所学到的理论知识和获得的专业技能进行全面的总结，对获得的经验和教训进行深刻的反思，并提出以后的发展方向。

小组陈述：现场讲解本组的运输任务解决方案。

（五）考核标准

评价项目	分配分值
1．运输计划方案考虑周全、冷藏运输设备选择正确	50
2．起运前的相关工作准备充分	10
3．运送作业过程操作恰当	20
4．相关运输人员工作内容安排合理	20
合　计	100

（六）注意事项

环境要求：

多媒体教室一间，模拟实训室一间，多台计算机（可以联网），一部打印机。

教师要求：

对学生遇到的难点或疑问要及时给予指导，以便其更有效地完成工作和深入思考；对技能训练成果要做专业性的总结，并尽可能提供额外学习资料。

学生要求：

组内和小组之间要分享获得的新的信息或进一步的理解；听取来自老师、同学们的反馈建议。

归纳总结

1．鲜活货物运输的特点是季节性强、运量变化大，运输时间要求紧迫，运输途中需要特殊照料。
2．只有妥善处理好温度、湿度、通风、卫生四个条件之间的关系，才能保证鲜活易腐货物的运输质量。
3．冷链运输是根据货物特性，使用专用设施设备对货物温度进行控制的一种运输方式。
4．冷链运输温度监控的对象包括装卸场所作业环境温度、运输工具厢（箱）体内部环境温度和货物温度。
5．冷链运输计划包括：运输工具配置、运行线路、温度监控方案、应急处置措施等。
6．装卸场所应提供低温、卫生的环境条件，并配备提高装卸效率的装置；做好装载前的准备工作，装载时应按操作规范作业。
7．冷链运输作业主要包括：运输温度控制、业务受理、运输工具选择、装载作业、运输途中作业、卸货与交付作业、记录保存等环节。

思考问题

1．目前，我国尚未建立起科学的蔬菜物流配送体系，蔬菜物流与交易成本高，难以满足我国市场与物流发展的需要。我们该如何破解这一问题呢？
2．请查阅资料了解什么是冷链物流，冷链由哪几个环节构成，冷链物流有什么特点，我国冷链物流发展情况如何。

同步知识测试

一、单选题

1．危险货物按其具有的危险性或最主要的危险性分为（　　）个类别，有些类别再分成项别。
　　A．7　　　　　　　　B．8　　　　　　　　C．9　　　　　　　　D．11
2．在运输开始前，承运人应告知驾驶员所装载的危险货物信息，并提供（　　），确保驾驶员掌握其内容并正确操作。
　　A．货物清单　　　　　　　　　　　　B．危险货物道路运输运单
　　C．许可文件　　　　　　　　　　　　D．危险货物道路运输安全卡
3．为了满足道路和桥梁承载能力要求，大件运输车辆需要用（　　）进行分载，并在行驶中要保持各车轮受力相等。
　　A．很长的车体和很少的轮胎　　　　　B．很短的车体和很多的轮胎
　　C．很长的车体和很多的轮胎　　　　　D．很短的车体和很少的轮胎
4．大件运输车辆行驶公路前，（　　）应当按规定向公路管理机构申请公路超限运

输许可，按照指定的时间、路线、速度行驶公路。
  A．托运人 B．承运人 C．收货人 D．代理人
  5．采用保温车、保温集装箱进行运输时，运输工具厢（箱）体内部环境温度与外部环境温度之间的温差不大于15℃，运输时间不大于（　　）小时。
  A．3 B．6 C．9 D．12

二、多选题

  1．在危险货物交付运输时，托运人应向承运人如实提供危险货物特性信息，并向承运人提交相关文件，如（　　）。
  A．许可或批准文件
  B．放射性物品运输核与辐射安全报告批准书
  C．危险货物道路运输安全卡
  D．危险废物转移联单
  E．托运清单
  2．承运人在运输危险货物之前，应确认随车携带了（　　）等单据和证件。
  A．道路运输证 B．危险货物道路运输安全卡
  C．车组成员从业资格证 D．运单
  E．法规标准规定的其他单据
  3．基于长大货物的特点，其运输组织与一般货物运输有所不同，它对（　　）有特殊的要求。
  A．装载 B．公路技术等级 C．驾驶人员 D．运输条件
  E．安全保证
  4．大件运输车辆通过公路桥梁时，应当（　　）。
  A．缓慢加速行驶 B．匀速居中行驶 C．避免制动 D．避免变速
  E．避免停驶
  5．道路冷链运输的运输工具主要包括（　　）。
  A．冷藏车 B．封闭厢车 C．保温车 D．冷藏集装箱
  E．保温集装箱

三、判断题

  1．每类危险货物有多个条目，每个条目都对应多个联合国编号（UN编号），用以识别这些危险货物。（　　）
  2．危险货物装卸操作应按照其预先设计要求或测试过的操作方法进行。（　　）
  3．大件运输，不是超限运输，一般是指大设备的运输配送。（　　）
  4．大型超限设备的运输涉及面广，牵扯到沿途的公路、桥梁、公安、交通、通信、电力、行政等多个部门，是一项复杂的系统工程。（　　）
  5．冷链运输的货物装载过程中不应关闭运输工具的制冷机组。（　　）

四、案例分析题

  某物流公司承运海南产的蔬菜（油豆角）3 500千克，终点站为黑龙江省大庆市让胡路车站。托运的当天客户将3 500千克蔬菜交给该物流公司承运，还交了7 741元运费款

给物流公司业务受理员李某。李某收到该款后出示收款收据,同时,物流公司也按约定将3 500千克蔬菜(油豆角)运往大庆。3月8日该批蔬菜到达终点站时,经大庆市让胡路车站检查发现集装箱后面调温室无门锁,可自由开启,调温室内温度控制箱箱门开启,冷板温度显示表和箱内温度显示表失灵,调温机不工作;3月9日交付时开启箱内见绿水流出,竹筐装豆角96筐,全部腐烂变黑。油豆角当时在大庆市的价格为每千克10~12元。由于油豆角腐烂,给物流公司带来了不小的损失。

结合上述案例,回答以下问题:
1. 油豆角腐烂变质的原因是什么?
2. 正确的蔬菜物流运输组织工作应是怎样的?其各环节作业要求是什么?
3. 我国汽车冷链运输的现状如何?发展趋势是什么?

模块六

货物运输风险管理

导读

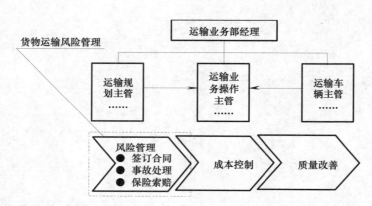

  运输企业从货物装运时起到货物运达交付完毕止,在整个运输责任期间,由于各种原因,所承运的货物发生丢失、损坏、变质甚至整车的货物损失等事故,实难避免,这对运输企业来说,损失是巨大的。因为按照货运市场惯例,运输企业要赔偿货主的损失,除此之外,还有信誉上的影响。如何确保所承运货物的安全,避免或减少事故损失呢?

  在模块三、四、五中我们主要研究的是运输作业操作和作业管理问题,如,运单的填写及审核、货物包装的检查、货运车辆的跟踪、运输单证的传递处理等作业操作,制订这些作业操作规范实质上都是在控制运输风险的发生,保障预期的运输服务质量。因此,我们说运输风险控制贯穿于运输业务管理工作的始终,模块六的内容是模块三、四、五内容的延伸。

  本模块我们将集中学习和讨论运输风险管理问题。这些运输风险主要是一些外来的不可控因素和人为可控因素引起的各种事故损失。针对这些风险因素,本章将研究运输合同条款的内容、货运事故的处理规定及运输保险的办理事务等内容。

  通过本模块情境任务的训练,加强我们的合同意识和风险意识,为今后从事货物运输管理工作打下良好的思想基础。

学习目标

通过本模块的学习,你将获得货物运输合同、运输事故、运输保险等方面的基本知识,并初步具备对道路货物运输进行风险管理的能力。能够:

1. 对合同内容进行审定并完成货运合同订立事务。
2. 准确划分运输当事人的责任、权利和义务,对当事人行为进行风险管理。
3. 对货物受理作业过程、货物运送作业过程和货物交接作业过程进行风险管理。
4. 执行投保手续,协助当事人索赔或理赔,办理运输保险与处理索赔事务。
5. 提高安全生产意识、法律法规意识、合同意识、保险意识,忧患意识,增强社会责任感。

任务一 货物运输合同订立

知识点 货物运输合同;道路货运合同种类;货运合同内容;运输当事人的责任、权利和义务;货运合同变更和解除条件。

能力点 划分运输当事人的责任、权利和义务;审定货运合同内容。

任务情境

工作任务:订立洗涤用品运输合同

松山货运公司市场部准备与广州立白集团达成长年运输的合作意向,双方经过几次接触后,约定各自先拟定初步的合作合同草案,然后再对双方的合同做进一步的修改,最后经双方单位代表审定同意后即可正式签约。于是,松山货运公司市场部刘经理把制订双方合作草案的初稿工作交给运输部的小王,让小王初步提出合同草案的基本内容,同时要求到双方碰面商讨的时候,小王需要对自己提出的合作草案进行解释。

刘经理告诉小王相关信息如下:广州立白集团主要将其广东省内客户(各大型超市)送货业务交给本公司。货物主要是立白洗衣粉、肥皂和洗洁精三大系列产品(已用纸箱包装好),每周的运量是 600 吨,其客户分布在深圳、惠州、东莞、中山、茂名、梅州六个城市(每个城市每周的送货量是 100 吨),立白集团希望货运公司为其提供的车辆都是 20 吨集装箱挂车,并提供整车运输方式,所有客户的货物当天发货当天到达。刚开始合同期为一年,以后三年一签。

该合同的制订内容直接影响立白集团是否考虑把业务交给松山货运公司。那么,这份运输合同需要包含哪些内容和条款呢?小王该如何制订一份让双方都满意的运输合同呢?

任务分析

在道路货物运输工作中,合同是确定承运人与托运人之间权利义务关系的最重要的法律文本。它既是业务开发最终确定的结果,也是业务实施过程中对照执行的依据,更是解决业务纠纷的主要依据。为了预防货运事故、避免货运纠纷,签订货物运输合同就成了运输风险管理的基础。

上述情境的工作任务涉及运输合同的条款内容，运输合同当事人的责任、权利、义务，运输合同变更和解除条件等一系列问题。

为了完成货物运输合同签订这项任务，我们需要弄清和明确以下问题。

1. 相关的理论知识

货物运输合同的作用；货运合同种类；货运合同内容条款；运输当事人的责任、权利、义务；订立货运合同的原则和程序；货运合同变更和解除条件。

2. 相关的实践活动

为了完成这项学习任务，我们需要查阅有关的法律、法规文件对运输合同的相关规定，还要到运输企业的合同管理部门了解企业合同管理、执行情况和存在的问题，以及运输合同对企业经营发展的影响，了解实际签订运输合同过程中应注意的问题。

本任务学习完成后，你可以从事：与客户洽谈运输业务；沟通当事人的责任、权利、义务等问题；起草合同条款；协助运输经理审核合同内容等业务员岗位工作。

任务准备

（一）货物运输合同概念

1. 运输合同的含义

《中华人民共和国合同法》（简称《合同法》）中所称合同是指平等主体的自然人、法人、其他组织之间设立、变更、终止民事权利义务关系的协议。

运输合同是承运人将旅客或货物从起运地运至约定地点，旅客、托运人或收货人支付票款或运费的合同。

货物运输合同（简称货运合同）是指承托双方签订的，明确双方权利义务关系、确保货物有效位移的，具有法律约束力的合同文件。它明确了：

（1）合同当事人主体双方。一方为承运人，另一方为托运人。双方一经订立合同，合同主体法律地位即成立生效。承运人、托运人均享有法律赋予的权利和合同中双方约定的权利，并履行其责任和承担义务。

（2）合同双方对等关系。承运人负责为托运人提供运输服务，而托运人应向承运人支付运输费用。

（3）承运人收取运输费用。运输费用不仅仅指承运人为提供货物运输所发生的费用，在实际运输过程中，有时还包括加固绑扎费以及必要的中途垫款费等。

（4）承运人提供运输服务。运输服务包括基本运输服务和附加的服务，如包装、装卸、送货上门、代收货款等。

《合同法》对托运人的资格没有限制，可以是公民，也可以是经济组织；可以是物品所有人，也可以是非物品所有人；托运人有时也可以是收货人。

2. 运输合同的分类

（1）按运输工具划分，可分为道路运输合同、铁路运输合同、水路运输合同、航空运输合同、管道运输合同等。

（2）按运输组织方式划分，可分为单一运输合同和多式联运合同。

（3）按服务对象划分，可分为旅客运输合同和货物运输合同。

（4）按合同形式划分，可分为书面合同（签订正式书面协议书）和契约合同（签订托运单）。

（5）按合同期限划分，可分为长期合同（一年以上）和短期合同（一年以下）。

（6）按货物数量划分，可分为批量合同（一次托运数量较多的大宗货物运输）和运次合同（托运货物较少的一个运次即可完成的运输）。

3. 运输合同的基本特征

（1）运输合同是有偿合同。一些运输合同的单证，如车票、机票、运单、提单等是有价单据。旅客、托运人或收货人以支付票款或者运输服务费用为代价，获得承运人提供的运输服务。

（2）运输合同是双务合同。运输合同中双方当事人都享有权利和负有义务。承运人负有将旅客或货物按约定送到目的地的义务，同时拥有收取运输费用的权利；旅客、托运人或收货人负有支付相应的运输费用的义务，同时享有运输服务的权利。

（3）运输合同一般为格式合同。运输合同采用格式合同，这是由运输业的特征所决定的。为体现合同的公正与效率，国家授权交通管理部门以规章形式来规范其主要内容和条款，以维护双方当事人合法权益，也杜绝承运人利用其控制运输工具的有利条件制订有利于自己的条款、免除/降低自己应负的责任。双方当事人在订立合同时，无须协商，只要按照规定的式样中预留的空项填写具体内容或约定，双方确认后，合同即告成立。如托运单，由运输企业制作，为了重复使用而将预先拟定好的条款打印在托运单上，这些条款并未与对方协商，因此托运单上的条款属于格式条款。

对承运大宗货物或长期运输货物等特殊要求的运输，也可以不采用格式合同，由双方当事人按《合同法》制定的原则和程序另行协商约定。

知识链接 6-1　关于格式条款的法律效力问题

> 我国《合同法》第三十九条、第四十条、第四十一条规定：采用格式条款订立合同的，提供格式条款的一方应当遵循公平原则确定当事人之间的权利和义务，并采取合理的方式提请对方注意免除或者限制其责任的条款；提供格式条款一方免除其责任、加重对方责任、排除对方主要权利的，该条款无效；对格式条款有两种以上解释的，应当做出不利于提供格式条款一方的解释。

实践案例 6-1　货物托运单的背面条款

沈阳华顺运输公司是依托沈阳家具城而开办的一家零担货运企业，表6-1为其货物托运单的背面运输条款。

表 6-1　沈阳华顺运输公司托运单（背面条款）

托运人须知

一、本协议是托运承、托运双方认可的货物运输合同。

二、托运货物按规定包装完好、标志清楚，不得假报货物名称、数量及性质，不准夹带危险品和禁运品，有腐蚀浸染性的物品交运时必须声明，否则造成的损失由托运人负责。

三、有包装或自行包装的货物，外包装无损坏时而内在货物损坏、少货，由托运人负责（因不能拆箱检查）。

四、托运货物时，托运人应先声明托运货物的价值及是否投保或保险，货物参加保价运输，丢失按保价金额赔偿；货物未参加保价运输，丢失按运费 2～4 倍赔偿。如果货物运输过程中发生损坏，只按损失部分赔偿。

五、在托运期间发生货损、丢失、误差，托运人应自发货起 10 日内向货站查询，过期不予受理。超过 30 日时，货站按无主货物处理，后果由货主自负。电话号码不详，产生后果由发货人自负。

六、代收货款应在一个月内领取，超期 60 天还未领取的，视为款项自动放弃，后果由发货人自负；发货人要精心妥善保管好取款票据，取款票据丢失，请及时挂失，挂失票据收取 5 元费用。

七、到货、返货，货站当天通知，保管期 3 天，超期按每件每天 1 元收取保管费，超过 10 天返回原发货站。

八、此协议无公章、无发货人签字无效；请凭提货单、身份证等有效证件提货。

沈阳总部：铁西区德工街九路××号	电话：024-××××××××

（4）运输合同是诺成合同。诺成合同可以在双方当事人对合同必要条款协商一致时成立，有些诺成合同又是要式合同，承诺生效时合同并非一定成立。运输合同的成立无须交付标的物（完成运输行为）。具体来讲，在货运合同中，一般在托运人与承运人就货物运输事项达成一致意见，并按诺成合同规定的订立方式订立时，合同成立，不必等到货物实际交付承运人时合同才成立。

实践案例 6-2　货运合同的成立条件

托运人张华与某运输公司签订了货物运输合同。于是该运输公司开始运输准备工作（调配车辆、安排取货人员、清空库房等），准备好后通知托运人前去取货。但在这期间，托运人又找到了更便宜的运输公司，决定不用该运输公司的车辆运输了。运输公司要求托运人承担违约责任，托运人认为货物还没交付，合同不成立，运输公司认为托运人已经答应了，合同就成立了，条款即生效。双方因此产生纠纷。

我国《合同法》中规定，运输合同属诺成合同，双方都同意了，合同即成立，双方就要遵守合同中条款的规定，否则负违约责任。所以，托运人要对承运人的损失负赔偿责任。

（5）货运合同除具有前述"运输合同"的基本特征外，还具有自身的特殊性。

1）货运合同通常涉及第三人。货运合同是由托运人和承运人协商、订立的结果，托运人和承运人是合同双方的当事人。托运人和收货人不一致时，收货人成为货运合同的第三人，收货人一般不是合同的订立者，但同样可以是合同利益的关系人，享有合同规定的权利并承担相应的义务，如不能拒绝提货和延迟提货等。货运合同是涉及第三方利益的合同。

2）货运合同以交付收货人为履行终点。货物运输以运送行为为标的，承运人将货物运到约定的地点后，义务并未履行完成，还须与收货人办理完成货物交接手续后，承运人的义务方履行完毕。

3）货运合同是当事人之间为实现一定经济目的，明确相互权利义务关系而订立的协议，签订合同的当事人，双方或一方必须是法人。

4）签订货运合同的承运方必须持有经营货运的营业执照，具有合法的经营资格。

5）货运合同的内容限于运输经济行为，主要以运输经济业务活动为内容。

4．道路货运合同种类

道路货运合同可以采用书面形式、口头形式和其他形式。书面形式合同又分为定期运输合同、一次性运输合同、道路货物托运单，合同自双方当事人签字或盖章时成立。

1）定期运输合同适用于承运人、托运人、货运代办人之间商定的时期内的批量货物运输。

2）一次性运输合同适用于每次货物运输，如某大型物件的运输合同。

3）道路货物托运单适用于临时性、短期性的货物运输。在承托双方未签订定期运输合同或一次性运输合同时，托运人应按要求填写托运单。托运单视为运输合同，可方便承运人重复使用。

（二）货运合同的订立及条款内容

1．货运合同订立原则

货运合同的签订是指承运方和托运方在自愿、平等、互利的基础上经过协商后用书面形式签订的有效合同，其签订的基本原则主要包括以下几个方面。

（1）自愿平等互利的原则。合同当事人不论企业规模大小、实力强弱、所有制性质差异，在签订运输合同时的法律地位一律平等，一方不得将自己的意志强加给另一方。在合同内容上，双方应遵循公平和对等的原则确定各方的权利和义务。

（2）合法规范的原则。签订运输合同的内容和程序必须符合法律的要求。只有合法规范的合同才能得到国家的承认，具有法律效力，当事人的权益才能得到保护，从而达到签订运输合同的目的。

（3）协商一致的原则。合同是双方的法律行为，彼此均不得把自己的意志强加于对方，双方意愿经过协商达到一致，任何其他单位和个人不得非法干预。

（4）等价有偿的原则。合同当事人都享有同等的权利和义务，并应依法承担相应的责任。权利、义务、责任总是对等的。每一方从对方得到利益的同时，都应该支付对方相应的代价，不能只享受权利而不承担义务和责任。

2．货运合同订立程序

《合同法》第十三条规定："当事人订立合同，采取要约、承诺方式。"依照这一规定，当事人订立合同要经过要约和承诺的过程。

（1）要约。要约是希望和他人订立合同的意思表示，该意思表示应符合两个规定：一是内容具体确定；二是表明经受要约人承诺，要约人即受该意思表示约束。该意思表示的内容包括订立合同愿望、合同的内容和主要条款，一般由托运人提出。

（2）承诺。承诺是受要约人同意要约的意思表示。承诺应以通知的方式发出，应当在要约确定的期限内到达要约人。在运输合同的订立过程中，承诺是指承运人接受或受理托运人的要约或提议，对托运人提出的全部内容和条款表示同意。受理过程包括双方协商一致的过程。

3. 货运合同内容

微课：货运合同的内容

道路货运合同的基本内容如下：

（1）托运人、收货人和承运人的名称（姓名）、地址（住所）、电话、邮政编码。

（2）货物名称、性质、重量、数量、体积，或者月、季、年度货物批量。

（3）装货地点、卸货地点、运距。

（4）货物的包装方式。

知识链接 6-2　货物的包装和标志

托运人托运货物的包装应符合国家标准（GB/T 191—2016）或行业标准（JT/T 385—2008）；没有包装标准规定的货物，应根据货物的重量、性质、运输距离等条件，按照运输需要做好包装，保证货物安全。托运人还应根据货物性质和运输要求，按照国家规定正确制作运输标志和包装储运图示标志。零担货物应当用坚固的材料制作明显清晰的运输标志，对不易书写、粘贴或拴挂运输标志的货物应使用油漆在货物上书写标志。

（5）运输质量标准和安全要求。

实践案例 6-3　托运人的服务质量要求条款

在目前大多数的道路货物运输合同中，托运人为了更好地服务自己的客户，对承运人的运输服务质量提出许多严格甚至苛刻的条款或标准，比如："每周 7 天、每天 24 小时全天候服务""承运人设立托运人物流项目小组，小组成员一般由承运人的公司负责人、操作主管和客户服务人员组成，目的是专人负责，沟通顺畅，出现问题时可立即采取对策并予以及时解决""月及时到货率≥98%，月签收回单率100%，月顾客（收货人）满意率（度）≥98%，月信息反馈率100%"，等等。

（6）合同期限。

（7）装卸责任。

实践案例 6-4　明确货物装卸责任条款

如果是由承运人负责装车，双方需约定装车费；人工不能实现装车的货物，需要托运人提供必需的装车工具或机械设备。货物抵达收货人处时，如果由承运人负责卸车，双方需约定卸车费；人工不能实现卸车的货物，需要收货人提供必需的卸车工具或机械设备。

（8）货物价值，是否保价、保险。

知识链接 6-3　货物的保险与保价运输

货物运输有货物保险和货物保价运输两种投保方式，采取自愿投保的原则，由托运人自行确定。

货物保险由托运人向保险公司投保，也可以委托承运人代办。如由承运人代办保险，则应收取每票货物价值的千分之几的保险费用（保险费率一般在 0.7% 以内），具体的费率由双方协商确定。有的托运人要求承运人将保险费用计算分摊到运输的价格之内,以便于双方的结算。

货物保价运输是按承托双方共同确定的托运人声明货物价值办理托运手续,并按承运方规定支付相应费用,在发生货物赔偿时,根据货物声明价值及损坏程度予以赔偿的货物运输。

(9) 运输费用的结算方式。

实践案例 6-5　货运合同中的结算条款

某企业货运合同中结算条款的内容如下:

双方采用月结方式,即每公历月为一个结算周期,次月 10 日前双方凭原始单据对账,结算的凭证为甲方(托运人)指定收货人签收的"承运单"原件,核对无误后,乙方(承运人)开具正式的商业运输增值税发票交予甲方,甲方应在 10 个工作日内将款项转账支付至乙方指定的账户。

(10) 违约责任。

实践案例 6-6　承运人的违约责任条款

托运人在合同中对承运人设定的违约条款种类繁多,举例如下:

迟延交付的违约责任:乙方(承运人)应根据甲方(托运人)提出的送货要求,每天提供合适的车辆按时完成甲方委托的送货任务。乙方如有迟延须立即向甲方报告,除非得到甲方的书面许可,否则,每延迟 24 小时,乙方应按照延迟交付部分运费总额的 5%向甲方支付违约金;延迟 5 天交货的,乙方应免收该票货物的全部运费;超过 10 天仍未交货的,按货物灭失处理,甲方有权解除合同、不退还乙方支付的信用保证金,乙方则须全额赔偿甲方货款。

(11) 解决争议的方法。

当承托双方就上述合同内容的各有关条款达成意见一致后,需要撰写正式合同文本。合同文本中,开头、主体、结尾要相互联系,条款内容应齐备、表述清楚、符合相关法律法规的规定。货运当事人可以参照货运合同的示范文本订立合同,如图 6-1 所示。

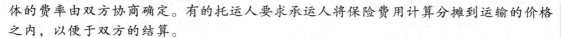

图 6-1　货运合同范本

第三条 领取货物及验收方法

乙方承运货物到达目的地经甲方指定验收人验收后,乙方应要求收货人在甲方的货物验收单上注明验收完毕字样,加盖收货单位公章并签字,填写收货数量及收货日期。

乙方应将上述货物验收单提交给甲方,甲方凭乙方提交的货物验收单与乙方结算运费,如发生货物验收单丢失应及时补回,否则甲方除可以拒付运费外,并可以要求乙方赔偿货物损失。

第四条 运输费用

1. 运输价格按整车计算,具体价格参见合同附件:公路货运价格表。实践中根据实际情况做调整或增减。
2. 在合同有效期内如变动价格,需经双方协商确定。
3. 上述价格均含保险费。乙方接受甲方委托应及时投保。

第五条 结算方式

1. 乙方应根据合同第三条规定将货物验收单提交甲方,并凭货物验收单原件结算运费。
2. 双方在每月20日结算前一个月财务已入账的运输费,乙方应开具运输专用发票给甲方。

第六条 运输通知

每次托运前,甲方提前24小时用电话或网络通知乙方备车(特殊情况除外),乙方应按甲方要求准时提供合适的车辆。

第七条 运输期限

甲方委托乙方承运每批货物,乙方应按约定期限到达。具体运输期限以货运委托单中的指令为准。

第八条 运输方式

甲方托运的每一批货物乙方不得中转和配运第三方货物。中途不允许出现货物换车现象,否则发生的损失由承运方负全部责任。运输方式为汽车陆地运输。

第九条 货物防护

1. 货物装卸过程必须轻拿轻放,不得倾倒,不得在包装箱上踩踏、蹬跳,不得在货物上坐、躺或放置其他重物。
2. 装卸过程中如发生货物跌落现象,搬运人员应及时报告相关部门并由货管部门对跌落货物进行重新验证。
3. 承运人必须做好货物的防雨、防潮措施,并根据货物实际情况做好防护措施。

第十条 托运方责任

甲方如未按合同规定期限向乙方支付运输费用,应向乙方按同期银行贷款利率支付运费利息损失。

第十一条 承运方责任

1. 乙方如违反合同第六条规定,应按每车总运价的10%向甲方支付违约金。
2. 乙方如将货物运错地点或交错收货人,应无偿将货物运到合同约定的目的地或应交收货人。如果货物逾期未到达,乙方除应向甲方按这批货物运费的10%支付违约金外,并应承担由此给甲方造成的相应经济损失。
3. 乙方在运输过程中导致货物污染、受潮、包装损坏、货物短少、变质、货物非自然损伤以及货物灭失的,乙方除100%赔偿甲方的实际损失外,还应承担运输货物价格10%的违约金。
4. 乙方在承运过程中,出现交通事故或者其他工伤等事故,由此引起的损失及相应的赔偿责任,均由乙方独立承担,与甲方一概无涉。
5. 乙方在承运过程中,未按甲方货运委托单要求的期限送达货物,导致收货方索赔或引起其他损失的,乙方应赔偿甲方的实际损失,并承担运输货物价值10%的违约金。
6. 以上事项,若由于不可抗力而发生的,可减轻或免除乙方责任。

第十二条 其他

1. 本合同未尽事宜,由双方共同协商签订补充协议,补充协议及本合同附件与本合同具有同等法律效力。
2. 本合同若发生争议,双方应友好协商解决;若协商不成发生诉讼,双方约定由被告所在地人民法院管辖。
3. 合同一式两份,甲、乙双方各持一份。
4. 合同经双方签字或盖章后生效,有效期一年。

托运方:×××	承运方:×××
授权代表:×××	授权代表:×××
签字/盖章:×××	签字/盖章:×××
签约时间:×××年××月××日	签约时间:×××年××月××日

图 6-1 货运合同范本(续)

4. 影响货运合同订立的因素

对于承运人来说,在与托运人订立合同前应做好对托运人的经营状况与行业信誉的调查,以此来决定是否与其签订合同。即使对托运人做了充分的资信调查,但市场瞬息万变，托运人或许在承运人的承运期间就有可能发生危机。因此，货运合同的订立过程有一定难度和复杂性。影响合同订立的主要因素有：

（1）客户（托运人）的经营状况与行业信誉情况。

（2）客户的特殊运输要求，如服务质量标准要求等。

（3）运输企业（承运人）的经营状况及运输条件。

（4）运输服务价格高低、政策限制、责任划分、货源变化等因素。

（三）货运合同的履行

货运合同签订后即具有法律效力，合同当事人必须按照合同规定的条款认真履行各自的法定义务，承担相应的法律责任，同时享有法律赋予的相应权利。运输合同的标的是运输行为，运输合同当事人的责任、权利和义务都指向这个对象。《合同法》及相关的运输法规都对运输当事人的责任、权利和义务做出了明确的规定。

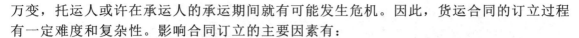

微课：货运合同的履行-义务

1. 货物运输当事人的义务

（1）托运人的义务：

1）支付运费义务。在承运人全部、正确履行运输义务的情况下，托运人有按照规定支付运费、保管费以及其他运输费用的义务。承运人未按照约定路线或者通常路线运输增加运输费用的，托运人可以拒绝支付增加部分的运输费用。

2）如实告知义务。托运人办理货物运输时，准确表明收货人的名称或者姓名或者凭指示的收货人；清楚表明货物的名称、性质、重量、数量、收货地点等有关货物的必要情况。

3）提交批准文件义务。货物运输需要办理审批、检验等手续的，托运人应当将办理完有关手续的文件提交承运人。

4）包装货物义务。托运人应当按照约定的方式包装货物。对包装方式没有约定或者约定不明确的，托运方和承运方应当就该种货物包装方式充分协商，提出合理建议和要求，达成一致后再订立货运合同、交付货物，并按达成方式检验包装。也可以由托运人委托承运人负责货物的包装，并在货运合同中约定包装式样、数量等。

5）对危险货物进行包装、制作标识和标签及提供防范措施的书面材料的义务。

（2）承运人的义务：

1）运输义务。承运人应当在约定期间或者合理期间内，按照约定的或者通常的运输路线，将货物安全运输到约定地点。

2）通知义务。货物运输到达后，承运人知道收货人的，应当及时通知收货人。

3）保管义务。在货物到达以后，按规定的期限负责保管。

（3）收货人的义务：

1）支付运费义务。在承运人全部、正确履行运输义务的情况下，收货人有按照约定支付运费、保管费以及其他运输费用的义务。承运人未按照约定路线或者通常路线运输增加运输费用的，收货人可以拒绝支付增加部分的运输费用。

2）及时提货义务。货物运输到达后，收货人应当及时提货。收货人逾期提货的，应当向承运人支付保管费等费用。

3）及时验收义务。收货人提货时应及时按约定的期限检验货物。验货时，收货人若发现货物的数量不符或者有损坏的，应在约定的期限内向承运人提出异议，否则，视为承运人已按照运输单证的记载内容交付的"初步证据"。货物可能已交付收货人，但因货物某些内在的损伤外部查看不出，需专门的检验才能发现时，如果有证据证明是在运输过程中造成的内在损伤，可以推翻"初步证据"。

2. 货物运输当事人的责任

微课：货运合同的履行-责任

货物运输当事人没有正常履行合同规定的义务时就必须承担相应的法律责任。

（1）托运人的责任：

1）备货责任。托运人未按约定的时间和要求，备好货物和提供装卸条件，以及货物运达后无人收货或拒绝收货，而造成承运人车辆放空、延滞及其他损失，托运人应负赔偿责任。

2）过错责任。因托运人申报不实或者遗漏重要情况，造成承运人损失的，托运人应当承担损害赔偿责任。具体情况包括：

① 在托运的货物中有故意夹带危险货物和其他易腐蚀、易污染货物以及禁运、限运货物等行为。

② 错报、匿报货物的重量、规格、性质等信息。

③ 错用包装、储运图示标志。

④ 货物包装不符合标准，包装、容器不良，而从外部无法发现。

（2）承运人的责任：

1）逾期运送责任。如果承运人不按合同规定的时间和要求配车发运，造成货物逾期送达，承运人应承担损失赔偿责任，但损失赔偿的金额不得超过货物全部灭失情况下可请求的赔偿额。

2）错运错交责任。货物错运到达地点或错交收货人，由此造成延误时间和对托运人的损失，按货物逾期送达处理。

3）货损货差责任。在整个运输责任期间（从货物装运时起到货物运达交付完毕止），发生货物的灭失、短少、变质、污染、损坏的，应按货物实际损失赔偿对方。

货物在承运责任期间发生毁损或灭失，承运人应负赔偿责任（即无过错责任）。但有下列情况之一者，承运人举证后可不负赔偿责任：

1）不可抗力。

2）货物的自然损耗和性质变化。

3）包装质量不符合标准，而从外部无法发现的。

4）货物包装完整无损而内装货物短少、损坏、变质。

5）托运人因违反国家法律法规，货物被有关部门查扣、弃置或做其他处理。

6）托运人错报、匿报造成的损失。

7）收货人逾期提取或拒不提取货物而造成腐烂变质的。

8）其他经查证属托运人责任或托运人注明特约事项造成的损失。

模块六　货物运输风险管理

> **知识链接 6-4**　**无过错责任、货物毁损、货物灭失**
>
> 　　无过错责任是指不论承运人在运输、保管过程中有无过错，只要是在承运人保管期间发生的毁损、灭失，承运人均应承担损害赔偿责任。
> 　　货物毁损是指承运的货物送达目的地时，已受到损坏，造成货物价值的下降，承运人应当赔偿价值损失部分。但对经济上的贬值，如价格下降的价值损失不负赔偿责任。
> 　　货物的灭失包括物理上的灭失，如液态货物由于破损而流失，也包括在法律意义上的灭失（尽管货物可能还存在），如货物被盗等。

（3）收货人的责任。若合同中规定收货人组织卸车，由于收货人的责任使得卸车迟延、线路被占用，影响承运人按时完成送达计划，或收货人运前取消运输、临时计划外运输，致使承运人违约，造成其他运输合同不能落实的，收货人应承担赔偿责任；由于收货人原因导致运输工具、设备或第三方货物的损坏，由收货人按实际损失赔偿。

3．货物运输当事人的权利

（1）托运人的权利。在承运人将货物交付收货人之前，托运人可以要求承运人中止运输、返还货物、变更到达地或者将货物交给其他收货人，但应当赔偿承运人因此受到的损失。

微课：货运合同的履行-权利

（2）承运人的权利。承运人有权向托运人、收货人收取运杂费用。托运人或者收货人不支付运费、保管费以及其他运输费用的，承运人对相应的运输货物享有留置权，但当事人另有约定的除外。查不到收货人或收货人拒绝提取货物时，承运人应及时与托运人联系，在规定期限内负责保管并有权收取保管费用。收货人不明或者收货人无正当理由拒绝受领货物的，承运人有权提存货物。

（3）收货人的权利。在货物运到指定地点后，收货人有以凭证领取货物的权利。必要时，收货人有权向到站或中途货物所在站提出变更到站或变更收货人，以及签订变更协议的要求。

（四）货运合同的变更和解除

货运合同签订后，在正常情况下，合同双方应根据签订的内容履行各自的权利和义务，但如果遇到特殊情况，则可能需要变更或解除合同。

1．货运合同变更和解除的含义

货运合同变更和解除是指在合同尚未履行或者没有完全履行的情况下，遇到特殊情况而使合同不能履行，或者需要变更时，经双方协商同意，在合同规定的变更、解除期限内办理变更或解除。任何一方不得单方擅自变更、解除双方签订的货运合同。

（1）变更合同是指合同成立后，履行完毕之前，当事人依法对合同部分内容和条款的修改或补充。

（2）解除合同是指解除由合同规定的双方的法律关系，提前终止合同的履行。

2．货运合同变更或解除的条件

凡发生下列情况之一者，允许变更和解除合同：

（1）由于不可抗力使运输合同无法履行。
（2）由于合同当事人一方的原因，在合同约定的期限内无法履行运输合同。
（3）经合同当事人双方协商同意解除或变更，但应由责任方承担部分或全部运费。

3. 货运合同变更或解除的相关费用处理

在承运人未将货物交付收货人之前，托运人可以要求承运人中止运输、返还货物、变更到达地或者将货物交付给其他收货人，但应当赔偿承运人因此受到的损失。

货物运输过程中，因不可抗力造成运输延误，承运人应及时与托运人联系，协商处理，发生货物装卸、接运和保管费用按以下规定处理：

（1）托运人要求退回起运地的，收取已完成运输里程的运费，回程运费按照去程费用的50%计收。
（2）托运人要求绕道运送或变更目的地的，运费按照实际路途核收。
（3）托运人要求就地卸存自行处理的，退还未完成路段运费。
（4）货物在受阻处存放，保管费用由托运人承担。

任务实施

（一）实训任务

背景描述见本任务【任务情境】中的工作任务。

（二）实训目标

1. 根据货物运输承托双方的现实情况，能正确拟定运输合同条款。
2. 具有合同意识、法律法规意识。

（三）实训内容及操作步骤

参照下面"操作步骤"，完成合同条款的制订工作。

操作步骤：

步骤1. 对客户（托运人）的经营状况与行业信誉进行调查，以此来决定是否与其签订运输合同。

步骤2. 全面了解客户的运输要求，收集客户的需求信息。同时评估本企业（承运人）的要求及运输条件，为协商做准备。

步骤3. 根据承托双方的实际情况，起草货运合同文本，确立各项条款。

条款至少包括：货物、包装、时间、地点、装卸、验收、运费、变更、权利、义务、责任、争议解决等内容要素。

步骤4. 协助经理审核合同内容是否完备、条件是否合理。

具体包括：货运合同是否符合政策、客户是否可靠、作价是否合理、货源是否落实、支付方式是否合适，以及合同条款是否周详、具体、完整，责任是否明确等。

步骤5. 与客户磋商与谈判，修改、补充或删除相关条款。

步骤6. 当双方达成意见一致时确立合同条款内容，并撰写正式合同文本。

（四）成果形式

总结报告：针对所学到的理论知识和获得的专业技能进行全面的总结，对获得的经验和教训进行深刻的反思，并提出以后的发展方向。

小组陈述：现场讲解合同条款的制订过程及条款内容。

（五）考核标准

评价项目	分配分值
1．订立合同的准备工作是否充分：资信调查、需求信息收集，以及本企业的要求等	20
2．起草的合同条款是否符合货运合同的一般规定，内容是否全面	50
3．审核合同内容的重点是否正确，如政策、价格、责任划分等	20
4．撰写的正式合同格式是否规范	10
合　　计	100

（六）注意事项

环境要求：

多媒体教室一间，多台计算机（可以联网），一部打印机，运输合同文本范例多份。

教师要求：

对学生遇到的难点或疑问要及时给予指导，以便其更有效地完成工作和深入思考；对技能训练成果要做专业性的总结，并尽可能提供额外学习资料。

学生要求：

要注意感受在企业中的职业身份；组内和小组之间要分享获得的新的信息或进一步的理解；听取来自老师、同学们的反馈建议。

归纳总结

1．货运合同分为定期运输合同、一次性运输合同和道路货物托运单。

2．货运合同的基本内容有：当事人信息；货物信息；起运地、到达地；运输质量要求；合同期限；装卸责任；货物价值及保价、保险；运费结算方式；违约责任；争议解决方法等条款。

3．当事人应履行的义务：托运人有支付运费、告知、提交文件、包装的义务；承运人有运输、通知、保管的义务；收货人有支付运费、提货验货的义务。

4．当事人应承担的责任：托运人有备货、过错责任；承运人有逾期运送、错运错交、货损货差责任；收货人有卸车迟延、取消运输等责任。

5．当事人应享有的权利：托运人有中止运输、返还货物、变更到达地或者将货物交给其他收货人的权利；承运人有货物留置权、货物提存权、收取管理费用的权利；收货人有凭证领取货物、变更到站或变更收货人的权利。

6．运输责任免除条件是：不可抗力、货物的自然性质、包装质量、运前货物损坏以及托运人、收货人的过错造成的货物毁损或灭失。

思考问题

1. 下面资料中提到的家具承运合同应包括哪些内容条款？它与本任务【任务情境】中的运输合同有什么不同？

"沈阳红发公司是一家生产红木家具的知名企业，产品在国内非常畅销。近期红发公司接到一份来自福建的订单，该公司将这次订单运输任务委托给了沈阳一运实业公司。由于运输量比较大，一运实业公司的自有车辆不能满足要求，于是决定外包这批货物运输。经过市场考查，最终选择了新干线货运公司为这批货物的承运商。为此，一运实业公司将与新干线货运公司签订一份货物承运合同。"

2. 从当前现实操作中的运输合同条款解读中我们可以发现，在各行业竞争充分的买方市场条件下，承运人在与托运人订立运输合同条款过程中处于被动地位，托运人所设立的多数条款是强制性的霸王条款，而且许多条款是与《合同法》及其他的法规规章相冲突的，但承运人为了竞得承运业务又不得不接受。在这种承托双方合作关系中，承运人应如何规避风险呢？

任务二　货物运输事故处理

知识点　货物运输事故；货运事故处理规则；货运事故处理程序；货物运输纠纷。
能力点　处理货运事故；解决货运纠纷。

任务情境

工作任务1：绣品灭失事故处理

李某在新疆做绣品生意，应沈阳客户赵某来函要求，将价值36 000元的绣品打成四个包装，交付于当地的某货运处并办理了托运手续发往沈阳市。该货运处又委托他人运输，结果中途发生交通事故致使车辆起火，使李某托运的货物全部灭失。李某向该货运处提出赔偿要求，要求其赔偿全部的实际损失。该货运处认为，李某应当按照由该货运处出具的货物损失的书面证明，向肇事车主主张赔偿，或由该货运处按托运单背面托运条款中关于"未办理保险、保价的货物遗失按运费的一到三倍赔偿损失"的规定赔偿。

双方就此事故赔偿问题发生争执。李某称不知"三倍赔偿"条款，货运处也不能充分证明已向李某履行了说明义务。你认为货物的损失责任应该由谁负责？

工作任务2：海鲜货损及延迟事故处理

某汽车运输公司承运了一批活物海鲜，并由承托双方签订了运输合同：运输期限为4天，运费为7 000元，由托运方人员小刘押运。起运时，小刘由于家中突遇特殊情况不能随车，在未征求承运方主管意见的前提下，找到承运该批活物的承运方驾驶员小李，私自出价300元，请求小李在途中代为照料海鲜，小李应允。货运途中遇寒流，小李不懂如何在紧急情况下对活物做特殊处理，造成其中一部分海鲜死亡，由此损失海鲜本身价值4 000

元。路途中因雨造成路阻，小李在得知道路近期无修复可能，而当时又无通信设备，不能及时请示公司主管的前提下，决定改道行驶，因此增加运费 1 500 元。由于绕道，运达目的地时已经延误两天，而海鲜的延滞造成托运方间接经济损失为 8 000 元。另外，由于活物的性质要求，装车前对车辆进行消毒处理，所花费用为 400 元；卸货后又对车辆进行清洗，花费 200 元。由此，在费用结算时，承托双方发生了争执。

你认为海鲜本身损失、增加的运费、延滞损失、清洗费用分别应该由谁承担？

工作任务 3：铝合金推拉门赔偿事故处理

10 月 25 日，陈某（铁岭市）按以往的交易习惯（陈某口头向郭某订购后通过汇款方式支付定金和货款，再由郭某将货物托运到铁岭，运费由收货人支付）向郭某经营的沈阳鼎升门业公司订购铝合金推拉门，双方约定每平方米 300 元，总共 30.998 9 平方米。12 月 14 日，陈某向郭某支付了部分货款 5 170 元后，当日郭某将陈某订购的铝合金推拉门交给袁某（沈阳市）经营的华阳托运部，袁某填写了一份背面印有"托运人应如实填报货名及货物实际价值，由托运人或委托承运人向保险公司投保。货物的毁损、灭失的赔偿额：托运人委托承运人投保的，按保险条例赔偿，未委托承运人投保的，双方约定按损失货物运费的 3～5 倍赔偿"字样的托运协议，但是郭某、陈某未在此协议上签字。当晚华阳托运部将铝合金推拉门运到铁岭，第二天，华阳托运部将货物交给陈某时，陈某发现其中 15.2 平方米铝合金推拉门已损坏，陈某收下未损坏铝合金推拉门并支付了未损坏货物的运费，已损坏的铝合金推拉门陈某拒收，暂存放在华阳托运部，之后陈某、袁某双方就赔偿事宜进行过协商，也曾经过铁岭市消费者协会调解，但双方最终未达成一致意见。

你认为事故责任应该由谁来承担？赔偿额如何确定？

任务分析

在货物运输过程中，上述任务情境中的事故情况时有发生。货物丢失、毁损、被他人冒领等不可预知的情形，使得货主和承运人不可避免要遭受经济损失。再加上运输企业良莠不齐，一些小的运输公司没有完善的运输管理制度，无法提供高质量的运输服务，一味压低运费，从事不良竞争，致使货物运输纠纷案件数量不断上升。近年来，货物运输承运人都切实意识到了货运质量对企业生存发展的重要性，都不同程度地建立了质量保障体系。有些企业还进行了 ISO9000 质量体系认证。但是，由于货物在长途运输途中所涉及因素的复杂性，多环节作业以及各种不可预见的情况，货运事故及其他损失造成的运输纠纷难以完全避免。

为了完成对货运事故的正确分析和处理任务，我们需要弄清和明确以下问题。

1. 相关的理论知识

货运事故的含义及类型；货运事故处理规则及赔偿数额的判定；货运事故处理程序；货运纠纷的解决措施和途径。

2. 相关的实践活动

为了完成这项学习任务，我们可以到物流企业了解其运输服务质量情况，了解货运事故发生的情形及处理过程，调查货运事故发生的原因，事故处理结果对企业和客户有什么影响，处理货运事故应注意的问题有哪些，如何避免货运事故的发生。

在上一任务内容学习的基础上，本任务学习完成后，你可以从事货运事故分析及处理工作，或作为业务人员协助运输经理妥善解决各类货运事故问题。

任务准备

（一）货运事故概述

1. 货运事故的含义

货运事故是指与运输行为有关的、给当事人带来损失的事件。具体来说，货运事故是指在运输、装卸、保管过程中发生的导致货物质量变差、数量减少的事件，还包括单证差错、延迟交付、延迟付款、运输工具损坏、无单放货等造成间接损失的情况。

2. 货运事故的原因

运输中发生货运事故的原因有很多，主要是承运人经营管理不善、意外、过失等。当然，还有一些货运事故是由货方（托运人、收货人）、第三方（港口、机场、集装箱货运站等），甚至由不可抗力所致。不同原因所导致运输中货物数量减少、质量变差的损失或其他原因造成的间接经济损失，应由不同人承担。

构成风险事故的因素很多，但归纳起来主要有两大类：一是外来的、不易控制的因素；二是货物的内在缺陷、品质问题、包装不当和发货人配载不当等运输前即存在并人为可以控制的因素。作为运输管理人员，要了解、掌握货物运输过程中可能出现的各种风险隐患，提前做好预防工作。

3. 货运事故的类型

微课：货运事故类型

（1）货物灭失事故。造成货物灭失的原因很多，但其后果均是货方受到损失。绝大多数情况是收货人未收到货物，也有的是托运人在未转移货物所有权的情况下，无法取回货物。

1）交通事故造成货物灭失。货物交付承运人后装上指定的运载工具进行运输，可能由于承运人的运输工具发生事故，如车辆发生交通事故等，使得货物连同运输工具一起灭失。而上述交通事故既可能是由于无法避免的风险造成的，如突如其来的恶劣气候、其他车辆的过失等；也可能是由于承运人的过失造成的，如车辆在未出行前就存在不安全因素、货物绑扎不牢、车辆性能不适合运输状况等；或是因为承运人所雇佣的驾驶人员的过失引起碰撞、翻车等。因此，对交通事故引起的货物灭失，承运人承担的责任往往根据实际情况不同而大小不一。

另外，还有因为货物本身的原因导致运输工具发生事故，从而造成货物全部灭失的情况。例如，易燃易爆货物引起的火灾等。

2）政府法令禁运和没收、战争行为造成货物灭失。目前，世界局部地区战争还时有发生，战争的突发会造成民用运输工具被误伤而导致货物的灭失。另外，有些国家为保护本国的动植物和人类的卫生状况而对到境的货物实施没收或禁运。例如2004年年初，有些国家发生了禽流感，为了防止疫情的扩散、传播，未发现疫情的国家就通过政府法令的形式没收有关货物，造成货物的全部灭失。造成这类货物灭失的原因往往是相关人员都无法控制的。

3）盗窃造成货物灭失。货物处于承运人掌控时，涉及的环节较多，其间可能遭受偷盗致损。

4）承运人的管理过失造成货物灭失。由于装运积载不当，货物毁损、集装箱落地也是货物灭失的重要原因之一。另外，由于管理的过失，如相关手续混乱造成错装错卸，使一部分货物无法交给正确的收货人也视为灭失。

5）故意行为造成货物灭失。个别承运人会故意、恶意毁坏运输工具以骗取保险，从而造成所运输的货物全部灭失。而目前更多发生的，则是利用运输进行诈骗活动，或是利用单证骗取货物，令货主受损或令承运人承担货物灭失的责任。

实践案例 6-7　被人冒领使货物整票丢失

2012年7月23日，由广州东镜发往重庆一批单号00373872、品名为皮具的货物，保险金额123 757元。

此票货物在2012年7月25日20:18:23由重庆石桥铺营业部确认到货，随后便开展了紧张有序的卸货工作，此时营业部接到客户的电话：此货急用，要求马上送货，并且客户愿意支付送货费。此时已经是21点，考虑到以后与客户的合作，营业部决定送货上门。此客户为营业部长期合作客户，每次送货都是直接送到客户档口，当货车到达收货人档口大门的时候，已经是23点左右，此时收货人邓丽已经在门口等候，并且说道：此票货物急用，不要再送到档口里面了，改送其他仓库，当时的驾驶员以及跟车员没有检查邓丽的身份证件，就把货物卸到邓丽指定的地点，收取到付运费及送货费，让其在签收单上签字，但是并没有要求邓丽在签收单上也签上自己的身份证号码。

第二天，客户打来电话要求送货，营业部经过查询，打电话找邓丽，但是电话却没有人接听，然后再跟收货人联系，收货人说没有邓丽这个人，此时营业部才反应过来，此货送错收货人，被人冒领。此票货物整票丢失，导致客户直接索赔123 757元。

（2）货损货差事故。货损包括货物破损、水湿、污染、锈蚀、腐烂变质、混票和虫蛀鼠咬等。货差即货物数量的短缺。

在运输过程中发现货损、货差的原因极多，归纳起来有以下几种。

1）货物的固有瑕疵或潜在缺陷。所谓固有瑕疵是指货物本身具有的经一段时间可能使货物变质或毁坏的性质。例如，水果腐烂、牛皮变质、谷物及面粉发热、酒类发酵、煤炭自燃等。潜在缺陷是指凭肉眼无法辨别的货物的毁损，如面粉、谷物中已有虫卵，咸鱼中有细菌等。另外，某些货物还会因自身的特性（如散装面粉、食糖、水泥等在运送过程中避免不了撒漏或随风飘散）而引起体积或重量的亏损。

2）装卸作业中受损。进行装卸搬运操作时往往需要接触货物，是物流过程中产生货物破损、散失、损耗、混合等损失的主要环节。例如，袋装水泥的纸袋破损而造成的水泥散失主要发生在装卸过程中，玻璃、器皿等产品在装卸时最容易造成破损。

实践案例 6-8　野蛮装卸使货物受损

某收货人在检验运抵货运站的货物时,发现有五箱外包装严重破损,内货外露,39号锡林筒脱位,34号锡林筒被刮伤,29号机头倾斜,降轴、左手轮轴、变速箱弯曲变形,并有不少缺件。经查,货损原因系在运输过程中,粗鲁装卸碰撞挤压所致。同时多方当事人也认识到鉴于卖方包装标记不清,使野蛮装卸成为可能,托运人(卖方)也应对货损负一定责任。

3)运输工具积载不当。承运人必须按货物本身的特性,使用不同的积载方法,将货物按其状态(指液体、固体、气体)、重量、价格和禁忌等要求放置在运输工具内的适当位置。例如,重件货先装,轻泡货后装;易串味的货物分开装;仪器与有毒物品分开装等。

实践案例 6-9　茶叶串味变质

发货人(某土产畜产进口公司浙江茶叶分公司)委托浙江省某运输公司将750箱红茶从上海运往北方某市。该运输分公司又转而委托中国对外贸易运输总公司上海分公司代理运输。上海分公司接受委托后,采用集装箱运输方式。因此,上海分公司作为发货人的代理人全权负责对货物的点数、积载,对集装箱的检查、铅封。货物运抵后,收货人拆箱时发现部分茶叶串味变质,即向在当地的代理人申请查勘。检验表明,250箱红茶受精萘污染。

经查明,所用集装箱中的一只前一次装载的是精萘,而本次装载在该集装箱内的正好是250箱红茶,应认定该集装箱前一航次是250箱红茶串味污染的唯一污染源。上海分公司违背有关规定,疏忽大意致使茶叶污染,承担了较大的赔偿责任。

4)装运后、卸货前的在途期间保管不当。承运人从接管货物时开始,必须对货物妥善保管和谨慎照料,以防货物被窃或损毁。如在运输粮食时,必须保持通风,以防其发热受损;在运输冷冻货物时,必须使冷冻工具的温度适合该货物等。

实践案例 6-10　未采取保护措施致使货物受损

北京某建筑工地,因建设大型钢结构库房,大型钢材加工需求量很大,需要3 000多吨,为节省工程总造价,决定从外地一个钢材加工厂签约购进钢材加工产品。钢材加工厂与当地的运输公司签订了运输合同。由于接受任务的货运员经验不足,以为钢材本身硬度强,因此,在装卸车、运输途中没有采取相应的保护措施,加上车速过快,路上颠簸厉害,拐弯时多次与桥梁碰撞等,导致运输过程中钢材变形、塑漆多处掉落,影响外观及使用。为此,建筑方拒绝验收货物,并要求供货方重新发货。当第二批钢材产品运到工地时,已导致建筑方钢结构施工工期延误一周,建筑方为此向供货方提出延误工期索赔的要求;供货方赔付建筑方损失后,又向运输公司提出索赔。运输公司作为承运责任人,最终需向供货方支付赔款,承担本次货运事故责任。

5)自然灾害。台风、海啸、泥石流等人力无法控制和预测的自然灾害可能会使运输货物受到损失。

（3）货物延迟交付事故。未按约定的或规定的运输期限内运达交付的货物，为延迟交付。虽然货物没有灭失或损坏，但是货主可能因此损失原本应得的利益。例如，因为晚到达目的地而耽误出售商品的最佳时机。

货物延迟交付的原因可能是承运货物的交通工具发生事故，或承运人在接受托运时未考虑到本班次的载货能力而必须延误到下一个班期才能发运，或在货物中转时因承运人的过失使货物在中转地滞留，或承运人为获取更多利益故意绕道而导致货物晚到卸货地，等等。

（4）运输单证事故。托运票据填写不规范往往会引起责任纠纷，或运输需要办理的审批、检验等手续不全造成货物被扣，或托运人委托承运人向收货人代递的有关文件丢失且未在托运单中注明文件名称和份数而发生纠纷，等等。例如，一位消费者托运一袋皮衣，但是票据上却只填写了袋子一件，并没有标明内装物品名称及价值，消费者贪图便宜，多数不选择保价，这样如果发生货物丢失就很容易发生纠纷。

运输公司在运送货物期间有时会面临货主否认收到货物的尴尬局面，此时签收凭据是证明货物运送的关键，但由于长期的合作关系，运输公司往往对老客户格外关照，货运驾驶员减免签收手续的情况时有发生，这也为日后产生纠纷埋下了隐患。

实践案例 6-11　送货无证据输官司

多年来，位于高邮市的某塑业公司一直从青岛市某化工集团有限公司进货，并委托当地的某物流公司负责运输。4月8日，该物流公司指派驾驶员陈某驾驶货车，从化工公司提取了5.5吨三型聚氯乙烯树脂。时隔多日，化工公司开具了金额为45 650元的增值税发票准备交给塑业公司，得到的反馈却是塑业公司根本没有收到这批货物。

同年6月9日，化工公司的工作人员找到物流公司的员工王某，并对双方的谈话过程做了录音。王某亲口承认，物流公司在4月8日指派驾驶员陈某到化工公司为塑业公司提取了5.5吨货物，货物运回公司后，由物流公司另行安排其他小型货车运送给了塑业公司。化工公司见货物下落不明，且不知道该向谁讨要货款，于是将塑业公司、物流公司一并告上法庭，要求返还5.5吨货物或偿付45 650元。

法院判决：5.5吨货物下落不明，运输公司归还货物或赔钱。

（5）其他事故。实践中，除了上述与货物及运输单证相关的事故以外，还会有各种纠纷产生从而给当事人带来一定的损失。如因托运人或货方的过失或故意，未能及时或全额交付运费；承运车辆的技术规范达不到原合同的要求而产生纠纷；由于运输市场行情变化，导致交易一方认为原先订立的运输合同使其在新的市场情况下受损，故毁约而产生纠纷；因双方在履行合同过程中针对其他费用如滞期费、装卸费等发生纠纷；因托运人的过失，造成对承运人的运输工具的损害而引发纠纷；因泄露货方商业资料导致货方损失而引发纠纷；代收货款未能收回而产生纠纷，等等。

（二）货运事故处理

1．运输责任期间

运输责任期间是指承运人自接受货物起至将货物交付收货人止，货物在承运人掌管之下的整段期间，它是货物运输合同中所特有的概念。它包含两层含义：一是在时间上，必须是承运人接收时起，经过整个运输，到交付货物时止的一段时间过程；二是货物必须处于承运人掌管状态之下。责任期间在一般合同中没有规定，合同存续的期间就是合同双方根据合同约定负责的期间。

2. 货运事故处理的一般规则

（1）货运事故和违约行为发生后，承托双方及有关方应编制货运事故记录单（见表6-2）。

（2）货物运输途中，发生交通肇事造成货物损坏或灭失，承运人应先行向托运人赔偿，再由其向肇事的责任方追偿。

（3）货运事故处理过程中，收货人不得扣留车辆，承运人不得扣留货物。由于扣留车、货而造成的损失，由扣留方负责赔偿。

（4）违约金、赔偿金应在明确责任后10日内偿付，否则按逾期付款处理。

表6-2　货运事故记录单

						运单号码	
						记录编号	
托运人		地址		电话		邮编	
收货人		地址		电话		邮编	
承运人		地址		电话		邮编	
车号		驾驶人员		起运日期	年　月　日　时	到达日期	年　月　日　时
出事地点			出事时间			记录时间	
原运单记载	编号	货物名称及规格型号	包装方式	件数	新旧程度	体积（长×宽×高）（立方厘米）	重量（千克）	保险、保价价格
事故发生详细情况及原因分析								
承运人签章			年　月　日		托运人或收货人签章		年　月　日	
注意事项		本记录应一式三份，承运人、托运人、责任方各一份，每增加一个责任方增加一份						

3. 货运事故赔偿数额的判定

（1）货运事故赔偿分为限额赔偿和实际损失赔偿两种。法律、行政法规对赔偿责任有限额规定的，依照其规定；没有限额规定的，按货物的实际损失赔偿。

知识链接 6-5　货运事故限额赔偿原理

在货物运输中，有些物品自身价值很高，但是，无论是按重量计算还是按件数计算，收取的运费都很低，一旦发生货损，如果按照实际损失赔偿，运输企业的负担和承担的风险过大，不利于运输企业的发展。因此，限额赔偿是保护运输企业合法权益的一种法律规定。但是限额赔偿不能满足托运人对货物损失的赔偿要求，为维护托运人的合法权益，从法律上给托运人一项保障，这就是开办保价运输。这样托运人只要支付少量的保价费，在货物发生损失时，即可以得到全额赔偿。这对双方来说都是比较合理的。实行限额赔偿原则必须要有法律的规定。法律无明文规定的，不得滥用限额赔偿原则。承运人的故意和不作为造成的货损赔偿，将丧失享受赔偿责任限制的权利。

为规避运输风险，运输企业往往在格式合同上设置限额赔偿、限时赔偿或者免责等条款。当货物毁损、灭失时，双方往往对这些条款的效力产生争议。

（2）在保价运输中，货物全部灭失，按货物保价声明价格赔偿；货物部分毁损或灭失，按实际损失赔偿；货物实际损失高于声明价格的，按声明价格赔偿；货物能修复的，按修理费加维修取送费赔偿。保险运输按投保人与保险公司商定的协议办理。

（3）未办理保价或保险运输且在货物运输合同中未约定赔偿责任的，按（1）的规定赔偿。

实践案例 6-12　**80部手机丢失判运输公司赔60元**

广州一家经营手机销售的科技公司，将180部手机分两包，委托某运输公司运往天津，不料其中装有80部单价200元手机的一个包裹未能顺利送达，于是科技公司将运输公司诉至法院，要求判令赔偿经济损失1.6万元。由于科技公司当初并未给货物保价，因此，法院最终判令运输公司按照托运单约定给予科技公司运费3倍即60元的赔偿。

庭审中，法院调查发现，科技公司在托运单上将保价勾选为否，且托运单托运人签字栏以红色黑体字特别提示注明：托运人没给货物保价的，货物破损、丢失按运费的2～3倍赔偿。科技公司员工已签字确认，运输公司已尽提示、说明义务，保价条款应予适用。法院经审理后认为，因运输公司丢失货物构成违约，法院判令运输公司按照托运单约定给予科技公司运费3倍即60元的赔偿。

（4）货物毁损或灭失的赔偿额，当事人有约定的，按照其约定；没有约定或约定不明确的，可以补充协议；不能达成补充协议的，按照合同有关条款或者交易习惯确定；仍然不能确定的，按照交付或应当交付时货物到达地的市场价格计算。法律、行政法规对赔偿额的计算方法和赔偿限额另有规定的，依照其规定赔偿。

（5）货物损失赔偿费包括货物价格、运费和其他杂费。货物价格中未包括运杂费、包装费以及已付的税费时，应按承运货物的全部或短少部分的比例加算各项费用。

（6）由于承运人责任造成货物灭失或损失，以实物赔偿的，运费和杂费照收；按价赔偿的，退还已收的运费和杂费；被损货物尚能使用的，运费照收。

（7）丢失货物赔偿后，又被查回，应送还原主，收回赔偿金或实物；原主不愿接受失物或无法找到原主的，由承运人自行处理。

（8）承托双方对货物逾期到达、车辆延滞、装货落空都负有责任时，按各自责任所造成的损失相互赔偿。

（三）货运事故处理程序

货运事故发生后，一般处理程序包括以下几方面：

（1）货运事故发生后，承运人应及时通知收货人或托运人。

（2）收货人、托运人知道发生货运事故后，应在约定的时间内，与承运人签注货运事故记录。收货人、托运人在约定的时间内不与承运人签注货运事故记录的，或者无法找到收货人、托运人的，承运人可邀请2名以上无利害关系的人签注货运事故记录单。

（3）当事人要求另一方当事人赔偿时，须提出赔偿要求书（见表6-3），并附运单、货运事故记录单和货物价格证明等文件。要求退还运费的，还应附运费收据。另一方当事人应在收到赔偿要求书的次日起，60日内做出答复。

表6-3 赔偿要求书

第　　号

索赔人名称		运单号码	
赔偿的货物名称及损失情况			
赔偿款项及计算方法			
货运事故记录编制单位			
希望领款地点及账号			
附件名称及份数			
索赔人详细地址及电话			

索赔人（签章）

年　月　日　提出

（4）承运人或托运人发生违约行为，应向对方支付违约金。违约金的数额由承托双方约定。

（5）对承运人非故意行为造成货物迟延交付的赔偿金额，不得超过所迟延交付的货物全程运费数额。

在处理货运事故中，若一方当事人行使索赔请求，应注意索赔时效问题。索赔时效是指受损方向违约另一方或保险公司提出赔偿损失要求的规定期限。超过索赔期限提出的索赔无效。道路货物运输纠纷中，承托双方彼此之间要求赔偿的时效为180天，一般从货物运抵到达地点的次日起算。

重视运输风险管理的货运企业一般在企业内部都备有重大事故应急预案，以备一旦突发事故发生，能反应迅速，协调一致，及时有效采取应对措施，最大限度地减少损失。

实践案例6-13　北京易通物流公司的重大运输事故紧急处理流程

1．制订流程的目的

明确运输业务中发生重大事故、需要做出紧急反应时的处理程序及相关部门职责，确保对事故做出及时、有效的处理；提高事故处理效率，避免客户投诉，减少事故损失。

2．流程适用范围

如在运输业务中发生重大事故，造成运输货物严重损毁，运输时间严重延误，或其他异常情况，可能对客户的业务造成严重影响时，需遵照一定的程序做出紧急反应和处理；本程序适用于××物流分公司。

3. 事故处理小组领导职责

物流公司总经理——领导、指挥。
物流公司运营总监——领导紧急处理。
质量管理部经理——协调紧急处理。
项目经理和驻外管理部主任——协助紧急处理。
项目经理和客户总代表/客户服务部经理——直接负责紧急处理。

4. 重大运输事故紧急处理流程步骤

（1）通知事故发生。事故发生汇报关系如图6-2所示。

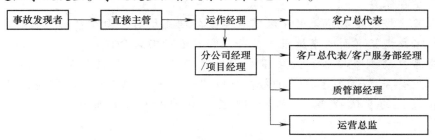

图6-2 事故发生汇报关系

（2）确定处理方案。项目经理向小组成员通报事故。

运营总监领导小组对事故进行讨论，确定事故的处理方案。处理方案至少需要包含以下内容：

1）如何制止事故、纠正事故的方案。
2）各项工作的负责人。
3）需要支持的其他分公司和负责人。
4）何时向客户通报事故、如何通报、通报给谁、通报的内容等。

达成一致之后，由运营总监根据小组确定的处理方案，领导整个事件的处理，对事故处理的各项指令由项目经理和客户总代表下达，并对处理结果负责。

驻外管理部主任将处理决定通知分公司，要求分公司按照要求进行相关处理，并跟踪分公司的处理结果。

必须确保在事故发生后8小时内，向客户通报事故情况，取得客户对事件处理的要求和建议，并反馈给事故处理小组。事故处理小组需根据客户的要求和意见对事故的处理方案做出必要的调整，以符合客户的合理要求。

对于特别重大事故的解决方案，需提交给总经理批准之后执行。

（3）事故的处理和跟进。分公司对事故的处理，由分公司经理直接负责。具体的行动计划，可交给运作经理或运作主管执行。

分公司经理必须确保每4小时向事故处理小组通报一次事故处理的最新情况。

如事故的处理需要其他分公司予以支持和协助，由项目经理协同驻外管理部向相关分公司的运作经理或运作主管下达相关指令，相关分公司需严格执行。

对属于途中发生交通意外的重大事故，如造成车辆损毁不能继续运营，或车辆被扣、因维修等其他原因造成车辆延误超过8小时的，承运分公司需立即重新调度车辆，进行过车作业。

过车作业。

需进行过车作业的，需要合同车队派专人跟车处理，对于损失严重、货物单位价值高、易损产品，需由分公司选派经验丰富的主管人员到现场处理。过车时，需严格控制过车装卸过程，避免加重货物残损；需仔细清点货物总数量，残损、短少数量及完好数量，并形成书面的产品清单；残损商品和完好产品需各自集中堆放，并进行隔离，避免混淆和可能的交叉污染。

对于所有的重大事故，都必须及时取得必要的法规部门的相关文件，如交警部门的交通事故责任认定书、公安部门的报案记录等。所取得的记录，需第一时间传真给质管部。原件需妥善保存。

（4）向客户提交报告。重大事故需在事故处理完结后，由客户总代表或客户服务部经理尽快向客户提交书面的事故报告，并与客户进行回顾会议。

提交给客户的调查报告和处理报告、改进行动计划，需得到质管部经理或质量保证总监的批准才能发送给客户。在向客户做出赔偿或类似承诺时，需得到质管部经理或质量保证总监的确认和批准。质管部对分公司执行程序的情况进行监督，并随时进行纠正。

（四）货运纠纷及其解决途径

1. 货运纠纷的含义

货运纠纷是指托运人与承运人之间因托运货物灭失、损毁等相关问题而产生的双方争执不下的事件。

在货物运输中产生纠纷以致引起诉讼是常有的事，如前文所述，一方面，货主可能会因为货物在运输途中发生的各种损失向承运人索赔；另一方面，承运人可能会因为未支付运费或其他应付款项而向货主索赔。这些索赔并不一定都是承运人的过失引起的。以短量索赔为例，它可能是承运人在运输途中对货物照管不周的过错引起的，也可能是在装卸地由于其他人的过错而引起的。例如：托运人交付的货物数量有误而理货人员没有发现，或者是理货人员自己计算错误；装货过程中装卸工人或其他人员偷货；装卸不当引起货物泄漏，等等。为了正确解决纠纷，除应找到真正的过失方之外，还要清楚承运人、托运人和收货人究竟谁应对过失负责。这是一个复杂的任务，其中不仅牵扯到货物运输相关的法律，往往还会涉及《代理法》《合同法》等其他法律规范。

2. 解决货运纠纷的措施

（1）造成货损或货物灭失的，先向保险公司索赔，再由保险公司行使代位求偿权向责任人追偿。

（2）如所涉货物未投保、未足额投保，或货损在免赔额以内，或货物利益人认为货损远超过保险赔偿额，则可以依运输合同向运输经营人提出赔偿请求，再由运输经营人向责任人追偿。

（3）如果货方直接订立了运输作业分合同，而且也知道货损、货差发生的确切责任期间，则可依分合同向实际履行人追偿。

（4）以侵权为由向没有合同关系的责任人提出赔偿请求。

3. 解决货运纠纷的途径

目前，我国解决货运纠纷一般有四种途径：当事人自行协商、第三方调解、仲裁机构仲裁和司法诉讼。其中诉讼和仲裁属于司法或准司法解决方式。货运纠纷出现后，多数情况下，纠纷双方会考虑到多年良好的合作关系和商业因素，互相退让，争取友好协商解决，同时为以后的合作打下基础。但有的纠纷因双方之间产生的分歧较大，无法友好协商解决，双方可以寻求信赖的行业协会或组织进行调解，在此基础上达成和解协议，解决纠纷。但还会有一部分纠纷经过双方较长时间的协商，甚至在行业协会或其他组织介入调解的前提下仍然无法解决的，双方只能寻求司法或准司法途径解决。

（1）仲裁。仲裁是指纠纷双方在纠纷发生前或纠纷发生后达成协议，自愿将纠纷提交（具有公认地位的）第三方做出裁决的一种解决纠纷的方法。

仲裁是解决纠纷的一种重要方式，具有当事人自愿、程序简便、迅速等特点。仲裁申请人向约定的仲裁机构提出仲裁申请，仲裁员根据仲裁规则对该纠纷做出的裁决对双方都具有约束力，而且只要是仲裁过程符合仲裁规则，则该裁决是终局的。用仲裁解决纠纷，由于仲裁员具有该行业的专业知识、经验和相应的法律知识，因此所做出的裁决通常符合商业精神。而且仲裁速度较快，费用也较司法诉讼节约。

（2）诉讼。诉讼是指法院在双方当事人和其他诉讼参与人参加下，审理和解决纠纷（案件）的活动，以及由这些活动中所产生的诉讼法律关系的总和。

当事人没有订立仲裁协议或者仲裁协议无效的，可以向人民法院起诉。通过法院进行诉讼是解决纠纷最终的途径。各种运输纠纷可以按照我国的诉讼程序，由一方或双方向有管辖权的法院起诉（诉讼时效一般为2年），然后由法院根据适用法律和事实进行审理，最后做出判决。如果某一方乃至双方对一审判决不服，可以根据诉讼法进行上诉、申诉。通常来讲，以司法诉讼方式解决纠纷，既耗时又费钱。

当事人应当履行发生法律效力的判决、仲裁裁决、调解书；拒不履行的，对方可以请求人民法院执行。

任务实施

（一）实训任务

背景描述见本任务【任务情境】中的工作任务。

（二）实训目标

1．通过对货物运输事故的分析，训练处理货运事故及纠纷的能力和技巧。
2．具有合同意识、法律法规意识。

（三）实训内容及操作步骤

参照下面"操作步骤"的提示，完成货物运输事故处理的各项工作。
操作步骤：
工作任务1至工作任务3可参考如下建议进行分析处理。
步骤1．弄清事故概况、经过及损失情况。
步骤2．托运方基本情况，如是否如实告知、是否按要求包装、是否办理了保价或保险等。

步骤3．承运方基本情况，如经营资质情况、相关作业人员（现场业务员、驾驶员、装卸员、提/送货员、押运员）操作是否有过错等。

步骤4．弄清运输合同条款内容，如适用的法律法规、格式条款内容的法律效力等。

步骤5．事故原因分析，据此明确事故责任方（主要责任方、次要责任方）。对于承运方，根据免责条件确定是否免责。

步骤6．确定赔偿责任及赔偿数额，如各方赔偿责任比例的确定、限额赔偿或实际损失赔偿数额的确定。

步骤7．若出现争议，确定解决纠纷的途径：协商、调解、仲裁或诉讼。

步骤8．总结事故的教训及建议，如找出工作中的薄弱环节、指出今后工作努力的方向。

（四）成果形式

总结报告：针对所学到的理论知识和获得的专业技能进行全面的总结，对获得的经验和教训进行深刻的反思，并提出以后的发展方向。

小组陈述：现场讲解货运事故处理的解决方案。

（五）考核标准

评 价 项 目	分 配 分 值
1．货运事故中相关各方法律关系确定准确	10
2．合同条款（限额赔偿、格式条款）的法律效力确认正确，当事人各方的责任、权利、义务划分准确，危险货物运输中各方的权利、义务理解正确	10
3．事故原因分析思路清晰：直接原因、间接原因、各方过错或违约行为的产生缘由、过错或违约行为与货损事故之间的因果关系、混合过错情况下合理划分各方的责任	40
4．能根据相关的行业法规中的规定确定赔偿责任方及赔偿数额	20
5．解决货运纠纷建议合理、可行	10
6．总结的事故教训准确，建议有助于运输工作的改进	10
合　　计	100

（六）注意事项

环境要求：

多媒体教室一间，多台计算机（可以联网），一部打印机，运输事故案例多份。

教师要求：

对学生遇到的难点或疑问要及时给予指导，以便其更有效地完成工作和深入思考；对技能训练成果要做专业性的总结，并尽可能提供额外的学习资料。

学生要求：

组内和小组之间要分享获得的新的信息或进一步的理解；听取来自老师、同学们的反馈建议。

归纳总结

1．货运事故是指在运输、装卸、保管过程中发生的导致货物质量变差、数量减少的事件，还包括单证差错、延迟交付、延迟付款、运输工具损坏、无单放货等情况。

2. 货运事故大部分是由承运人所致,还有一些是由货方、第三方,甚至由不可抗力所致。

3. 货运事故的类型有:货物灭失事故、货损货差事故、货物延迟交付事故、运输单证事故、其他事故等。

4. 货物毁损或灭失的赔偿额,按照约定办理;没有约定的,可以补充协议;不能达成补充协议的,按照合同有关条款或者交易习惯确定;仍然不能确定的,按照交付或应当交付时货物到达地的市场价格计算。

5. 货运事故的一般处理程序是:①及时通知;②签注货运事故记录单;③提出赔偿要求书;④向对方支付违约金。

6. 解决货运纠纷的措施有:向保险公司索赔;或向运输经营人提出赔偿请求;或向没有合同关系的责任人提出赔偿请求。

7. 解决运输纠纷的途径:当事人自行协商、第三方调解、仲裁机构仲裁或司法诉讼。

思考问题

1. 运输管理人员要了解、掌握货物运输过程中可能出现的各种风险隐患,提前做好预防工作,保证运输服务质量,避免经济损失。请你列举货运过程中可能会遇到哪些风险事故。

2. 我国《合同法》中对提供格式合同条款的一方有哪些规定?运输公司在制定货物托运单上的约定条款时,要注意哪些问题?

3. 货运事故仅仅指货物质量变差、数量减少吗?广义的货运事故还包括哪些情况?请你列举说明。

任务三 货物运输保险与索赔

知识点 货物运输保险;运输保险责任条款;运输保险责任免除条款;投保人、被保险人的义务;保险索赔步骤。

能力点 办理货物运输投保手续;协助当事人向保险人索赔。

任务情境

工作任务1:运输货物投保

10月10号宝供物流广州运输分公司为日立集团运输3部价值1 000万元的电梯,由于该批货物比较贵重,如果在运输途中发生事故,将造成较大的损失,运输公司需要赔偿的数额会较大。为了保证公司利益在任何情况下不受损失,需要宝供广州分公司办理货物运输保险业务,物流经理将投保准备工作交给了运输业务员小王去办理。

小王该如何办理投保业务呢?

工作任务2:货物出险后索赔办理

(接上述)10月11号在送货的途中,由于雨天路况恶劣,发生了交通事故,车辆翻倒，致使所运货物遭到严重毁坏。运输公司获悉情况后马上采取货物抢救措施，并着手进行索赔工作，责令小王抓紧准备有关索赔的材料，以尽快进入索赔程序。

小王又该如何处理索赔事宜，以减少公司和客户的损失呢？

任务分析

道路货物运输是一个风险较高的行业，如何控制和转嫁风险成为道路运输企业管理工作的重中之重。在所有运输操作工作都很完善的情况下，仅仅因为没有办理保险或投保、索赔工作出现问题，自然灾害或意外事故的发生就可能让一切的工作变得没有意义。企业不仅要付出人力、物力，最后还要做出赔偿。

所以，保险、保价已成为货物运输服务中不可缺少的部分。上述工作任务就是关于货物运输保险的投保办理问题以及保险事故发生后的索赔问题。

为了完成上述任务，我们需要弄清和明确以下问题。

1. 相关的理论知识

货物运输保险的含义；运输保险责任条款、保险责任免除条款；投保方式，货运险投保程序；投保人、被保险人的义务；索赔单证，保险索赔步骤。

2. 相关的实践活动

为了完成这项学习任务，我们可以到一家物流货运公司的运输作业部门，了解运输保价、保险业务的办理情况，发生保险责任事故后的损失索赔情况，了解实践中运输保险投保及保险索赔工作中要注意的问题，了解保价运输中应注意的问题等。

通过本任务办理投保业务和索赔业务的练习，你可以从事办理投保事务以及索赔事务的业务员岗位工作。

任务准备

（一）货物运输保险概述

1. 货物运输保险的含义

货物运输保险是以各种被运输货物作为保险标的，保险人依照合同对于在保险期间内可能遭受的各种自然灾害或意外事故所造成的损失承担赔偿责任的保险。

中国人民财产保险股份有限公司制订的公路货物运输保险条款"保险标的范围"规定：凡是国内经公路运输的货物，除蔬菜、水果、活牲畜、禽鱼类和其他动物外（可制订特别专项条款投保），均可成为公路货物运输保险之标的。同时规定，对金银、珠宝、钻石、玉器、首饰、古币、古玩、古书、古画、邮票、艺术品、稀有金属等珍贵财物，须将保险标的的名称、价值、包装、安全措施等内容以书面形式向保险人说明并经保险人确认，经双方特别约定方可成为保险标的。

2. 货物运输保险的关系人

凡对运输货物的安全完整有利害关系的人，都可以作为货物运输保险的投保人。货物运输保险的被保险人,可以是发货人或收货人,也有可能是银行(在银行押款情况下)。但被保险人同一般财产保险有所不同,由于货物在运输过程中处于流动状态,货物的所有权可以根据贸易合同的规定转移。货物运输的保险单或保险凭证可由被保险人背书转让,无须征得保险人的同意。

另外,大量的货物运输是交承运方负责运输,又与货物运输合同有着密切的关系。因此,货物运输保险的关系人又涉及发货人、收货人和承运人,而不单纯是投保人、被保险人和保险人。

需要注意的是:承运人与发货人或收货人的关系是由货物运输合同确定的,不能因货物参加了货物运输保险而免除其按货物运输法规应承担的赔偿责任。

当运输合同与保险合同的责任重合时,货主享有向承运人或者保险人的索赔选择权,货主不能重复使用索赔权获得双倍赔偿。

《保险法》规定,因第三者对保险标的损害而造成保险事故的,保险人自向被保险人赔偿保险金之日起,在赔偿金额范围内代位行使被保险人对第三者请求赔偿的权利(即追偿或代位求偿)。

3．保险金额

保险金额是指一个保险合同项下保险公司承担赔偿或给付保险金责任的最高限额,即投保人对保险标的的实际投保金额;同时又是保险公司收取保险费的计算基础。

《保险法》中规定,保险金额不得超过保险价值(保险标的物的实际价值)。超过保险价值的,超过部分无效,保险人应当退还相应的保险费。保险金额低于保险价值的,除合同另有约定外,保险人按照保险金额与保险价值的比例承担赔偿责任。

4．保险费

保险费是指被保险人购买货物运输保险的价格。缴纳保险费是保险合同中被保险人的主要义务。保险金额与保险费率的乘积即为投保人应向保险人交付的保险费。保险费率通常用占保险金额的千分比来计算。

(二)货物运输保险条款

货物运输保险条款是货物运输保险合同的重要组成部分,它以条款的形式订明保险人与被保险人的权利义务关系以及其他有关的保险事项,是保险公司对所承保的保险标的履行保险责任的主要依据。

全国各家保险公司都向中国银保监会报批和报备了自家的国内货物运输保险条款,但基本都以中国人民财产保险股份有限公司的相关条款作为基本范本。下文介绍的保险责任条款以及责任免除范围就是中国人民财产保险股份有限公司 2009 年制订并在全国各分支机构执行的条款内容。

1．道路货物运输的保险责任条款

由于下列保险事故造成保险货物的损失和费用,由保险人依照条款约定负责赔偿。

(1)火灾、爆炸、雷电、冰雹、暴风、暴雨、洪水、海啸、地陷、崖崩、突发性滑坡、泥石流,共 12 种自然灾害。

（2）由于运输工具发生碰撞、倾覆或隧道、码头坍塌，或在驳运过程中因驳运工具遭受搁浅、触礁、沉没、碰撞。如因车辆遭受灾害事故，致使车身倾覆。

在公路运输中，运输工具所载货物如系泡货，而装载面积又四面超出运输工具，装载货物与装载规定不符者，须报请公安交通管理部门批准，按指定时间、路线、时速行驶，在不违反交通安全运输规定的情况下，发生碰撞，可按碰撞责任负责。没有发生运输工具的碰撞时，运输工具本身与所载货物的碰撞，运输工具所载货物与外界物体的碰撞及货物相互间的碰撞，均不属本款规定的碰撞责任。

"驳运"是指汽车在行驶途中需要过渡，开上驳船，由驳船将汽车运到对岸。"驳运工具"即指驳船、渡船。

（3）在装货、卸货或转载时因意外事故造成的损失。例如，裸装或木箱包装的机械设备在运输过程中的碰损、擦伤，遭受不属于包装质量不善或装卸人员违反操作规程造成的损失。

（4）因碰撞、挤压而造成货物破碎、弯曲、凹瘪、折断、开裂的损失。例如，易破碎的轻工、工艺制品类的玻璃制品、陶瓷制品、雕刻制品、漆器等的破碎。

（5）因包装破裂致使货物散失的损失。例如，散装粮食装卸撒漏的短量。

（6）液体货物因受碰撞或挤压致使所用容器（包括封口）损坏而渗漏的损失，或用液体保藏的货物因液体渗漏而造成该货物腐烂变质的损失。

例如，液态的动、植物油，化工类原油，成品油等的容器破裂而造成的渗漏；浸没在煤油中保存的金属钾、钠等的容器内液体渗漏而造成的损失。

（7）符合安全运输规定而遭受雨淋所致的损失。

（8）在发生上述灾害事故时，因纷乱而造成货物的散失以及因施救或保护货物所支付的直接合理的费用。

2．道路货物运输的保险责任免除条款

责任免除（或称除外责任）是指保险人不承担经济补偿义务的风险损失范围。责任免除中所列的各项致损原因，一般是非意外的，或者比较特殊的，或者是保险人难以承保的风险。

由于下列原因造成保险货物的损失，保险人不负赔偿责任。

（1）战争、敌对行为、军事行动、扣押、罢工、暴动、哄抢。

（2）地震造成的损失。

（3）盗窃或整件提货不着的损失。

（4）在保险责任开始前，保险货物已存在的品质不良或数量短差所造成的损失。

（5）保险货物的自然损耗、本质缺陷、特性所引起的损失或费用。

"自然损耗"是指货物在运输过程中发生的一种非事故性的必然损失，如玉米水分自然蒸发、液体黏附容器以及衡器公差等原因造成的损失；"本质缺陷"是指货物内在原有的缺陷，如玻璃、陶瓷等制品的瑕疵、裂纹等；"特性"是指货物的特殊属性，特性所引起的污染、变质、损坏等，一般与包装不善和货物配载不当有关。

（6）市价跌落、运输延迟所引起的损失。

（7）属于发货人责任引起的损失。

（8）投保人、被保险人的故意行为或违法犯罪行为。

（9）经国家有关部门认定的违法、非法货物而被查扣、弃置或做其他处理的损失。

（10）其他不属保险责任范围内的损失。

凡保险责任条款中未列明的灾害事故所造成的损失和费用，且无其他特别约定都属除外责任，保险人一概不负责赔偿。

3．道路货物运输保险的责任起讫时间

我国道路货物运输保险责任的起讫期，是自签发保险凭证后，保险货物运离起运地发货人的最后一个仓库或储运处所时起，至该保险凭证上注明的目的地的收货人在当地的第一个仓库或储存处所时终止。但保险货物运抵目的地后，如果收货人未及时提货，则保险责任的终止期最多延长至保险货物卸离运输工具后的 15 天为限。

4．投保人、被保险人的义务

投保人、被保险人如果未履行相关义务，保险人有权拒绝赔偿由此造成的全部或部分损失。投保人、被保险人应履行的主要义务如下。

（1）投保人如实告知义务。投保人应如实回答保险人就保险标的或者被保险人的有关情况提出的询问。

（2）投保人缴纳保险费的义务。投保人在保险人签发保险单（凭证）的同时，应一次交清应付的保险费。

（3）投保人和被保险人应当严格遵守国家及交通运输部门关于安全运输的各项规定，维护保险标的的安全。

（4）在合同有效期内，保险标的的危险程度显著增加的，被保险人按照合同约定应当及时通知保险人，保险人有权要求增加保险费或者解除合同。

（5）如果保险货物发生保险责任范围内的损失，投保人或被保险人获悉后，应迅速采取合理的施救和保护措施并立即通知保险人的当地机构（最迟不超过 10 天）。

（三）货物运输保险投保

1．货物的常见运输风险

投保人要了解、掌握运输货物的属性，评估在运输过程中可能出现的风险隐患，提高投保质量；另一方面也可以了解以往同类货物运输的投保经验，考察、了解运输道路的风险情况，调查、了解承运人的资信情况和装载货物的运输工具状况等来决定是否投保。

微课：货物运输保险投保

构成保险事故的损因应有如下特征：外来的、有痕迹的，并且是导致损失的主要和有效的原因，而不应是货物的内在缺陷、品质问题、包装不当和发货人配载不当等运输前即存在并人为可以控制的因素。以下是一些货物的常见运输风险。

（1）金属物料主要是指金属毛坯及其初步制定品。作为货物的金属原料主要是镀锌板、钢卷（线、型材）、硅钢片、钢锭、生铁块和金属铸件等。这类货物易发生锈损、物理性损坏、短量以及装卸造成的残损和断裂等。

（2）谷类作物主要包括玉米、大豆、花生仁、大麻籽、芸豆籽和原糖等。其特点是单票量大，散装或袋装，装卸周期长，不易管理。主要损失形式为短少、霉变、水渍和污染等。

（3）玻璃制品主要包括热水瓶、灯泡、灯管等，这种商品的主要损失原因为破损。

（4）陶瓷制品主要包括日用陶瓷、工艺陶瓷、陶瓷洁具、瓷砖等，主要损失原因是破碎。

（5）IT类产品，如液晶显示屏类货物价值较高，易被盗。其承受过载的性能较差，易因震动产生坏点，全损可能性较大。

2．投保方式

投保是办理货物运输保险的首要环节，需要投保人按照保险公司的承保程序办理。保险公司的货物运输保险业务的承保方式一般分为直接业务和代理业务两种。与之相对应，货物运输保险的投保方式主要有两种：一种是投保人直接向保险公司投保；另一种是向保险代理人投保。

（1）直接投保。直接投保是指由投保人向保险公司直接投保，并直接订立保险合同的投保方式。直接投保按保险合同的不同形式分为逐笔签单投保和预约统保投保。

逐笔签单投保：对每笔投保业务都填签保险单的投保方式。

预约统保投保：投保人与保险人签订保险合同，约定在保险合同期限内，保险人对投保人所有发送的货物实行预约统保的保险方式。在每批货物起运时，往往由投保人填写"起运通知书"，以通知保险人并作为每笔货物投保的证明。

（2）代理投保。代理投保是指投保人向保险人的委托代理机构办理保险业务，完成签单手续的投保方式。保险代理人是根据保险人的委托，在保险人授权范围内代为办理保险业务的单位或者个人。保险代理人可以是保险代理公司，也可以是货物承运部门。

在投保时，如果所要求投保的风险在条款中没有相应规定，则可以在参加保险时和保险公司做特别约定。如果不需要某些条款，也可以和保险公司商议剔除该条款。

3．货物运输保险投保办理注意事项

在明确投保货物的投保金额，并根据货运价格、货物性质、包装特点、道路情况等确定投保险别后，向保险公司提供投保货物的有关单证以及检验证明，办理货物运输险的投保手续。

投保人填写投保单时应注意以下几点：

（1）投保单是投保人向保险公司申请订立保险合同的文字依据，也是保险公司签发保险单接受投保的重要依据。投保人应翔实、清楚地填写投保单的各项内容。

（2）被保险人栏目要按保险利益的实际有关人称谓的全称填写。因为保险是否有效，同被保险人保险利益直接有关。

（3）货物名称应填写具体名称，一般不要笼统填写。标记应与运单上所载的标记一致，特别要同刷在货物外包装上的实际标记符号相同，要将包装的性质如箱、包、件、捆及数量都写清楚。

（4）保险金额。国内货运险的保险金额按照保险价值确定或由保险双方协商确定。保险价值按货价或货价加运杂费确定。若一张投保单投保不同单价、不同品名的货物，保险金额应分别列明，必要时还需填写投保清单，同时填写保险金额总计。

（5）运输工具栏应写上运输工具牌号。

（6）发货日期栏。有确切日期，要填写具体日期；无确切日期则填上约于×月×日。

（7）运单号码、路程应按实际填写。

（8）承保险别栏要将需要投保的险别明确填写清楚，如有附加险别或与保险人有其他特别约定的也要在此栏注明。

（9）货运险投保日期应在运输工具开行之前。

（四）货物运输保险索赔程序

1. 保险索赔的含义

保险索赔是指被保险人或受益人在保险标的因保险事故发生造成财产损失或人身死亡，或依照保险合同的约定，一定的法律事实出现时，请求保险人赔偿损失或给付保险金的意思表示。

2. 保险索赔步骤

当发生了保险合同约定的保险事故后，被保险人应按照下述步骤办理索赔。

（1）通知保险公司。当获悉或发现被保险的货物已遭损失后，被保险人应将保险事故发生的时间、地点、原因及造成的损失情况，以及保险单证号码、保险标的、险种险别、保险期限等事项，以最快的方式通知保险公司。如果保险标的在异地出险受损，被保险人应向原保险公司及其在出险当地的分支机构或代理人报案。在保险公司抵达出险现场之前，被保险人应采取必要的抢救措施，并对受损的保险标的进行必要的整理。

（2）接受保险公司检验。被保险人应接受保险公司或其委托的其他人员（如保险代理人、检验机关）在出险现场检验受损的保险标的，并提供各种方便，以保证保险公司及时准确地查明事故原因，确认损害程度和损失数额。

（3）提出索赔申请并提供索赔单证。被保险人应根据有关法律规定和保险合同，向保险公司提出索赔申请并提供有关单证。具体包括：

1）保险单（凭证）、运单（货票）、提货单、发票（货价证明）。

2）承运部门签发的事故签证、交接验收记录、鉴定书。

3）收货单位的入库记录、检验报告、损失清单及为救护保险货物所支付的直接合理的费用单据。

4）被保险人能提供的其他与确认保险事故的性质、原因、损失程度等有关的证明和资料。

另外，在遇有下列情况时，被保险人还应提供有关单证：冷藏箱运输应提供集装箱温度记录表；涉及恶劣天气的，应提供相应气象证明。

（4）领取保险赔款。保险人收到被保险人的赔偿请求后，应当及时就是否属于保险责任做出核定，并将核定结果通知被保险人。保险人对属于保险责任的，在与被保险人达成有关赔偿金额的协议后10日内，履行赔偿义务。被保险人应尽快领取保险赔款，部分赔款超出3个月不领，保险公司视为放弃领取。

3. 向保险公司索赔应注意的事项

通常情况下，索赔人（投保人、被保险人或受益人）到保险公司索赔应注意以下几点：

（1）注意报案的时效和方式。索赔人应在知道保险事故发生之日起10日内以书面形式通知保险公司。特殊情况下可采取电话、邮件或其他方式先备案，然后再正式办理报案手续。

（2）积极配合主动提供详细材料。根据不同险种的要求，索赔人应按条款规定准备好所需的证明、文件及原始资料等。

（3）认清责任、维护权益、及时结案。保险公司收到索赔申请书及有关资料后，应及时核定：属于保险责任的，保险公司与索赔人达成保险金额给付协议，并在签订给付协议10日后，履行给付（赔偿）义务；不属于保险责任的，保险公司则会给索赔人发拒赔通知书。被保险人与保险人发生争议时，协商解决，双方不能达成协议时，可以提交仲裁机构或法院处理。

（4）应注意索赔时效。对于货物运输保险，道路货物运输当事人要求索赔的时效为180天，即被保险人从获悉保险货物遭受损失的次日起，如果经过180天不向保险人申请赔偿、不提供必要的单证或者不领取应得赔款，则视为自愿放弃权益。

任务实施

（一）实训任务

背景描述见本任务【任务情境】中的工作任务。

（二）实训目标

1. 根据货物、道路等情况，能确定是否投保并能办理投保手续。
2. 货物出险后，能向保险人办理索赔事务。
3. 具有风险防范意识。

（三）实训内容及操作步骤

参照下面"操作步骤"，完成运输货物的投保和索赔工作。

操作步骤：

工作任务1：运输货物投保

步骤1．了解、掌握所运货物的属性，评估运输过程中可能出现的风险隐患。

步骤2．考察运输道路的风险情况、装载货物的运输工具状况。

步骤3．了解以往同类货物运输的投保经验。

步骤4．评估货物价值，确定保险金额。

步骤5．选择投保方式：直接投保或代理投保。

步骤6．根据货物运输风险评估结果，确定投保险别及是否需要特别专项条款。

步骤7．准备投保货物的有关单证以及检验证明。

步骤8．办理货物运输险的投保手续，按要求认真、翔实填写保单。

工作任务2：货物出险后索赔办理

步骤1．得知货物出险，首先检查、了解货物属性、损坏情况、品名、保险金额等详细信息，确认是否符合向保险公司报案的条件。

步骤2．第一时间向保险公司报案，通知保险公司并采取必要的抢救措施。

步骤3．协助保险公司检验货损情况。

步骤4．提出索赔申请并提供索赔单证。

步骤5．领取保险赔款。

（四）成果形式

总结报告：针对所学到的理论知识和获得的专业技能进行全面的总结，对获得的经验和教训进行深刻的反思，并提出以后的发展方向。

小组陈述：现场讲解运输货物投保和出险索赔的工作过程。

（五）考核标准

工作任务1：运输货物投保

评 价 项 目	分 配 分 值
1．货物运输风险评估全面	20
2．保险金额、投保方式确定合理	20
3．投保准备工作充分，单证以及检验证明齐全	30
4．投保单填写：清楚地填写投保单的各项内容；有关人称谓按全称填写；货物名称填写具体；保险金额计算正确；填写具体发货日期等	30
合　　计	100

工作任务2：货物出险后索赔办理

评 价 项 目	分 配 分 值
1．报案准备工作细致、全面、快速	20
2．注意了报案时效，采取的报案方式合理，施救措施妥当	20
3．主动协助保险人确认损害程度和损失数额，查明事故原因	20
4．单据、证明、报告、原始资料、照片等索赔资料准备齐全	20
5．认清责任，维护权益，及时结案	20
合　　计	100

（六）注意事项

环境要求：

多媒体教室一间，多台计算机（可以联网），一部打印机，投保单多份。

教师要求：

对学生遇到的难点或疑问要及时给予指导，以便其更有效地完成工作和深入思考；对技能训练成果要做专业性的总结，并尽可能提供额外学习资料。

学生要求：

组内和小组之间要分享获得的新的信息或进一步的理解；听取来自老师、同学们的反馈建议。

归纳总结

1．货物运输保险是以各种被运输货物作为保险标的，保险人依照合同对于在保险期间内可能遭受的各种自然灾害或意外事故所造成的损失承担赔偿责任的保险。

2．道路货物运输保险的责任条款有：自然灾害、运输工具行驶中发生意外、装卸货或转载时的意外、碰撞或挤压、包装破裂、液体货物所用容器损坏、遭受雨淋而造成的货物损失，以及施救费用。

3．道路货物运输保险的免责条款有：战争、敌对行为等；地震；盗窃；货物已存在品质不良；货物的自身特性；市价跌落；投保人、被保险人的故意行为；违法、非法货物等。

4．投保人、被保险人的义务：如实告知；一次交清保险费；严格遵守安全运输的各项规定；保险标的危险程度显著增加的，及时通知保险人；迅速采取合理的施救和保护措施并立即通知保险人。

5．投保时应注意的问题有：清楚地填写投保单；被保险人称谓要填写全称；货物名称应填写具体名称；保险金额可按货价或货价加运杂费确定；汽车牌号、发货日期、运单号码、险别等明确填写清楚；投保日期应在运输工具开行之前。

6．保险索赔时应提供的单证有：保险单、托运单、提货单、发票；事故签证、交接验收记录、鉴定书；入库记录、检验报告、损失清单及救护费用单据；其他证明和资料。

思考问题

1．保价运输与保险运输有什么区别？保价运输是出于什么样的考虑？开办保价运输时，运输企业应注意哪些问题？

2．运输保险中哪些人可以成为货物运输保险的投保人？哪些人可能是货物运输保险的被保险人？为什么？

3．投保人需要掌握哪些方面的情况资料才能决定是否办理货物运输投保？

同步知识测试

一、单选题

1．运输合同的标的是（　　），运输合同中当事人的权利、义务、责任都指向这个对象。

　　A．运输过程　　　　B．运输货物　　　　C．运输当事人　　D．运输行为

2．货物运输途中，发生交通事故造成货物损坏或灭失，（　　）应先行向托运人赔偿，再由其向肇事的责任方追偿。

　　A．货主　　　　　　B．承运人　　　　　C．收货人　　　　D．车主

3．货运事故赔偿分为（　　）和实际损失赔偿两种。

　　A．限额赔偿　　　　　　　　　　　　　B．货主声明价格

　　C．货物到达地的市场价格　　　　　　　D．按照合同约定的价格

4．超过规定的期限，收货人不明或者收货人无正当理由拒绝受领货物的，承运人（　　）。

　　A．有权提存货物　　　　　　　　　　　B．有权弃置货物

　　C．负责保管并有权收取保管费用　　　　D．有权变卖货物

5．货物运输有货物保险和货物保价运输两种投保方式，采取自愿投保的原则，由

（　　）确定。

　　A．承运人　　　　　B．收货人　　　　　C．托运人　　　　　D．受理人

二、多选题

1．承运人的违约责任主要有（　　）责任。
　　A．货损货差　　　　B．包装内在缺陷　　C．逾期送达
　　D．卸车迟延　　　　E．错运错交

2．货运事故是指与运输行为有关的、给当事人带来损失的事件。包括（　　）等情况。
　　A．延迟交付　　　　B．延迟付款　　　　C．货物质量变差
　　D．货物数量减少　　E．单证差错

3．运输当事人要求另一方当事人赔偿时，须提出赔偿要求书，并附（　　）等文件。
　　A．托运单　　　　　B．货运事故记录单　C．货物价格证明
　　D．运费收据　　　　E．货物出库单

4．下面所列的各项使货物致损的原因属于保险责任免除的有（　　）。
　　A．地震　　　　　　B．泥石流　　　　　C．玉米水分自然蒸发
　　D．货物配载不当　　E．查验出禁运的货物

5．货物毁损或灭失的赔偿额可以按照（　　）处理。
　　A．交易习惯　　　　　　　　　　　　　B．已有的约定
　　C．补充协议　　　　　　　　　　　　　D．合同有关条款
　　E．到达地的市场价格

三、判断题

1．货运事故处理过程中，根据具体情况，收货人可以扣留车辆，或承运人可以扣留货物。（　　）

2．货物在运输过程中，因不可抗力灭失，未收取运费的，承运人不得要求支付运费；已收取运费的，托运人可以要求返还。（　　）

3．包装体外表面完好而内装货物毁损或灭失，运输承运人也要负赔偿责任。（　　）

4．对承运人非故意行为造成货物迟延交付的赔偿金额，不得超过所迟延交付的货物全部价值数额。（　　）

5．承运人与发货人或收货人的关系是由货物运输合同确定的，但是因货物参加了货物运输保险，所以可免除其按货物运输法规应承担的赔偿责任。（　　）

四、案例分析题

2018年7月，广东安通国际货运代理有限公司（下称安通公司）与北海市城东运输有限公司（下称城东运输公司）签订了长期性运输协议。

2019年9月，根据安通公司的要求，城东运输公司安排其车辆运输广西合浦公馆出口烟花厂（下称公馆烟花厂）拟出口的1 858箱烟花，但城东运输公司提取货物后并未将货物安全运往目的地，而是将所运烟花和集装箱损毁。公馆烟花厂于是向安通公司提

起索赔诉讼,并保全了安通公司40万元的银行存款;而安通公司已向集装箱主赔偿了集装箱损失24 266元。为此,安通公司要求城东运输公司赔偿集装箱灭失的损失、烟花货主的相关损失392 885元。

城东运输公司辩称:安通公司未书面通知所运货物为危险品,以致作为没有危险品运输资格和防范经验的城东运输公司在运输过程中发生了只有危险品碰撞爆炸燃烧的意外事故,因而有关损失完全应由安通公司自行承担。

补充有关的事实背景资料如下:

2018年7月1日,安通公司与城东运输公司签订一份关于集装箱及其货物的运输协议,约定由城东运输公司承运安通公司所需运输的集装箱及其货物,其中安通公司的责任及义务为:市内或短途运输提前半天将所需运输的集装箱货物的名称、规格、数量和目的地等通知城东运输公司;负责对货物及时进行装卸,避免车辆积压;每月结算一次运费。该协议约定城东运输公司的义务为:按时将车辆派往指定地点,将所需运输的集装箱和货物安全、快捷地运到指定目的地;对运输车辆和驾驶员的安全负责;保证所运货物的安全,并对运输过程中造成货物的损坏、丢失负责赔偿。

2019年9月10日,安通公司与公馆烟花厂签订出口货物委托单,载明:公馆烟花厂作为托运人,就集装箱货物16 000箱烟花向安通公司办理托运;安通公司应负责安排从公馆烟花厂清水江仓库至北海港的汽车运输以及北海至香港、香港至汉堡的船舶运输;由公馆烟花厂向安通公司一次性支付全程运费。

为履行与公馆烟花厂的约定,安通公司通知城东运输公司派车辆运输。2019年9月17日,城东运输公司派汽车将已装入集装箱的烟花从公馆烟花厂运至北海港。在烟花厂仓库装车时,汽车驾驶员发现所运为烟花,曾表示拒绝运输,但安通公司称若拒绝运输则要追究其违约责任,驾驶员遂接受了运输任务。当日17:43时许,由驾驶员驾驶的装载40英尺集装箱的东风牌桂E00×××号平板车,在通过北海港铁路专用线平交过道时,与火车机车相撞,汽车平板车报废,平板车上的集装箱及其所装烟花燃烧报废。造成此事故的原因是:汽车驾驶员通过铁路平交过道时,抢越过道,汽车驾驶员负完全责任。

受损报废的集装箱价值24 266元,其所有权属长荣香港有限公司,安通公司已向箱主做了全额赔偿。

事故发生后,公馆烟花厂向安通公司提出货物损害赔偿,要求其赔偿货款损失276 135元、经济损失116 749元。

另查明,城东运输公司的道路运输经营许可证载明的经营范围为普通货运。

根据上述案例,回答以下问题:

1. 集装箱及烟花的损失应该由谁来承担赔偿责任?为什么?
2. 本案例是多式联运道路运输区段危险品运输事故纠纷问题,我国对危险品运输实行严格的审核制度和强制性的技术标准。试对本案例中承托双方在危险品运输方面存在的过错进行详细的分析。
3. 请总结本案例事故的教训及建议,如工作中的薄弱环节、今后工作努力的方向等。

模块七

货物运输成本控制与服务质量改善

导读

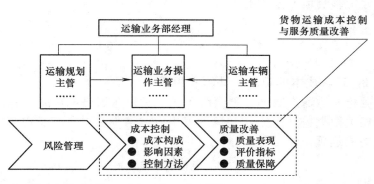

　　成本控制活动和质量改善活动同运输风险管理一样，也贯穿于运输业务管理工作的始终，保证运输作业和作业管理活动的有效性。

　　运输成本管理是货运企业财务部门的主要职能，财务部门编制成本预算方案并下达成本预算指标给各责任部门去实施。企业中往往建立的是成本管理归口责任制度，即不同的业务部门负担着不同的成本控制目标责任，并以此作为评价其绩效的依据。运输业务部门围绕确定的营运支出控制指标、运输量指标开展工作，因此各级运输管理人员应悉知运输成本构成内容，及时统计、积累相关数据，控制成本支出，配合财务部门做好成本管理工作。本模块任务一内容即是在这个背景下编排的，主要介绍在货运企业成本控制过程中，业务部门管理人员需要掌握的成本知识及成本控制方法。

　　运输服务质量管理是货运企业客服部门的主要职能，包括运输服务规范制定、运输服务工作开展及客户关系管理三方面，其工作目标是：加强与客户的业务联系，树立良好的企业形象，提高客户服务水平和客户满意度。但服务质量计划是由运输业务部门实施和完成的，所以运输业务部门作业质量的好坏是质量保障的关键环节，这要求业务部门的各级管理人员及作业人员掌握服务质量方面的相关知识，能很好地理解公司服务质量规范标准，进而有效地改善运输服务质量，为客户提供满意的服务。这是我们安排本模块任务二内容的原因。

学习目标

通过本模块的学习,你将能够从事运输成本的控制活动和运输服务质量的改善活动。
能够:
1. 进行运输成本计算和运输费用处理。
2. 分析运输成本变动原因,提出控制运输成本的具体措施。
3. 利用一系列相关指标评价运输服务质量。
4. 提出改善运输服务质量的有效措施。
5. 拥有资源节约意识、市场意识和可持续发展观,增加社会责任感和使命感。

任务一　货物运输成本控制

知识点　运输成本含义;运输成本构成;运输成本的影响因素;关键运输成本项目控制。

能力点　分析影响运输成本的因素;控制运输成本。

任务情境

工作任务1:运输成本的记录、计算和积累

某物流货运企业运输作业部经理交给车辆主管三张表格,见表7-1、表7-2、表7-3,要求他按时将相关数据统计出来,并填入表格中。请你通过本任务内容的学习,帮助车辆主管圆满地完成这项工作。

表7-1　运输成本核算表

编号:　　　　　　　　　　　金额单位:万元　　　　　　　　日期:　　年　　月　　日

月份		1月	2月	3月	…	12月	合计
成本项目	直接人工	驾驶员						
		助手						
	直接材料	燃料						
		轮胎						
	其他直接费用	保养修理费						
		折旧						
		劳保费						
		过路费						
		车辆牌照检验费						
		过桥费						
		洗车费						
		渡轮费						
		车船使用税						
		驾驶员中途食宿费						
		行车杂费						
		其他						
成本合计								
备注								

部门负责人:(车辆主管)　　　　　　　　　　　　　审核人:(运输部经理)

模块七 货物运输成本控制与服务质量改善

表 7-2 运输成本分析表

编号：　　　　　　　　　　金额单位：万元　　　　　　　　日期：　　年　　月　　日

业务条件	路 线	车 型	业 务 量			往返里程	单程运行	配置司机
			每周运输量	工作周数	每月运输量			
油费	耗油量		每升油价			油费小计		
桥路费	过桥费		过路费			费用小计		
轮胎损耗	轮胎单位		轮胎个数			轮胎费用		
驾驶员费用	基本工资	提成	社保	补贴				小计
				住宿	伙食		通信	
车辆运输费用	折旧	车辆保险	年检费	维修费		保养费	运营费	小计
收支分析	成本合计	税金	含税成本	利润		利润率	月营业额	月利润
备注								

部门负责人：（车辆主管）　　　　　　　　　　　　　　　　审核人：（运输部经理）

表 7-3 运输成本控制表

填表人：　　　　　　　　　　金额单位：元　　　　　　　　填表日期：　　年　　月　　日

货 物 名 称		规　　格		数　　量	
生 产 商		生 产 日 期		保 质 期	
运输路线		运输方式费用构成			
发货地	目的地	陆运费用	空运费用	水运费用	费用合计
运输费用分类	费用项目	员工姓名	部门	费用金额	备注
直接费用	保养修理费				
	折旧费				
	过路费				
	其他				
直接人工					
直接材料	燃料				
	轮胎				
间接费用	管理费用				
	业务费用				
	其他				
合计					

部门负责人：（车辆主管）　　　　　　　　　　　　　　　　审核人：（运输部经理）

道路运输管理实务

工作任务 2：撰写运输成本分析报告

运输作业部张经理已经被企业财务管理部门告知近期运输作业成本一直居高不下，有几项费用支出已经超出年初的费用预算额，这种情况再持续下去，将影响本年企业效益目标的实现，要求其彻查整改。于是张经理召集调度主管和各运输项目主管商议此事，由各主管对各自所负责的业务费用支出情况进行清查分析并提交成本分析及成本控制报告。

请通过本任务内容的学习，帮助张经理及车辆主管完成上述工作。

任务分析

企业成本管理工作目标是：①制定预算管理制度，将费用控制在预算范围内；②确保各项费用支出达成预算目标；③及时核算各项成本并改进和优化。运输业务部门应配合企业的成本管理工作，将其负担的运输成本进行记录、计算和积累，并定期编制成本报告。

上述三张表中的内容是运输业务人员（运输主管、车辆主管）应收集的运输成本资料，并需要将这些资料整理填列表中，作为运输成本预算管理的重要依据。表 7-1 主要是及时核算企业运营过程中发生的各项运输成本，为运输成本核算管理提供方便；表 7-2 是对运输执行过程中的数据通过表单进行记录，以便与成本预算目标进行比较；表 7-3 用于控制运输成本，企业应根据运输货物信息合理选择运输方式，以降低运输成本。

为了完成这些工作任务，我们需要明确和懂得下列问题。

1. 相关的理论知识

运输成本的概念；运输成本构成及特征；影响运输成本变化的因素；控制运输成本的方法及措施。

2. 相关的实践活动

为了完成这项学习任务，我们还需要到一家物流货运公司的运输作业部门和财务部门了解企业运输生产过程中有哪些成本项目支出，各有什么特点；企业是如何控制费用支出的，控制费用支出的管理方法是什么；还要进一步了解企业的收入、效益实现情况，以及运输作业部门在企业成本控制中的作用是什么。

本任务学习完成后，你可以从事运输业务部门中的运输作业成本记录、计算和积累工作，并能按财务部门的要求编制运输业务部门的定期成本报告，这些工作内容是运输主管、运输调度、车辆管理人员的工作内容之一。

任务准备

（一）运输成本的概念

1. 成本

成本是指企业为进行某种生产经营活动（如生产产品、供应劳务等）所发生的各项耗费支出的货币表现，即能以货币计量的各种耗费的总计。具体包括三部分：一是物化劳动耗费，是指生产经营过程中消耗的物质资料的价值；二是活劳动耗费，是指支付给劳动者的工资；三是生产过程中发生的各项损失费用。

2．运输成本

运输成本是运输企业进行运输生产活动所发生的各项耗费的货币表现，包括运输费和企业管理费两大部分。运输费是运输工具从事运输工作所发生的费用，具体包括工资、燃油和电力费、物料费、折旧、修理基金提成、站场费用、事故损失和其他费用；企业管理费是运输企业为管理和组织运输生产所发生的各项管理和业务费用。

例如，一家货运公司的货车运送一次长途货物，我们很快就能够得知与此项运输有关的燃料费、过路费和驾驶员工资的所有成本，也可以确定在运输的途中运输工具上发生多少磨损。另外我们还必须考虑经理、主管等管理人员的工资、车站的费用，以及业务广告费用等，这些都是运输成本的构成项目。

3．运输成本的分类

（1）直接成本和间接成本。直接成本和间接成本的划分依据是一项费用是否直接与运输过程有关。

1）直接成本。直接成本是指可直接计入运输工具项下的费用，它包括除企业管理费及事故损失费以外的所有费用。事故损失费本应属于直接成本，但某运输工具发生的事故损失费直接由该运输工具自己负责承担时，因负担太重，致使成本上升过大，因此，所有事故损失费均在企业内各运输工具中分摊，即使没有发生事故的运输工具也要分摊此项费用。

2）间接成本。间接成本是指企业管理费及事故损失费。此两项费用均按一定的分摊方法，摊到每一运输工具的总成本中。企业管理费又可细分为行政费（企业行政部门发生的管理费用）和一般管理费（基层单位发生的营运管理费用）。企业管理费的分摊方法有多种，常见的有五种：①按运输收入的比例分摊；②按营运吨天的比例分摊；③按直接费用的比例分摊；④按完成的周转量的比例分摊；⑤按各运输工具的操作人员的比例分摊。比较合理的是按营运吨天的比例分摊，其他分摊方法对技术完善、生产效率高、运输收入多的车辆不利，因而不够合理。

（2）变动成本和固定成本。变动成本和固定成本的划分依据是一项费用是否随业务量的变化而变化。

1）变动成本。变动成本是指运输工具在运行过程中所发生的费用，且此类费用随运距长短、停留的港站数及停留时间、货物种类及运送数量、劳动工资、维修保养费用、燃料消耗而异。因此，变动成本只有在运输工具未投入营运时才有可能避免。例如，货车的燃料费用即属于变动成本，如果货车不运行的话，就没有燃料成本。货车的磨损以及轮胎和引擎部分的成本也是如此。

在一般情况下，运输费率至少必须弥补变动成本。

2）固定成本。固定成本是指为维持运输工具的营运状态支付的费用，此类费用不因运行和停留时间的长短而异，且不受装运量大小的直接影响。对于运输公司来说，固定成本构成中包括端点站、通道、管理人员工资、信息系统和运输工具维修等项费用。固定成本主要表现为固定资产折旧、房屋租金、管理人员工资等。

不管企业的业务量怎么变化，固定成本都是保持不变的。即使一个企业的产量为零，也必须承担固定成本。

（3）联合成本。联合成本是指产品必须按照固定比例进行生产的情形。在运输中，当两种或更多的服务必须以固定比例一起提供时就发生了联合成本。其中的一种服务是另外一种服务的副产品。最明显的例子就是回程的情况。例如，当承运人决定将一卡车货物从地点 A 运往地点 B 时，意味着这项决定中已经产生了从地点 B 至地点 A 的回程运输的"联合"成本。于是，这种联合成本要么由最初从地点 A 至地点 B 的运输弥补，要么找一位有回程货的托运人，以得到弥补。联合成本对运输收费有很大的影响，因为承运人索要的运价中必须包括隐含的联合成本，或者这种回程运输由原先的托运人来弥补。

（4）公共成本。公共成本是承运人代表所有的托运人或某个分市场托运人支付的费用。公共成本属于业务整体发生的成本。例如，铁路运输拥有很大的公共成本，因为它们拥有路基、车站和货场等，这些成本对于所有的铁路运输来讲是公共的。又如，一趟运送很多产品的特定行程，其间产生的行程人员和燃料的费用就是所运送的所有物品发生的公共成本。

道路货物运输的公共成本，如端点站或管理部门的费用，具有企业一般管理费用的特征，通常按照活动水平，如装运处理的数目等分摊给托运人来承担。但是，用这种方法来分摊企业一般管理费用有可能发生不正确的成本分配。例如，一个托运人也许在其并没有实际使用递送服务（如该承运人递送的货物并没有卸下来，但"视为已用"）时就需要为这种约定支付费用。

（二）运输成本构成及特征

运输成本主要包括固定成本、变动成本和管理费用。

1．固定成本

道路运输成本由较高的变动成本和较低的固定成本组成，其中变动成本占 70% 左右。固定成本较低的一个重要原因是其主要组成部分只是对公路系统的公共投资，因为公路正是道路运输的"路"。其次，道路运输能够通过增加或减少在运车辆的数量来适应短期内运量的变化，从而降低固定成本。另外，多个承运人可以共享同一个场站（零担运输除外），从而降低固定成本。所以，道路运输的主要成本是和日常运行相关的支出，即可变的燃料费用、工资、车辆维护费用以及高速公路使用费（如燃油税、公路收费、车辆使用税等）。

对零担运输而言，固定成本比整车运输要高，因为运输小规模的货物需要额外的场站费用、管理费用和运转费用（如水电、交通等）。对于整车运输来讲，虽然场站的投资很少，但仍然需要信息系统以提高运营效率。现在的道路运输业中信息系统的应用越来越广泛，比如车载电脑、直达驾驶员的卫星通信以及基于光电扫描仪的条码系统等。许多道路运输公司在车辆数量、劳动力和燃料变化不大的情况下，利用信息系统显著提高了单位车辆每次的载重。

2．变动成本

道路运输变动成本主要可分为端点变动费用和线路运行费用。

模块七　货物运输成本控制与服务质量改善

端点变动费用包括与运量有关的装卸、收货、存货、发货、制单和收费成本，占货运道路运输总成本的15%～25%，这些成本以元/吨计算。在运输批量较小时，这些成本会随运输批量变化很快。当运量超过一定规模，随着取货、送货和装卸成本分摊到更大的运量上，端点费用会持续下降，但下降的速度比小批量货物运输时费用下降的速度慢得多。

线路运行费用（相当于车辆营运费用）是在运输线路上产生的费用，是成本支出的大项，构成也较复杂，是成本控制的关键。它是生产过程中的直接费用支出，主要指工资、燃油费、过路费、维修及材料、车辆折旧、停车费、保险费、车辆检测费、事故费等支出。线路运行费用占总成本的50%～60%，它的两个重要决定性因素是运距和运量。

由于端点费用、线路成本和其他固定开支会分摊到每吨公里运量上，所以总的单位运输成本会随运量和运距的增加而降低。

3．管理费用

管理费用是与运输作业直接相关的管理成本。它是运输企业以下的基层分公司、车队、站场为管理和组织运输生产所发生的各项管理和业务费用，如车辆管理费用、车站经费、管理人员差旅费、会议费、广告宣传费、信息处理费等。此项费用是按一定的分摊方法，摊到每一运输工具或业务的总成本中。

实践案例 7-1　德邦零担物流货运网点的收入、成本及效益

衡量零担物流企业的效益主要看两个方面：一是企业的收入；二是企业的成本。这里主要以德邦物流公司在华东地区的×××营业部为例研究其物流效益的构成。

1．收入方面

每票货总运输费用由基础运费、包装费、保价费及多种附加费构成。基础费用方面，公司制订了全国范围内的运价表，根据区域位置和时效要求不同，各个营业网点向外走货的运价也不相同。比如福州地区至全省城市的走货一律按照精准汽运以重货0.5元/千克或者轻货100元/立方米的运价标准计费，至外省城市如广州的精准卡航以重货0.95元/千克或者轻货190元/立方米的运价标准计费，精准汽运以重货0.75元/千克或者轻货150元/立方米的运价计费；包装费则根据客户有无要求公司为货物代打包装，按照不同包装材料、包装技术收取费用；保价费按照货物保险价值的0.4%收取；多种附加费包括燃油附加费和手续费等费用。

2．成本方面

成本主要包括六个方面：①运输成本，德邦零担物流的运输车队是自建的，从运输车辆到运输调度都由公司自设部门管理的，运输成本比较固定，具体到某一个营业网点的运输成本可以通过统计来核算。②×××营业部是新建网点，前期店面装修及场地租金等又构成了一部分成本。③营业部每月有限度的办公物料成本及差旅支出。④营业部员工的工资支出。⑤营业部的水电支出。⑥潜在的异常处理成本。

4月份×××营业部的各部分成本构成见表7-4。

表 7-4　4 月份×××营业部的各部分成本构成　　　（单位：万元）

成本构成	费用额	成本构成	费用额
运输成本	2	差旅支出	0.05
前期投入	10	员工工资	2
场地租金	2	水电支出	0.1
办公物料成本	0.02	异常处理成本	0.02

3．效益方面

×××营业部 4 月份开始营业，4 月份实现收入 10.05 万余元，5 月份上半月（至 15 日），营业收入突破 6 万元。

通过计算收入和成本，可以得到 4 月份的效益情况，该营业部 4 月份并未实现盈利，而是亏损 6.14 万元。

上述月末成本核算中将设立营业部时的装修费用等共计 10 万元成本划分到了 4 月份的总成本内。若单从 4 月份的效益状况来说，事实上部门实现了首月盈利 3.86 万元。

（三）运输成本的影响因素

运输成本通常受运送距离、载货量、货物密度、装载能力、装卸搬运难易程度、货物易损性、运输需求不平衡性以及运输服务水平等因素的影响。尽管这些因素并不是运费表上的组成部分，但通常会对运输费用产生重要影响。一般来说，上述的顺序也反映了每个因素的重要程度。

1．货物运送距离

货物运送距离是影响运输成本的主要因素，因为它直接对劳动、燃料和维修保养等变动成本发生作用。运输成本和距离的关系如图 7-1 所示，它表明了两个方面的内容：第一，成本曲线不是从原点开始的，因为它的存在与距离无关，但与货物的提取和交付活动所产生的固定费用有关；第二，成本曲线是随距离增加而坡度变缓的一个函数，这种特征被称作递远递减原则，即随运输距离增长，平均单位运输成本越来越低，使得运输总成本增长速度放慢。单位运输成本降低的主要原因是固定成本和包括装卸等费用在内的场站费用的分摊额随着运距的增加而减少。

2．载货量

与其他许多物流活动一样，大多数运输活动都存在着规模经济。装载量的大小影响运输成本，也是运输规模经济的一个重要表现。图 7-2 说明了每单位质量的运输成本随载货量的增加而减少，这是因为提取和交付的固定费用以及行政管理费用可以随载货量的增加而被分摊。但是，这种关系受到运输工具（如卡车）的载质量或载货容积的限制。这种关系对管理部门产生的启示是：小批量货物整合成更大的运载量，可以获得规模经济效应。通常来讲，货量越少，伴随运输所发生的固定费用就越难分摊，所以运输公司在制定价格时，都有最低收费标准。

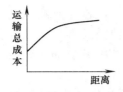
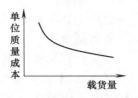

图 7-1　运输成本和距离的关系　　　　图 7-2　运输成本与载货量的关系

3．货物密度

货物密度是综合考虑货物重量以及占据空间的一个指标，也是影响运输成本的重要因素。该因素之所以重要，是因为运输成本通常表示为每单位质量所花费的数额，而在质量和空间方面，运输工具更多的是受到空间限制，而不是质量限制。即使所运货物的质量很轻，运输工具一旦满载，也就不可能再增加装运数量。既然运输工具实际消耗的劳动成本和燃料成本基本不受质量的影响，那么货物的密度越高，单位质量的运输成本就越低。图 7-3 就说明了每单位质量的运输成本随货物密度的增加而下降的关系。

在一般情况下，密度小的货物，即轻泡货运输成本高，但其运价也高。运输人员应尽量设法使运输工具能做到满载满仓，以便既能充分地利用运输工具的容积，又能使运输工具装载更多数量的货物，以降低单位运输成本。

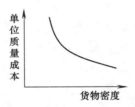

图 7-3　运输成本与货物密度的关系

4．运输工具的装载能力

运输工具的装载能力是指根据运输工具的载质量、装货容积等装载性能，确定某一运输任务所能承运货物的品种和数量。一些货物由于形状怪异以及超重或超长等特征无法进行合理的装载，并因此浪费运输工具的容积和载质量。一般来说，标准矩形要比形状怪异的货物更容易装载。例如，钢块与钢条具有相同的密度，但由于钢条的长度和形状，使其装载起来更困难一些。

装载能力还受装运规模的影响，大批量的货物能够相互嵌套、便于装载；而小批量的货物则有可能浪费装载能力。

与载货量和货物密度一样，运输工具的装载能力能否被充分利用，会影响运输成本的高低。

5．装卸搬运的难易程度

货物装卸搬运的难易程度也是影响运输成本的因素之一。装卸搬运难度较高的货物，其装卸搬运费用较高，因而运输成本通常也较高。大小或形状一致的货物（纸箱、罐头、筒）搬运费用较低；有些货物需要用专门的装卸搬运设备处理，搬运费用较高。另外，装卸搬运的效率会直接影响运输工具的停时。停时延长，运输工具的周转率就低，一定时间内所完成的货运量就少。所以，使用的装卸设备的种类及其专业化程度等均会影响运输成本。此外，货物在运输和储存时采用成组方式，如用带子捆扎成组、装箱或装在托盘上成组等，也会影响运输成本。

运输过程中的中转次数也会对运输费用产生影响，应尽量减少货物中转和装卸次数。

6．货物的易损性

有些货物具有易损、易腐、易自燃、易自爆、易偷窃等特性，容易造成损坏和导致索赔事故，进而造成运输成本不必要的增加。运输这些货物时除需要特殊的运输工具和运输方式外，承运人购买货物保险是转移风险的最佳选择。承运人可以通过向保险公司投保来预防可能发生的索赔，否则就要承担任何可能发生的损坏赔偿责任。

7．运输需求的不平衡性

运输需求的不平衡性主要表现为运输时间的不平衡性和运输方向的不平衡性，这将影响运输企业运力的配备和运输的经济性。尤其是运输方向的不平衡性会造成运输工具反向空驶，运输成本虽变化不大，但完成的货运量最多只能达到50%。这种不平衡性主要表现在制造地点与消费地点的需求不平衡和季节的影响，因此需求的方向性和季节性会导致运输费率随之变化。

8．运输服务的水平

运输公司提供的服务水平与支持该服务水平所花费的成本是呈正比的。服务水平高，投入成本费用就多，如提供加急运输、搬运、仓储、送货上门等服务。制定服务标准时，关键在于找到服务水平与成本之间的平衡。

（四）运输成本控制的原则

合理组织货物运输，减少不必要的开支，保证业务运营的正常进行是货运企业降低运输成本、增加利润的迫切要求。

运输成本控制的目的在于加强运输管理、促进运输合理化。运输是否合理取决于两个方面：一个是对客户的服务质量水平；另一个是运输费用水平。如果只重视运输成本的降低，有可能影响对客户的服务质量，这是行不通的。因此，在进行运输成本控制的同时，必须做到服务质量控制与运输成本控制相结合，要正确处理降低运输成本与提高服务质量的关系，从二者的最佳结合上，谋求运输效益的提高。

（五）运输成本控制的方法及措施

1．运输成本控制的策略性方法

运输成本控制的目的是使总的运输成本最低，但又不影响运输的可靠性、安全性、快捷性要求。有调查结果表明，物料、商品运输成本占物流成本的1/3甚至2/3，是影响物流成本的重要因素。运输成本占物流成本的比重较大，目前我国汽车运输空返率约为39%，车辆运输成本是欧美国家的3倍。研究运输成本的目的就是要降低支出，有效地控制运输成本。因此，企业各级业务管理人员需要对运输问题有很好的认识。

模块七 货物运输成本控制与服务质量改善

运输成本的控制可以采用定量方法，如线性规划法、表上作业法、网络分析法等。运输合理化可以充分利用现有的时间、财务等资源，合理组织运输，使得运输距离最短、运输环节最少、运输时间最短和运输费用最省，所以它也是运输成本控制的主要手段。以下简要介绍几种运输成本控制的策略性方法。

（1）选择合理的运输工具。对于不同货物的形状、价格、运输批量、交货日期、到达地点等货物特性，都有与之相对应的适当的运输工具。然而，正如速度快的交通工具运输成本也相对较高一样，运输工具的经济性和迅速性、安全性、便利性之间也会相互制约。所以，在控制运输成本时，必须对运输工具所具有的特性进行综合评价，以便做出合理选择运输工具的策略。

选择合理的运输工具的评价尺度有以下四项：

1）经济性。运输工具的经济性是由运费、包装费、保险金等有关费用合计表示的。费用越高，运输工具的经济性就越差。

2）快速性。运输工具的快速性用从发货地到收货地所需的时间表示，这不仅与运输工具本身的技术速度有关，也与运输组织管理工作有较大的关系。

3）安全性。运输工具的安全性一般用货损率、货差率、赔偿金额比例、事故等级等表示，它直接影响运输成本的高低。

4）便利性。便利性主要表现为：①运输的经常性，即不受气象条件影响；②运输的灵活性，即可按货主要求，直接将货物送至目的地；③运输的方便性，即提供的服务质量高，使货主感到方便、满意。

（2）拥有适当数量的车辆。企业拥有车辆过少，发货量多时，会出现车辆不足的现象，要从别处租车。相反，拥有车辆过多，发货量少时，会出现车辆闲置的现象，造成浪费。所以，对运输部门来讲，拥有适当数量的车辆是必要的。

（3）降低装卸搬运成本。降低装卸运输成本的主要途径有：

1）尽量减少装卸搬运次数。减少装卸搬运次数，不仅可以降低装卸搬运成本，而且可以加快物流速度，减少场地的占用和装卸搬运事故的发生。

2）缩短运输距离。缩短运输距离可以节省劳动消耗，缩短搬运时间，减少作业损耗。

3）选择恰当的作业机械和作业方式。一般根据物流速度、劳动强度、经济合理性选择相应的机械；根据货物种类、性质、形状等确定散件、成组或集装箱等作业方式。

4）加强安全生产管理。装卸搬运环节比较容易发生货损和事故。加强装卸搬运作业的安全管理，既可防止和消除货物损坏、人员伤亡事故，又可以减少由装卸搬运事故造成的成本。

（4）优化运输站点布局。运输网络设置的优化可以从整个运输系统上控制运输成本。例如，通过优化运输站点布局，可以实现运输时间最短、运输线路最短，从而达到运输成本最小化。

建立一个合理化仓库站点的基本原则是利用集运的规模经济性。一个制造商通常在广泛的市场区域中出售产品，如果一些客户的订货是少量的，那么只要将他们的订货集中起来，形成足够的货运量去覆盖每个仓库设施的固定成本，并使仓库与当地发送的总成本等于或少于直接运送货物至客户的总成本，这样建立的仓库设施在经济上就是合理的。

（5）实施集运策略。集运是利用规模经济来降低运输成本的集中运输策略。当然，组织集运还要考虑因此而可能延迟物流响应时间的负面影响。从运作的角度看，集运有三种有效的方法：自发集运、计划集运和共同输送。

1）自发集运。集运最基本的形式是将一个市场区域中到达不同客户的小批量货物集中起来运输，即自发集运。

2）计划集运。计划集运是将某一个时间段内的订单集中起来组织运输。通常，运输公司以集运互利的原则与客户沟通，并向客户做出承诺，保证所有在特定截止期前收到的订单都可在预定之日送货。

3）共同输送。共同输送是指货运代理公司、公共仓储公司或运输公司为在相同市场中的多个货主安排货物运输的一种集运方式。货运代理公司主要是通过提供代理服务来集聚小批量货物从而达到共同运输的目的。公共仓储公司或运输公司通常具备大批量送货的集运能力，可以按照客户要求提供增值服务，如分类、排序、进口货物的单据处理等。

（6）推行直运战略。直运即直达运输，就是在组织货物运输的过程中，越过商业物资仓库环节或铁路等交通周转环节直接运达目的地的运输方式。就生产资料来说，由于某些物资体大笨重，一般采取生产厂矿直接供应消费单位（生产消费）的方法实行直达运输。在商业部门，则根据不同的商品，采取不同的运输方法。有些商品规格简单，如纸张、肥皂等，可以由生产工厂直接运到三级批发商、大型商店或用户，越过二级批发商环节；也有些商品规格、花色比较复杂，可由生产工厂供应到批发商，再由批发商配送到零售商店或用户。此外，外贸部门也多采取直达运输，对出口商品实行产地直达口岸的办法。

（7）采用"四就"直拨运输。"四就"直拨运输是指各商业、物资批发企业在组织货物调运的过程中，对当地生产或由外地调达的货物，不运进批发仓库，而是采取直拨的办法，把货物直接分拨给市内基层批发、零售商店或用户，减少一道中间环节，这样可以收到双重的经济效益。其具体做法有就厂直拨、就车站（码头）直拨、就库直拨、就车（船）过载等。

（8）提高车辆装载量。提高车辆技术装载量的主要做法见模块三"知识链接3-1"。这里不再赘述。另外，充分利用各种运输方式的优势，推进联合运输，实施托盘化运输、集装箱运输、拼装整车运输等，也是运输成本控制的有效策略。

（9）优化运输路线。不合理运输造成运力的浪费，增加不必要的运输成本，而优化运输路线可减少不合理运输，降低运输成本。优化运输路线的方法主要有线性规划法、表上作业法、图表分析作业法、节约里程法等。

2. 运输成本控制的具体措施

合理组织货物运输，减少不必要的开支，保证业务运营的正常进行是货运企业降低运输成本、增加利润的迫切要求。在面对具体的运输活动时有以下的一些措施可供选择。

（1）计划运输。运输企业在运输前需要制订详尽的运输计划，对运输过程加以控制，实行计划运输。

（2）运输作业方式选择。运输企业根据客户要求和计划安排，在保证货物按时到达的前提下，对比自有车辆运输和外包运输的费用支出，选择运作成本小的运输方式。

（3）运价控制。对于外包型的运输活动，特别是远途运输，运输企业应对承运商的承运能力进行考察，同时掌握市场报价水平，通过比较选择价格具有竞争力的承运商，通过运价控制达到降低成本的目的。

（4）合同签订控制。运输企业应做好与供方、承运方及客户的合同签订工作，对运输费用承担范围进行明确，以免因货物丢失损坏、延期送抵等原因而造成双方纠纷和费用的产生。

（5）运输量控制。运输主管及调度人员应掌握配货方法、运输路线设计技巧，通过拼货等方式提高车辆负载率，从而降低运输成本。

（6）设定最低的接受运输量，提高每次接受订单的承载量，提高车辆的装载效率，减少运输次数。

（7）供应地点选择。选择合适的供应地点，科学规划运输网络，整合网络内资源，优化运输能力，能从整体性上降低运输费用。

（8）与同行或其他行业的公司进行联合运输，开展共同运输。

（9）推行直达运输。增加从接货地点直接运送到送达地点的运输模式，避免产生保管成本。

3．关键运输成本项目的控制

（1）控制人员开支。控制人员开支的方法不是减少人员的工资，而是设法提高他们的工作积极性和工作效率，由此来减少人员数量。例如，在保证安全的情况下，可以不设洗车工，由驾驶员自己来洗车。

（2）节油。油料费是一个很关键的、控制弹性很大的项目。一方面要严格油料管理，防治贪污行为；另一方面要从节油措施入手，大力开展节油活动。例如，加强车辆保养、提高驾驶技巧、实行节油奖励等。

（3）节省维修费。节省维修费不是减少维修项目，而是要从以下几个方面入手：

1）加强维护保养，减少车辆故障概率。

2）提高驾驶员的驾驶水平、爱车意识和检查保养的积极性。

3）寻找最好的维修方式。所谓最好的维修方式，是指维修业务是自己做合适，还是外包给修理厂合适；如果外包，包给谁最合适。这些决定最终都会极大地影响维修成本。

4）提高维修技术水平。如果是自修，一定要舍得聘请优秀的师傅；如果是外修，一定要选择修理水平高的修理厂。

5）加强维修管理水平。无论是自修还是外包，管理都很重要。要有一套报修、送修、检验、索赔的质量管理规定。

（4）节省材料费。一些消耗量比较大的材料费的金额不小，如轮胎、润滑油及关键配件。一方面要选择好的供应商，控制采购价格，严把质量关；另一方面要节省使用，不可浪费。

（5）降低事故费用。实践中降低事故费用可从以下几方面着手：

1）加强安全管理，杜绝交通事故的发生。

2）及时购买保险，尤其是注意选择附加险类别，把事故损失降到最低。

3）提高事故处理水平。一是提高驾驶员现场处理能力；二是提高安全员事后处理水平和技巧。例如，能一次处理完成的，不要多次去，这样可以节省事故处理的差旅费。

（6）降低综合费用。综合费用指包括油费、过路费、维修费等在内的所有费用。降低综合费用，关键在于调度。调度是一门艺术，很难用科学的数据来判断一次调度工作是否正确。但是，你又能明显感觉到调度工作对车队费用的决定性作用。尤其是对于一些大型的货运车队来说，调度工作的质量是决定成本的关键。例如，五次的运输任务，有可能四次就能完成，这取决于调度。另外，驾驶员的安排关系到安全事故，路线的安排关系到过路费和油费，车辆的安排关系到维修费。因此，说到底，以上五项关键项目的成本控制是表面的，调度才是成本控制的根本。

成本控制是一项系统的、全面的工作。只有运输业务的整体工作做好了，成本才会下降，效益才会上升。

实践案例 7-2 长虹物流成本控制的"加减法"

长虹创始于1958年，从军工立业、彩电兴业，到信息电子的多元拓展，已成为集消费电子、核心器件研发与制造为一体的综合型跨国企业集团。

家电销售物流成本控制——长虹在销售物流上做"加法"。长虹在全国设置了绵阳、中山、南通、吉林4个基地库房，203个分公司库房。与国内家电企业同行相比，长虹销售物流的仓储点数量明显高于同行企业。但库房分布分散、过多过小的现状导致各销售公司为了满足当地客户需求，不得不过多挤占货源，最终致使整个销售物流库存居高不下，库存资金占用太高。从2019年6月份开始，长虹将全国203个分公司库房进行整合，建立了4个配送中心和6个区域分拨中心，仓储、配送一体化运作框架基本形成。

原材料采购物流成本控制——长虹在采购物流上做"减法"。长虹对采购模式进行了改革。以前，长虹采用的是传统的采购模式，需要什么材料，提前一两个月买回来，放在自己仓库里，这样既占用仓库，又占用资金。现在，长虹已经与1 100多家供应商中的900多家达成协议，由这些供应商在长虹各厂区周边建库房，长虹需要什么材料，直接从这些供应商那里购买。按照这个思路，长虹仓库原材料存货现已下降了 61%。

业务数字化，物流管理转型升级——长虹对物流系统进行信息化改造，老物流系统与信息化技术相结合形成现代物流。长虹家大业大，一些在中小企业看来非常容易统计的数据，到了长虹这里却难上加难。物流改革前，长虹每天卖出了多少产品，购进了多少原材料，没有人马上就能知道。这些数据要由各个分公司发传真回来一一汇总。于是，长虹对整个物流系统进行了信息化改造，每天一到下班时间，管理人员都可以在物流信息系统软件界面上即时看到各个数据。

通过这个"加减法"，长虹在短短 10 个月里，对市场反应速度大大加快，达到同行业平均水平。

> **职业素养小贴士：**
>
> 相对而言，中国的物流成本仍然高于其他国家，其中运输成本占整个物流系统成本的 1/3 左右，运输成本的有效控制对物流总成本的节约具有举足轻重的作用。从社会层面看，成本费用控制也是建设节约型社会的时代要求，所以，立足岗位，从我做起，应是每一位运输从业者的责任和使命。

任务实施

（一）实训任务

背景描述见本任务【任务情境】中的工作任务。

（二）实训目标

根据业务运作单据，能完成运输作业成本统计工作，能撰写成本分析报告。

（三）实训内容及操作步骤

参照下面"操作步骤"的提示，完成运输成本的统计、分析工作。

操作步骤：

工作任务 1：运输成本的记录、计算和积累

步骤 1. 车辆主管负责收集各成本项目资料数据，如油费、桥路费、轮胎费、驾驶员费用、车辆费用等，填列运输成本核算表（见表 7-1）中，及时核算运营过程中发生的各项运输成本。

步骤 2. 车辆主管负责统计按路线、车型、业务量项目的各种费用支出，如油费、桥路费、轮胎损耗、驾驶员费用、车辆费用等，将数据填列运输成本分析表（见表 7-2）中，并与部门负责的成本预算目标进行对比，实施有效控制。

步骤 3. 车辆主管负责按人员、部门收集各项运输费用实际支出数据，填列运输成本控制表（见表 7-3）中，如直接费用、直接人工、直接材料、间接费用等，用于加强运输费用管理，控制不合理的费用开支，也为合理选择运输作业方式提供依据。

工作任务 2：撰写运输成本分析报告

步骤 1．首先明确此次成本分析的目的：达成期初成本预算目标，并挖掘降低成本的潜力，寻找未被充分利用的人力和物力资源。

步骤 2．明确成本分析的内容：成本预算目标计划执行情况的定期分析，即对运输作业过程各环节的费用成本、成本降低任务、主要成本指标的计划执行情况进行分析和评价。

步骤 3．明确成本分析的方法：指标对比分析法、比率分析法或因素分析法。

步骤 4．收集各期运输成本核算表，整理各项成本数据，说明实际成本情况和现状。

步骤 5．收集各期运输成本分析表，评价各项预算指标的完成情况及所采取的成本控制措施的执行情况。

步骤 6．收集各期的运输成本控制表，说明各项运输成本的控制情况。

步骤 7．利用上述资料数据整理的结果，结合本部门负责的营运支出控制指标完成情况，找差距，并得出成本升高的原因，抓住关键因素。

步骤 8．提出改进的措施，并给出成本控制的意见和建议。

步骤 9．按照明确的成本分析内容和方法，形成成本分析报告。

（四）成果形式

总结报告：针对所学到的理论知识和获得的专业技能进行全面的总结。

小组陈述：现场讲解运输成本的统计计算、成本分析的工作过程。

（五）考核标准

工作任务 1：运输成本的记录、计算和积累

评 价 项 目	分 配 分 值
1．表格中的各运输成本项目含义理解正确，及时记录各项数据	40
2．能分项统计各项费用支出，并进行对比分析	30
3．能分项收集各项成本数据，并合理控制费用支出	30
合　　计	100

工作任务 2：撰写运输成本分析报告

评 价 项 目	分 配 分 值
1．成本分析的目的明确	10
2．成本分析报告中成本分析内容明确	20
3．成本分析方法使用合理	20
4．成本分析依据全面，成本升降原因分析准确，能抓住关键因素	30
5．能提出改进措施，并给出相应的建议	20
合　　计	100

（六）注意事项

环境要求：

多媒体教室一间，多台计算机（可以联网），多部计算器，一部打印机，财务表单多份。

教师要求：

对学生遇到的难点或疑问要及时给予指导，以便其更有效地完成工作和深入思考；对技能训练成果要做专业性的总结，并尽可能提供额外学习资料。

学生要求：

组内和小组之间要分享获得的新的信息或进一步的理解；听取来自老师、同学们的反馈建议。

归纳总结

1. 运输成本是运输企业进行运输生产活动所发生的各项耗费的货币表现，包括运输费和企业管理费两大部分。

2. 按不同的标准，运输成本的分类有：直接成本和间接成本、变动成本和固定成本、联合成本、公共成本。

3. 道路运输成本由较高的变动成本和较低的固定成本组成；零担运输的固定成本比整车运输要高。

4. 运输成本主要包括固定成本、变动成本和管理费用。

5. 由于端点费用、线路成本和其他固定开支会分摊到每吨公里运量上，所以总的单位运输成本会随运量和运距的增加而降低。

6. 运输成本通常受运送距离、载货量、货物密度、装载能力、装卸搬运的难易程度、货物易损性、运输需求不平衡性以及运输服务水平等因素的影响。

7. 运输成本控制的具体措施有：计划运输、作业方式选择、运价控制、合同签订控制、运输量控制、设定最低的接受运输量、供应地点选择、进行联合运输、推行直达运输等。

8. 关键运输成本项目控制包括：控制人员开支、节油、节省维修费、提高维修技术水平、节省材料费、降低事故费用、降低综合费用等方面。

思考问题

1. "公司有关部门在进行物流成本控制的同时应确保物流服务水平，不得因收缩成本而降低服务质量。"你如何理解这句话？运输成本与服务水平之间是什么样的关系？我们该如何实现运输合理化呢？

2. "五次的运输任务，有可能四次就能完成，这取决于运输管理人员或调度员的安排。另外，驾驶员的安排关系到安全事故，路线的安排关系到过路费和油费，车辆的安排关系到维修费。"从这句话中你能得到什么启发？谈一谈运输成本控制的根本在哪里。

任务二　货物运输服务质量改善

知识点　运输服务质量含义；运输服务质量表现；评价运输服务质量指标；提高运输服务质量措施；全面质量管理（TQM）方法；ISO9000 族标准。
能力点　维持和改善运输服务质量。

任务情境

工作任务：改善运输服务质量

某运输物流公司客服部近期接到多起客户投诉，反映委托该公司运送货物的服务质量问题，如计费重量确认有误、到货通知不及时、到货破损、服务态度差等，客服人员依据客户提供的"运输服务合同"，将投诉事件的责任归属到运输业务部。运输业务部出现的这些运输质量问题已经违反了公司的服务规范，对运输企业的品牌形象造成了一定程度的影响。如果这种状况继续下去，有可能失去现有客户，并影响新客户的开发，于是客服部经理将情况通报运输业务部。运输业务部经理责成运输主管追踪事件过程并进行原因分析，提出整改责任报告。

请你通过本任务内容的学习，针对近期出现的运输服务质量问题，为该运输主管提出解决问题的建议。

任务分析

运输服务质量管理是企业客服部门的主要职能，包括制订运输服务标准及标准实施计划，并监督和检查相关部门执行情况。运输业务部门是运输服务的提供者，是实施质量计划的主体，要按企业运输服务规范为客户办理运输业务。同时运输服务质量关系到企业形象，所以运输业务部门的各级管理人员要充分认识到服务质量的重要性，必须对服务质量方面的问题有所认知。

要想完成上述工作，我们需要明确下述问题。

1. 相关的理论知识

运输服务质量的含义、运输服务质量的重要性；运输服务质量的表现；评价运输服务质量的指标；提高运输服务质量的有效措施；货运服务质量管理方法。

2. 相关的实践活动

为了完成这项学习任务，我们还需要到一家综合型的物流公司运输业务部门和客户服务部门，调查了解企业的客户服务水平情况及客户满意度，运输服务质量表现在哪些方面，公司是用什么样的方法来管理服务质量的；公司是如何维持和改善服务质量的，都采取了哪些措施；业务操作部门在公司服务质量管理中的作用是什么。

本任务学习完成后，你即可以从事作业质量保障和改善方面的工作，如参与制订公司客户服务标准，按公司服务规范标准为客户提供服务并控制服务质量，能随时提供运输合同、运输记录、装卸记录、运输单证等相关资料，能收集客户需求信息等。这些工作是运输主管、调度主管、车辆调度员、安全管理员的工作内容之一。

任务准备

（一）运输服务质量的概念

1．运输服务质量的含义

对于运输企业来说，运输服务是从接受托运开始到将货物送到货主手中为止。因此，运输服务可以定义为：发生在托运方、承运方及收货方之间的一个过程，这个过程使运送中的货物实现增值，这种增值意味着承托双方都得到价值的增加。从过程管理的观点上看，运输服务是通过节省成本费用为供应链提供重要的附加价值的过程。

运输服务质量是指运输服务提供者能够满足客户基本运输要求和个性化要求的程度。对企业运输业务部门来说，运输服务质量管理就是根据企业的服务质量目标要求，对一定时期内运输活动（集货、分配、搬运、中转、装卸、分散等环节）进行组织、协调、控制，目的是为客户提供满意的服务。

2．运输服务质量的重要性

人们经常将运输服务与货主满意相混淆，其实货主满意是指货主对运输产品及服务可感知的效果。运输服务是对运输产品和服务全方位（成本、时间、可达性、安全等）的评价，运输服务的质量直接影响着货主的满意程度。研究表明，如果有一个货主对运输企业的运输产品和服务发生抱怨，运输企业就会失去19个潜在货主。如果运输企业对货主的抱怨处理得当，可以提高货主的忠诚度。运输服务不仅要注重赢得新货主，对留住老货主也至关重要。

客户通常要求运输企业提供较高的运输服务水平，这是因为可靠、到位的运输服务可以使客户只需维持较低的库存量，特别是安全库存量。平均库存量降低，可以节省客户的经营成本及费用开支。

（二）运输服务质量的表现

下面我们从定性分析的角度看一下运输服务质量的表现。运输企业提供运输服务时，其质量好坏可通过以下情况表现出来：

1）运输、取货、送货服务质量良好，即准确、安全、迅速、可靠。
2）能够实现"门到门"服务而且费用合理。
3）能够及时提供有关运输状况、运输的信息及其信息服务。
4）货物丢失或损坏，能够及时处理有关索赔事项。
5）正确填制提货单、票据等运输凭证。
6）与客户长期保持真诚的合作伙伴关系。

在对运输活动进行质量评价时,并非完全按上述的表现,应结合承运人及货主的实际情况来确定。上述这些情况表现可以归纳为运输成本、运送时间、可靠性、特殊服务能力、可达性和安全运输能力等几方面,逐一说明如下:

(1)运输成本是首先考虑的服务表现,但是运费并不是唯一的成本构成,整个运输系统的成本还必须考虑设备条件、索赔责任及装载情况等相关因素。一般情况下,托运人选择承运人时主要考虑的就是运输服务的质量和提供运输服务的成本。

(2)运送时间直接影响客户库存水平,所以也是一个重要的质量表现。货物运送时间越长,存货水平和存货持有成本就越高。货物运送时间也影响着供应链中的存货成本。例如,长途的服装运送,从生产商供应到零售店可能需要 30 天的运送时间,零售店就要支付 30 天的存货资金成本。如果利用空运使运送时间减少,就可以减少在途的存货资金成本。运送时间越长,潜在的缺货成本就越大。

(3)可靠性指的是货物运送时间的一致性。可以想象,如果承运人提供的运输服务不稳定,就必须有较多的库存。同样的道理,如果承运人不能将货物及时送达,就可能会失去市场。一般来说,相对于以最快的速度得到服务而言,其实客户更希望得到可靠的服务。很多成功的承运人制定了 95%可到达性的运输时间标准。托运人常常宁愿选择这样的承运人而不选择承诺较快但仅有 50%可到达性的服务提供者。因为晚到达通常会带来额外费用支出,所以托运人一般愿意选择可能晚一天但更加可靠的运送服务。从承运人角度讲,时间长但可靠的运输服务成本一般也会比时间短但不可靠的服务成本低。

(4)特殊服务能力的本质是承运人拥有满足特殊运输服务要求的能力。基于货物的物理及销售特性,托运人对运输设备、设施及通信系统有独特的要求。例如,对运输温度要求严格的货物必须使用备有冷冻设备的车辆;对时间要求严格的货物需要使用备有即时通信系统的车辆以准确控制货物的位置和到达时间等。

(5)可达性是指运输提供者从特定的起始点到终点运输货物的能力。如果一种运输方式不能提供"门到门"的服务,将会导致托运人付出额外的成本和运送时间。例如,航空运输,在起点和终点都需要汽车的接运,铁路运输和水路运输也是如此,但汽车运输在可达性方面有着明显的优势。多式联运提供了范围更加广泛的服务,通过签订"直达运输"和"多式联运"的协议,多式联运承运人使货物的可达性得到了充分保证。

(6)安全运输能力也是必不可少的服务表现,它关注的是运输中货物的安全问题。在运输中货物受损或丢失会引起存货或缺货的成本上升。受损的货物不能被继续使用,客户将面临不能生产的可能。增加存货水平来预防货物受损所引起的存货成本的上升,又将导致存货持有成本的增加。

(三)评价运输服务质量的指标

任何运输活动都需要经过评价,才能了解其营运的优劣。能否为客户提供良好的运输服务是运输企业十分关注的。从物流的角度分析,运输服务质量是所有物流活动或供应链过程的产物,运输服务水平是衡量物流系统为货主创造时间和空间效应能力的尺度。运输服务水平决定了企业能否留住现有货主及吸引新货主的能力,运输服务水平直接影响企业所占市场份额和物流总成本,并最终影响其盈利能力。

对运输服务质量做出评价需要借助于一定的指标来进行。上述运输服务质量的表现已经说明运输服务质量取决于诸多因素,具有综合性特征。一般情况下,单一的指标难以全面反映,因而运输服务质量的评价是由一系列相关指标组成的评价指标体系来实施的。

一般来说,道路运输质量可以从许多方面进行衡量,具体包括安全性、可靠性、可达性(方便性)、一票运输率、意见处理率和客户满意率等方面的指标,如图7-4所示。

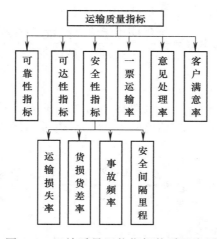

图 7-4 运输质量评价指标体系示意图

1. 安全性指标

安全性指标主要是衡量货物安全和行车安全方面的指标,具体如下所述。

(1)运输损失率。运输过程中的货物损失率可以有两种表示方式:一种是以货物损失总价值与所运输货物的总价值进行比较;另一种是用运输损失赔偿金额与运输业务收入额来反映。前者主要适用于货主企业的运输损失绩效考核,而后者更适用于运输企业或物流企业为货主企业提供运输服务时的货物安全性绩效考核。两者计算公式如下:

$$运输损失率 = \frac{损失货物总价值}{运输货物总价值} \times 100\%$$

$$运输损失率 = \frac{损失赔偿金额}{运输业务收入总额} \times 100\%$$

(2)货损货差率。该指标是指在发运的货物总票数中货损货差的票数所占的比重。计算公式如下:

$$货损率 = \frac{发生货损的运单票数}{运单总票数} \times 100\%$$

$$货差率 = \frac{发生货差的运单票数}{运单总票数} \times 100\%$$

（3）事故频率。该指标指单位行程内发生行车安全事故的次数，一般只计大事故和重大事故，它反映车辆运行过程中随时发生的遭遇行车安全事故的概率。计算公式如下：

$$事故频率 = \frac{报告期事故次数}{报告期总运输公里数/10\,000} \times 100\%$$

（4）安全间隔里程。安全间隔里程是指平均每两次行车安全事故之间车辆安全行驶的里程数，该指标是事故频率的倒数。计算公式如下：

$$安全间隔里程 = \frac{报告期总运输公里数/10\,000}{报告期事故次数} \times 100\%$$

2．可靠性指标

可靠性指标即货物运输及时率，是对运输可靠性的评价的主要指标，它反映运输工作的质量，可以促进企业做好运输调度管理，采用先进的运输管理技术，保证货物流转的及时性。

$$货物运输及时率 = \frac{准点到达目的地的运单票数}{运单总票数} \times 100\%$$

3．可达性（方便性）指标

由于有些运输方式如铁路运输、航空运输等，不能直接把货物运至最终目的地，所以要利用直达率这个标准来评价物流企业提供多式联运服务的能力。尤其是当货物来往于机场、铁路端点站、港口时，直达率就显得尤为重要。

$$货物直达率 = \frac{直达运单票数}{同期总票数} \times 100\%$$

4．一票运输率

货主经一次办理托运手续后，由企业全程负责，提供货物中转直至将货物送达最终目的地的运输服务，被称为一票运输。该指标反映了联合运输或一体化服务程度的高低。

$$一票运输率 = \frac{一票运输票数}{同期总票数} \times 100\%$$

5．客户投诉处理率

客户投诉处理率反映了企业对客户投诉的及时处理能力。在货主针对运输服务质量问题提出的诸多投诉意见中，企业予以及时查处并给予货主必要的物质或精神补偿，取得满意效果的，即为已经处理的客户投诉。

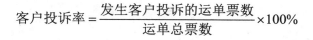

$$客户投诉率 = \frac{发生客户投诉的运单票数}{运单总票数} \times 100\%$$

$$客户投诉处理率 = \frac{已经处理的客户投诉次数}{客户投诉总次数} \times 100\%$$

6. 客户满意率

在对货主进行满意性调查中，凡在调查问卷上回答对运输服务感到满意及以上档次的货主，称为满意货主。意见处理率和满意率均可按季度计，必要时也可按月计。前者反映了货主对运输服务性好坏的基本倾向及企业补救力度的大小，后者是对运输服务质量的总体评价。

$$客户满意率 = \frac{满意货主数}{被调查货主数} \times 100\%$$

知识链接 7-1　零担货物运输服务评价

《零担货物道路运输服务规范》（JT/T 620—2018）中规定：

零担运输经营者应定期开展服务质量评价，不断改进服务；应保证服务质量统计数据和原始记录真实、准确；应公布服务监督电话，自觉接受社会监督，接到投诉后应在24小时内处理，10天内处理完毕或提供处理方案，并将处理结果告知投诉人。

排除自然灾害等不可抗力原因，服务评价指标宜达到以下要求：货物运输及时率大于或等于95%；货损率小于0.5%；货差率小于0.5%；用户投诉率小于0.2%；用户投诉处理率100%。

（四）作业质量保障和改善

对道路运输企业来说，运输车辆的等级、运输服务的质量都是企业的形象代表，客户对于道路运输企业的了解，往往首先是来自运输企业所提供服务产品的感受。站场、车队作为运输服务的直接提供者，它们就好似一个细胞，对于整个运输企业的躯体来说，重要性是不言而喻的。因此，企业如要强化客户的正面评价，要获得广大客户的认同，要获得良性发展机会，要建立自己的运输服务品牌，关键之处就是要规范一线操作人员的正确操作标准并按标准执行，这些内容在本书模块三、四、五中已进行详细讨论，这里我们将重点放在运输作业质量保障和改善方面。

1. 保障运输服务质量的有效措施

（1）客户服务标准制订。客服部门在公司客户服务标准制订过程中，应与运输业务部门共同讨论，明确客户服务规范以及相关服务考评指标。公司核心客户要单独为其设定服务标准。

实践案例 7-3　客户服务标准单

某物流企业客户服务标准单见表7-5。

表 7-5　客户服务标准单

编号：　　　　　　　　　　　　　　　　　　　　　　　　　　日期：　　年　　月　　日

部门	服务指标名称	权重	指标标准（根据客户类型而定）		
			外企	民营	国有
运输部	运输需求满足率				
	货物及时发送率				
配送中心	配送路线合理性				
	配送业务及时率				
仓储部	库存完好率				
	发货准确率				
客户服务部	客户投诉率				
	客户投诉处理时间				
…					

审核人：　　　　　　　　　　　　　　　　　　　　　　　　　　填写人：

（2）客户服务质量控制。为确保客户服务质量水平，客服部门相关人员及运输各环节业务人员要熟悉公司运输服务内容以及服务质量标准；同时要按照合同的服务规范和服务方式为客户提供服务；业务部门操作人员要按公司相关规范为客户办理运输业务。

（3）业务部门职责到位。业务操作部门要配合客服部门做好客户投诉处理工作，主动提供运输合同、运输记录、装卸记录、运输单证、条码信息等相关资料。

（4）外包承运商管理。客服部门应严格监督并控制外包承运商在运输过程中的货物丢失或损坏、送（提）货时不能按客户要求操作、承运车辆未按既定时间发车等情况发生。

（5）业务质量跟踪。客服部门要跟踪检查业务作业部门的业务完成质量，加强对业务质量的监控。业务部门在每笔业务完成后应及时记录业务完成情况，记录人员根据记录信息，统计、汇总其中与业务质量相关的内容后编制成表，以备质量分析使用。

实践案例 7-4　业务服务质量跟踪表

某运输公司业务服务质量跟踪表见表 7-6。

表 7-6　业务服务质量跟踪表

业务部门：　　　　　　　　　　　　　　　　　　　　　　　　调查日期：　　年　　月　　日

月份	准点率（%）	货物完好率（%）	投诉（次）	记录人
1月				
2月				
3月				
…				
12月				
备注	1. 准点率为在合同及客户认可的时间段内到达目的地，准时到达的票数与总票数之比 2. 货物完好率为完好（无破损、无丢失）票数与总票数之比			

审核人：　　　　　　　　　　　　　　　　　　　　　　　　　　填表人：

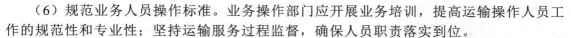
模块七 货物运输成本控制与服务质量改善

（6）规范业务人员操作标准。业务操作部门应开展业务培训，提高运输操作人员工作的规范性和专业性；坚持运输服务过程监督，确保人员职责落实到位。

（7）建立完善的质量管理体系。运输企业应建立和完善质量管理体系，通过制订相关文件统一服务标准，确保服务工作规范、有章可循。

（8）及时收集客户信息。客服部门和业务操作部门要经常与客户沟通，如问卷调查、电话访问、入户调查等方式，进行客户需求信息收集，及时满足客户需求，提高客户满意度。

实践案例 7-5 客户服务调查表

某物流企业客户服务调查表见表 7-7。

表 7-7 客户服务调查表

编号：　　　　　　　　　　　　　　　　　　　　　　调查日期：　　年　　月　　日

调查项目	服务评价	非常好	相当好	稍微好	中等	稍微差	相当差	非常差
	订单处理快捷							
	补货时间快							
	员工服务态度好							
	订货单位多样							
	提供高效紧急发货							
	指定时间配送							
	提供及时准确的物流信息							
	无损坏送货							
	物流服务管理水平高							
	总计数量							

审核人：　　　　　　　　　　　　　　　　　　　　　　　　　　调查人：

（9）提升运输能力。运输企业应全面提升运输能力，满足客户特殊需求，超越客户预期。

总之，客户的满意是运输企业客户服务质量提升效果的唯一指标。

2．改善运输服务质量的 TQM 方法

运输企业进行服务质量管理可以借鉴全面质量管理（Total Quality Management，TQM）方法。该方法能给我们提供运输服务质量管理的指导思想、运输服务质量管理的有效工作方式（PDCA 管理循环）以及运输服务质量管理的有效方法（如主次因素排列图法、分层图法、因果分析图法等）。关于 TQM 方法，一些企业管理书籍中都有详细的介绍，这里不再赘述。

目前，企业质量管理已经从事后检查和事前控制阶段发展到了全面质量管理（TQM）阶段。下面以运输企业中的运输车队为例，介绍 TQM 方法在货运质量管理中的应用。

（1）货运 TQM 的基本思想：

1）用户满意。车队是为客户提供货物运输服务的。货运管理的一切出发点都要围绕客户进行设计和运作。比如，车辆的购置（尤其是选型）有没有考虑到客户的需求与发展，调度车辆时是否只考虑车队自身利益，等等。

2）实行严格的标准化与制度化。这一点，目前国内的货运车队做得还远远不够。比如，在装卸货时，是否采用了标准化的包装，是否标准化地作业，车辆调度是否制度化。

3）用数据说话。车队可以按照企业服务质量指标体系中的指标定额进行管理，用数据说话，用数据指导货运生产。

4）以预防为主。目前，许多车队的质量管理仍然停留在事后处理的阶段，安全员只是事故处理员，维修工只是故障修理工，质量管理员也只是投诉处理员，这是远远不够的。TQM需要各级管理人员从事后处理转移到事前控制上来。比如，安全员的主要职责是驾驶员的安全教育与培训，是车辆安全检查，而非事故处理。

5）建立、健全组织机构。许多车队由于想节约成本，组织机构和人员还不到位。比如，没有专职安全员，没有专职统计人员，什么都是队长管理，而事实上队长根本没精力或能力来管，只能是什么地方出了问题就去处理一下，事前控制根本无从谈起。

6）建立、健全质量保证体系。车队应该把质量管理放到一定的高度来对待。特别是一些大中型的车队，应该建立一套自己的管理制度、作业流程，具体体现在，车队有没有按照驾驶员操作手册、车辆维修操作规范、交通事故处理办法、客户投诉处理规定等质量管理方面的文件的规定严格执行。更进一步的话，车队可以按照ISO9000的标准去做。

（2）货运TQM的特点：

1）全员参与。全面质量管理必须依靠车队全体员工参加。车队中的每个人，包括生产过程中每个阶段、每个环节、每个岗位的工作人员，直接与运输产品质量有关，因此，所谓全员参与，就是要求车队的全体员工在各自有关的工作中进行质量管理，将企业的质量目标，从上到下层层分解，落实到每个部门、每个环节、每个岗位，直至每个职工。每个人都重视运输质量，从自己的工作中去发现与运输质量有关的因素或特点，主动与他人协调起来，共同努力，改进各自的工作。

2）全过程控制。货物运输服务最终质量状况的形成包括一系列的活动过程。从运输市场调查预测、开辟营运路线、设计布置车场站点、组织货源、办理托运手续、准备运行材料/燃料/备品配件、费用结算，到调配适当的营运车辆承运、选用适宜的装卸机械、货物装车、车辆运行直至完整无损及时准确送达、货物卸交验收、回访用户等过程。实行全过程的管理，就要求这一过程中的每一个阶段、每一个环节、每一项作业，都要有严格的质量标准和工作标准，以确保每一工序的质量，来保证全过程的质量，实现最终的优质运输服务。

3）全面管理。车队的质量管理涉及方方面面，全面管理就是不仅货运服务质量要好，货运工作质量也要好，包括车辆调度、安全管理、维修管理、统计财务、后勤保障等各部门、各项工作都与货运质量有关。

（3）货运TQM的基本方法：PDCA循环法。PDCA循环法把全面质量管理的思想方法和工作步骤条理化、系统化、形象化和科学化，使质量管理活动不停地（周而复始地）运转，使各项具体业务工作都接近于"管理状态"。它通过寻找原因，制订措施，认真执行，检查结果等程序，不断进行信息反馈，保证和推动运输质量稳步提高。

车队货运的全面质量管理根据PDCA循环法可以概括为四个阶段：计划阶段（Plan）、

实施阶段（Do）、检查阶段（Check）和处理阶段（Action）。

1）计划阶段（P阶段）。这个阶段要确定质量管理的具体项目、目标和任务，做出质量管理活动的具体安排计划，制订完成这些任务、实现预定目标的具体方法和措施。具体包括：①驾驶员招聘计划；②员工培训计划；③车辆维修计划；④货运计划；⑤客户服务计划。

2）实施阶段（D阶段）。在这个阶段，要把第一阶段制订的目标和措施计划具体落实到执行单位和具体的执行人；然后按照预定的质量目标、质量要求、质量标准、操作规程和作业标准等各方面的要求，具体地组织实施，即具体的行动过程，通过贯彻执行计划，以保证质量管理工作计划的全面实现。具体包括：①货物装卸；②车辆驾驶；③车辆维修；④营运管理。

3）检查阶段（C阶段）。在这个阶段，主要是检查实施过程是否按照各种标准、规程、要求和规章制度正常进行，通过检查，把质量管理活动的结果与预定的目标进行比较分析，以了解和掌握计划的执行情况是否达到了预期的效果。具体包括：①车辆回队检查；②货运单证处理；③车辆运用指标核算；④货运质量指标核算。

4）处理阶段（A阶段）。这是第四阶段，也是很重要的阶段。在这个阶段，要求根据上一阶段的检查结果，采取相应的处理措施。如果计划、实施有效果，有成绩，有好的经验，就要进一步采取充实、巩固和提高的措施。如果计划、实施效果差，甚至基本没有什么效果或者出了什么差错，就要进一步找出具体原因，采取相应的措施，加以纠正或改善，并把没有解决的问题，作为遗留问题，反映到下一个PDCA工作循环中去，作为下一次计划的目标和任务，并且不断地创新。此阶段具体包括：①交通事故处理；②车辆机械故障处理；③违章违纪现象处理；④质量事故的处理；⑤客户意见的处理。

3. 提升运输服务质量管理工作的ISO9000族标准

运输企业在内部推行全面质量管理方法的同时，还可推行ISO9000族标准，按照国际标准化的质量体系进行品质管理，真正达到"法制"化、科学化的要求，提高工作效率和服务质量水平。在条件具备时，取得质量体系认证证书，在认证机构的定期监督下，保障企业能够提供稳定的、优质的运输服务，赢得客户的信任，从而扩大企业的市场占有率。

在企业内部推行ISO9000族标准，要求运输企业结合实际情况编制和实施质量手册、程序文件、管理标准、服务规范、岗位操作规程、质量检验标准等文件，这对企业的服务质量管理工作来说，是一个规范和提升的过程。

我国于1994年开始等同采用ISO9000系列国际标准，经过多年的发展，已在我国国民经济各个领域得到了广泛应用，为我国经济发展和质量提升做出了积极的贡献。

实践案例7-6 企业服务质量获得认可，通过ISO9002质量认证

沈阳运输集团有限公司联运分公司为集团的专业物流公司。公司拥有一支高素质的员工队伍和资深的物流专家，发挥不断创新和追求卓越的精神，实现物流全过程的"门到门"一体化服务，完善物流过程中的环节，从而使物流时间缩短、质量得到有效的保证。为适应市场需要，联运分公司不断吸收和借鉴国际的先进技术和管理方法，形成自

已独特的物流服务体系，逐步建成具有影响的多元化、现代化的物流企业。联运分公司的服务质量获得认可，2006年通过ISO9002质量认证。

（1）ISO9000系列标准的由来及构成：随着各国经济的相互合作和交流，对供方质量体系审核已逐渐成为国际贸易和国际合作的前提，世界各国先后发布了许多关于质量体系及审核标准。由于地区化、集团化、全球化经济的发展，市场竞争日益激烈，客户对质量的要求越来越高。为了成功地领导和运作一个组织，需要采用一种系统的、透明的方式进行管理，在这种要求下，国际标准化组织（ISO）于1979年成立了质量管理和质量保证技术委员会，负责制定质量管理和质量保证标准。

ISO9000系列标准的构成：

ISO8402 　质量管理和质量保证——术语

ISO9000 　质量管理和质量保证标准

ISO9001 　质量体系——设计、开发、生产、安装和服务中的质量保证模式

ISO9002 　质量体系——生产、安全、安装和服务中的质量保障模式

ISO9003 　质量体系——最终检验和试验的质量保障模式

ISO9004 　质量管理和质量体系要素——指南

ISO10011 　质量体系审核指南

ISO10012 　检测设备的质量保证要求

（2）质量认证及质量体系认证：

1）质量认证及其认证标志。质量认证也称合格认证，是依据产品标准和相应技术要求，经认证机构确认并通过颁发认证证书标志来证明某一产品符合相应技术要求的活动；是指"由可以充分信任的第三方，证实某一经鉴定的产品、过程或服务符合特定标准或其他技术规范的活动"，包括产品质量认证和质量体系认证。

我国的产品质量认证工作启动于1981年，质量体系认证工作始于1992年。我国的GB/T 19000实质上是ISO9000国际标准的中文版。我国的认证标志分为方圆标志、长城标志和PRC标志。

2）质量体系认证的概念。质量体系认证是指由第三方认证机构依据公开发布的质量体系标准，对供方质量体系实施评定，评定合格的由第三方认证机构颁发质量体系认证证书，并予以注册公布，证明供方在特定的产品范围内具有必要的质量保证能力的活动。

（3）运输企业实施ISO9000族标准的意义：

1）ISO9000族标准适应了组织完善质量管理的需要。任何产品或服务都是通过规范或技术标准来体现客户需要的，但是如果提供和支持生产的组织管理体系不完善，就不可能始终如一地生产出满足客户要求的产品。正是由于这方面的关注，导致了ISO9000标准——质量体系标准的产生。

2）ISO9000族标准体现了预防为主的指导思想。在ISO9000标准的基本概念中，特别强调了过程控制，即ISO9000族标准是建立在所有工作都是通过过程来完成的这样一种认识基础上。换句话说，所有产品（服务）质量也都是在产品形成过程中形成的，要控制产品质量必须控制过程，控制过程体现了预防为主这样一种先进的质量管理思想。

3）采用ISO9000族标准，可以使质量管理规范化，质量活动程序化。实施ISO9000，

就要建立文件化的质量体系。质量体系对各项活动的范围和目的、做什么、谁来做、何时做、何地做、如何做、采用什么设备和材料，以及如何对活动进行控制和记录等都做出详细的规定，做到工作有章可循、有章必循、违章必纠，实现了从"人治"到"法制"的转变。

4）实施 ISO9000 族标准，建立自我完善机制。一个组织实施 ISO9000 族标准，建立质量体系后，可以具有自我完善的功能。标准要求在建立质量体系后要按要求不间断地进行内部质量审核和管理评审。这样就能做到对质量的有效控制，实现对质量的持续改进。

任务实施

（一）实训任务

背景描述见本任务【任务情境】中的工作任务。

（二）实训目标

能按企业运输服务规范和质量标准为客户提供运输服务。

（三）实训内容及操作步骤

参照下面的"操作步骤"，完成运输服务质量问题的原因分析及整改方案。

操作步骤：

步骤1．了解公司客户服务规范以及相关服务质量标准。

步骤2．了解客户运输合同中的服务要求，收集客户需求信息，与客户沟通。

步骤3．了解业务部门的每笔业务的完成情况，与公司服务质量标准进行对比，并汇总、统计，找出存在质量问题的项目，与操作人员一起逐项分析原因。

步骤4．提出整改措施，例如：

（1）开展业务培训，让每位操作人员熟悉公司的服务质量标准和业务操作规范，按相关标准和规范为客户提供运输服务。

（2）对每笔业务作业质量进行及时跟踪，安排专人及时记录业务完成情况，统计、汇总其中质量问题，与客户及时沟通、及时解决。

（3）配合客服部门做好客户投诉处理工作，主动提供运输合同、运输记录、装卸记录、运输单证等相关资料。

（4）运输主管坚持运输服务过程监督，确保人员职责落实到位。

（5）建立业务部门的质量管理规章制度，确保服务工作规范、有章可循。

（6）重视满足客户特殊需求，超越客户预期。

（四）成果形式

总结报告：针对所学到的理论知识和获得的专业技能进行全面的总结。

小组陈述：现场讲解运输质量改善的解决方案。

（五）考核标准

评价项目	分配分值
1．整改方案关注公司客户服务规范及服务质量标准	20
2．整改方案关注客户的需求信息	20
3．能对质量问题进行详细的原因分析并总结、找规律	30
4．整改措施详细、合理、可行，考虑了企业、客户、业务人员的多方情况，并有创新的做法	30
合　计	100

（六）注意事项

环境要求：

多媒体教室一间，多台计算机（可以联网），一部打印机。

教师要求：

对学生遇到的难点或疑问要及时给予指导，以便其更有效地完成工作和深入思考；对技能训练成果要做专业性的总结，并尽可能提供额外学习资料。

学生要求：

组内和小组之间要分享获得的新的信息或进一步的理解；听取来自老师、同学们的反馈建议。

归纳总结

1．运输服务质量是指运输服务提供者能够满足客户基本运输要求和个性化要求的程度。

2．运输服务质量管理就是根据企业的服务质量目标要求，对一定时期内运输活动进行组织、协调、控制，目的是为客户提供满意的服务。

3．运输服务质量的表现可以归结为运输成本、运送时间、可靠性、特殊服务能力、可达性和安全运输能力等方面。

4．运输服务质量的评价指标主要有安全性指标、可靠性指标、可达性（方便性）指标、一票运输率、意见处理率、客户满意率等。

5．保障运输服务质量的有效措施有：服务标准制订、服务质量控制、业务部门职责到位、承运商管理、质量跟踪、规范操作标准、建立质量管理体系、收集客户信息、提升运输能力等。

6．在企业内部推行 ISO9000 族标准，对企业的服务质量管理工作来说，是一个规范和提升的过程。

思考问题

1．对服务质量不满意的客户有可能在运输服务结束后提出投诉或在运输服务过程中提出投诉。因此，运输服务各环节都与服务质量密切相关。请你根据本任务学习内容及你了解的当前运输企业服务质量情况，谈一谈如何维持和改善运输服务质量。

模块七 货物运输成本控制与服务质量改善

2. "托运人购买和管理运输服务以满足内外部客户的需求。承运人经营则集中于资源的有效运用以提供给托运人群体想要的经济有效的服务,承运人还追求已配置资产的最大回报。"结合这句话谈一谈运输服务质量与运输成本之间的关系。

同步知识测试

一、单选题

1. 随运输距离增长,平均单位运输成本（　　）。
   A. 越来越高　　　B. 越来越低　　　C. 不发生变化　　　D. 变化放缓
2. 控制人员开支的成本控制方法,不是减少人员的工资,而是要提高他们的工作积极性和工作效率,由此来减少（　　）数量。
   A. 车辆　　　B. 人员　　　C. 时间　　　D. 加班
3. 运输服务（　　）决定了企业能否留住现有货主及吸引新货主的能力。
   A. 水平　　　B. 成本　　　C. 时间　　　D. 安全
4. （　　）是公司客户服务质量的提升效果的唯一指标。
   A. 运作成本降低　　B. 运作效率提高　　C. 客户的满意　　D. 员工的满意
5. 客服部门在公司客户服务标准制订过程中,应与（　　）共同讨论,明确客户服务规范以及相关服务考评指标。
   A. 财务部门　　　B. 后勤部门　　　C. 运输业务部门　　D. 人事部门

二、多选题

1. 零担运输的固定成本比整车运输要高,因为运输小规模的货物需要额外的（　　）费用。
   A. 管理　　　B. 运转　　　C. 车辆　　　D. 信息
   E. 场站费用
2. 线路运行费用（相当于车辆营运费用）是生产过程中直接费用的支出,主要指（　　）等。
   A. 材料费　　　B. 工资　　　C. 场站　　　D. 燃油费
   E. 事故费
3. 运输业务执行操作部门要配合客服部门做好客户投诉处理工作,主动提供（　　）等相关资料。
   A. 运输合同　　　B. 运输记录　　　C. 装卸记录　　　D. 运输单证
   E. 条码信息
4. 客户通常要求运输企业提供较高的运输服务水平,这是因为可靠、到位的运输服务可以使客户（　　）。
   A. 只需维持较低的库存量　　　　B. 支付较少的运输费用
   C. 保持较高的库存　　　　　　　D. 只需维持较低的安全库存量
   E. 提高产品竞争力

5．按照货运全面质量管理（TQM）的基本思想，车队安全员的主要职责是（　　）。
A．驾驶员的安全教育　　　　　　　　B．驾驶员的安全操作培训
C．客户投诉处理　　　　　　　　　　D．车辆安全检查
E．事故处理

三、判断题

1．变动成本只有在运输工具未投入营运时才有可能避免。　　　　　　　　（　　）
2．即使一个企业的产量为零，也必须承担固定成本。　　　　　　　　　　（　　）
3．运输业务部门应配合企业的成本管理工作，将其负担的运输成本进行记录、计算和积累，并定期编制成本报告。　　　　　　　　　　　　　　　　　　　　　　（　　）
4．托运人一般愿意选择可能晚一天但更加可靠的运送服务。　　　　　　　（　　）
5．运输服务质量的评价是由单项评价指标来实施的。　　　　　　　　　　（　　）

四、案例分析题

众所周知，麦当劳对物流服务的要求是比较严格的。在食品供应中，除了基本的食品运输之外，麦当劳要求物流服务商提供其他服务，如信息处理、存货控制、贴标签、生产和质量控制等诸多方面，这些"额外"的服务虽然成本比较高，但它使麦当劳在竞争中获得了优势。

谈到麦当劳的物流，不能不说到夏晖公司，该公司几乎是麦当劳"御用"的第三方物流公司（该公司的客户还有必胜客、星巴克等），它与麦当劳的合作至今在很多人眼中还是一个谜。麦当劳没有把物流业务分包给不同的供应商，夏晖公司也从未"移情别恋"，这种独特的合作关系，不仅建立在忠诚的基础上，麦当劳之所以选择夏晖公司，在于后者为其提供了优质的服务。

麦当劳要求夏晖公司为其提供一条龙式物流服务，包括生产和质量控制在内。这样，在夏晖公司设在台湾的面包厂中，就全部采用了统一的自动化生产线，制造区与熟食区加以区隔，厂区装设空调与天花板，以隔离落尘，易于清洁，应用严格的食品与作业安全标准。所有设备由美国SASIB专业设计，生产能力每小时24 000个面包。在专门设立的加工中心，物流服务商为麦当劳提供所需的切丝、切片生菜及混合蔬菜，拥有生产区域全程温度自动控制、连续式杀菌及水温自动控制功能的生产线，生产能力每小时1 500千克。此外，夏晖公司还负责为麦当劳上游的蔬果供应商提供咨询服务。

麦当劳利用夏晖公司设立的物流中心，为其各个餐厅完成订货、储存、运输及分发等一系列工作，使得整个麦当劳系统得以正常运作，通过它的协调与连接，使每一个供应商与每一家餐厅达到畅通与和谐，为麦当劳餐厅的食品供应提供最佳的保证。目前，夏晖公司在北京、上海、广州都设立了食品分发中心，同时在沈阳、武汉、成都、厦门建立了卫星分发中心和配送站，与设在香港和台湾地区的分发中心一起，斥巨资建立起全国性的服务网络。

例如，为了满足麦当劳冷链物流的要求，夏晖公司在北京地区投资5 500多万元人民币，建立了一个占地面积达12 000平方米、世界领先的多温度食品分发物流中心，在该物流中心配有先进的装卸、储存、冷藏设施，5～20吨多种温度控制运输车40余辆，中心还配有计算机调控设施用以控制所规定的温度，检查每一批进货的温度。

模块七　货物运输成本控制与服务质量改善

　　不断货是麦当劳的另外一个要求。这听起来很简单，但具体运作却非常麻烦。想象一下麦当劳在全国有多少家连锁店，尽管通过POS机能够实时知道每一种商品的销售情况，但是如何运输、怎样在全国范围内建物流中心、如何协调社会性物流资源、如何在运输的过程中做到严格的质量控制（麦当劳的很多产品都需要严格的冷藏运输），这些非常复杂的工程，需要有极好的供应链管理能力。

　　因此有人说，多次挑战麦当劳、肯德基的国内连锁快餐无一胜出，不仅仅是中国快餐管理的失败，同样是缺乏供应链管理能力的中国物流业的失败。

　　根据上述案例，回答以下问题：

　　1. "在麦当劳的物流中，质量永远是权重最大、被考虑最多的因素。"你认为服务质量对物流货运企业的生存和发展有怎样的影响？

　　2. 麦当劳需要怎样的物流服务？夏晖公司为麦当劳提供的是怎样的个性化服务？

　　3. 在当前低水平物流市场竞争的环境下，道路货运企业应怎样提高自身的服务质量水平来影响客户的选择呢？

参 考 文 献

[1] 彭秀兰，章良. 物流运筹方法与工具[M]. 2版. 北京：机械工业出版社，2018.
[2] 季永青，江建达. 物流运输管理：理论、实务、案例、实训[M]. 2版. 大连：东北财经大学出版社，2015.
[3] 钮立新. 运输管理项目式教程[M]. 2版. 北京：北京大学出版社，2015.
[4] 张祎. 道路运输管理实务[M]. 上海：上海财经大学出版社，2014.
[5] 刘亮，马骏. 国内公路运输管理实务[M]. 北京：北京出版社，2015.
[6] 中华人民共和国交通运输部. 中国道路运输发展报告（2018）[M]. 北京：人民交通出版社，2019.
[7] 巴蒂，科伊尔，诺瓦克. 运输管理（原书第6版）[M]. 刘南，周蕾，李燕，等译. 北京：机械工业出版社，2009.
[8] Ballou R H. 企业物流管理：供应链的规划、组织和控制[M]. 王晓东，胡瑞娟，等译. 2版. 北京：机械工业出版社，2006.
[9] 马天山. 现代汽车运输企业管理[M]. 北京：人民交通出版社，2009.
[10] 刘亮，田春青. 第三方物流企业运营管理案例[M]. 北京：人民交通出版社，2007.
[11] 邓汝春. 运输管理实战手册[M]. 广州：广东经济出版社，2007.
[12] 关善勇. 物流运输管理实务[M]. 武汉：华中科技大学出版社，2013.
[13] 李红启，高洪涛. 甩挂运输操作技术与方法[M]. 北京：中国物资出版社，2012.
[14] 魏娟. 道路货物运输组织[M]. 北京：经济管理出版社，2012.
[15] 何景师，潘昊明. 物流运输组织与管理[M]. 北京：中国轻工业出版社，2012.
[16] 饶锦麟. 物流货运管理实务与问答[M]. 广州：广东经济出版社，2008.
[17] 马华. 物流运输管理实务[M]. 北京：中国轻工业出版社，2011.
[18] 韦松. 货物运输保险[M]. 北京：首都经济贸易大学出版社，2012.
[19] 董千里. 特种货物运输[M]. 北京：中国铁道出版社，2007.
[20] 刘浩学，严季，沈小燕. 道路运输危险货物从业人员必读[M]. 北京：化学工业出版社，2011.
[21] 周艳军. 危险货物物流法规与标准[M]. 上海：上海财经大学出版社，2013.
[22] 申江. 低温物流技术概论[M]. 北京：机械工业出版社，2013.
[23] 李育蔚. 物流管理工作图表设计范例[M]. 北京：人民邮电出版社，2013.
[24] 李育蔚. 物流管理工作细化执行与模板[M]. 2版. 北京：人民邮电出版社，2011.
[25] 于桂芳. 物流运输组织管理与实务[M]. 北京：清华大学出版社，2007.
[26] 姬中英. 物流运输业务管理[M]. 北京：科学出版社，2006.
[27] 孙宗虎，李世忠. 物流管理流程设计与工作标准[M]. 北京：人民邮电出版社，2007.
[28] 王述英. 物流运输组织与管理[M]. 北京：电子工业出版社，2006.
[29] 徐家骅，沈珺. 物流运输管理实务[M]. 2版. 北京：北京交通大学出版社，2017.
[30] 李芷巍，张计划. 物流经理岗位职业技能培训教程[M]. 广州：广东经济出版社，2007.
[31] 毛宁莉. 运输作业实务[M]. 2版. 北京：机械工业出版社，2013.